应用型院校财会类专业系列教材

会计学国家一流专业建设点建设成果

会计学专业虚拟教研室建设成果

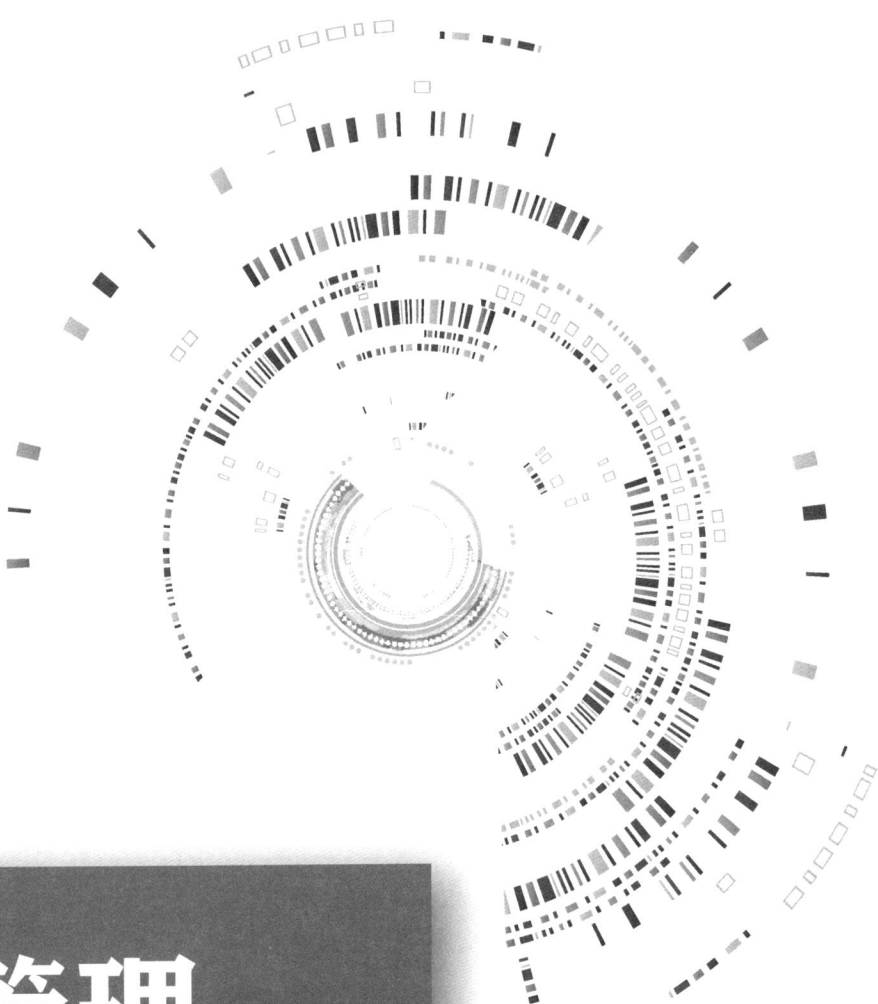

徐强　赵淑芹　主编

财务管理

立信会计出版社

LIXIN ACCOUNTING PUBLISHING HOUSE

图书在版编目(CIP)数据

财务管理 / 徐强，赵淑芹主编. -- 上海：立信会
计出版社，2025.8. -- ISBN 978-7-5429-7972-8

Ⅰ. F275

中国国家版本馆 CIP 数据核字第 202526MZ36 号

策划编辑　　张忠秀
责任编辑　　张忠秀
美术编辑　　吴博闻

财务管理
CAIWU GUANLI

出版发行	立信会计出版社			
地　　址	上海市中山西路 2230 号		邮政编码	200235
电　　话	(021)64411389		传　　真	(021)64411325
网　　址	www.lixinaph.com		电子邮箱	lixinaph2019@126.com
网上书店	http://lixin.jd.com			http://lxkjcbs.tmall.com
经　　销	各地新华书店			
印　　刷	上海万卷印刷股份有限公司			
开　　本	787 毫米×1092 毫米	1/16		
印　　张	18.25			
字　　数	445 千字			
版　　次	2025 年 8 月第 1 版			
印　　次	2025 年 8 月第 1 次			
书　　号	ISBN 978-7-5429-7972-8/F			
定　　价	54.00 元			

如有印订差错，请与本社联系调换

 **前言**

当你翻开这本书时,你已经站在了理解商业世界核心"脉搏"的起点。无论是雄心勃勃的初创企业,还是纵横捭阖的跨国巨头,卓越的财务管理能力往往是其核心竞争力。

在数字经济与实体经济深度融合的今天,财务管理的理论与实践正经历着前所未有的范式变革。从人工智能大模型重构财务决策逻辑,到可持续发展重塑企业价值评估体系;从区块链技术颠覆传统财务信任机制,到全球价值链重构催生跨境资本流动新模式;财务管理的内涵已从传统的"价值记录者"拓展为"价值创造者"与"战略赋能者"。本教材的编写旨在回应新时代财务管理人才培养变革需求,致力于承担起变革背景下财务管理的教育使命:让财务管理教育既扎根经典理论根基,又拥抱技术创新前沿;既传承商科教育的人文底色,又培养应对不确定性的复合能力。

本教材以"企业价值最大化"为主线,深入调研中国企业的财务管理实践,将本土化案例与国际化理论相结合,既注重传统财务理论的系统性阐释,如货币时间价值、资本成本测算、财务杠杆等基础内容,又融入了智能财务、绿色金融、可持续发展投资策略,围绕财务管理的核心职能——筹资、投资、营运资金管理与利润分配,构建了从基础概念到核心理论再到前沿议题的完整知识体系,并力求使教材内容与时代发展同频共振。

本教材着力体现三大创新:

一是深度挖掘财务管理中的思政元素,每章设置"思政课堂",将价值塑造融入专业学习全过程:以诚信教育阐释会计准则的伦理边界;以社会责任揭示企业利润与公共价值的平衡之道;以家国情怀展现中国企业的战略定力与创新精神。本教材精准落实"进教材、进课堂、进头脑"的立德树人目标,全面提升思政教育的实效性。

二是深度融合物联网及大模型技术,强化"数字赋能"和"智能财务",着力提升大数据技术在货币时间价值、风险管理、资金运营等财务管理中的应用。本教材通过微型案例教学,深化学生对企业筹资、投资、资金营运、收入分配、收购重组等财务管理方法与技能的掌握。

三是推动可持续发展与商业向善的实践,促使价值创造业绩观向共享价值创造业绩观转变,解析企业可持续发展报告("第二份财务年报")的价值内涵,并将"技术向善"理念深度融入教学与实践环节。

财
务
管
理

本教材由来自全国多所高校的学者与企业财务专家联合编写,团队成员包括长期从事财务管理教学的资深教授、参与上市公司财务决策的实务界精英,以及熟悉国际财务准则的研究人员。本教材由徐强、赵淑芹担任主编,负责全书统稿。本教材的具体编写分工如下:第一章、第七章和第十一章由徐强、赵淑芹、丁鑫鑫编写,第二章由仇艺臻编写,第三章和第四章由华雨馨编写,第五章由周小暄编写,第六章和第十章由肖大梅编写,第八章和第九章由张先梅编写。

本教材采用"引导—学习—应用"的三段式结构,每章以"学习目标""思政课堂"开篇,激发学生主动思考;主体部分通过理论阐释与例题解析相结合的方式,层层递进地展开知识点;章末设置"微型案例""章节测试题",强化培养学生的知识迁移能力。本教材构建了"线上+线下"融合的教学支持体系:每章录制1个教学微课短视频,主要解析各章的难点。每章设置"章节测试题"、配套参考答案,实现互动与练习。教师支持包包含PPT课件、教学大纲,助力教师高效备课。

本教材主要面向高等院校经济管理类专业的本科生,特别是财务管理、会计学、金融学等专业的学生。同时,本教材也可作为MBA、MPAcc等专业学位教育的参考教材,亦可助力企业财务人员、金融机构从业者更新知识体系,掌握数字化转型与可持续发展技能。

财务管理是一门充满活力和挑战的学科,其边界在不断拓展。编写本教材的过程,也是我们不断学习与思考的过程。我们力求内容的准确性和前沿性,但疏漏之处在所难免,恳请广大师生和读者不吝赐教,你们的宝贵意见将是本教材持续完善的动力。

无论你未来的职业道路通向何方,本教材所传递的知识、思维和技能,都将成为你宝贵的资产。期待本教材能陪伴你开启一段充满洞见与收获的财务管理学习之旅。

编 者

2025 年 6 月

目录

目
录

第一章

财务管理总论

微课视频

1. 掌握财务管理的概念、特征与目标。
2. 掌握企业财务活动和财务关系的内容,并能区分异同点。
3. 了解企业组织形式,并能区分异同点。
4. 了解财务管理环境,并能结合实际场景分析运用。

知识导航

财务管理总论
- 财务管理概述
  - 财务管理的概念、特征与本质
  - 财务活动
  - 财务关系
- 财务管理目标
  - 财务管理目标的概念
  - 财务管理目标的表现形式
  - 财务管理目标与利益冲突
- 企业组织形式
  - 个人独资企业
  - 合伙企业
  - 公司制企业
- 财务管理环境
  - 法律环境
  - 经济环境
  - 金融市场环境
  - 社会文化环境
- 财务管理变革与发展趋势
  - 信息技术促进财务管理效率变革
  - 信息技术推动财务管理从"记录过去"转向"驱动未来"

坚持培育"知敬畏、守诚信"的职业品质

"知敬畏"就是要深刻认识到我们担负的责任和使命,对法规和规范心怀敬畏之心;深刻认识到财务工作关乎经济秩序的稳定,是市场信任的基石。从国家层面上,违反财经法律法规会扰乱国民经济健康稳定运行的秩序;从企业的视角,严格的财务制度和审计要求是企业持续经营的生命线,任何违规操作都可能给企业带来安全风险;从个人角度,个人首

先要敬畏专业准则,各类专业准则不是束缚,而是保护;其次要遵循市场规律。市场是诚信的"试金石",任何舞弊都会付出代价;再次要敬畏职业身份,会计师、审计师手中的"笔"不仅是权利,更是责任;最后要恰当使用大模型等 AI 工具。经管类专业的大学生要时刻牢记,手中的"账"和心中的敬畏,每一次落笔、每一个数字,都必须在法律和道德的框架内。

"守诚信"是对财务数据真实性的坚守。诚信不是道德高线,而是从业者的底线。在管理工作中,诚信是财会审人员的生命线。真实的财务数据是企业决策、投资者判断的基础,是市场公平竞争的基准线。财务数据造假,不仅会误导投资者,损害债权人的利益,还会扭曲和破坏整个经济环境的公平与正义。审计工作是对诚信的最后守护,审计人员必须秉持客观、公正、不偏袒、不徇私的原则,以专业手段为经济活动的公正性保驾护航。高等院校的学生从学习的第一天起,就要养成诚实守信的习惯,课堂作业、实验报告、实习实践、研究成果等都要以真实、客观、准确为首要原则。诚信一旦缺失,学生不仅在学业上难以取得真正的进步,更会在未来的职业生涯中寸步难行。

第一节　财务管理概述

一、财务管理的概念、特征与本质

(一) 财务管理的概念

财务管理(financial management)是财务管理主体组织其财务活动、处理其财务关系的经济管理过程。财务管理主体包括企业组织、政府组织、社会组织及个人等。本书的财务管理主体主要指企业组织,财务管理客体是企业财务活动和企业财务关系。企业的财务活动包括筹资活动、投资活动、营运资金活动、利润分配等。企业的财务关系是指企业与其利益相关者之间的经济关系。

(二) 财务管理的特征

1. 财务管理是资金管理或价值管理活动

商品能够满足人们某种需要的属性称为商品的使用价值,凝结在商品中无差别的人类劳动称为价值。经营管理一般是指商品运动,是使用价值的运动。与经营管理不同,财务管理一般是指资金运动,是价值运动。财务管理是对企业资金循环和周转过程中的价值管理。财务管理和经营管理的共同目标是以最小的代价取得最大的企业价值。

2. 财务管理是一项综合性的管理工作

财务管理利用价值形式对经营活动实施管理,包括筹资管理、投资管理、营运资金管理、利润分配等。通过价值管理,财务管理能够对企业的一切经济资源、经营过程和经营结果进行合理配置,达到不断提高企业价值的目的。在企业中,财务管理与一切涉及资金的收支活动都有关系。

3. 财务管理具有风险管理功能

在企业管理中,经营是否合理、产销是否顺畅、决策是否得当、技术是否先进,都可迅速地在企业财务数据中得到反映。财务管理人员通过财务数据的识别、评估和处理,能够及时发现和应对潜在的财务风险,确保企业稳健经营,实现财务管理目标。

4. 财务管理数字化程度较高

企业涉及的筹资活动、投资活动、营运资金活动、利润分配等都是通过财务数据反映出来的。不同活动过程采用不同的财务数据处理方法,制定不同的财务决策策略。财务管理人员还需要运用相应的软件或平台,如大数据、云计算、AI 等大模型技术及财务管理数字化平台来提高财务工作的效率和质量,更好地支持企业管理决策的制定和执行。

(三) 财务管理的本质

从静态的视角,财务管理的内容分为投资管理、筹资管理、营运资金管理和股利分配等。投资管理主要侧重于企业长期资产的投向、规模、构成及使用效果等的管理;筹资管理主要侧重于资本的来源渠道、筹措方式、资本结构等的管理;营运资金管理主要侧重于流动资产和流动负债等的管理。投资、筹资及营运资金管理的目的在于使资本的使用效益大于资本的取得成本,从而实现企业价值最大化。

从动态的视角,财务管理的内容反映了货币从投资者流向企业,并最终返回投资者的资金运动全过程。这一过程包括通过资本市场向投资者出售金融资产组合;通过商品市场进行实物资产投资和产品经营;将筹资活动现金流量与投资和经营活动现金流量进行对比分析;将投资和经营活动创造的收益的一部分用于再投资;将投资收益的一部分以利息、股息或红利的形式分配返回给投资者。

资金来源包括所有者投入和债权人投入,前者形成所有者权益,后者形成负债。筹资决策的重点问题是确定筹资规模和最佳资本结构。正确的投资决策可以使企业淘汰不可行的项目,从可行项目中选出最优项目,使资金从收益低的领域流向收益高的领域。最佳的资金持有量是营运决策主要解决的问题。同时,不同的企业以及同一企业在不同的发展阶段需要制定与之相适应的利润分配政策。

总而言之,财务管理的本质是资金的取得与使用的决策。

二、财务活动

企业财务活动(financial activity)是以现金收支为主的企业资金收支活动的总称。在市场经济条件下,拥有一定数额的资金是企业进行生产经营活动的必要条件。企业资金的收支构成了企业管理活动的一个独立方面,这便是企业的财务活动。企业财务活动可分为以下四个方面。

(一) 企业筹资引起的财务活动

企业的筹资渠道和方式是多种多样的。筹资渠道具体包括政府资本、法人资本、个人资本、港澳台资本以及外商资本等类型。筹资方式有投入资本、发行股票、发行债券、银行信贷与商业信用等种类。根据企业资金需求,在筹资过程中,企业应恰当地选择筹资渠道,合理地研究筹资方式,降低资本成本,并在筹资时间上做预先的安排。

总之,筹资活动主要解决的问题是确定筹资时机、筹资规模和最佳资本结构。

(二) 企业投资引起的财务活动

投资是指企业将筹集到的资金,根据项目需要投出资金的行为。企业投资可分为广义的投资和狭义的投资。广义的投资包括对外投资(如企业投资购买其他公司的股票、债券,或与其他企业联营,或投资于外部项目等)和内部使用资金(如企业购买自身生产经营所需的固定资产、流动资产等)。狭义的投资仅指对外投资。

总之,投资活动主要解决的问题是确定投资规模、投资方式及投资报酬。

(三) 企业经营引起的财务活动

企业在正常的营运过程中会发生一系列的资金收支:第一,企业采购原材料或商品发生的资金收支、支付工资及营业费用的资金收支。第二,当企业把产品或商品售出后,便可取得营业收入,收回资金。第三,如果企业现有资金不能满足企业营运的需要,还要采取短期借款方式来筹集所需运营资金。上述资金的收支,属于企业营运过程引起的财务活动。

总之,营运资金活动主要解决的问题是购、销、费用与成本的最佳规模。

(四) 企业利润分配引起的财务活动

企业在经营过程中会产生利润,或因对外投资而获得投资收益,这表明企业资金增值或取得了投资报酬。企业产生的利润应按照规定的程序进行分配:首先,应依法纳税。其次,要用来弥补以前年度亏损,提取盈余公积。最后,投资报酬要以利息、利润(股利)、税收等形式在投资者和国家之间进行分配,形成企业利润分配政策。

上述互相联系又有一定区别的四个方面,构成了企业完整的财务活动,形成了财务管理的基本内容。另外,企业的财务管理的基本内容具有动态性,会随着环境变化而不断变化。

三、财务关系

企业财务关系(financial relationship)是指企业在组织财务活动过程中与各有关方面发生的经济关系。企业的筹资活动、投资活动、营运资金活动、利润分配与企业利益相关者有着广泛的联系。企业与利益相关者之间的经济关系如图1-1所示。

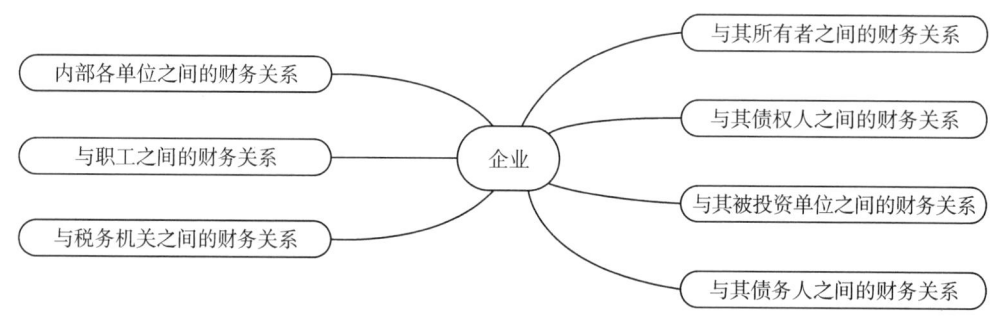

图 1-1 企业与利益相关者之间的经济关系

企业的财务关系可概括为以下几个方面。

(一) 企业与其所有者之间的财务关系

企业与所有者之间存在受资与投资的关系。目前,企业所有者主要有以下五种类型:①国家。②法人单位。③个人。④港澳台资本。⑤外商。企业所有者需按照投资合同、协议、章程等的约定,履行出资义务,以便能及时形成企业的资本金。企业利用资本金开展经营活动,并按规定向所有者分配利润。这反映了所有权与经营权关系。

(二) 企业与其债权人之间的财务关系

企业与债权人之间存在筹资与投资的关系。企业除了利用资本金进行经营活动,还需筹集一定数量的资金,以便降低企业的资金成本,扩大企业经营规模。企业的债权人主要有:①债券持有人。②贷款机构。③商业信用提供者。④其他出借资金给企业的组织或个人。企业向债权人借入资金,并按借款合同规定按时向债务人支付利息并归还本金。企业与债权人形成了债权与债务关系。

(三) 企业与其被投资单位之间的财务关系

企业与被投资单位之间存在投资与受资关系。企业将其闲置资金以购买股票或直接投资的形式向其他企业投资。企业向其他单位投资,按约定履行出资义务,参与被投资单位的利润分配。

(四) 企业与其债务人之间的财务关系

企业同其债务人之间存在债权与债务的关系。这主要是指企业将其资金以购买债券提供借款或商业信用等形式出借资金给其他单位所形成的经济关系。企业将资金借出后,有权要求其债务人按约定的条件支付利息和归还本金。

(五) 企业内部各单位之间的财务关系

这主要是指企业内部各单位之间在生产经营各环节中相互提供产品或劳务所形成的经济关系。在实行内部经济核算制的条件下,企业供、产、销等各部门以及各生产单位之间相互提供产品和劳务,要进行计价结算。这种在企业内部形成的资金结算关系,体现了企业内部各单位之间的利益关系。

(六) 企业与职工之间的财务关系

这主要是指企业向职工支付劳动报酬的过程中所形成的经济关系。企业要用自身的产品销售收入,向职工支付工资、津贴、奖金等,按照提供的劳动数量和质量支付职工的劳动报酬。这种企业与职工之间的财务关系,体现了职工和企业在劳动成果上的分配关系。

(七) 企业与税务机关之间的财务关系

企业与税务机关的关系反映的是依法纳税和依法征税的权利义务关系。任何企业都要按照国家税法的规定缴纳各种税款,以保证国家财政收入的实现,满足社会公共产品与服务的供给。及时、足额地纳税是企业对国家的贡献,也是企业对社会应尽的义务。

另外,企业的财务关系具有动态性,会随着环境变化而不断变化。

第二节　财务管理目标

一、财务管理目标的概念

财务管理目标(objective of financial management)是企业财务管理所达到的最终目的。财务管理就是为实现企业创造价值这一目标服务的。与企业管理目标相一致,财务管理目标是评价企业处理财务活动和财务关系是否合理的基本标准。不同的财务管理目标,会产生不同的财务管理运行机制。科学地设置财务管理目标,对实现财务管理的良性循环具有重要意义。它既是建立科学财务管理理论的需要,也是优化我国财务管理行为的需要。

二、财务管理目标的表现形式

财务管理目标有下列几种不同的表现形式。

(一)利润最大化

利润最大化(profit maximization)是西方微观经济学的理论基础。西方经济学家以往都是以利润最大化这一概念来分析和评价企业行为和业绩的。以利润最大化作为财务管理的目标,有其合理的一面。企业追求利润最大化,就必须精益核算,提高劳动生产率,降低产品成本。同时,企业的利润目标比较直观,容易被企业管理者和员工接受。但是,在长期的实践中,利润最大化目标也暴露出许多缺点。

一是没有考虑利润的实现时点和期间,没有考虑项目报酬的时间价值。例如,A、B 两个投资项目,如果 A 项目的 100 万元是去年已赚取的,而 B 项目的 100 万元是今年即将赚取的。显然。对于相同的现金流入来说,A 项目的获利时间较早,也更具有价值。

二是没能有效地考虑投资风险问题。假设 A、B 两个投资项目在今年都赚取了 100 万元,但 A 项目的利润全部为货币资金,而 B 项目的 100 万元全部是应收账款。显然,B 项目的应收账款存在不能全部收回的风险,相比而言,A 项目更优。

三是没有考虑利润和投入资本的关系。假设 A、B 两个项目都在今年赚取了 100 万元并且取得的都是货币资金。如果 A 项目只需投资 100 万元,而 B 项目需要投资 300 万元,显然 A 项目更好一些。而如果只看利润指标则反映不出这两个项目的差别。

四是没有反映未来的获利能力。利润最大化是基于历史的角度,反映的是企业过去某一期间的获利水平,并不能反映企业未来的获利水平。

五是没能约束短期行为。利润最大化往往会使企业财务决策带有短期行为的倾向,诱使企业只顾实现目前的最大利润,而不顾企业的长远发展。例如,企业可能通过减少产品开发、人员培训、技术装备等方面的支出来提高当年利润,这显然对企业的长远发展不利。

(二)股东财富最大化

股东财富最大化(shareholder wealth maximization)是指通过财务上的合理规划,为股东带来最多的财富。在股份制公司中,股东财富由其所拥有的股票数量和股票市场价格两方面来决定。在股票数量一定时,当股票价格达到最高时,股东财富也达到最大。所以,股东财富最大化,又演变为股票价格最大化。

(1)股东财富最大化的优点。与利润最大化目标相比,股东财富最大化目标有其积极的方面。①股东财富最大化目标考虑了市场风险因素,因为风险的高低,会对股票价格产生重要影响。②股东财富最大化在一定程度上能够克服企业在追求利润上的短期行为。因为目前的利润会影响股票价格,未来的预期利润对企业股票价格也会产生重要影响。③股东财富最大化目标比较容易量化,便于考核和评估。

(2)股东财富最大化的缺点。①它只适用于上市公司,对非上市公司则很难适用。②它只强调股东的利益,而对企业其他相关利益者的利益重视不够。③股票价格受多种因素影响,并非都是公司所能控制的,把不可控因素作为财务管理目标是不合理的。

(三) 每股收益最大化

每股收益(earing per share,EPS)是指企业在一定时期内的净利润与发行在外的普通股股数的比值。它反映了每股股本的获利能力,主要适用于上市公司。非上市公司主要采用权益资本净利率(returns on earnings,ROE)衡量获利能力。EPS 和 ROE 两个指标在本质上是相同的,即将公司的普通股股数乘以每股净资产,便可以得到权益资本总额。

(1) 每股收益最大化的优点。因为每股收益或权益资本净利率这两个指标都以净利润为基础。所以,其优点与利润最大化基本相同。此外,这两个指标采用相对数来反映公司的盈利能力,可以更清楚地揭示投资报酬水平,更便于进行财务分析、财务预测,以及不同资本规模的公司或公司在不同时期的比较。

(2) 每股收益最大化的缺点。①没有考虑风险因素。要提高每股收益或权益资本净利率,最简单的方法是加大负债比例,减少权益资本量。但在最大程度获取利润时,需承担最大的税收成本,这样就会大大增加公司的财务风险,进一步削弱公司的偿债能力。②没有考虑货币的时间价值,没有考虑股本或公司权益资本获取利润的时间差异和持续经营特征。③没有考虑现金流量因素,同样无法克服经营者因为追求最大收益而造成的短期行为。

(四) 企业价值最大化

设立企业的重要目的在于创造尽可能多的财富。企业价值最大化是指企业通过生产经营在激烈的市场竞争中不断开拓创新产品、优化业务服务、增加企业财富,使企业价值最大化。对企业进行评价时,不仅要看企业已经获得的利润水平,还要关注其潜在的获利能力。因此,企业价值不是账面资产的总价值,而是企业全部财产的市场价值,它反映了企业潜在或预期的获利能力和未来收入预期。

(1) 企业价值最大化的优点。①考虑了货币的时间价值和投资的风险价值,有利于选择投资方案。②反映了对企业资产保值增值的要求,股东财富越多,企业价值就越大,追求企业价值最大化可促使企业实现资产保值或增值。③有利于克服管理的片面性和短期行为。④有利于社会资源合理配置,实现社会效益最大化。

(2) 企业价值最大化的缺点。①股票价格受多种因素影响,股票价格高低不一定能够揭示企业的获利能力。对于非上市企业,只有对企业进行专业评估才能真正确定其价值,但这种评估不易做到客观和准确,从而导致企业的价值很难确定。②企业不但要为其所有者创造收益,而且要合理承担相应的环境、社会和治理等企业可持续发展责任,如保护生态平衡,防治环境污染和支持社区文化教育、福利事业等。由于这些投入没有标准,它们较难准确确定。

(五) 相关者利益最大化

企业的利益相关者包括股东、债权人、企业经营者、客户、供应商、员工、政府等。在确定企业财务管理目标时,不能忽视相关利益者的利益。相关者利益最大化目标的具体内容包括以下几个方面:

(1) 强调风险与报酬的均衡,将风险限制在企业可接受的范围之内。

(2) 强调股东的首要地位,强调企业与股东之间的协调关系。

(3) 强调对企业经营者的监督和控制,建立有效的激励机制,以促进企业战略目标的顺利实施。

（4）关心本企业普通职工的利益，创造优美和谐的工作环境和提供合理恰当的福利待遇，培训职工长期努力为企业工作。

（5）不断加强与债权人的关系，培养可靠的资金供应者。

（6）关心客户的长期利益，以便保持销售收入的长期稳定增长。

（7）加强与供应商的合作，和其共同面对市场竞争；注重企业形象的宣传，遵守承诺、讲究信誉。

（8）保持与政府部门的良好关系。

相关者利益最大化较好地兼顾了各利益主体的利益，有利于企业长期稳定发展，有利于实现企业经济效益和社会效益的统一，体现了前瞻性和可操作性的统一。可以说，相关者利益最大化是企业财务管理最理想的目标。但是，鉴于该目标过于理想化，且无法操作，本书后续章节仍以企业价值最大化作为财务管理的目标。

企业价值最大化充分考虑了企业各利益相关者、货币的时间价值和风险价值，有利于体现企业管理目标，更能揭示市场所认可的企业价值。因此，我们通常认为企业价值最大化是较为合理的财务管理目标。

三、财务管理目标与利益冲突

财务管理目标的达成有赖于企业内外部多方利益博弈与利益协调。企业内外部多方利益不协调会引起利益冲突，而利益冲突的根源在于企业内外部多方的目标不一致。企业内外部多方目标不一致的根源在于委托—代理问题。

企业委托—代理问题的存在以及由此引发的利益冲突直接关系到财务管理目标实现的程度。传统的企业委托—代理问题是指由于企业所有权与经营权的分离产生的股东与管理层之间、股东与债权人之间的代理问题。例如，企业股东希望投资保值增值，而企业管理层则可能有非财务上的诉求，如提高社会知名度或享受尊崇感。企业委托—代理关系中，由于委托人与代理人利益不一致和信息不对称，常常会导致利益冲突。

非传统的企业委托—代理问题是大股东与中小股东之间产生的代理问题，也称为第二类代理问题，即不能被中小股东（委托人）完全监督而作出有损于中小股东利益的行为问题。在股权结构高度集中、大股东控制权和现金流权严重偏离的情况下，处于优势地位的大股东和中小股东之间经常出现严重的利益冲突。例如，公司大股东及其经理人员控制董事会和公司的经营管理，导致公司治理结构严重失衡，缺少监督，从而使得损害中小股东利益的现象时有发生。

（一）经营者和股东之间的利益冲突

股东是企业的出资者，其委托经营者管理企业，通过企业经营使资本保值增值，最大限度地提高资本收益，增加股权价值。对经营者来说，他们考虑的是在增加股权价值的同时，能够取得更多的报酬，如舒适的工作环境、优厚的报酬、个人声誉和社会地位等。股东目标与经营者目标不完全一致，导致经营者可能为了自身的利益而背离股东的利益。这种冲突主要可通过激励、干预、解聘三种方式解决。

1. 激励

激励是把经营管理层的报酬同其经营绩效挂钩，使经营管理层更加自觉地采取追求股东财富最大化的措施。激励有两种方式：一是绩效股。即企业运用一定的业绩评价指标评价经营管理层的业绩，根据其业绩情况给予经营管理者数量不等的股票作为报酬。二是经营管理层股票期权计划。即允许经营管理层在未来某一时期内以预先确定的价格购买股票。显然，假设经营管理层拥有在 5 年后以每股 10 元的价格购买 20 000 股股票的权利，那么，他就有动力将股票价值提升到每股 10 元以上。同样，每股股价高于 10 元也更符合股东的利益。

2. 干预

企业的股票主要由机构投资者持有，他们对大多数企业的经营产生了相当大的影响。机构投资者能够与经营管理层进行协商，对企业的经营提出建议。《中华人民共和国公司法》（以下简称《公司法》）中也逐渐加入了保护中小股东直接参与企业决策的条款。比如，对于股东的临时提案，董事会只有及时通知和提交审议的义务，无权对提案进行实质审查并裁定是否提交股东大会。这些规定都大大强化了对中小股东权益的保护。

3. 解聘

如果经营管理层的工作出现严重失误或有严重违反法律法规的情况，可能会被股东大会解聘。

（二）股东与债权人的利益冲突

实质上，债权人也是企业的出资者，但其出资有固定的期限，到期要收回本金。债权人关注的是本金的安全和期望报酬的取得，其利益要求是到期收回本金，并获得期望的利息。当企业从债权人那里取得资金后，债权人就失去了对这部分资金的控制权。股东往往将这部分资金投入风险更高的项目，或者改变举债资金的原定用途。高风险项目成功所取得的额外收益，全部归股东独享。而项目失败的损失，债权人却有可能要负担。

债权人为了防止其利益被侵害，一般采取两种保护方式：一是通过立法保护。即通过法律途径收回借款，如破产时优先受偿等。二是限制性条款。即在借款合同中加入某些限制性条款，如规定资金用途、借款的担保条款、允许提前收回借款等。

（三）大股东与中、小股东的利益冲突

大股东通常是指控股股东。他们持有企业的大多数股份，能够左右股东大会和董事会的决议，往往还向企业委派最高管理者，从而掌握企业的重大决策权，拥有对企业的控制权。人数众多但持有股份数量很少的中、小股东基本没有机会参与到企业的经营管理中。

大股东侵害中、小股东利益的主要表现形式有：一是利用关联交易转移企业的利润，如大股东向企业高价出售劣质资产，或大股东低价购买企业的优质资产。二是非法占用企业巨额资金，或以企业的名义进行各种担保和恶意筹资。三是发布虚假信息，操纵股价，欺骗中、小股东。四是为大股东派出的高级管理者支付过高的报酬和特殊津贴。五是利用不合理的股利政策，掠夺中、小股东的既得利益。

目前，小股东的利益保护机制有：一是完善企业的治理结构，使股东大会、董事会和监事会三者有效运作，形成互相制约的机制。二是规范企业的信息披露制度，保证信息的完整性、真实性和及时性。

（四）股东与可持续发展之间的利益冲突

企业在实现股东财富最大化目标时，需要承担必要的社会责任。企业不但应该"做好事"，而且要成为一个好企业。然而，企业"做好事"，承担社会责任需要花费一定的成本，为了补偿成本,企业就要提高产品的价格,这必然使企业在与同行业其他企业的竞争中处于不利地位。此外,如果企业将大量的资源贡献给社会公益活动,也会受到来自资本市场的压力。因为在资本市场上,投资者通常更青睐那些专注于利润和股价上升的企业,而不是那些将大量的资源贡献给社会公益活动的企业。这就使得股东利益与承担社会责任之间存在利益冲突。

为解决这些利益冲突,2024 年 11 月 20 日,财政部联合外交部、国家发展改革委、工业和信息化部、生态环境部、商务部、中国人民银行、国务院国资委、金融监管总局等多部门共同印发《企业可持续披露准则——基本准则(试行)》(以下简称《企业可持续披露准则》。《企业可持续披露准则》的出台,有助于企业贯彻新发展理念,推动经济、社会和环境可持续发展,促进人与自然和谐共生,构建和谐社会关系,更完整地呈现企业价值,强化企业对经济、社会、环境的正面影响;其补全了全球主流资本市场可持续信息披露体系的一块重要"拼图",在提升我国在联合国的可持续发展目标(sustainable development goals,SDGs)中的影响力和话语权、树立可持续发展信心方面迈出了关键的一步。

《企业可持续披露准则》规范了企业可持续发展信息披露,保证了可持续信息质量,这也意味着好企业的标准已经出台,即在要求企业自觉承担大部分社会责任的同时,也要通过法律等强制制度规范企业可持续责任,并让所有企业均衡地分担可持续发展的成本,以维护那些自觉承担社会责任的企业的利益。

要实现企业价值最大化,企业要为员工提供合理的薪金和安全的工作环境,否则就会影响员工的工作积极性,导致劳动生产率下降,进而影响企业的盈利,最终损害企业价值。企业要为顾客提供合格的产品和优质的服务,否则就会面临失去顾客和遭遇诉讼的风险,这必然会提高企业的成本,最终也将损害股东的利益。企业在满足自身利益的同时,也要维护供应商的利益,否则供应商将会提高供货价格,或者取消对企业的赊销。企业还要承担必要的社会公益责任,因为良好的社会形象有利于企业的长远发展,消费者也更愿意从对社会负责任的企业购买产品。

党的二十大报告明确提出"中国式现代化是人与自然和谐共生的现代化",这体现了党对推进我国高质量、可持续发展的决心。

参与扶贫工作也是企业承担社会责任的重要组成部分。党和国家一直高度重视扶贫工作,2015 年 11 月,习近平同志《在中央扶贫开发工作会议上的讲话》强调,要调动各方力量,加快形成全社会参与的大扶贫格局。脱贫致富不仅仅是贫困地区的事,也是全社会的事。要更加广泛、更加有效地动员和凝聚各方面力量。守望相助、扶危济困是中华民族的传统美德。要研究借鉴其他国家成功做法,创新我国慈善事业制度,动员全社会力量广泛参与扶贫事业,鼓励支持各类企业、社会组织、个人参与脱贫攻坚。

第三节　企业组织形式

一、个人独资企业

个人独资企业(sole proprietorship)是指个人出资经营、归个人所有和控制、由个人承担经营风险和享有全部经营收益的企业。以独资经营方式经营的独资企业承担无限的经济责任,破产时,债权人可以扣留企业主的个人财产。

个人独资企业具有如下特点:①企业的建立与解散程序简单。②经营管理灵活自由。企业主可以完全根据个人的意志确定经营策略,进行管理决策。③企业主对企业的债务承担无限责任。企业的资产不足以清偿其债务时,企业主以其个人财产偿付企业债务,这有利于保护债权人的利益。④企业的规模有限。独资企业有限的经营所得、企业主有限的个人财产、企业主有限的工作能力和管理水平等都制约着企业经营规模的扩大。⑤企业寿命有限。独资企业的存续完全取决于企业主个人的得失安危,企业的寿命有限。

二、合伙企业

合伙企业(partmership)是指依照《中华人民共和国合伙企业法》在中国境内设立的由各合伙人订立合伙协议,共同出资、合伙经营、共享收益、共担风险,并对合伙企业债务承担无限连带责任的营利性组织。

合伙企业有如下特点:①寿命有限。合伙企业一般无法人资格,比较容易设立和解散。合伙人签订了合伙协议,就宣告合伙企业的成立。新合伙人的加入,旧合伙人的退伙、死亡、破产清算等均可造成原合伙企业的解散以及新合伙企业的成立。②责任无限。合伙组织作为一个整体,对债权人承担无限责任。

按照合伙人对合伙企业的责任,合伙企业可分为普通合伙企业和有限责任合伙企业两种类型。普通合伙企业的合伙人均为普通合伙人,对合伙企业的债务承担无限连带责任。有限责任合伙企业由一个或几个普通合伙人和一个或几个责任有限的合伙人组成,即合伙人中至少有一个人要对企业的经营活动负无限责任,而其他合伙人只以其出资额为限,对债务承担偿债责任,这类合伙人一般不直接参与企业的经营管理活动。

三、公司制企业

公司制企业是指按照法律规定,由法定人数以上的投资者(或股东)出资建立、自主经营、自负盈亏、具有法人资格的经济组织。一般来说,公司制企业分为有限责任公司(limited liability company)和股份有限公司(stock corporation)。

公司制企业的主要特点包括以下几个方面:

(1) 拥有独立的法人实体。公司一经宣告成立,法律即赋予其独立的法人地位。公司制企业具有法人资格,能够以公司的名义从事经营活动,享有权利、承担义务,从而使公司在市场上成为竞争主体。组建公司的成本比建立独资或合伙企业高。

(2) 具有无限存续期。公司在最初的所有者和经营者退出后仍然可以继续存在。

(3) 承担有限债务责任。公司债务是法人的债务,所有者的债务责任以其出资额为限。

(4) 所有权和经营权分离。经营者为代理人,所有者为委托人,存在委托—代理问题。

(5) 筹资渠道多元化。股份制公司可以通过资本市场发行股票或发行债券募集资金。

(6) 双重课税。公司作为独立的法人,获取的利润需缴纳企业所得税。企业利润分配给股东后,股东还需缴纳个人所得税。

个人独资企业、合伙企业、公司制企业三种企业组织形式的比较如表1-1所示。

表1-1　三种企业组织形式的比较

项目类别	个人独资企业	合伙企业	公司制企业
权益人	一个自然人	两个或两个以上合伙人;分普通合伙企业和有限责任合伙企业两类	自然人或法人,分为有限责任和股份有限公司
责任分担	对企业的债务负无限责任	普通合伙人负无限责任;有限合伙人以认缴出资额为限对合伙企业债务承担责任	以认缴出资额为限承担有限责任
所有权转让	困难	需要其他合伙人同意	比较容易
资金筹集	难以从外部筹集大量资金	难以从外部获得大量资金	容易筹集大额资金
所得税	个人所得税	个人所得税	企业所得税和个人所得税
组建成本	低	较低	高
企业寿命	企业随业主死亡自动消亡	合伙人死亡不影响企业存续	无限存续

第四节　财务管理环境

财务管理环境又称理财环境,是指对组织财务活动和处理财务关系产生影响的企业的外部条件。本节主要阐述法律环境、经济环境、金融市场环境和社会文化环境。

一、法律环境

法律环境是指企业与外部发生经济关系时所涉的法律因素总和,包括影响企业筹资、投资、营运资金和收益分配等的法律因素。企业应当遵守相关法律、法规和规章与制度。

1. 企业组织法律

任何企业组织均必须遵守《中华人民共和国宪法》。任何企业组织必须依法成立,组建不同类型的企业,要遵照现行的法律。在我国,这些法律主要有《中华人民共和国公司法》《中华人民共和国个人独资企业法》《中华人民共和国合伙企业法》等。这些法律详细规定了不同类型的企业组织设立条件、设立程序、组织机构、组织变更以及终止条件和程序等。

2. 财务会计法规

我国目前企业财务会计法规制度有《中华人民共和国会计法》《企业会计准则》《小企业会计准则》《企业内部控制基本规范》等。上市企业必须遵照《中华人民共和国证券法》(以下简称《证券法》)。这些法规制度是企业进行财务管理的重要依据。

3. 税收法律规范

我国目前税收法律有《中华人民共和国企业所得税法》(以下简称《企业所得税法》)、《中华人民共和国个人所得税法》《中华人民共和国环境保护税法》《中华人民共和国税收征收管理法》等。税收法规有《中华人民共和国增值税暂行条例》《中华人民共和国进出口关税条例》等。

其他法律法规还涉及《中华人民共和国民法典》《中华人民共和国刑法》等。

二、经济环境

影响财务管理的经济环境包括经济周期、经济发展水平、宏观经济政策及通货膨胀态势。

1. 经济周期

经济周期是指经济活动沿着经济发展的总体趋势所经历的有规律的扩张和收缩,包括复苏、繁荣、衰退和萧条四个阶段的循环。企业应该根据宏观经济所处的不同周期阶段制定不同的财务决策方案,组织不同的财务活动。比如,在经济复苏阶段,企业应该增加厂房设备、实行长期租赁、增加存货、增加雇员、研发新产品;在经济繁荣阶段,企业应该扩充厂房设备、继续增加存货、提高产品价格、增加雇员、开展营销规划、制定并实施扩张战略;在经济衰退阶段,企业应该处置闲置设备、减少存货、适当裁减员工、停止扩张、调整资本结构和资产组合;在经济萧条阶段,企业应处置闲置设备、削减存货、裁减员工、制定并实施退出战略。

2. 经济发展水平

世界各国根据其经济发展水平和贫富状况,被划分为发达国家、发展中国家和欠发达国家。发达国家与发展中国家的经济差别,根源于旧的国际经济秩序,具体表现在国际生产领域、国际贸易领域和国际金融货币领域。同一国家不同地区之间也存在经济发展水平的差异。企业组织筹资活动、投资活动、营运资金活动以及利润分配活动等财务活动必须与经济发展水平协同一致。

3. 宏观经济政策

政府具有调控宏观经济的职能。宏观经济政策包括财政政策、货币政策、产业政策、价格政策、收入分配政策等。国家对某些地区、某些行业、某些行为的鼓励与限制构成了政府政策的主要内容。财务管理人员应该认真研究当前经济形势和宏观经济政策,顺应经济政策导向,甚至应该有能力预见经济政策的变化趋势。

4. 通货膨胀态势

通货膨胀不仅对消费者不利,也会给企业理财带来很大困难。通常企业对通货膨胀无能为力,只有政府才能控制通货膨胀。但企业财务管理人员可以分析通货膨胀对资本成本的影响以及对投资报酬率的影响,采取套期保值等办法尽量减少损失。

通货膨胀对企业财务活动的影响通常表现在以下几个方面:①引起资金占用的大量增加,从而增加企业的资金需求。②引起企业的利润虚增。③引起利率上升,提高企业的资本成本。④引起有价证券价格下降。⑤引起资金供应紧张,增加企业的筹资难度。

三、金融市场环境

金融市场环境是一个复杂且多元的体系,包括金融市场、金融机构和金融工具等要素。金融市场是指资金供应者和资金需求者双方通过一定的金融工具进行交易而融通资金的场所。金融机构是指银行和非银行的金融机构。金融工具是指形成一方的金融资产,并形成其他方的金融负债或权益工具的合同,其又具体分为基本金融工具和衍生金融工具。基本金融工具包括货币、票据、债券、股票等;衍生金融工具包括远期合同、掉期(互换)合同、期货合同、资产支持证券(asset-backed securities,ABS)、期权合同等。

金融市场按交易期限、功能、融资对象、所交易的金融工具属性、地理范围等不同标准可划分为多种类型,如表1-2所示。

表1-2　金融市场的类型及特征

划分标准	种类	特征
按交易期限划分	货币市场	短期金融市场,以期限在1年以内的金融工具为媒介,进行短期资金融通的市场,包括同业拆借市场、票据市场、大额定期存单市场和短期债券市场等。其交易目的是解决短期资金周转;具有流动性强、价格平稳、风险较小等特性
	资本市场	长期金融市场,以期限在1年以上的金融工具为媒介,进行长期资金交易的市场,包括股票市场、债券市场、期货市场和融资租赁市场等。其主要用于补充长期资本,扩大生产能力;资本借贷量大;收益高、风险大
按功能划分	发行市场	一级市场,处理金融工具的发行和最初购买者之间的交易
	流通市场	二级市场,处理现有金融工具转让和变现的交易
按融资对象划分	资本市场	以各种长期资金为交易对象
	外汇市场	以各种外汇金融工具为交易对象
	黄金市场	集中进行黄金买卖和金币兑换的交易市场
按金融工具属性划分	基础性金融市场	以基础性金融产品为交易对象的金融市场,如商业票据、企业债券、企业股票的交易市场等
	衍生品金融市场	以金融衍生产品为交易对象的金融市场,如远期、期货、掉期(互换)、期权的交易市场等
按地理范围划分	地方性、全国性、国际性金融市场	

四、社会文化环境

社会文化环境包括教育、科学、文学、艺术、新闻出版、广播电视、卫生体育、世界观、理想、信念、道德、习俗,以及同社会制度相适应的权利义务观念、道德观念、组织纪律观念、价值观念、劳动态度等。企业的财务活动不可避免地受到社会文化环境的影响。但是,社会文化的各方面对财务管理的影响程度不尽相同,有的因素会对财务管理产生直接影响,有的只产生间接影响,有的影响比较明显,而有的影响微乎其微。

例如,随着财务管理工作的内容越来越丰富,社会整体的教育水平将越来越重要。事实表明,在教育落后的情况下,为提高财务管理水平所作的努力往往收效甚微。又如,科学的发展对财务管理理论的完善也起着至关重要的作用。经济学、数学、统计学、计算机科学等诸多学科的发展,都在一定程度上促进了财务管理理论与技术的发展。再如,社会的资信程度等因素也在一定程度上影响着财务管理活动。当社会资信程度较高时,企业间的信用往来会加强,从而促进彼此之间的合作,并减少企业的坏账损失。

文化环境中的一个重要组成部分是我国优秀的传统文化。中华优秀传统文化源远流长、博大精深,是中华文明的智慧结晶,其中蕴含的天下为公、民为邦本、为政以德、革故鼎新、任人唯贤、天人合一、自强不息、厚德载物、讲信修睦、亲仁善邻等,是中国人民在长期生产生活中积累的宇宙观、天下观、社会观、道德观的重要体现,同中国特色社会主义核心价值观主张具有高度契合性。

全面建设社会主义现代化国家,必须坚持中国特色社会主义文化发展道路,增强文化自信。习近平文化思想具有广阔时代背景、深厚理论基础和坚实实践基础,蕴含着坚定文化自信、宏阔历史视野、深远战略考量,体现了理论与实践相结合、历史与现实相贯通、认识论与方法论相统一等鲜明特点,在推动我国社会主义文化建设中展现出巨大的真理力量和强大实践伟力。习近平文化思想坚持马克思主义立场观点方法,坚持和运用马克思主义文化理论,继承弘扬中华优秀传统文化精华,根据时代和实践发展变化,提出一系列新思想、新观点、新论断,形成了系统科学的思想体系。这一重要思想为丰富发展马克思主义文化理论作出了原创性贡献,为传承发展中华优秀传统文化作出了历史性贡献,为推动人类文明进步事业作出了世界性贡献,其科学性和真理性已经在实践中得到了充分检验。

新时代新征程,世界百年未有之大变局加速演进,中华民族伟大复兴进入关键时期,战略机遇和风险挑战并存。我们要深刻领悟"两个确立"的决定性意义,增强"四个意识"、坚定"四个自信"、做到"两个维护",深入学习领会、坚决贯彻落实习近平文化思想,不断提升国家文化软实力和中华文化影响力,为全面建设社会主义现代化国家、全面推进中华民族伟大复兴提供强大精神力量、有利文化条件。

2025年,中共中央、国务院印发的《教育强国建设规划纲要(2024—2035年)》提出:以习近平新时代中国特色社会主义思想为指导,深入贯彻全国教育大会精神,紧扣中央关心、群众关切、社会关注,坚持目标导向、问题导向和效果导向,紧紧围绕教育的"三大属性",以"六大特质"为主要特征、以"八大体系"为基本结构、以正确处理"五个重大关系"为关键要求,深化改革,突出教育科技人才一体统筹部署,推动从教育大国向教育强国的系统跃升。这些都为塑造立德树人新格局,培养担当民族复兴大任的时代新人提供了文化力量。

第五节　财务管理变革与发展趋势

人工智能、互联网、大数据、云计算、区块链等信息技术深刻改变了传统财务管理的效率与准确性,推动财务管理向自动化、实时化、智能化、个性化的方向发展,使财务管理从"记录过去"转向"驱动未来"。

一、信息技术促进财务管理效率变革

财务自动化、实时化、智能化、个性化技术包括 AI、财务 RPA、ERP 系统、API 集成、云计算和区块链技术等。未来,随着 AI、机器学习等技术的进一步融合,财务管理的智能化程度将进一步提升。

1. AI

(1) 财务大模型技术。大模型(如 DeepSeek、GPT 等)正在深刻重塑财务管理模式。比如,大模型实现了自动化财务报告生成、智能会计处理、智能财务顾问和人机协同,推动了财务决策智能化、流程自动化和服务个性化进程等。据 DeepSeek 大模型预测,预计 50% 以上的财务报告将实现 AI 自动生成;AI 将使财务运营成本降低 50% 以上;财务决策速度将提升 10 倍。建立"大模型数据训练集＋财务微调能力＋人机协作"的财务管理体系成为充分释放信息技术红利的有效途径。

（2）大数据分析（big data analytics）。大数据分析深刻地改变了财务管理的方式，使企业能够更精准地预测风险、优化决策、提高效率并创造新的商业价值。一是实现更精准的财务预测。CFO和财务团队通过对过去发生的交易、市场数据、客户行为进行大数据分析，可以进一步优化现金流与收入预测和成本分析，并基于实时数据制定未来战略。二是实现实时风险监控。通过对市场交易、价格波动、供应链等数据进行大数据分析，企业可以提前发现流动性等财务风险。

2. 财务RPA

机器人流程自动化（robotic process automation，RPA）是一种利用软件机器人（robots）模拟人类操作，自动执行规则明确、重复性高的数字化任务的技术。这类机器人能够像人类一样与计算机系统交互，完成数据录入、流程触发、信息提取等工作，不但速度更快、错误率更低，且无需人工干预。

财务RPA是通过模拟人类操作，完成标准化任务（如数据录入、报表生成、对账等），从而提升财务效率、减少错误并降低人力成本的技术。例如，实时核算可推进业财深度融合，提升财务预测精度，推动财务人员从"账房先生"转向"战略分析师"。

3. ERP系统

企业资源计划（enterprise resource planning，ERP）是一种集成管理软件系统，它涵盖了企业的各个方面，包括供应链管理、物流管理、采购管理、销售管理、财务管理、人力资源管理等。ERP系统是财务自动化的核心平台，通过内置规则、集成模块和自动化工具，实现了财务流程的标准化、高效化和智能化。

4. API集成

应用程序编程接口（application programming interface，API）是软件系统不同组成部分之间进行通信和交互的约定和工具集合。它是应用程序编程接口，是一组用于构建软件应用程序的定义、协议和工具。API集成是指将不同系统或应用程序的API连接起来，让它们能够相互通信和共享数据。

例如，企业可利用API集成定时自动输出资产负债表。企业ERP系统存储了大部分财务和业务数据，各系统可通过API将相关数据传输至财务系统的资产负债表模块，系统对数据进行清洗和转换后，将销售系统中的应收账款数据按照账龄进行分类整理，将库存管理系统中的存货数据按照成本计价方法进行调整，以符合资产负债表编制要求，系统通过定时设置，每天或每周自动触发数据采集和资产负债表生成流程，并根据预设的会计科目和报表格式，自动从各个数据源获取数据并将数据填充到资产负债表相应项目中。同时，企业可以设置数据校验规则，对数据进行逻辑校验和平衡校验，确保资产负债表符合会计等式和准则。

5. 云计算

云计算（cloud computing）正在深刻改变财务管理的模式，使财务管理更加灵活、高效、安全，并推动财务数字化转型。云计算对财务管理的主要影响包括：一是实现全球化财务协作。财务团队可在多个地点，通过云端系统实时协同工作。例如，管理者可通过手机、平板电脑随时查看财务数据，审批付款或调整预算，实现移动端管理。二是实现跨国企业财务集中管理。子公司的财务数据统一上云，总部可实时监控全球资金流动。三是随着"云计算＋AI＋大数据"的进一步融合，财务管理将更加智能化、自动化。

6. 区块链技术

区块链技术具有去中心化、不可篡改和智能合约等特性。这些特性正深刻重构财务管理的底层逻辑,实现财务范式的根本转变。例如,CFO 可以重新定义为"链上财务官"。区块链技术可实现全节点实时同步记账,带来了分布式账本革命,消除了传统对账成本;便于开展资产数字化确权;构建了智能清结算系统并重构了跨境支付流程,实现了秒级跨境贸易结算。未来,区块链技术将进一步实现企业财务数据上链→业务流程重构→生态价值互通。

二、信息技术推动财务管理从"记录过去"转向"驱动未来"

1. 强化了企业战略管理理念

AI、ERP 系统、API 集成、云计算、区块链等信息技术,通过自动化和数字化手段,解决了传统财务管理中信息滞后、分散的问题。例如,企业可通过 ERP 系统打通财务、采购、生产、销售等部门的数据孤岛,实时获取库存周转率、生产成本、现金流等数据。通过历史数据和预测模型(如大数据分析),管理者可评估新市场进入、研发投入等战略举措的财务可行性。例如,科技企业可利用财务模型测算 AI 研发项目的 ROI(Return on Investment,投资回报率)。这让管理者可站在战略高度规划财务活动,将财务管理与企业长期发展目标结合,推动财务管理从"记录过去"转向"驱动未来",确保财务策略与企业愿景一致。

2. 提供了多样化分析工具和方法

信息技术也会对财务管理方法变革产生影响。信息技术可提供财务管理的多样化的分析工具和方法,深入挖掘财务数据的价值,为企业决策提供支持。例如,数据挖掘技术促进了销售数据与应收账款回收情况的关联,可找出影响回款的关键销售因素;聚类分析可将客户按信用风险、消费能力等特征进行分组,辅助制定差异化信用政策;分类算法可对财务风险进行分类预测,预判企业破产的可能性。又如,可视化报表工具可将资产负债表、利润表等以直观图形展示,如柱状图可对比不同产品线收入,折线图可展示利润趋势,饼图可体现成本结构占比;仪表盘工具能展示收入增长率、利润率、现金流等指标的变化情况。

3. 带来了财务管理内容的新机遇

传统财务管理学包括货币时间价值、筹资管理、投资管理、营运资金管理、利润分配、财务分析等核心内容。大模型技术凭借强大的数据处理、分析和生成能力,为传统财务管理带来了新的变革机遇。

1)货币时间价值方面的机遇

(1)可实现复杂现金流预测。大模型可以分析历史数据和市场趋势,更精准地预测企业未来的现金流量。例如,大模型可综合考虑宏观经济指标、行业发展动态、企业经营状况等多维度因素,对未来各期的现金流入和流出作出更符合实际情况的估计,从而更准确地计算货币时间价值。

(2)可实现动态折现率调整。大模型可根据市场实时数据和风险因素,动态调整折现率。它可以实时监测利率波动、通货膨胀率变化等信息,使信息及时反映在折现率的计算中,从而使货币时间价值的计算更加准确合理。

2)筹资管理方面的机遇

(1)可实现复杂融资需求预测。大模型可以分析企业的历史财务数据、业务发展规划、市场前景等因素,预测企业在未来不同阶段的融资需求。例如,它可以通过对销售增长、资产扩张等数据的分析,确定合理的融资规模和时间节点。

（2）使融资方案更精准优化。大模型能够对各种融资渠道和方式进行评估和比较,结合企业的财务状况、风险承受能力和融资成本等因素,为企业提供最优的融资方案。例如,它可以分析银行贷款、股权融资、债券发行等不同融资方式的优缺点和适用条件,帮助企业选择最适合的融资组合。

3）投资管理方面的机遇

（1）可实现更全面项目评估与决策。大模型可以对投资项目进行全面的风险评估和收益预测。它能够整合市场数据、行业信息、企业内部数据等多源信息,运用复杂的算法和模型,对项目的净现值、内部收益率等指标进行精确计算和分析,为投资决策提供科学依据。

（2）使投资组合优化更精准。大模型可以根据市场动态和企业投资目标,实时调整投资组合。其可通过分析不同资产类别的风险收益特征和相关性,优化投资组合的配置比例,实现风险最小化和收益最大化。

4）营运资金管理方面的机遇

（1）使应收账款管理更及时。大模型可以实时监控客户的信用状况和付款行为,预测应收账款的回收时间和金额;通过分析历史交易数据、客户信用评分等信息,建立信用风险评估模型,及时发现潜在的坏账风险,并采取相应的措施进行风险控制。

（2）使存货管理更有效率。大模型可以根据市场需求预测、生产计划和库存水平等因素,优化存货管理策略;通过实时分析销售数据、库存周转率等信息,实现精准补货,降低库存成本,提高资金使用效率。

5）利润分配方面的机遇

（1）使股东价值分析更充分。大模型可以综合考虑企业的财务状况、经营业绩、市场前景等因素,评估股东价值;通过分析每股收益、市盈率、股息率等指标,为利润分配决策提供参考,确保利润分配方案能够最大程度地满足股东的利益。

（2）使分红政策制定更合理。大模型可以根据企业的盈利情况、现金流状况和发展战略,制定合理的分红政策;通过模拟不同分红方案对企业财务状况和股东权益的影响,选择最优的分红方式和比例。

6）财务分析方面的机遇

（1）可实现多维度数据对比分析。大模型可以整合企业的财务数据、业务数据和非财务数据,进行多维度的对比分析。例如,其可从时间维度、行业对比、区域分布等角度对企业财务指标进行计算和深入分析,挖掘数据背后的趋势和潜在规律,从而为企业的决策提供更全面的支持。

（2）可实现智能预警与预测。大模型可以通过对历史数据的分析和学习,建立财务风险预警模型,实时监测企业的财务指标和市场环境变化,及时发现潜在的风险因素,并发出预警信号。同时,其还可以对未来的财务状况进行预测,为企业制定战略规划提供参考。

↗ **微型案例**

齐鲁制药卷入虚开增值税发票案件

齐鲁制药有限公司(以下简称齐鲁制药)连续多年位列中国医药工业百强榜前列,员工数量达 3.6 万余人。截至 2023 年年底,公司实现营收 389.6 亿元。齐鲁制药是全国民企 500 强,是省市生物医药产业双"链主"企业,在医药行业拥有较高的知名度和影响力。然而,该公司被卷入了一起虚开增值税发票的案件。

2024 年 12 月 3 日,中国裁判文书网发布了一份虚开发票案件判决书——《赵某虚开增值税专用发票、用于骗取出口退税、抵扣税款发票一审刑事判决书》(案号为〔2024〕皖 0181 刑初 327 号)。该判决书披露了巢湖医统天下健康咨询有限公司(以下简称巢湖医统天下)在无真实交易的情况下,向齐鲁制药及其关联公司虚开增值税发票 13 925 份,价税合计 13.51 亿元。

判决书显示:2019 年 12 月至 2021 年 9 月,齐鲁制药按照巢湖医统天下的安排,提供了 300 余名员工的身份信息,在巢湖市成立多家个体工商户并开设银行账户。这些个体工商户的营业执照、公章均由巢湖医统天下统一保管、使用。齐鲁制药在没有接受任何药品推广服务和药品交易的情况下,按月通过邮件将对应资金需求的开票信息、资金回流账户等内容发送至巢湖医统天下运营部。运营部将信息上传至巢湖医统天下信息平台,生成结算单。巢湖医统天下按照结算单,开具等额增值税专用发票给齐鲁制药及其关联公司。齐鲁制药及其关联公司收到发票后,按照结算单金额转账至巢湖医统天下,巢湖医统天下再按照结算单金额的 91%转账至齐鲁制药各省事业部实际掌控的个体工商户银行账户中,完成资金回流。

齐鲁制药及其相关责任人员被追究刑事责任。根据《中华人民共和国刑法》第 205 条规定,虚开增值税专用发票罪单位犯罪的最高刑罚可至无期徒刑,直接负责的主管人员和其他直接责任人员也可能面临严厉的刑事处罚。赵某(巢湖医统天下运营部总监)因犯虚开增值税专用发票罪,被判处有期徒刑三年,缓刑三年,并处罚金人民币五万元。

齐鲁制药因虚开发票行为而面临处罚,包括补缴税款、罚款以及可能的民事赔偿等。作为一家知名的制药企业,其虚开发票事件不仅给企业自身带来了巨大的法律风险和财务损失,还损害了企业形象和行业声誉,可能导致消费者和合作伙伴的信任度下降。该事件也暴露了医药行业在财务管理和合规性方面存在的问题,可能引发相关部门加强行业监管和整改。其他医药企业可能因此受到警示,从而加强自身的财务管理和合规性建设。齐鲁制药的股价可能因该事件受到负面影响,导致投资者信心受挫。

齐鲁制药虚开增值税发票是明显的违法行为,其部分员工因缺乏正确的价值观,而参与了虚开增值税发票等违法行为。如果企业能够加强思政教育,引导员工树立正确的价值观,提高员工的法律意识,员工就能更加清晰地认识到虚开增值税发票的违法性,从而避免参与其中。

整体来看,齐鲁制药虚开增值税发票事件再次提醒我们"知敬畏、守诚信"在企业管理中的重要性。企业应增强法规意识,提高员工素质和能力,并防范类似事件的再次发生。

章节测试题 (共 100 分)

【单选题】(本题共 30 分。每小题 6 分)

1. 根据相关者利益最大化的财务管理目标理论,承担最大风险并可能获得最大收益的是( )。

   A. 股东　　　　　B. 经营者　　　　　C. 债权人　　　　　D. 供应商

2. 下列各种观点中,要求企业通过采用最优的财务政策,充分考虑资金的时间价值和风险与收益的关系,在保证企业长期稳定发展的基础上使企业总价值达到最大的财务管理目标是(   )。

A. 利润最大化
B. 相关者利益最大化
C. 股东财富最大化
D. 企业价值最大化

3. 与普通合伙企业相比,下列各项中,属于个人独资企业优点的是(   )。

A. 筹资渠道少
B. 承担无限责任
C. 企业组建成本低
D. 所有权转移较困难

4. 下列各项中,属于资本市场的是(   )。

A. 股票市场
B. 同业拆借市场
C. 票据市场
D. 大额定期存单市场

5. 下列应对通货膨胀风险的各项策略中,不正确的是(   )。

A. 进行长期投资
B. 签订长期购货合同
C. 取得长期借款
D. 签订长期销货合同

【多选题】(本题共 12 分。每小题 6 分)

1. 投资者与企业之间发生的财务关系包括(   )。

A. 投资者可以对企业进行一定程度的控制或施加影响
B. 投资者可以参与企业净利润的分配
C. 投资者对企业的剩余资产享有索取权
D. 投资者对企业承担一定的经济法律责任

2. 下列企业组织形式中,会导致双重课税的有(   )。

A. 个人独资企业
B. 合伙企业
D. 股份有限公司
C. 有限责任公司

【判断题】(本题共 18 分,每小题 6 分)

1. 合伙企业的投资人对企业债务均承担无限连带责任。　　　　　　(   )

2. 与普通合伙企业相比,股份有限公司的缺点是企业组建成本高。　　(   )

3. 企业财务管理的目标理论包括利润最大化、股东财富最大化、公司价值最大化和相关者利益最大化等理论。其中,公司价值最大化、股东财富最大化和相关者利益最大化都是以利润最大化为基础的。　　　　　　　　　　　　　　　　　(   )

【思考题】(本题共 40 分,每小题 10 分)

1. 简述财务活动与财务关系。
2. 简述企业财务管理的特征。
3. 简述"委托—代理问题"的主要表现形式。
4. 试述经济环境变化对企业财务管理的影响。

第二章

财务管理估值基础

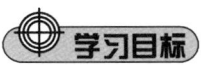

微课视频

1. 理解货币时间价值的概念,掌握复利和现值的计算方法。

2. 理解年金的概念,并能计算普通年金和即付年金的现值和终值。

3. 理解风险和收益的定义,掌握衡量风险的方法以及资本资产定价模型(CAPM)的基本原理。

4. 理解名义利率和实际利率的区别,掌握利率期限结构的含义,并能解释不同形状的收益率曲线所代表的含义。

<table>
<tr><td rowspan="17">财务管理估值基础</td><td rowspan="7">货币时间价值</td><td>时间价值</td></tr>
<tr><td>时间轴</td></tr>
<tr><td>现值和终值</td></tr>
<tr><td>单利终值和单利现值</td></tr>
<tr><td>复利终值和复利现值</td></tr>
<tr><td>年金</td></tr>
<tr><td>Excel 时间价值函数基本模型</td></tr>
<tr><td rowspan="5">风险与收益</td><td>风险的概念与度量</td></tr>
<tr><td>收益的概念与计算</td></tr>
<tr><td>风险与收益的关系</td></tr>
<tr><td>风险的分类</td></tr>
<tr><td>风险管理策略</td></tr>
<tr><td rowspan="4">利率</td><td>利率的计算</td></tr>
<tr><td>利率报价与调整</td></tr>
<tr><td>名义利率与实际利率</td></tr>
<tr><td>利率的期限结构</td></tr>
</table>

风险防控与责任担当

在每年的全国两会上,政府工作报告中都明确提出要有效防范化解重点领域风险。这些风险主要聚焦于房地产、地方债务和金融领域,这些领域的风险防控对于维护经济稳定、保障民生福祉具有重要意义。同时,政府也在积极采取措施,通过深化改革、完善制度等方式,有效防范和化解这些风险,牢牢守住不发生系统性风险这一底线。

这体现了党和国家对风险防控的高度重视,也为我们进行思政教育提供了生动的素材。每个人都是国家风险防控体系中的一员,应增强国家意识,积极履行公民责任。每个企业都应学会在投资决策中考虑资金时间价值和风险因素,提高决策的科学性和合理性。全社会应该树立法治观念,遵守法律法规,同时培养诚信意识,不参与非法金融活动。

第一节　货币时间价值

货币时间价值(time value of money)是财务管理中的一个核心概念,它是指货币在不同时间点上的价值差异。无论是个人理财、还是企业筹资与投资决策等,理解货币时间价值对于作出明智的财务决策至关重要。而货币时间价值的计算涉及现值和终值、单利和复利、年金的概念。

一、时间价值

时间价值通常是指资金在使用过程中随时间推移而产生的增值。具体来说,一定量的资金在不同时间点上具有不同的价值,这种差异即为时间价值。

时间价值体现了资金使用者对资金时间上的需求差异和资金所有者对资金时间上的收益要求。从使用者的角度来看,他们希望通过投资获得资本的增值;从所有者的角度来看,他们希望将资金的使用权转让给使用者时,能够获得一定的报酬。此外,由于未来存在通货膨胀和其他风险,牺牲现在的消费总是要求获得一定的补偿,这也构成了时间价值的一部分。

在财务管理实践中,时间价值的衡量通常使用利率或收益率等作为相对尺度,使用利息或利润等作为绝对尺度。通过计算不同时间点上的资金现值或终值,可以量化资金的时间价值。这种计算通常基于复利原则,即不仅本金会产生利息,而且利息也会在下一个计息周期中作为本金的一部分继续产生利息。

时间价值在财务管理中有着广泛的应用,如筹资决策、投资决策、资金流动管理以及利润分配及绩效评估等。在进行投资决策时,通过计算项目的净现值(NPV)或内部收益率(IRR),可以评估项目的可行性并作出明智的投资选择。在筹资决策中,时间价值的概念有助于企业优化资本结构并降低筹资成本。在营运资金管理中,通过预测未来现金流并合理安排资金的使用和调度,可以确保资金的流动性和安全性。而在利润分配中,时间价值为评估管理层和员工的绩效等提供了重要的依据。

二、时间轴

时间轴通常呈现为一条时间线段,该线段被分为若干等份,每一等份代表一个时间单位(如年、月等)。线段上的点代表不同的时间点,其中"0"通常表示现在或第 1 期期初。时间轴上的每一个点都代表本期的期末及下期的期初。因此,第 1 期期末记为 1 时点,第 2 期期末记为 2 时点,以此类推,如图 2-1 所示。时间轴上的各个数字代表的就是各个不同的时点,一般用字母 t 表示。

现金流：	-500	-100	260	350

时　点：	0	1	2	3
	现在	第1期期末	第2期期末	第3期期末
发生时间：	或	或	或	或
	第1期期初	第2期期初	第3期期初	第4期期初

图 2-1　现金流量时间线

时间轴可以清晰地显示出不同时间点上的现金流量。现金流量包括现金流入量和现金流出量，它们分别表示企业在不同时间点上的资金收入和支出。通过将已知的现金流量准确地标示在时间轴上，可以直观地看到资金在不同时间点上的流动情况，从而为企业的财务决策提供依据。

时间轴与货币时间价值密切相关。货币时间价值是指资金在不同时间点上具有不同的价值，这种差异是由资金的稀缺性、投资机会的多样性以及通货膨胀等因素造成的。

三、现值和终值

1. 现值

现值（present value）是指未来某一时点的一定量资金折算到现在所对应的金额，用 P 表示。简单来说，就是考虑货币时间价值的情况下，现在的一笔钱相当于未来多少钱。例如，预计 1 年后能收到 110 元，假设年利率是 10%，那么这笔未来的 110 元在现在的价值（现值）就是 100 元。这是因为 100 元按照 10% 的利率，1 年后会增长到 110 元。

2. 终值

终值（future value）是指现在一定量的资金在未来某一时点上的价值，用 F 表示。例如，现在将 100 元存入银行，年利率为 10%，1 年后这笔钱的终值就是 110 元。这是因为 100 元本金在 1 年后获得了 10 元（$100 \times 10\%$）的利息，加上本金总共是 110 元。

四、单利终值和单利现值

单利是指在计算利息时，仅以本金为基础，按照固定的利率计算利息，所产生的利息不再加入本金计算下一期利息。

1. 单利终值

单利终值是指按单利计算方法，本金经过一定时期后的本利和。其也就是在只考虑本金计算利息，利息不计入下一期本金计算利息的情况下，一笔资金在未来某一时点的价值。

单利终值的计算公式为：

$$F = P + P \cdot n \cdot i = P \times (1 + n \cdot i)$$

单利利息的计算公式为：

$$I = P \cdot n \cdot i$$

其中，P 为本金（现值）；F 为本利和（终值）；I 为利息；i 为利率；n 为计算利息的期数。

【例 2-1】 某人于 20×4 年 1 月 1 日存入中国银行 1 000 元人民币，存期 3 年，存款年利率为 4%，到期本息一次性支付。请计算到期单利终值与利息分别为多少。

单利终值＝1 000×(1＋4%×3)＝1 120(元)

利息＝1 000×4%×3＝120(元)

2. 单利现值

单利现值是指在单利计息的情况下，未来某一时点的一定量资金，按照一定的单利利率折算到现在的价值。它是终值计算的逆运算，用于确定为了在未来获得一定金额的资金，现在需要投入多少本金。

单利现值的计算公式为：

$$P = \frac{F}{1 + n \cdot i}$$

【例 2-2】　某公司预计在 5 年后收到一笔货款 8 000 元，已知单利年利率为 4%，求这笔货款的现值。

$$P = \frac{8\ 000}{1 + 5 \times 4\%} = 6\ 667(元)$$

五、复利终值和复利现值

复利是指在计算利息时，某一计息周期的利息是由本金加上先前周期所积累利息总额来计算的利息计算方式，也就是俗称的"利滚利"。

1. 复利终值

复利终值是指一定量的本金按复利计算若干期后的本利和。它是基于复利的计算方式，考虑了本金以及在每个计息期所产生的利息在未来某一时点的积累总额。

如果年利率为 i，本金 P 在 n 期后的终值为 F，则 F 与 P 的关系如下：

$$F = P \times (1 + i)^n$$

其中，$(1 + i)^n$ 为复利终值系数或一元的复利终值，用符号 $(F/P, i, n)$ 表示。为简化计算，可以直接查阅复利终值系数表，见附表 2。

这样，复利终值的计算公式也可以表示为：

$$F = P \times (F/P, i, n)$$

【例 2-3】　小张将 5 000 元存入银行，年利率为 4%，按复利计算，3 年后小张能获得多少本息和(即复利终值)？

$$F = 5\ 000 \times (F/P, 4\%, 3) = 5\ 000 \times 1.124\ 9 = 5\ 624.5(元)$$

2. 复利现值

复利现值是指未来某一特定时间的一定量资金按复利计算折合成现在的价值。它是复利终值的逆运算，是考虑货币时间价值，把未来的资金数额折算到现在时刻的价值。根据复利终值的计算公式，可以得到复利现值的计算公式为：

$$P = F \times \frac{1}{(1 + i)^n}$$

其中，$(1 + i)^{-n}$ 为复利现值系数或 1 元的复利现值，用符号 $(P/F, i, n)$ 表示。为简化计算,可以直接查阅复利现值系数表,见附表3。

这样,复利现值的计算公式也可以表示为:

$$P = F \times (P/F, i, n)$$

【例2-4】 已知小张3年后需要5 000元,假设年利率为5%,按复利计算,小张现在需要存入银行多少钱?

$$P = 5\,000 \times (P/F, 5\%, 3) = 5\,000 \times 0.863\,8 = 4\,319(元)$$

六、年金

年金是指一定时期内每次等额收付的系列款项,通常用字母 A 表示。这些收付的款项间隔时间相等,如每月、每季、每年等。

年金在经济生活中有广泛的应用,它是一种基于时间序列的资金收付模式,体现了资金在多个时期内有规律地流动,如企业租赁设备,每年年末支付固定的租金,以及个人购买养老保险,在退休后每年(或每月)领取固定金额的养老金等。

年金按每次收款、付款发生的时点不同,可分为普通年金、预付年金、递延年金、永续年金多种形式。

1. 普通年金

普通年金又称后付年金,是最常见的年金形式,它在每期期末进行收付。例如,一个人购买了一份理财产品,每年年末可以获得固定金额的收益,这就是普通年金。

假设期限为 n 期,年金金额为 A,普通年金示意图如图2-2所示。

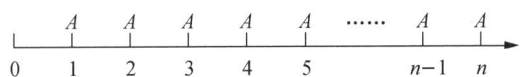

图2-2 普通年金示意图

1) 普通年金终值

普通年金终值是指一定时期内,每期期末等额收付系列款项的复利终值之和。其简单来说,就是经过若干期后,这些等额收付款项在最后一期期末时的价值总和。普通年金终值计算示意图如图2-3所示。

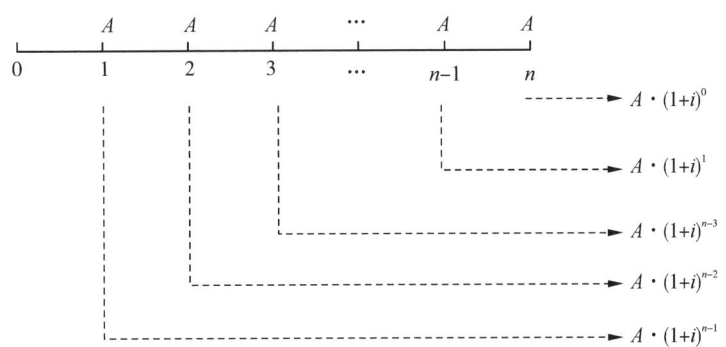

图2-3 普通年金终值计算示意图

由图 2-3 可知，普通年金终值的计算公式为：

$$F = A \times (1+i)^0 + A \times (1+i)^1 + A \times (1+i)^2 + \cdots + A \times (1+i)^{n-1}$$

其中，F 为普通年金终值，A 为每期的等额收付金额，i 为利率，n 为期数。

整理上式，可得到：

$$F = A \times \frac{(1+i)^n - 1}{i}$$

其中，$\frac{(1+i)^n - 1}{i}$ 称作普通年金终值系数或 1 元的普通年金终值，记为 $(F/A, i, n)$。为简化计算，可直接查阅年金终值系数表，见附表 4。

这些，普通年金终值的计算公式也可以表示为：

$$F = A \times (F/A, i, n)$$

【例 2-5】 小王有一个投资计划，预计投资一个项目，该项目每年年末能获得收益 3 000 元，假设年利率为 8%，投资期限为 10 年。求这个投资项目收益的普通年金终值，以此来评估该投资项目在 10 年后的总收益价值。

$$F = 3\,000 \times (F/A, 8\%, 10) = 3\,000 \times 14.486\,6 = 43\,459.8 (元)$$

【例 2-6】 企业计划在 5 年后偿还一笔 100 000 元的债务，从现在起每年年末等额存入银行一笔款项，假设年利率为 6%，问每年应存入多少金额？

$$A = 100\,000 / (F/A, 6\%, 5) = 100\,000 / 5.637\,1 = 17\,739.62 (元)$$

2）普通年金现值

普通年金现值是指将在一定时期内按相同时间间隔在每期期末收付的相等金额折算到第 1 期期初的现值之和。也就是说，它是考虑货币时间价值的情况下，这些未来等额收付的系列款项在现在时刻的价值总和。普通年金终值计算示意图，如图 2-4 所示。

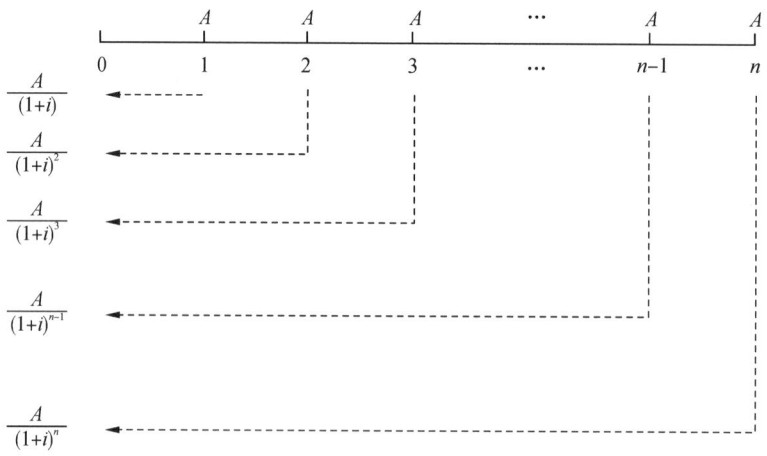

图 2-4　普通年金终值计算示意图

由图 2-4 可知，普通年金现值的计算公式为：

$$P = A \times (1+i)^{-1} + A \times (1+i)^{-2} + \cdots + A \times (1+i)^{-(n-1)} + A \times (1+i)^{-n}$$

整理上式,可得到:

$$P = A \times \frac{1-(1+i)^{-n}}{i}$$

其中,$\dfrac{1-(1+i)^{-n}}{i}$ 称作普通年金现值系数或一元的普通年金现值,记为 $(P/A, i, n)$。为简化计算,可直接查阅年金现值系数表,见附表5。

这样,普通年金现值的计算公式也可以表示为:

$$P = A \times (P/A, i, n)$$

【例2-7】 有一个投资项目,每年年末能产生收益3 000元,持续5年,假设投资者要求的最低回报率是8%,判断该投资项目现在价值多少时才值得投资?

$$P = 3\,000 \times (P/A, 8\%, 5) = 3\,000 \times 3.992\,7 = 11\,978.4(元)$$

【例2-8】 小张申请了一笔贷款,贷款机构要求他在未来3年每年年末等额偿还贷款本息。假设年利率为10%,如果小张每年偿还金额为5 000元,那么这笔贷款的本金是多少?

$$P = 5\,000 \times (P/A, 10\%, 3) = 5\,000 \times 2.486\,9 = 12\,434.5(元)$$

2. 预付年金

预付年金又称先付年金或即付年金,是指从第1期起,在一定时期内每期期初等额收付的系列款项,常见于年金保险、租金支付、分期付款等场景。预付年金与普通年金的对比,如图2-5所示。

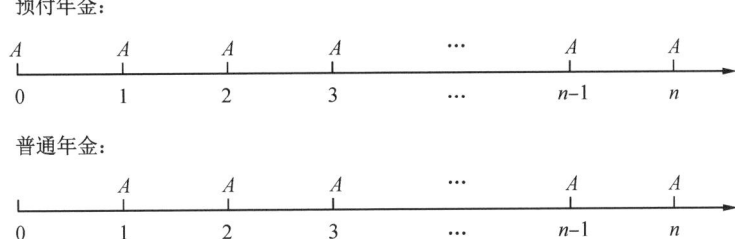

图2-5 预付年金与普通年金对比

1)预付年金终值

预付年金终值是指在一定期间内每期期初等额收付款项的复利终值之和,它是年金最后一次收付时的本利和。预付年金终值计算示意图,如图2-6所示。

预付年金终值的计算公式为:

$$F = A \times (1+i)^1 + A \times (1+i)^2 + A \times (1+i)^3 + \cdots + A \times (1+i)^{(n-1)} + A \times (1+i)^n$$

整理上式,可得到:

$$F = A \times (1+i) \times \frac{(1+i)^{-n}-1}{i} = A \times (F/A, i, n) \times (1+i)$$

或

$$F = A \times \left[\frac{(1+i)^{n+1} - 1}{i} - 1 \right] = A \times [(F/A, i, n+1) - 1]$$

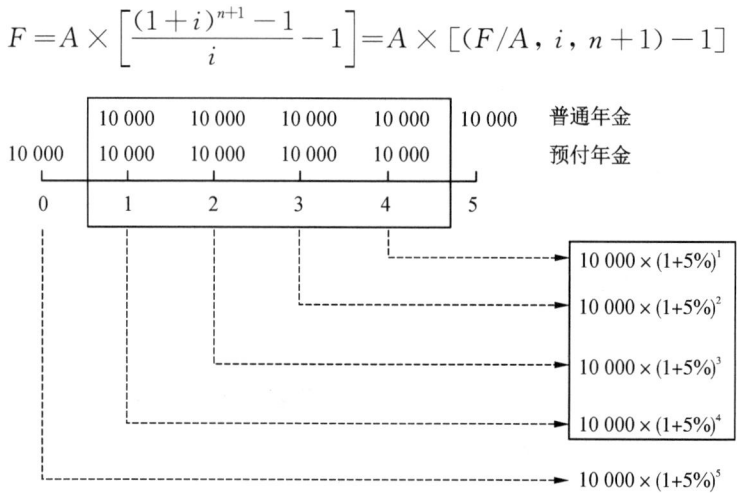

图 2-6 预付年金终值计算示意图

预付年金终值的计算可以基于普通年金的计算公式进行调整。以下是两种常用的调整方法。

方法一：先将其看成普通年金，套用普通年金终值的计算公式，计算出在最后一个 A（即最后 1 期期初）位置上的数值（即第 $n-1$ 期期末的数值），再将其向前调整 1 期，得出要求的第 n 期期末的终值。其具体公式为：

$$\text{预付年金终值} = \text{普通年金终值} \times (1+i)$$

方法二：直接利用预付年金终值的计算公式。具体公式为：

$$F = A \times [(F/A, i, n+1) - 1]$$

其中，F 表示预付年金终值，A 表示每期收付的款项金额，i 表示利率，n 表示期数。这个公式直接考虑了预付年金每期期初等额收付的特点，通过调整期数和系数来计算终值。

【例 2-9】 王先生连续 5 年于每年年初存入银行 10 000 元，假设银行存款利率为 5%，则王先生在第 5 年年末能一次取出本利和多少钱？

方法一：先将其看成普通年金，套用普通年金终值的计算公式，计算得出在第 4 年年末的终值，再乘以 $(1+i)$，调整到第 5 年年末。即：

$F = A(F/A, i, n)(1+i) = 10\,000 \times (F/A, 5\%, 5) \times (1+5\%) = 10\,000 \times 5.525\,6 \times (1+5\%) = 58\,019(\text{元})$

方法二：利用预付年金终值的计算公式。

$F = A \times [(F/A, i, n+1) - 1] = 10\,000 \times [(F/A, 5\%, 6) - 1] = 10\,000 \times (6.801\,9 - 1) = 58\,019(\text{元})$

2）预付年金现值

预付年金现值是指在一定期间内，每期期初收付款项的复利现值之和。预付年金现值计算示意图，如图 2-7 所示。

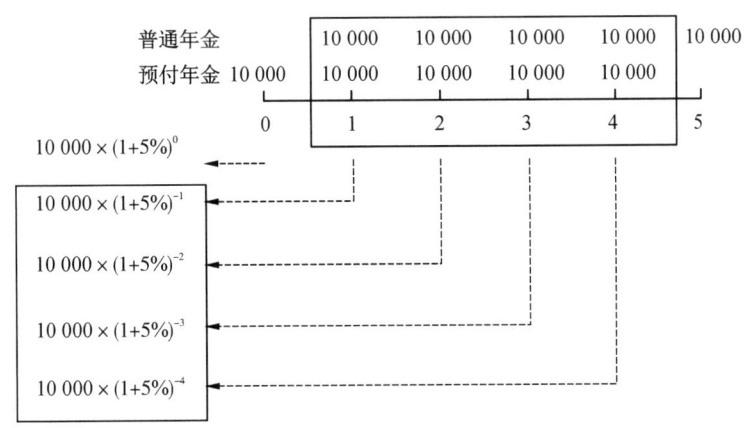

图 2-7　预付年金现值计算示意图

预付年金现值的计算公式为：

$$P = A + A \times (1+i)^{-1} + A \times (1+i)^{-2} + \cdots + A \times (1+i)^{-(n-1)}$$

整理上式，可得到：

$$P = A \times (1+i) \times \frac{1-(1+i)^{-n}}{i} = A \times (P/A, i, n) \times (1+i)$$

或

$$P = A \times \left[\frac{1-(1+i)^{-(n-1)}}{i} + 1\right] = A \times [(P/A, i, n-1) + 1]$$

预付年金现值的计算可以基于普通年金的计算公式进行调整。以下是两种常用的调整方法。

方法一：利用预付年金现值的直接计算公式。具体公式为：

$$P = A \times [(P/A, i, n-1) + 1]$$

其中，P 表示预付年金现值，A 表示每期收付的款项金额，i 表示折现率，n 表示期数。这个公式考虑了预付年金每期期初等额收付的特点，通过调整期数和系数来计算现值。

方法二：先计算出一个普通年金的现值（期数减 1），再加上一期不用贴现的付款 A。这种方法实际上是将预付年金看作是一个 $(n-1)$ 期的普通年金与每期的现金流量的和。具体公式为：

$$\text{预付年金现值} = \text{普通年金现值} \times (1+i) = A \times (P/A, i, n) \times (1+i)$$
$$= A \times [(P/A, i, n-1) + 1]$$

【例 2-10】　张先生采用分期付款方式购入商品房一套，每年年初付款 10 000 元，分 5 年付清。假设银行利率为 5%，则该项分期付款相当于一次现金支付的购买价是多少？

方法一：

$$P = A \times (P/A, i, n) \times (1+i) = 10\,000 \times (P/A, 5\%, 5) \times (1+5\%)$$
$$= 10\,000 \times 4.329\,5 \times (1+5\%) = 45\,460(\text{元})$$

方法二：

$$P = A \times [(P/A, i, n-1) + 1] = 10\,000 \times [(P/A, 5\%, 4) + 1]$$
$$= 10\,000 \times (3.546\,0 + 1) = 45\,460（元）$$

3. 递延年金

递延年金又称延期年金,是指在最初若干期没有收付款项的情况下,后面若干期才发生等额的系列收付款项。它是普通年金的特殊形式。

在计算递延年金的现值时,需要先确定递延期和普通期的长度,再使用适当的现值计算公式进行计算。递延期的长度可以根据实际情况确定,普通期的长度可以根据需要计算若干期的年金现值。

1) 递延年金终值

递延年金终值是指在预备计算时尚未发生收付,但未来一定会发生若干期等额收付的年金。递延年金终值的计算与普通年金的终值计算相同。递延年金终值计算示意图,如图2-8所示。

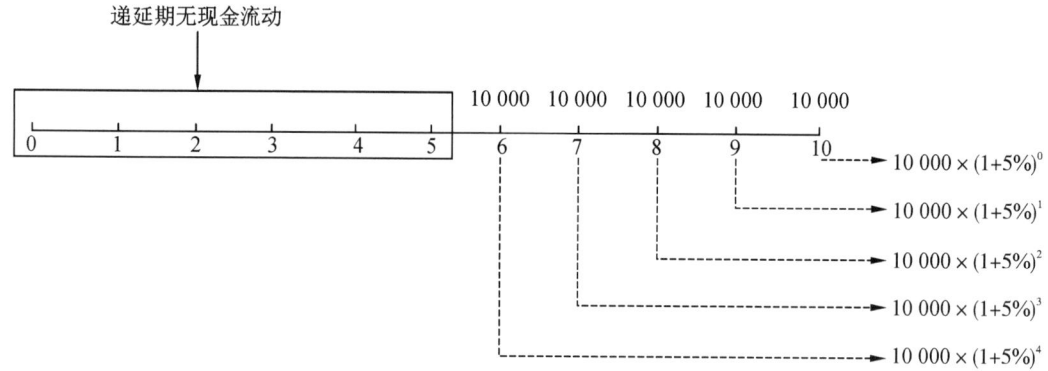

图2-8　递延年金终值计算示意图

递延年金终值在金融领域和社保回馈方面有着广泛的应用。例如,在金融理财中,投资者可能会购买递延年金保险产品,这种产品允许投资者在缴费期结束后的一定时期内开始领取年金。通过计算递延年金终值,投资者可以了解自己在未来能够领取到的总金额,从而作出更合理的投资决策。在社保回馈方面,递延年金终值也可以用于计算退休人员在退休后能够领取到的养老金总额。

【例2-11】　某企业于年初投资一项目,估计从第6年开始至第10年,每年年末可得收益10 000元,假定年利率为5%,则该投资项目年收益的终值是多少?

$$F = A(F/A, i, n) = 10\,000 \times (F/A, 5\%, 5) = 10\,000 \times 5.525\,6 = 55\,256（元）$$

2) 递延年金现值

递延年金现值是指间隔一定时期后每期期末或期初收入或付出的系列等额款项,按照复利计息方式折算的现时价值。换句话说,它是间隔一定时期后每期期末或期初等额收付资金的复利现值之和。

递延年金现值的计算有多种方法,以下列举其中两种方法。

方法一:先求出递延期末的现值,再将此现值折现到第1期期初,如图2-9所示。

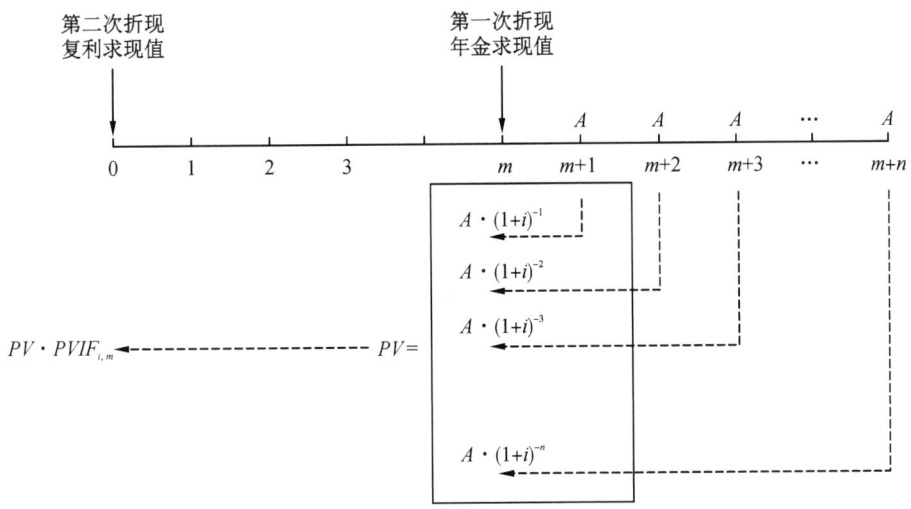

图 2-9   递延年金现值计算示意图

其公式为:

$$P_m = A \times (P/A, i, n)$$
$$P = P_m \times (P/A, i, n) \times (P/F, i, n)$$

方法二:先求出 $(m+n)$ 期的年金现值,再扣除递延期 (m) 的年金现值,如图 2-10 所示。

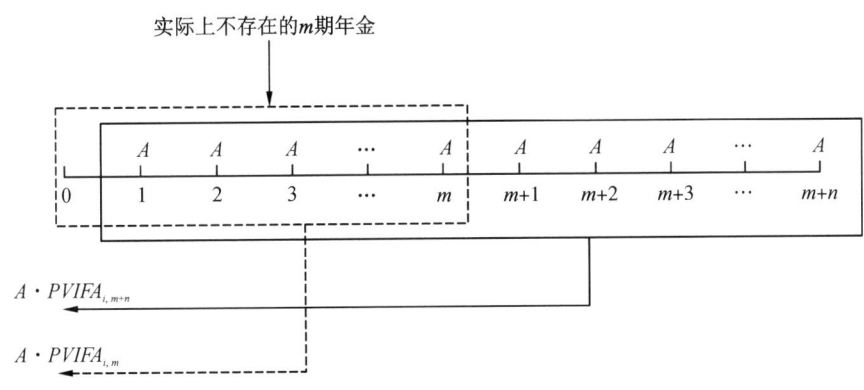

图 2-10   递延年金现值计算示意图

其公式为:

$$P = P_{m+n} - P_m = A \times (P/A, i, m+n) - A \times (P/A, i, m)$$

【例 2-12】 假设某企业计划从第 5 年开始,每年年末存入银行 20 000 元,作为企业的退休基金,连续存 10 年。假设银行年利率为 6%,请计算该递延年金在第 1 年年初的现值。

$P = 20\,000 \times (P/A, 6\%, 10) \times (P/F, 6\%, 4) = 20\,000 \times 7.360\,1 \times 0.792\,1$

$\quad = 116\,453.58(元)$

或

$$P = 20\,000 \times (P/A, 6\%, 14) - 20\,000 \times (P/A, 6\%, 4)$$
$$= 20\,000 \times (9.295\,0 - 3.465\,1) = 116\,598(元)$$

4. 永续年金

永续年金是指无限期等额收付的特种年金。它是普通年金的特殊形式,即期限趋于无穷的普通年金。例如,英国政府曾经发行的一种债券就是没有到期日的债券,债券利息就可以看作是永续年金。这种年金没有终止的时间,会一直持续地支付下去,如图 2-11 所示。

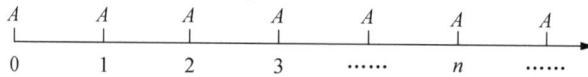

图 2-11 永续年金现值示意图

普通年金现值的计算公式为:

$$P = A \times \frac{1 - (1+i)^{-n}}{i}$$

当 $n \to \infty$ 时,$(1+i)^{-n} \to 0$,则永续年金现值的计算公式为:

$$P = \frac{A}{i}$$

【例 2-13】 某企业想建立一项永久性的爱心基金,计划每年年末拿出 10 000 元来资助贫困学生。假设年利率为 8%,问该企业现在需要一次性存入多少钱,才能保证这个爱心基金的持续运作?

$$P = \frac{A}{i} = \frac{10\,000}{8\%} = 125\,000(元)$$

七、Excel 时间价值函数基本模型

当前,小型财务计算器和 office 办公软件得到广泛应用,这不仅使得检查和计算各种复杂形态的现金流量的价值更加方便快捷,也使得敏感性分析更为有效。现以 Excel 2016 为例,介绍货币时间价值的计算方法。

在采用公式计算货币的时间价值时,每个公式都包含若干个变量,如简单现金流量的四个变量是 PV、FV、i、n,系列现金流量的变量是 PV 或 FV、A、i、n。只要知道其中几个变量,就可以求出另外的几个变量。

Excel 电子表格程序通常包含 5 个变量:PV、FV、$PMT(A)$、$RATE(i)$、$NPER(n)$。这是因为计算机程序中被设计成:如果输入 PMT(等额款项),PV 或 FV 的值有一个值默认为 0。输入 PMT 值为 0 时,处理的是简单现金流量问题。在这 5 个变量中,只要输入 4 个变量值,就可以计算第 5 个变量。利用电子表格程序求解各个变量的公式如表 2-1 所示。

表 2-1 电子表格程序求解公式

求解变量	输入函数
计算终值：FV	$= FV(Rate,Nper,Pmt,PV,Type)$
计算现值：PV	$= PV(Rate,Nper,Pmt,PV,Type)$
计算每期等额现金流量：PMT	$= PMT(Rate,Nper,PV,FV,Type)$
计算期数：n	$= NPER(Rate,Pmt,PV,FV,Type)$
计算利率或折现率：i	$= RATE(Nper,Pmt,PV,FV,Type)$

利用电子表格程序求解任何一个变量值,可按照表 2-1 中"输入函数"括号中的顺序输入 3 个已知变量的值,将第 4 个变量值设为 0(求简单现金流量的现值或终值,将 Pmt 设为 0;求年金终值,将 PV 设为 0;求年金现值,将 FV 设为 0)。如果现金流量发生在每期期末,则"Type"项设为 0 或忽略;如果现金流量发生在每期期初,则"Type"项设为 1。

在变量输入过程中,需要注意以下几个问题:

(1) 现金流量的符号问题。在 FV、PV 和 PMT 三个变量中,其中总有一个数值为 0。因此,在每一组现金流量中,总有两个异号的现金流量。在 Excel 内置函数中,PV 函数认定年金 PMT 和终值 FV 现金流量的方向与计算出的现金流量现值的方向相反,即如果年金 PMT 和终值 FV 是付款,则计算出的现值为收款;反之则反。为了使计算出的现值显示为正数,应在输入 PMT 和 FV 参数时加上负号。计算复利现值或终值时亦然。

(2) 如果某一变量值为 0,则可直接输入"0"或省略。

(3) 如果某一变量值(在输入公式两个变量之间)为 0,也可以用","代替。

(4) 在使用函数时,函数名与其后的括号"()"之间不能有空格;当有多个参数时,参数之间要用逗号","分隔;参数可以是数值、文本、逻辑值、单元格地址或单元格区域地址,也可以是各种表达式或函数;函数中的逗号、括号等都是半角字符,而不是全角字符。

(5) 如果对表 2-1 中列示的各种输入公式不熟悉,可在 Microsoft Excel 电子表格中,点击菜单栏中的"f_x"项,在"粘贴变量"对话框中点击"财务",在"变量名"中点击需要计算的变量,如 FV(终值)、PV(现值)等,点击"确定"后,即可根据对话框中的提示进行操作,求解变量值。

第二节 风险与收益

风险与收益是财务管理中的两个核心概念之一。任何财务管理决策都不可避免地需要在两者之间进行权衡。投资者期望获得收益,但收益总是伴随着风险。理解风险与收益的关系,对于作出合理的财务决策、构建有效的投资组合以及评估企业价值等具有至关重要的意义。

一、风险的概念与度量

(一)风险的概念

风险是指在一定条件下和一定时期内,某项活动可能发生的各种结果的变动程度。财务管理通常关注投资收益的不确定性。例如,购买股票可能带来较高的收益,但股票价格可能出现大幅波动,产生风险。风险既可能导致不利结果(损失),也可能带来意外的惊喜(超额收益)。

(二) 风险的度量

方差(σ^2)是用来衡量一组数据离散程度的统计量。在风险度量中,它反映了投资收益偏离预期收益的平均程度。设 R_i 为第 i 种可能的收益率,$\bar{R}$ 为预期收益率,P_i 为第 i 种收益率发生的概率,n 为可能结果的数量,则预期收益率 $\bar{R} = \sum\limits_{i=1}^{n} P_i R_i$,方差 $\sigma^2 = \sum\limits_{i=1}^{n} (R_i - \bar{R})^2 P_i$。

标准差(σ)是方差的平方根,它与方差具有相同的经济意义。但 σ 的单位与收益率相同,更便于直观理解。例如,有两只股票 A 和 B,股票 A 的收益率标准差为 10%,股票 B 的收益率标准差为 20%,这表明股票 B 的收益率波动幅度更大,风险相对较高。

变异系数(CV)是标准差与预期收益率的比值,即 $CV = \dfrac{\sigma}{R}$。当比较不同预期收益率的投资项目时,CV 可以更准确地衡量风险的相对大小。例如,项目 X 的预期收益率为 5%,标准差为 2%;项目 Y 的预期收益率为 15%,标准差为 6%。项目 X 的变异系数 $CV_x = \dfrac{2\%}{5\%} = 0.4$,项目 Y 的变异系数为 $CV_Y = \dfrac{6\%}{15\%} = 0.4$。虽然项目 Y 的标准差较大,但从变异系数来看,两者的相对风险相同。

二、收益的概念与计算

(一) 收益的概念

收益是指投资者在一定时期内通过投资活动所获得的经济利益。对于股票投资而言,收益包括股息收入和资本利得(股票买卖差价)。对于债券投资而言,收益主要来自利息支付以及可能的债券买卖价差(利得)。

(二) 收益的计算

1. 单期收益率

单期收益率的计算公式如下:

$$R = \frac{P_1 - P_0 + D}{P_0}$$

其中,P_0 为资产期初价格,P_1 为资产期末价格,D 为该期间获得的股息或利息等收益。例如,年初以 100 元购买了 1 股股票,年末股价涨到 110 元,且获得股息 2 元,则该股票的单期收益率为 12%[(110−100+2)÷100]。

2. 多期收益率

多期收益率的计算较为复杂,通常可以用几何平均收益率或算术平均收益率来表示。

1) 几何平均收益率

几何平均收益率的计算公式如下:

$$R_G = \sqrt[n]{\frac{P_n}{P_0}} - 1$$

其中，P_n 为第 n 期期末的资产价格。假设初始价格为 100 元，则 3 年后价格为：

$$P_3 = 100 \times (1+10\%) \times (1-5\%) \times (1+15\%) = 119.675(元)$$

$$R_G = \sqrt[3]{\frac{119.675}{100}} - 1 \approx 6.3\%$$

2）算术平均收益率

算术平均收益率的计算公式如下：

$$R_A = \frac{\sum_{i=1}^{n} R_i}{n}$$

其中，R_i 为各期的单期收益率。例如，某股票在 3 年间的收益率分别为 10%、−5%、15%，则算术平均收益率为 6.67%[10% + (−5%) + 15% ÷ 3]。

三、风险与收益的关系

（一）基本关系

一般而言，风险与收益呈正相关关系，即风险越高，投资者要求的预期收益也越高；反之，风险越低，预期收益也越低。这是因为投资者承担风险需要得到相应的补偿。例如，国债的风险相对较低，其收益率通常也较低；而股票投资风险较高，其平均收益率也要高于国债。

（二）资本资产定价模型

1. 模型表达式

资本资产定价模型（Capital Asset Pricing Model，CAPM）的表达式为：

$$R_i = R_f + \beta_i(R_m - R_f)$$

其中，R_i 为第 i 种资产的预期收益率，R_f 为无风险利率，β_i 为第 i 种资产的贝塔系数，R_m 为市场组合的预期收益率。

贝塔系数 $\beta_i = \dfrac{Cov(R_i, R_m)}{\sigma_m^2}$，它衡量了资产的收益率与市场组合收益率之间的相关性和敏感性。如果 $\beta_i = 1$，则说明资产 i 的收益率与市场组合收益率的波动幅度相同；如果 $\beta_i > 1$，则说明资产 i 的收益率波动幅度大于市场组合收益率的波动幅度，风险较高；如果 $\beta_i < 1$，则说明资产 i 的收益率波动幅度小于市场组合收益率的波动幅度，风险相对较低。

在资本资产定价模型中，证券的风险与收益之间的关系可以表示为证券市场线（Security Market Line，SML），如图 2-12 所示。而个别证券的系统风险可用该证券的 β 系数度量。

个别证券的 β 系数是反映个别证券收益率与市场平均收益率之间变动关系的一个量化指标，它表示个别证券收益率的变动受市场平均收益率变动的影响程度。也就是相对于市场组合的平均风险而言，个

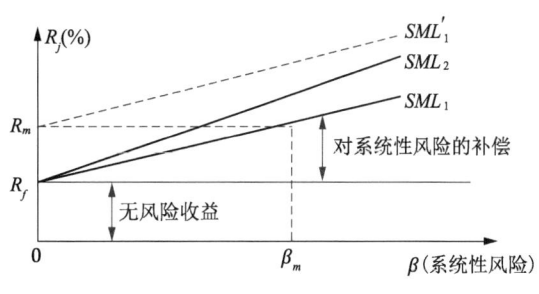

图 2-12　证券市场线（SML）

别证券系统风险的大小。市场组合的 β 系数为1。

当个别证券的 $\beta = 1$ 时,说明该证券的收益率与市场平均收益率呈同方向、同比例变化。即如果市场平均收益率增加(或减少)1%,那么该证券的收益率也相应增加(或减少)1%。也就是说,该证券的系统风险与市场组合的风险一致。

绝大多数证券的 β 系数是大于零的。如果 β 系数是负数,则表明这类证券与市场平均收益率的变化方向相反。

理解证券市场线(SML)应该注意以下几点:

(1)纵轴表示投资者要求的收益率,横轴用 β 系数表示系统性风险。

(2)无风险证券的 $\beta = 0$,R_f 为证券市场线在纵轴的截距。

(3)证券市场线的斜率反映了对证券市场总体风险的厌恶程度。一般来说,投资者对风险的厌恶程度越强,证券市场线的斜率越大,投资者对证券所要求的风险补偿和收益率越高。

从证券市场线可以看出,投资者要求的收益率不仅取决于市场风险,而且取决于无风险收益率(证券市场线的截距)和市场风险溢价(证券市场线的斜率)。由于这些因素始终处于变动之中,证券市场线也不会一成不变。当预计通货膨胀提高时,无风险收益率随之提高,进而导致证券市场线向上平移,如图 2-12 中的虚线所示。风险厌恶感的增强,会提高证券市场线的斜率,如图 2-12 中的 SML_2。

2. 模型应用

例如,已知无风险利率 $R_f = 3\%$,市场组合预期收益率 $R_m = 10\%$,某股票的贝塔系数 $\beta = 1.5$,则该股票的预期收益率 $R_i = 3\% + 1.5 \times (10\% - 3\%) = 13.5\%$。这表明由于该股票的风险(贝塔系数大于1)高于市场平均水平,投资者要求的预期收益率也高于市场平均预期收益率。

【例 2-14】 已知市场上所有股票的平均收益率为 10%,无风险收益率为 5%。如果 A、B、C 三家公司股票的 β 系数分别为 2.0、1.0 和 0.5,根据资本资产定价模型分别计算投资者对这三家公司股票要求的收益率。

投资者对 A 公司股票要求的收益率为:

$R_A = 5\% + 2.0 \times (10\% - 5\%) = 15\%$

即当 A 公司股票的 β 系数为 2.0,该公司股票的收益率应达到或超过 15% 时,投资者才会购买。

投资者对 B 公司股票要求的收益率为:

$R_B = 5\% + 1.0 \times (10\% - 5\%) = 10\%$

投资者对 C 公司股票要求的收益率为:

$R_C = 5\% + 0.5 \times (10\% - 5\%) = 7.5\%$

四、风险的分类

1. 系统性风险

系统性风险是指由整体政治、经济、社会等环境因素对证券价格所造成的影响。这种风险不能通过分散投资加以消除,因此其又被称为不可分散风险。例如,全球金融危机、重大的自然灾害影响整个经济体系,几乎所有的金融资产价格都会受到波及。系统性风险产生的原因包括以下几种。

（1）宏观经济因素。经济周期的波动是系统性风险的一个重要来源。在经济衰退时期，企业的盈利能力普遍下降，失业率上升，消费者信心受挫。以2008年全球金融危机为例，美国房地产市场泡沫破裂，引发了一系列金融机构的倒闭和经济衰退。银行收紧信贷，企业难以获得融资，导致大量企业裁员甚至破产。股市大幅下跌，房地产价格也急剧缩水，几乎所有的资产类别都受到了负面影响。

（2）政治因素。政治不稳定、战争、政府政策的重大变化等也会导致系统性风险。例如，一个国家突然爆发战争，会导致该国的经济秩序被打乱。政府可能会增加税收，同时企业的生产活动会受到破坏，企业贸易渠道也可能中断。股价会因战争而暴跌，货币汇率也会出现大幅波动。

（3）社会因素。社会观念的变化、重大的公共卫生事件等也属于系统性风险范畴。比如新冠疫情对全球经济产生了巨大的冲击，各国旅游、餐饮、娱乐等行业遭受重创。航空公司取消大量航班，酒店入住率极低，电影院等娱乐场所被迫关闭。这不仅影响了这些行业内企业的股票价格，也使得整个金融市场出现剧烈波动。

系统性风险会使投资者面临资产组合价值大幅下降的风险。由于系统性风险无法通过分散投资来规避，投资者需要关注宏观经济和政治等环境的变化，通过资产配置的方式来减轻系统性风险的影响。

2. 非系统性风险

非系统性风险是指由于个别公司或行业特有的因素所引起的风险。它只影响某些特定的股票或行业，而与整个市场没有系统性的联系。非系统性风险可以通过分散投资来降低甚至消除，所以其又被称为可分散风险。例如，某公司因产品质量问题被曝光，导致其股价下跌；某行业因新的技术替代而面临困境，该行业内企业的股票价格可能会受到冲击。非系统性风险产生的原因包括以下几种。

（1）公司经营因素。公司经营管理水平降低、产品竞争力减弱等，都会产生非系统性风险。以某汽车制造企业为例，如果该企业的汽车被发现存在严重的安全隐患，消费者对其产品的信任度会降低，产品销量会下滑，公司的利润也会减少，进而导致公司股票价格下跌。

（2）行业竞争因素。行业内的激烈竞争也会引发非系统性风险。例如，在智能手机行业，新技术的快速发展使得各品牌之间的竞争加剧。如果一家手机企业不能及时跟上技术更新的步伐，如在芯片性能、摄像头技术等方面落后于竞争对手，其市场份额就会被其他企业抢占，企业股票价格也会随之下降。而同一时期，其他在技术研发上占有优势的手机企业的股票价格可能会上涨。

企业可以通过构建多元化的投资组合来降低非系统性风险。当投资组合中包含足够多的不同资产时，个别资产的非系统性风险可以相互抵消。不要把所有的资金都集中投资于一家公司的股票，而应分散投资于不同行业、不同规模的多家公司的股票。这样，当一家公司的股票因为公司特有的风险因素而下跌时，投资组合中的其他股票可能不受影响或者反而上涨，从而降低整个投资组合的风险。

五、风险管理策略

（一）风险规避

风险规避是指企业对超出风险承受度的风险，通过放弃或者停止与该风险相关的业务活动以避免和减轻损失的策略。例如,如果一个企业在评估进入一个新兴市场时,发现该市场政治不稳定、经济波动大且法律法规不完善,企业可能会判断进入该市场的风险过高。于是,企业决定放弃进入这个新兴市场的计划,以此回避可能面临的市场风险、政治风险和法律风险等诸多风险。

(二) 风险降低

风险降低又称风险缓解,是指通过采取主动措施,来降低风险事件发生的可能性或减轻风险事件一旦发生所造成的影响的过程。其核心目标是将风险水平降低到组织或个人可接受的范围之内。

1. 多元化投资

通过构建投资组合,将资金分配于不同的资产、行业、地区等,可以降低非系统性风险。例如,投资者可以同时投资股票、债券、房地产、基金等多种资产,而不是只集中于投资一种资产。

2. 风险对冲

可利用金融衍生工具,如期货、期权等,进行风险对冲。例如,一家出口企业面临汇率风险,它可以在外汇期货市场上进行反向操作,卖出与预期外汇收入等额的外汇期货合约。如果未来汇率下跌,则出口企业在现货市场上的损失可以在期货市场上得到弥补。

(三) 风险转移

风险转移是指将风险带来的潜在损失或财务负担,通过某种方式或安排,从一方(风险承担者)转移到另一方(风险接受者)的过程。它的核心在于改变风险的承担主体,而不是消除风险本身。

1. 保险

投资者可以通过购买保险,将风险转移给保险公司。例如,企业可以为其固定资产购买财产保险,以应对火灾、自然灾害等可能导致的资产损失。个人可以购买人寿保险、健康保险等,使得家庭在意外情况下的消费有保障。

2. 合同转移

在商业活动中,可以通过签订合同,将某些风险转移到其他方。例如,建筑工程合同中,承包商可以将部分工程分包给其他专业公司,并在合同中约定风险分担条款,从而将一些施工风险转移给分包商。

(四) 风险接受

当风险发生的概率较低或者风险损失在投资者可承受范围内时,投资者可以选择接受风险。例如,一些小型企业可能没有足够的资源进行全面的风险管理,其对于一些轻微的风险就选择接受,而将精力集中在核心业务发展上。同时,对于一些难以规避、降低或转移的系统性风险,投资者也只能在一定程度上接受,并通过合理的投资策略调整来应对。

通过对风险与收益的全面理解以及有效的风险管理策略应用,投资者和企业财务管理者能够在复杂多变的财务环境中作出更为科学合理的决策,在追求收益的同时更好地控制风险,从而实现财务管理目标。

第三节 利 率

利率在金融体系和整个经济运行中扮演着极为重要的角色。它影响着企业的筹资、投资、营运资金及利润分配、个人的消费与储蓄行为,以及金融机构的资产配置等诸多方面。理解利率的决定因素对于深入学习财务管理至关重要。

一、利率的计算

计算利率(i)时,可以先列出终值或现值的计算公式,再通过求解方程式的方法将未知数 i 求出来,即根据已知条件计算出终值或现值的换算系数:

$$(F/P, i, n) = \frac{F}{P}; \quad (P/F, i, n) = \frac{P}{F}$$

$$(F/A, i, n) = \frac{F}{A}; \quad (P/A, i, n) = \frac{P}{A}$$

求出换算系数后,可从有关系数表中的 n 期各系数中找到最接近的系数。这个最接近的系数所对应的 i,就是要求的利率或折现率的近似值。

如果要使利率或折现率计算得相对准确,则可采用插值法或利用 Excel 软件进行计算。

【例 2-15】 假设你现在向银行存入 10 000 元,问折现率为多少时,才能保证在以后的 10 年中每年年末都能够从银行取出 2 000 元?

$$(P/A, i, 10) = \frac{10\ 000}{2\ 000} = 5.0\%$$

从年金现值表中可以看出,在 $n = 10$ 的各系数中,$i = 14\%$ 时,系数是 5.216;$i = 16\%$ 时,系数是 4.833,可见利率应在 $14\% \sim 16\%$ 之间。

设 X 为超过 14% 的百分数,则可用插值法计算 X 值如下:

$$\frac{X}{2\%} = \frac{0.216}{0.383}$$

$$i = 14\% + X = 14\% + 2\% \times \frac{0.216}{0.383} = 14\% + 1.129\% = 15.129\%$$

当各期现金流量不相等时,可使用 IRR 函数计算折现率。IRR 函数的功能是返回由数值代表的一组现金流量的内部收益率,这些现金流量不一定必须为均衡的,但它们必须按固定的间隔发生(按月或年),其输入方式为:

=IRR(Values,Guess)

其中,Values 表示数组或单元格,包含用来计算内部收益率的数字。Values 必须包含至少一个正值和一个负值。函数 IRR 根据数值的顺序来解释现金流量的顺序,因此,应按需要的顺序输入数值。Guess 表示对函数 IRR 计算结果的估计值,在大多数情况下,并不需要为函数 IRR 的计算提供 Guess 值,如果省略 Guess,假设其为 0.1。

【例 2-16】 某公司支付 200 万元购买一台设备,预计使用 5 年。设备投入使用后每年预计现金净流量分别为 30 万元、50 万元、60 万元、80 万元、60 万元。请计算该公司购买这一设备的内部收益率 IRR。

采用 Excel 财务函数计算，计算过程如表 2-2 所示。

表 2-2 混合现金流量折现率计算举例

	A	B	C	D	E	F	G	H	I
1		Value 1	Value 2	Value 3	Value 4	Value 5	Value 6	IRR	Excel 函数公式
2	已知	−200	30	50	60	80	60		
3	求 IRR							10.96%	=IRR(B₂：G₂)

二、利率报价与调整

到目前为止，我们一直假设现金流量是发生在每年年末的，且每年计息一次。实务中，在法国和德国，大多数公司的债券都是每年付息一次的。在美国和英国，债券大多是半年付息一次。而在我国，每年付息一次和半年付息一次的债券都比较常见。如果是半年付息一次，那么这些债券的投资者获得的第一笔利息就能获得额外 6 个月期的利息。也就是说，利率 10%、半年复利一次的 100 元的债券投资，6 个月后将变成 105 元，到年底就是 110.25 元（$1.05^2 \times 100$）。换句话说，利率 10%、半年复利一次就等同于每年复利一次的年利率 10.25%。

在实务中，金融机构提供的利率报价为名义的年利率，通常记作 APR（Annual Percentage Rate）。如果年复利期数大于 1，则按不同计息期（如每半年、每季度或每月复利一次）计算的现值或终值就会有很大差别。通常将以年为基础计算的利率称为名义年利率 APR，将名义年利率按不同计息期调整后的利率称为有效利率（Effective Annual Rate，EAR）。

设 1 年复利次数为 m 次，名义年利率 APR 为 i_{nom}，则有效利率 EAR 的调整公式为：

$$EAR = \left(1 + \frac{i_{nom}}{m}\right)^m - 1$$

以 APR 为 8% 为例，不同复利次数的 EAR 如表 2-3 所示。

表 2-3 不同复利次数的 EAR

频率	m	$i_{nom}/m(\%)$	$EAR(\%)$
按年计算	1	8.000	8.00
按半年计算	2	4.000	8.16
按季计算	4	2.000	8.24
按月计算	12	0.667	8.30
按周计算	52	0.154	8.32
按日计算	365	0.022	8.33
连续计算	∞	0	8.33

表 2-3 表明,如果每年复利一次,则 APR 和 EAR 相等;随着复利次数的增加,EAR 逐渐趋于一个定值。从理论上说,复利次数可以为无限大的值,当复利间隔趋于零时即为连续复利(Continuous Compounding,CC),此时:

$$EAR = \lim_{n \to \infty} \left[\left(1 + \frac{i_{nom}}{m}\right)^m - 1 \right] = e^{i_{nom}} - 1$$

【例 2-17】 假设你刚刚从银行取得了 300 000 元的房屋抵押贷款,假设年利率为 10%,贷款期为 30 年。银行给你提供了两种还款建议:一种是在未来 30 年内按年利率 10% 等额偿还;另一种是在未来 30 年内按月利率 1% 等额偿还。

银行工作人员建议你选择第二种还款方式,理由是薪金按月支付,这样贷款偿还额可以每月直接从银行账户扣除,而且第二种还款方式成本更低。

(1) 如果按年偿还,则:

每年偿还额 $\times (P/A, 12\%, 30) = 300\,000 = P$

其中,$(P/A, 12\%, 30) = \dfrac{1 - (1 + 12\%)^{-30}}{12\%} = 8.055$,因此每年偿还额为 37 243 元 (300 000÷8.055)。

(2) 如果按月偿还,月利率为 1%,共有 360 月(30×12),则:

每月偿还额 $\times (P/A, 1\%, 360) = 300\,000$,其中 $(P/A, 1\%, 360) = \dfrac{1 - (1 + 1\%)^{-30}}{1\%} = 97.218$,即每月偿还额为 3 086 元(300 000÷97.218)。

也就是说,使用第二种偿还方式可使每年偿还额降低 211 元(37 243−12×3 086)。

但是,上述分析忽略了货币时间价值。尽管按月偿还的总金额是减少的,但支付的时间提前了。将货币时间价值因素纳入考虑范围,则按月偿还的本利总额就会高于按年偿还的本利总额。

从有效利率的调整计算中也可以得出相同的结论,根据公式:

$$EAR = \left(1 + \frac{i_{nom}}{m}\right)^m - 1 = \left[\left(1 + \frac{12\%}{12}\right)^{12} - 1 \right] \times 100\% = 12.68\%$$

即如果选择按月支付 1%,那么有效利率不是 12%,而是 12.68%,每年的利息支出高出了 0.68 个百分点。

在货币时间价值的现值或终值计算中,可以先将 APR 调整为计息期(如月或半年)的利率,然后按实际计息期数计算;也可以先将 APR 调整为 EAR,然后按每年计息计算。两者将得到相同的结果。

在[例 2-17]中,如果按月计息,本利和应为 300 000×(1+1%)^{360}=10 784 892(元);如果按年计息,本利和应为 300 000×(1+12.68%)^{30}=10 777 708(元)。而如果采用第一种还款方式,则到期本利和仅为 300 000×(1+12%)^{30}=8 987 977(元)。

三、名义利率与实际利率

(一) 定义
名义利率是指央行或其他提供资金借贷的机构所公布的未调整通货膨胀因素的利率,

也就是借款契约或有价证券上标明的利率。例如,银行公布的一年期存款利率为3%,这个3%就是名义利率。它是一种表面上的利率,没有考虑实际购买力的变化情况。

实际利率是指剔除通货膨胀因素后的真实利率,它反映了货币的实际购买力的变化。实际利率是衡量借款人和贷款人实际收益和成本的关键指标。

实际利率＝(1＋名义利率)/(1＋通货膨胀率)－1

例如,当名义利率为5%,通货膨胀率为3%时,实际利率约为1.94%。

(二) 在财务管理决策中的应用

1. 投资决策方面

对于投资者来说,实际利率是评估投资收益的关键因素。在比较不同投资产品时,不能仅看名义利率。例如,有两种债券,债券 A 的名义利率为7%,一年付息一次;债券 B 的名义利率为6.8%,半年付息一次。如果不考虑通货膨胀,通过计算实际利率(对于债券 B,按上述复利公式计算),可以发现债券 B 的实际利率可能更高,在其他条件相同的情况下,投资者可能更倾向于选择债券 B。

考虑通货膨胀因素后,投资者更需要关注实际利率来保障资金的实际增值。如果通货膨胀率较高,即使名义利率看起来不错的投资产品,实际收益也可能很低甚至为负。例如,在通货膨胀率为5%的环境下,名义利率为6%的定期存款,实际利率只有约0.95%。这时,投资者可能会考虑将资金投向更能抵御通货膨胀的资产,如实物资产或者有浮动利率的金融产品。

2. 融资决策方面

对于企业融资而言,名义利率决定了企业在合同上的利息支付金额,但实际利率反映了企业真实的融资成本。企业在选择不同的融资方式时,需要考虑实际利率。例如,企业可以选择银行贷款或者发行债券融资。如果银行贷款名义利率为8%,但可能存在一些隐性费用(如贷款手续费等),经过计算实际利率可能达到8.5%;而发行债券名义利率为8.2%,但债券发行费用较低,且可以合理安排利息支付时间和复利情况,实际利率可能为8.1%。此时,企业需要综合考虑实际利率来选择更有利的融资方式。

3. 资金运营方面

在企业资金运营过程中,要根据实际利率来评估资金的使用效率。例如,企业有一笔闲置资金,如果将其存入银行获得名义利率为3%的利息,而通货膨胀率为2%,实际利率为0.98%。企业可以考虑将这笔资金投入内部收益率更高的项目,只要该项目的实际收益率高于0.98%,就可能比单纯存入银行更有利于企业资金的增值。同时,企业在与上下游企业进行资金往来(如应收账款、应付账款)时,也需要考虑实际利率来合理安排收款和付款时间,以降低资金成本或提高资金收益。

四、利率的期限结构

利率的期限结构是指在某一时点上,不同期限资金的利率(收益率)与到期期限之间的关系。这种关系通常用收益率曲线来表示。收益率曲线是描述利率期限结构的重要工具,它将不同期限的债券收益率连接起来,直观地展示了利率如何随着期限的变化而变化。收益率曲线图如图 2-13 所示。

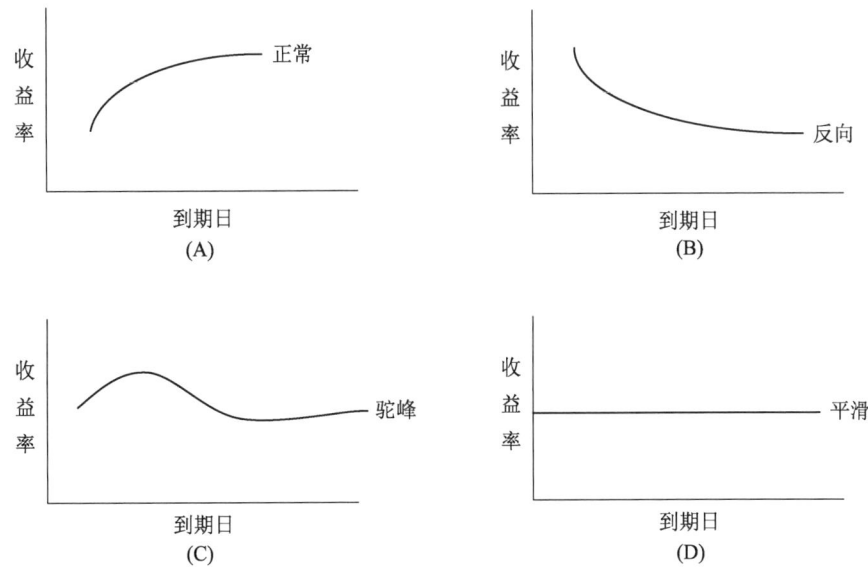

图 2-13　收益率曲线图

图 2-13(A)中的收益率曲线自左下方向右上方延伸,这种形状的债券收益率曲线称作正收益率曲线(positive yield curve)。债券的正收益率曲线是在整个经济运行正常、不存在通货膨胀压力和经济衰退条件下出现的。它表示在其他条件一定的情况下,长期债券的即期利率高于短期债券的即期利率。或者说,未来债务合约的开始时间越远,远期利率越高。

图 2-13(B)中的收益率曲线从左上方向右下方延伸,这种形状的收益率曲线称作反收益率曲线(inverse yield curve)。负斜率的收益率曲线意味着未来债券合约的开始时间越远,远期利率越低。在市场供求关系支配下,当人们过多追求长期债券的高收益时,必然造成长期资本供大于求,引起长期债券利率下降、短期利率上升,最后导致短期利率高于长期利率的反收益率曲线现象。反收益率曲线通常不会仅靠资本的供求关系影响而自动调整为正收益率曲线。在投资人对长期债券的信心和兴趣恢复之前,中央银行必须首先采取有效的货币政策措施来消除利率混乱,修正收益率曲线。

当人们过分追求短期利率而把资本投入较短期限的债券时,短期利率因资本供应过多而下降,长期利率却因资本供应不足而上升,反收益率曲线又开始向正收益曲线回复。在正、反收益率曲线相互替代的利率变化过程中,经常出现一种长、短期收益率趋于一致的过渡阶段。这时,债券的收益率曲线同坐标系中的横坐标趋于平行,这种形状的收益率曲线称作平收益率曲线(flat yield curve),如图 2-13(D)所示。

收益率曲线还存在另一种形状,即在某期限之前,债券的利率期限结构是正收益率曲线,而在该期限之后却变成了反收益率曲线,如图 2-13(C)所示。这种形状的收益率曲线称作拱收益率曲线(humped yield curve),表示在某一时间限度内债券期限越长,收益率越高;超过这一限度,则债券期限越长,收益率越低。拱收益率曲线是短期利率急剧上升阶段所特有的利率期限结构现象。在西方经济极不稳定、市场利率起伏剧烈的 20 世纪 70 年代,拱收益率曲线成为美国债券市场和货币市场上一种最为常见的利率期限结构。

> **微型案例**

大学生创业项目的风险管理与收益展望

李明是一名大三学生,对科技创新充满热情。他联合几位志同道合的同学,共同创办了一家名为"智慧环保"的创业公司。该公司致力于开发智能垃圾分类系统,旨在通过科技手段提高垃圾分类效率,促进资源循环利用,减少环境污染。

第一,作为初创公司,技术研发是核心。然而,智能垃圾分类系统的开发涉及复杂的算法和硬件集成,存在技术实现难度和迭代速度的不确定性。第二,垃圾分类政策在不同地区的实施力度和公众接受度存在差异,市场需求的不确定性较大。此外,市场上已有类似产品,竞争压力不容忽视。第三,创业初期,资金短缺是常见问题。项目研发、市场推广、团队建设等都需要大量资金投入,而融资渠道有限,可能导致资金链断裂。第四,团队成员来自不同专业背景,缺乏有效的管理经验,可能导致项目执行效率低下,甚至会导致团队分裂。

基于以上实际情况,该公司采取了以下应对措施:第一,与高校和研究机构建立合作关系,引入专业人才,加快技术研发进度。同时,保持对市场动态的敏锐洞察,及时调整技术方向。第二,通过市场调研,了解不同地区的市场需求和政策导向,制定差异化的市场推广策略。第三,加强与政府、社区的合作,争取政策支持和社会认可。积极寻求风险投资、政府补助、创业基金等多种融资渠道,优化资金使用计划,确保项目可持续发展。第四,建立有效的团队协作机制,明确分工和责任,增强团队凝聚力和执行力。同时,引入专业管理人才,提升团队管理水平。

经过一年的努力,"智慧环保"公司成功开发出了一款智能垃圾分类系统,并在多个社区进行了试点运行,取得了良好的社会反响。随着项目的逐步推广,公司收入稳步增长,预计未来几年内将实现盈利。

在创业过程中,风险与收益是相辅相成的。只有正确识别并有效应对风险,才能实现收益的最大化。创业不是一个人的战斗,而需要团队共同努力。团队成员之间要相互信任、相互支持,共同面对挑战和困难。创业者不仅要追求经济效益,更要关注社会责任。创业者应通过科技创新,为解决社会问题贡献力量,实现个人价值与社会价值的双重提升。创业者在创业过程中会遇到各种未知的挑战,只有保持持续学习的态度,不断提升自己的能力和素质,才能应对复杂多变的市场环境。

章节测试题 （共100分）

【单选题】(本题共35分,每题5分)

1. 通常情况下,货币时间价值是指没有风险和没有通货膨胀条件下的(　　)。

    A. 超额利润率　　B. 额外报酬率　　　C. 投资利润率　　　　D. 社会平均利润率

2. 与复利现值系数互为倒数的是(　　)。

    A. 年金终值系数　　　　　　　　　　B. 资本回收系数

    C. 复利终值系数　　　　　　　　　　D. 偿债基金系数

3. 从第一期起,在一定时期内每期期末等额收付的系列款项是( )。

    A. 普通年金   B. 先付年金   C. 即付年金   D. 递延年金

4. 已知某种证券的 β 系数为1,则表明该证券( )。

    A. 基本上没有投资风险   B. 与一般市场的平均风险一致

    C. 比一般市场的平均风险低1倍   D. 比一般市场的平均风险高1倍

5. 甲方案投资收益率的期望值为15%,乙方案投资收益率的期望值为12%,两个方案都存在投资风险,比较甲、乙两个方案投资风险大小应采用的指标是( )。

    A. 方差   B. 净现值   C. 标准离差   D. 标准离差率

6. 在利息计息的情况下,货币时间价值的计算基础应采用( )。

    A. 单利   B. 复利   C. 普通年金   D. 即付年金

7. 企业向银行借款,在名义利率相同的情况下,对其最不利的复利计息期是( )。

    A. 1个月   B. 1季度   C. 半年   D. 1年

【思考题】(本题共20分,每题10分)

1. 简述货币的时间价值。

2. 简述风险与报酬的关系。

【计算题】(本题共45分,每题15分)

1. 甲方案在三年中每年年初付款500元,乙方案在三年中每年年末付款500元,若利率为10%,则两个方案第三年年末时的终值相差多少?

2. 有一项年金,前2年无流入,后5年每年年初流入300万元,假设年利率为10%,其现值为多少万元?

3. 假设你购买彩票中了奖,获得了一笔奖金。如果可供选择的领取奖金方式有:

(1) 立刻领取 100 000 元。

(2) 第5年年末领取 180 000 元。

(3) 每年领取 11 400 元,不限期限。

(4) 今后10年每年领取 19 000 元。

如果利率为12%的话,你会选择哪种方式领取奖金?

第二章 财务管理估值基础

第三章

财务
管理

财 务 分 析

 **学习目标**

1. 了解企业财务分析的概念、意义、内容、方法和基础。
2. 能够正确分析企业偿债能力、营运能力、盈利能力和发展能力。
3. 掌握杜邦分析法。
4. 理解财务比率综合评分法。

微课视频

知识导航

财务分析

财务分析概述
- 财务分析的概念和意义
- 财务分析的内容
- 财务分析的方法
- 财务分析的局限性
- 财务分析的基础

偿债能力分析
- 短期偿债能力
- 长期偿债能力
- 影响偿债能力的其他因素

营运能力分析
- 应收账款周转率
- 存货周转率
- 流动资产周转率
- 固定资产周转率
- 总资产周转率

盈利能力分析
- 销售毛利率与销售净利率
- 资产报酬率
- 股东权益报酬率
- 每股收益
- 每股现金流量
- 每股股利
- 每股净资产
- 市盈率和市净率

发展能力分析
- 资产增长率
- 股权资本增长率
- 销售增长率
- 利润增长率

财务状况综合分析
- 杜邦分析法
- 财务比率综合评分法

全局意识、社会责任感的培养

财务工作的全局意识是一种从整体、宏观层面出发,综合考虑财务工作各个方面以及与企业、组织整体目标关系的思维方式和理念,对财务工作的有效开展和企业发展至关重要。

财务工作并不仅仅是财务部门的事情,而是涉及企业各个部门的全局性工作。具有全局意识的财务人员能够站在企业全局的高度,识别和评估各种财务风险,如市场风险、信用风险、流动性风险等,并采取相应的措施进行防范和控制。财务工作的全局意识还要求财务人员关注企业的长期发展,在制定财务决策时,要考虑到企业的可持续发展目标,如环境保护、社会责任等方面。

社会责任是指个人、组织或企业在社会、环境和经济方面应承担的责任。在现代社会,随着资源的有限性和环境问题的加剧,社会责任意识的重要性日益凸显。通过提升社会责任意识,我们可以为建设更美好的社会贡献力量。

在个人层面,个人应重视财务会计控制在保障企业资金安全和提升经济效益方面的作用。应认识到个人对社会的责任,并积极采取行动。会计人员应在未来的会计工作中自觉维护国家利益、集体利益和社会利益。在企业层面,企业应遵守法律法规,合理运营,并关注员工福利和安全。同时,企业应致力于环境保护,减少对自然资源的过度开采和污染。通过履行社会责任,企业不仅能为社会创造价值,还能提升品牌形象和企业声誉。

第一节 财务分析概述

一、财务分析的概念和意义

(一) 财务分析的概念

从财务管理的角度出发,财务报告是对企业过往筹资、投资及经营活动的一次全面总结。为了深入剖析并评估企业等经济组织在过去及当下筹资、投资、经营活动对其偿债能力、营运能力、盈利能力和发展能力的实际贡献,必须依托财务报告等会计核算资料。因此,财务分析是一个基于企业财务报告等信息资料,运用专门方法,系统而全面地分析并评价企业财务状况、经营成果以及未来发展趋势的过程。财务分析反映企业在运营过程中的利弊得失和发展趋势,为优化企业财务管理工作和制定更为精准的经济决策提供不可或缺的财务信息支持。

(二) 财务分析的意义

财务分析对不同的信息使用者具有不同的意义。具体而言,财务分析的重要性主要体现在以下几个方面:

(1) 可以判断企业的财务实力。通过对资产负债表和利润表等相关资料进行深入分析,计算各项财务指标,我们可以清晰地了解企业的资产结构是否合理,负债水平是否适中,进而准确判断企业的偿债能力、营运能力和盈利能力等核心财务实力,揭示企业在财务状况方面可能潜在的隐患。

（2）可以评价和考核企业的经营业绩,揭示财务活动存在的问题。通过指标的计算、分析和比较,能够评价和考核企业的盈利能力和资金周转状况,从而揭示企业经营管理的各个环节和层面可能存在的问题,明确差距,得出具有指导意义的结论。

（3）可以挖掘企业潜力,寻求提高企业经营管理水平和经济效益的途径。财务分析的目的不仅在于发现问题,更在于深入剖析问题并寻求解决方案。通过财务分析,我们可针对存在的问题提出切实可行的解决策略和措施,以实现扬长避短、全面提升经营管理水平和经济效益的目标。

（4）可以评价企业的发展趋势。借助各种财务分析手段,我们可以准确把握企业的发展趋势,预测其生产经营的前景及偿债能力。这为企业管理层制定生产经营决策、投资者进行投资决策以及债权人作出信贷决策提供了重要的参考依据,有助于避免决策失误带来的重大损失。

二、财务分析的内容

不同的信息使用者出于不同的利益考虑,对财务分析信息有着各自不同的需求,这些需求从根本上决定了财务分析的具体内容与方向。财务分析信息的需求主体主要包括企业所有者、企业债权人、企业经营决策者以及政府机构等。

（1）企业所有者作为投资人,关心其资本的保值和增值状况。其重点考察的对象是企业的盈利能力指标,主要聚焦于企业盈利能力分析的深度挖掘。

（2）企业债权人由于无法参与企业剩余收益的分配,故其将关注点集中于投资的安全性上。其更重视企业偿债能力指标的分析,同时亦对企业盈利能力保持一定的关注,以确保其债权的安全收回。

（3）企业经营决策者则需全面而深入地了解并掌握企业经营理财的各个方面,包括营运能力、偿债能力、盈利能力及发展能力等全方位的信息。企业经营决策者进行综合性的分析评估,并时刻关注企业面临的财务风险与经营风险,以作出明智的决策。

（4）政府机构作为宏观经济的管理者、国有企业的所有者以及重要的市场参与者,其对企业财务分析的关注点因其多重身份而异,呈现出多元化的特征。

总之,为了满足不同需求者的需求,财务分析一般应包括：偿债能力分析、营运能力分析、盈利能力分析、发展能力分析等方面。

三、财务分析的方法

财务分析的方法主要包括比率分析法和比较分析法。

1. 比率分析法

比率分析法是一种通过对比企业同一时期财务报表中的相关项目,计算出一系列财务比率,进而深入揭示企业财务状况的分析方法。这些财务比率主要划分为构成比率、效率比率和相关比率三大类。

（1）构成比率又称结构比率,是反映某项经济指标的各个组成部分与总体之间关系的财务比率,如流动资产与资产总额的比率、流动负债与负债总额的比率等。

（2）效率比率，是反映某项财务活动投入与产出之间关系的财务比率，如股东权益报酬率、销售净利率等。利用效率比率可以考察财务活动的经济效益，揭示企业的盈利能力。

（3）相关比率，是反映财务活动中某两个或两个以上相关项目比值的财务比率，如流动比率、速动比率等。通过相关比率可以深入理解各项财务活动之间的内在联系，从而全面揭示企业的财务状况。

2. 比较分析法

比较分析法是一种通过对比同一企业不同时期的财务状况，或不同企业之间的财务状况，以揭示其中存在差异的分析方法。该方法可进一步细分为纵向比较分析法和横向比较分析法。

（1）纵向比较分析法又称趋势分析法。它通过对同一企业连续若干期的财务状况进行对比，以确定其增减变动的方向、数额及幅度，进而揭示企业财务状况的发展变化趋势。这一方法包括比较财务报表法、比较财务比率法等多种具体方法。

（2）横向比较分析法是将本企业的财务状况与其他企业在同一时期的财务状况进行对比，以揭示两者之间的差异及其程度的分析方法。通过这种对比，可以深入剖析企业财务状况中存在的问题，为企业的未来发展提供有益的参考。

四、财务分析的局限性

财务分析在深入理解企业财务状况与经营成果、评估企业偿债与经营能力、辅助经济决策制定等方面，发挥着举足轻重的作用。然而，受多重因素制约，财务分析也存在一定的局限性，需在分析过程中审慎考量这些局限性的影响，以确保分析结论的准确性。

1. 资料来源的局限性

（1）报表数据的时效性问题。财务报表所呈现的数据，均为企业过往财务活动的历史数据与总结，其对于预测未来发展趋势虽具有一定的参考价值，但并非绝对可靠。

（2）报表数据的真实性问题。在编制财务报表前，信息提供者往往会对信息使用者所关注的财务状况及信息偏好进行深入分析，并尽力满足信息使用者对企业财务状况和经营成果信息的期望。此过程可能导致报表信息与企业实际情况存在偏差，进而误导信息使用者的决策。

（3）报表数据的可靠性问题。财务报表虽然是按照会计准则编制的，但不一定能准确地反映企业的客观实际。例如，报表数据未考虑通货膨胀影响；部分资产以成本计价，无法反映当前真实价值；支出记账存在灵活性，既可以作为当期费用，也可以作为资本项目在以后年度摊销；资产入账以估计值为基础，未必客观准确；偶然事件可能歪曲本期的损益，不能反映盈利的正常水平。

（4）报表数据的可比性问题。根据会计准则的规定，不同企业或同一企业的不同时期根据实际情况采用不同的会计政策和处理方法，这导致报表数据在不同企业或不同时期的对比中，往往失去可比性。

（5）报表数据的完整性问题。由于报表本身具有局限性，故其提供的数据有限。对于报表使用者而言，可能存在大量其所需信息无法在报表或附注中找到的情况。

2. 财务分析方法的局限性

在比较分析法的应用中，比较双方必须具备可比性，否则分析将失去意义。而比率分

第三章　财务分析

析法则存在综合程度较低的局限,单个指标的分析可能无法得出全面准确的结论。此外,比率指标的计算通常基于历史数据的财务报表,这使得比率指标提供的信息与决策之间的相关性降低。

3. 财务分析指标的局限性

(1)财务指标体系不严密。每个财务指标仅能反映企业财务或经营状况的某一特定方面,各类指标过于强调自身所反映的方面,导致整个指标体系缺乏严密性。

(2)财务指标所反映的情况具有相对性。在判断财务指标优劣或根据一系列指标对企业进行综合判断时,需注意财务指标本身所反映情况的相对性。因此,在利用财务指标进行分析时,需合理把握对财务指标的信赖程度。

(3)财务指标的评价标准不统一。例如,对于流动比率和速动比率,人们一般认为2和1为较为合适的指标值。但许多成功企业的流动比率低于2,不同行业的速动比率也存在显著差异。因此,在不同企业间使用财务指标进行评价时,缺乏统一标准,不利于进行跨行业对比。

(4)财务指标的比较基础不统一。在进行财务指标比较分析时,需选择适当的参照标准,如行业数据、企业历史数据和计划预算数据。横向比较时,应采用行业标准,但行业平均数仅具一般性指导意义,不一定具有代表性或合理性。选择一组有代表性的同行业企业计算平均数作为行业标准可能更有意义。近年来,分析人员更倾向于以竞争对手的数据为基础进行分析。然而,对于从事多种业务、没有明确行业归属的企业而言,进行行业比较更为困难。

(5)趋势分析以企业历史数据作为基准参照。需要特别指出的是,历史数据只能反映过去的经营状况,并不构成合理性的确凿依据。在经营环境发生显著变化的情况下,即使企业当期利润较上年度有所增加,也不能直接推断出企业已经实现了最佳经营水平或管理效能的实质性改善。值得注意的是,会计准则和规范的重大调整会导致财务数据失去直接可比性,而恢复可比性的过程通常伴随着高昂的实施成本,甚至这一过程在某些情况下由于关键信息缺失而难以实现。

五、财务分析的基础

财务分析是一项基于企业会计核算资料的工作,它通过对会计所提供的核算资料进行深入加工与整理,从而提炼出一系列兼具科学性与系统性的财务指标,旨在为企业内外部相关利益者提供比较、分析及评价的依据。这些会计核算资料涵盖日常核算资料与财务报告两大类别。但财务分析的核心基础在于财务报告,日常核算资料则作为辅助性参考信息存在。

财务报告是企业向政府部门、投资者、债权人等与本企业有利害关系的组织或个人提供的,反映企业在一定时期内的财务状况、经营成果、现金流量以及影响企业未来经营发展的重要经济事项的书面文件。其编制目的在于为报告使用者提供详尽的财务信息,以便他们据此进行深入的财务分析并作出科学的经济决策。

企业的财务报告体系构成丰富,主要包括资产负债表、利润表、现金流量表、所有者权益(或股东权益)变动表、财务报表附注以及其他关键事项的文字说明等。这些财务报表及其附注,作为企业财务信息的集中体现与高度概括,系统而全面地揭示了企业的财务状况、经营成果以及现金流量等方面的信息。

通过对这些财务报表数据进行深入分析,可以更加全面、系统地洞察企业的偿债能力、营运能力、盈利能力以及发展能力等核心财务指标。根据我国《企业会计准则》的相关规定,财务报表的格式依据企业类型(如一般企业、商业银行、保险公司、证券公司等)的不同而有所差异。下面主要介绍资产负债表、利润表和现金流量表。

1. 资产负债表

资产负债表(balance sheet)反映的是企业在某一个特定时间点(通常是月末、季末、年末等)的财务状况。资产负债表根据会计恒等式"资产=负债+所有者权益"编制。资产表示企业在某一特定日期所拥有或控制的经济资源,负债表示企业为了获得这些经济资源需要向债权人承担的现时义务,所有者权益则表示股东对企业净资产的要求权。从财务管理的视角,资产反映的是企业投资的结果,形成了资产结构(assets structure);负债和所有者权益反映的是企业筹资来源,形成了广义的资本结构(capital structure)。资产负债表中的资产,按照流动性(或称变现能力)排序,负债和所有者权益按偿还的先后顺序排列。信息使用者可通过对资产负债表的分析,了解企业的偿债、营运等财务能力。表 3-1 为天空股份有限公司(以下简称天空公司)2024 年度的资产负债表。

表 3-1 资产负债表

编制单位:天空股份有限公司　　　　　　2024 年度　　　　　　　　单位:万元

资产	期末余额	上年年末余额	负债和所有者权益(或股东权益)	期末余额	上年年末余额
流动资产:			流动负债:		
货币资金	690	540	短期借款	520	400
交易性金融资产	100	50	交易性金融负债		
衍生金融资产			衍生金融负债		
应收票据	35	40	应付票据	90	70
应收账款	895.6	854.7	应付账款	355	364
应收款项融资			预收账款	30	40
预付款项	34	34	合同负债		
其他应收款	24.9	33.5	应付职工薪酬	1.1	1
存货	890	780	应交税费	70	60
合同资产			其他应付款	44.4	40.2
持有待售资产			持有待售负债		
一年内到期的非流动资产			一年内到期的非流动负债	82	100
其他流动资产	5	20	其他流动负债	10	7
流动资产合计	2 674.5	2 352.2	流动负债合计	1 202.5	1 082.2
非流动资产:			非流动负债:		
债权投资	40	40	长期借款	600	700

（续表）

资产	期末余额	上年年末余额	负债和所有者权益（或股东权益）	期末余额	上年年末余额
其他债权投资	50	50	应付债券	420	320
长期应收款	30	30	其中：优先股		
长期股权投资	110	50	永续债		
其他权益工具投资			租赁负债		
其他非流动金融资产			长期应付款	170	110
投资性房地产	50	40	预计负债		
固定资产	4 150	3 800	递延收益		
在建工程	100	120	递延所得税负债		
生产性生物资产	22	11	其他非流动负债		
油气资产			非流动负债合计	1 190	1 030
使用权资产			负债合计	2 392.5	2 112.2
无形资产	52	40	股东权益：		
开发支出			股本	3 500	3 500
商誉			其他权益工具		
长期待摊费用	10	12	其中：优先股		
递延所得税资产			永续债		
其他非流动资产			资本公积	520	321
非流动资产合计	4 614	4 193	减：库存股		
			其他综合收益	40	30
			专项储备		
			盈余公积	720	459
			未分配利润	116	123
			所有者权益（或股东权益）合计	4 896	4 433
资产总计	7 288.5	6 545.2	负债和所有者权益（或股东权益）总计	7 288.5	6 545.2

2. 利润表

利润表（income statement）反映的是企业在一定会计期间（月度、季度、半年度、年度）经营成果的报表。利润表的构建基于"利润＝收入－费用"的会计等式，表内包含收入、费用、利润等相关信息。利润表详细记录了企业在某一特定会计期间内的收入与支出状况，为信息使用者提供了深入分析企业盈利能力的关键数据。通过对历史利润表的分析，不仅可以合理预测企业未来的经营绩效与获利能力，还能够精准识别企业在盈利层面存在的问题，并据此提出相应的改进措施，以促进企业盈利能力的持续优化。表 3-2 为天空公司

2024 年度的利润表(简化)。

表 3-2　利润表(简化)

编制单位：天空股份有限公司　　　　　　　　2024 年度　　　　　　　　　　单位：万元

项目	本期金额	上期金额
一、营业收入	11 482.5	10 362
减：营业成本	6 270.5	5 630
税金及附加	876	762
销售费用	1 670	1 866
管理费用	1 260	825
研发费用		
财务费用	367	325
其中：利息费用		
利息收入		
加：其他收益		
投资收益(损失以"－"号填列)	73	79
公允价值变动收益(损失以"－"号填列)		
资产减值损失		
资产处置收益(损失以"－"号填列)		
二、营业利润(亏损以"－"号填列)	1 112	1 033
加：营业外收入	9.6	10.7
减：营业外支出	17.60	7.40
三、利润总额(亏损总额以"－"号填列)	1 104	1 036.3
减：所得税费用	338	313.1
四、净利润(净亏损以"－"号填列)	766	723.2
五、其他综合收益的税后净额	40	30
六、综合收益总额	806	753.2
七、每股收益：		
(一)基本每股收益	0.383	0.376 6
(二)稀释每股收益	0.383	0.376 6

3. 现金流量表

现金流量表(cash flow statement)是指反映企业在一定会计期间(月度、季度、半年度、年度)现金及现金等价物流入和流出的报表。与利润表反映的是基于权责发生制的会计盈余不同,现金流量表反映的是基于收付实现制的现金流量的来源和去向。表 3-3 为天空公司 2024 年度的现金流量表。

表 3-3　现金流量表

编制单位：天空股份有限公司　　　　　　2024 年度　　　　　　　　单位：万元

项目	本期金额	上期金额
一、经营活动产生的现金流量：		
销售商品、提供劳务收到的现金	12 560	（略）
收到的税费返还	510	
收到其他与经营活动有关的现金	400	
经营活动现金流入小计	13 470	
购买商品、接受劳务支付的现金	8 240	
支付给职工以及为职工支付的现金	266	
支付的各项税费	3 274	
支付其他与经营活动有关的现金	520	
经营活动现金流出小计	12 300	
经营活动产生的现金流量净额	1 170	
二、投资活动产生的现金流量：		
收回投资收到的现金	195	
取得投资收益收到的现金	75	
处置固定资产、无形资产和其他长期资产收回的现金净额	5	
处置子公司及其他营业单位收到的现金净额	4	
收到其他与投资活动有关的现金	6	
投资活动现金流入小计	285	
购建固定资产、无形资产和其他长期资产支付的现金	775	
投资支付的现金	86	
取得子公司及其他营业单位支付的现金净额	10	
支付其他与投资活动有关的现金	4	
投资活动现金流出小计	875	
投资活动产生的现金流量净额	−590	
三、筹资活动产生的现金流量：		
吸收投资收到的现金		
取得借款收到的现金	340	
收到其他与筹资活动有关的现金		
筹资活动现金流入小计	340	
偿还债务支付的现金	330	
分配股利、利润或偿付利息支付的现金	354	
支付其他与筹资活动有关的现金	36	

项目	本期金额	上期金额
筹资活动现金流出小计	720	
筹资活动产生的现金流量净额	－380	
四、汇率变动对现金及现金等价物的影响		
五、现金及现金等价物净增加额	200	
加：期初现金及现金等价物余额	590	
六、期末现金及现金等价物余额	790	

现金流量表将企业的现金流量划分为三个部分，即经营活动产生的现金流量、投资活动产生的现金流量、筹资活动产生的现金流量。投资活动是指企业长期资产的购建和不包括在现金等价物范围内的投资及其处置活动。筹资活动是指导致企业资本及债务规模和构成发生变化的活动。投资活动和筹资活动以外的所有交易和事项均属于经营活动。

现金流量表直观而全面地反映了企业在某一特定会计期间内，经营、筹资与投资活动对现金及现金等价物产生的具体影响。信息使用者可借助现金流量表，深入剖析企业资金流动的轨迹与现金变动的根源，评估企业现金持有量增减的合理性与适度性，进而有效监控资金运作的风险。此外，将现金流量表与资产负债表、利润表相结合进行综合分析，能够更为全面且准确地评判企业创造现金流的能力、盈利的质量、债务的清偿能力以及支付能力的强弱等。

除了分析企业的财务报表数据，企业还需要注重对财务分析指标的综合考核。财务综合评价的方法有很多，包括杜邦分析法、沃尔评分法、经济增加值法等。2002年财政部等五部委联合发布了《企业绩效评价操作细则（修订）》，该细则所构建的绩效评价体系，不仅涵盖了财务评价指标，还纳入了非财务评价指标，从而有效规避了单纯依赖财务数据进行绩效评价的局限性。

通过运用科学的评价手段对财务绩效进行综合评价，不仅能够真实、准确地反映企业的经营绩效状况及其财务管理水平，而且有助于及时发现并揭示潜在的财务风险，进而引导企业实现持续、快速且健康的发展。

第二节　偿债能力分析

偿债能力是指企业清偿其所负担债务的能力。对偿债能力进行深入分析，对于债权人制定合理的借贷决策、投资者做出明智的投资选择、企业经营者规划科学的经营策略以及准确评估企业的财务状况均具有重要意义。

衡量偿债能力的方法主要可归结为两类：一类是对比企业可用于偿债的资产存量与债务存量。若资产存量显著超过债务存量，则通常认为企业具备较强的偿债能力。另一类则是比较企业经营活动产生的现金流量与偿债所需的现金量。若前者远超后者，则同样表明企业具有较强的偿债能力。

债务一般按到期时间分为短期债务和长期债务,偿债能力分析也由此分为短期偿债能力分析和长期偿债能力分析。

一、短期偿债能力

短期偿债能力特指企业偿付其流动负债的能力。流动负债是指企业在 1 年内或超过 1 年的一个营业周期内需要清偿的债务。此类负债对企业的财务风险具有显著影响,若无法及时偿付,企业可能面临严重的财务困境,甚至陷入财务危机。在资产负债表中,流动负债与流动资产之间存在一定的对应关系。一般而言,流动负债需以现金直接清偿,而流动资产则是企业在 1 年内或超过 1 年的一个营业周期内可变现的资产。因此,流动资产构成了企业偿还流动负债的重要安全保障。故而通过分析流动负债与流动资产之间的内在关系,可以较为准确地判断企业的短期偿债能力。通常而言,用于评价短期偿债能力的财务比率主要包括流动比率、速动比率、现金比率和现金流量比率等。

1. 流动比率

流动比率(liquidity ratio or current ratio)是企业流动资产与流动负债的比值。其计算公式为:

$$流动比率 = \frac{流动资产}{流动负债}$$

流动比率表明企业每 1 元流动负债有多少流动资产作为偿还保证,反映的是企业在短期内将流动资产变现偿还到期流动负债的能力。这个比率越高,说明企业偿还流动负债的能力越强,流动负债得到偿还的保障越强。流动资产主要包括货币资金、以公允价值计量且其变动计入当期损益的金融资产、应收及预付款项、存货和 1 年内到期的非流动资产等,一般用资产负债表中的期末流动资产总额表示。流动负债主要包括短期借款、以公允价值计量且其变动计入当期损益的金融负债、应付及预收款项、各种应缴税费、1 年内到期的非流动负债等,通常也用资产负债表中的期末流动负债总额表示。根据表 3-1 中天空公司的流动资产和流动负债的年末数,该公司 2024 年年末的流动比率为:

$$流动比率 = \frac{2\,674.5}{1\,202.5} = 2.22$$

这表明天空公司每有 1 元的流动负债,就有 2.22 元的流动资产作为安全保障。一般认为,流动比率经验值在 2 左右比较合适,天空公司的流动比率为 2.22 应属于正常范围。但是,我们还需要注意一些问题:

(1)流动比率的经验标准值为 2 不是绝对标准。流动比率过高可能反映出企业存货积压严重或存在大量未有效利用的闲置资金,缺乏良好的投资机会。此外,对于营业周期较短的行业而言,流动比率通常呈现出较低的水平。因此,在评估企业的短期偿债能力时,必须综合考虑企业所处行业背景、生产经营特性、流动资产的结构组成以及流动资产的质量状况。值得注意的是,并非所有流动资产都能在短时间内迅速变现,从而为流动负债提供充分的偿债保障。流动资产中存货的估价方法多样,且应收账款的质量参差不齐,这些都可能导致资产负债表上的金额与实际可变现金额之间存在较大差异。在此情境下,即便流动比率较高,企业的短期偿债能力也可能并不强劲。

（2）流动比率基于一个假设前提，即所有流动资产均可无障碍地转化为现金并用于清偿债务，同时所有流动负债得到全额偿还。然而，虽然流动比率较高，但若流动资产的流动性较差，那么企业的短期偿债能力依然不容乐观。在流动资产中，以公允价值计量且其变动计入当期损益的金融资产、衍生金融资产、应收票据及应收账款的变现能力相对较强，而存货则需经过销售环节才能转化为现金。一旦存货出现滞销情况，其变现能力将大打折扣，成为流动资产中流动性相对较弱的组成部分。因此，流动比率仅能在一定程度上对短期偿债能力进行粗略的估算。

2. 速动比率

从前面的分析中可以明确得知，流动比率在评估企业的短期偿债能力时，确实存在一定的局限性。为了更为精确地衡量易于变现的流动资产对流动负债所提供的保障程度，引入速动比率这一指标。一般来说，流动资产扣除存货后的资产称为速动资产，其主要包括货币资金、以公允价值计量且其变动计入当期损益的金融资产、衍生金融资产、应收票据、应收账款等。速动资产与流动负债的比值称为速动比率（quick ratio），也称酸性测试比率（acid-test ratio）。其计算公式为：

$$速动比率 = \frac{速冻资产}{流动负债} = \frac{流动资产 - 存货}{流动负债}$$

通过速动比率来判断企业短期偿债能力比用流动比率更进了一步，因为它除去了变现能力较差的存货。速动比率越高，说明企业的短期偿债能力越强。根据表 3-1 中的相关数据，天空公司 2024 年年末的速动比率为：

$$速动比率 = \frac{2\ 674.5 - 890}{1\ 202.5} = 1.48$$

速动比率的经验标准值为 1。速动比率大于 1，表明企业容易变现的流动资产对其流动负债有完全的保障能力，企业的短期偿债能力一般没有问题。但这并非绝对标准，不同行业、不同经营模式的企业速动比率差异很大。通常而言，应收账款的变现能力是决定速动比率可信度的一个关键因素。若企业的应收账款中难以回收的部分占较大比例，则这些款项可能会转化为坏账，进而导致速动比率无法真实反映企业的偿债能力。因此，在运用速动比率来分析企业的短期偿债能力时，必须结合应收账款的账龄结构进行深入分析。

3. 现金比率

现金比率（cash ratio）是企业的现金类资产与流动负债的比值。现金类资产包括库存现金、随时可用于支付的存款和现金等价物，即现金流量表中所反映的现金及现金等价物。其计算公式为：

$$现金比率 = \frac{现金 + 现金等价物}{流动负债}$$

根据表 3-1 中的相关数据（假定天空公司以公允价值计量且其变动计入当期损益的金融资产均为现金等价物），天空公司 2024 年年末的现金比率为：

$$现金比率 = \frac{690 + 100}{1\ 202.5} = 0.66$$

相较于流动比率和速动比率,现金比率在反映企业的直接偿债能力方面更具优势。一个较高的现金比率意味着企业拥有更强的支付短期债务本息的能力。然而,若企业的货币资金中包含了较大比例的不可随时用于支付的存款(如冻结存款),那么仅根据资产负债表中的现金类资产计算得出的现金比率,可能无法准确体现企业的直接偿债能力。此外,值得注意的是,过高的现金比率也可能暗示企业持有过多盈利能力较低的现金类资产,这在一定程度上可能会削弱企业的获利能力。

4. 现金流量比率

现金流量比率(cash flow ratio)是企业经营活动产生的现金流量净额与流动负债的比值。其计算公式为:

$$现金流量比率 = \frac{经营活动产生的现金流量净额}{流动负债}$$

上面介绍的流动比率、速动比率和现金比率都是反映企业短期偿债能力的静态指标,揭示了企业的现有资源对偿还到期债务的保障程度。现金流量比率则是从动态角度反映本期经营活动产生的现金流量净额偿付流动负债的能力。根据表 3-1 和表 3-3 中的相关数据,天空公司 2024 年的现金流量比率为:

$$现金比率 = \frac{1\,170}{1\,202.5} = 0.97$$

需要说明的是,经营活动产生的现金流量是过去一个会计年度的经营结果,而流动负债则是未来一个会计年度需要偿还的债务,两者的会计期间不同。因此,这个指标是建立在以过去一年的现金流量来估计未来一年的现金流量的假设基础之上的。使用这一财务比率时,需要考虑未来一个会计年度影响经营活动的现金流量变动的因素。

二、长期偿债能力

长期偿债能力是指企业偿还长期负债的能力,企业的长期负债主要有长期借款、应付债券、长期应付款、专项应付款、预计负债等。在对企业进行短期偿债能力分析的同时,还需分析企业的长期偿债能力,以便于债权人和投资者全面了解企业的偿债能力及财务风险。企业的债务需要偿还本息。因此,需要分析企业的还本能力和付息能力。还本能力主要采用基于资产负债表进行分析的存量比率,包括资产负债率、产权比率和权益乘数。付息能力主要采用基于利润表和现金流量表进行分析的流量比率,如偿债保障比率、利息保障倍数和现金利息保障倍数。

1. 资产负债率

资产负债率是企业负债总额与资产总额之比,它反映企业的资产总额中有多大比例是通过举债得到的。其计算公式为:

$$资产负债率 = \frac{负债总额}{资产总额} \times 100\%$$

资产负债率反映企业偿还债务的综合能力:该比率越高,企业偿还债务的能力越差,财务风险越大;反之,该比率越低,企业偿还债务的能力越强,财务风险越小。根据表 3-1 中

的相关数据,天空公司 2024 年年末的资产负债率为:

$$资产负债率 = \frac{2\ 392.5}{7\ 288.5} \times 100\% = 33.83\%$$

这表明 2024 年天空公司的资产有 33.83% 来源于举债;或者说,天空公司每 33.83 元的债务,就有 100 元的资产被作为偿还债务的保障。

事实上,不同的利益主体在审视同一财务指标时,会因立场差异而持有不同观点。从债权人的视角出发,他们倾向于认为债务比率越低越有利。因为这能确保企业偿债能力稳健,从而降低贷款风险。而对于股东而言,他们更关心的是举债所能带来的效益。当企业的全部资本利润率高于借款利息率时,股东往往期望负债比率越高越好。因为这意味着他们能获取的利润将更为丰厚。从经营者的角度考虑,他们在作出负债决策时,更注重在风险与收益之间寻找恰当的平衡点。较低的资产负债率虽然表明财务风险较低,但也可能意味着财务杠杆效应未得到充分利用,进而影响企业的盈利能力;相反,较高的资产负债率虽然意味着更高的盈利潜力,但也伴随着更大的财务风险。经营者只有在负债所带来的收益能够充分覆盖其增加的风险时,才会考虑增加负债。而在风险与收益达到平衡的前提下,是选择维持较高的负债水平还是降低负债水平,这往往取决于经营者的风险偏好及多种其他因素。

需要注意的是,资产负债率为多少才是合理的,并没有一个确定的标准。不同行业、不同类型的企业资产负债率会存在较大差异。例如,在我国房地产行业,由于预售制度导致大量预收账款形成负债,且项目周转周期较长,该行业的资产负债率普遍较高。而食品行业则因其较低的毛利率、稳定的现金流量以及较少的前期投入需求,资产负债率相对较低。因此,在分析企业的资产负债率时,必须考虑企业所处的行业特征。一般而言,处于高速发展阶段的企业,其资产负债率可能会相对较高,这样,所有者能够从中获得更多的杠杆利益。

2. 产权比率

产权比率,也称负债股权比率,是负债总额与股东权益总额的比值。其计算公式为:

$$产权比率 = \frac{负债总额}{股东权益总额}$$

产权比率不仅反映了债权人资本与所有者资本之间的相对关系,企业财务结构的稳定性,而且还体现了债权人资本受股东权益保障的程度,或者说是在企业清算时,债权人利益所能得到的保护程度。一般来说,这一比率越低,表明企业长期偿债能力越强,债权人的权益保障程度越高。在分析企业的产权比率时,同样需要结合企业的具体情况加以分析。当企业的资产收益率大于负债利息率时,采取负债经营的策略将有助于提升资金收益率,从而为企业带来额外的利润。在这种情况下,产权比率可以适当偏高一些。产权比率高,是高风险、高收益的财务结构;产权比率低,是低风险、低收益的财务结构。根据表 3-1 中的相关数据,天空公司 2024 年年末的产权比率为:

$$产权比率 = \frac{2\ 392.5}{4\ 896} = 0.49$$

产权比率与资产负债率对评价偿债能力的作用基本一致,只是资产负债率侧重于分析债务偿付安全性的物质保障程度,产权比率则侧重于揭示财务结构的稳健程度以及自有资金对偿债风险的承受能力。

3. 权益乘数

权益乘数是资产总额相比股东权益总额的倍数。权益乘数反映了企业财务杠杆的大小。权益乘数越大,说明股东投入的资本在资产中所占比重越小,财务杠杆越大。其计算公式为:

$$权益乘数 = \frac{资产总额}{股东权益总额}$$

根据表 3-1 中的相关数据,天空公司 2024 年年末的权益乘数为:

$$权益乘数 = \frac{7\,288.5}{4\,896} = 1.49$$

权益乘数表明股东每投入 1 元钱可实际拥有和控制的资金数额。在企业存在负债的情况下,权益乘数大于 1。产权比率和权益乘数是资产负债率的另外两种表现形式。

4. 偿债保障比率

偿债保障比率也称债务偿还期,是负债总额与经营活动产生的现金流量净额的比值。其计算公式为:

$$偿债保障比率 = \frac{负债总额}{经营活动产生的现金流量净额}$$

偿债保障比率反映了用企业经营活动产生的现金流量净额偿还全部债务所需的时间。该比率也被称为债务偿还期。一般认为,经营活动产生的现金流量是企业长期资金的最主要的来源,而投资活动和筹资活动所获得的现金流量虽然在必要时也可用于偿还债务,但不能将其视为经常性的现金流量。因此,用偿债保障比率可以衡量企业通过经营活动所获得的现金偿还债务的能力。该比率越低,说明企业偿还债务的能力越强。根据表 3-1 和表 3-3 中的相关数据,天空公司 2024 年的偿债保障比率为:

$$偿债保障比率 = \frac{2\,392.5}{1\,170} = 2.04$$

5. 利息保障倍数

利息保障倍数是指企业息税前利润与应付利息之比,又称已获利息倍数,用以衡量偿付借款利息的能力。其计算公式为:

$$利息保障倍数 = \frac{息税前利润}{利息费用} = \frac{净利润 + 利润表中的利息费用 + 所得税}{利息费用}$$

其中,息税前利润是指利润表中扣除利息费用和所得税前的利润;利息费用是指本期发生的全部应付利息,不仅包括财务费用中的利息费用,还应包括计入固定资产成本的资本化利息。资本化利息虽然不在利润表中扣除,但仍然是要偿还的。利息保障倍数主要用于衡量企业支付利息的能力,没有足够大的息税前利润,利息的支付就会变得困难。

利息保障倍数反映支付利息的利润来源,即息税前利润与利息支出之间的关系。该比率越高,长期偿债能力越强。从长期看,利息保障倍数至少要大于1(国际公认标准为3),也就是说,息税前利润至少要大于应付利息,企业才具有偿还债务利息的可能性。若利息保障倍数偏低,企业将面临亏损的风险,同时其偿债的安全性与稳定性亦将有所下滑。在短期内,即便利息保障倍数小于1,企业仍具备一定的利息支付能力,这是因为在计算息税前利润时,所扣除的折旧与摊销费用并不需要立刻以现金支付。然而,这种支付能力仅为暂时现象,一旦企业需要重置资产,其必将面临支付困境。因此,在分析过程中,应当对比企业连续多个会计年度(如5年)的利息保障倍数,以阐释企业付息能力的稳定性。

根据表3-2中的相关数据(假定天空公司的财务费用都是利息费用,并且固定资产成本中不含资本化利息),则天空公司2024年的利息保障倍数为:

$$利息保障倍数 = \frac{1\ 104 + 367}{367} = 4.01(倍)$$

6. 现金利息保障倍数

在利用利息保障倍数这一指标时必须注意,会计采用权责发生制来核算费用,所以本期的利息费用不一定就是本期的实际利息支出,而本期发生的实际利息支出也并非全部是本期的利息费用;同时,本期的息税前利润也并非本期的经营活动所获得的现金。这样利用上述财务指标来衡量经营所得支付债务利息的能力就存在一定的片面性,不能清楚地反映实际支付利息的能力。为此,可以进一步用现金利息保障倍数来分析经营所得现金偿付利息支出的能力。其计算公式为:

$$利息保障倍数 = \frac{经营活动产生的现金流量净额 + 现金利息支付 + 付现所得税}{现金利息支出}$$

其中,现金利息支出是指本期用现金支付的利息费用;付现所得税是指本期用现金支付的所得税。现金利息保障倍数反映了企业一定时期经营活动所取得的现金是现金利息支出的多少倍,它更明确地表明了企业用经营活动所取得的现金偿付债务利息的能力。根据表3-2和表3-3中的相关数据(假设天空公司财务费用都是现金利息支出,并且所得税费用也都是付现所得税),天空公司2024年的现金利息保障倍数为:

$$利息保障倍数 = \frac{1\ 170 + 367 + 338}{367} = 5.11(倍)$$

从以上计算结果看,天空公司偿付借款利息的能力较强。

三、影响偿债能力的其他因素

1. 可动用的银行贷款指标或授信额度

当企业存在可动用的银行贷款指标或授信额度时,这些数据不在财务报表内反映,但因为其可以随时增加企业的支付能力,所以也可以提高企业的偿债能力。

2. 资产质量

在财务报表内反映的资产金额为资产的账面价值。由于财务会计存在局限性,资产的账面价值与实际价值可能存在差异,如资产可能被高估或低估,一些资产无法计入财务报表等。此外,资产的变现能力也会影响偿债能力。如果企业存在很快变现的长期资产,则会提高企业的短期偿债能力。

3. 或有事项和承诺事项

如果企业存在债务担保或未决诉讼等或有事项,则会增加企业的潜在偿债压力。同样,各种承诺支付事项也会加大企业的偿债压力。

第三节 营运能力分析

营运能力主要是指企业资产运用、循环的效率高低。通常而言,企业资金周转的速率越快,表明其资金管理的效能越高。企业资金利用效率相应提升,使得企业能够以更低的成本获取更高的收益。因此,营运能力指标主要是通过分析投入与产出(尤其是收入)之间的关联来体现的。评价企业营运能力常用的财务比率有应收账款周转率、存货周转率、流动资产周转率、固定资产周转率、总资产周转率等。

一、应收账款周转率

应收账款在企业的流动资产构成中占据着极其重要的位置,企业若能迅速且有效地回收应收账款,不仅能够大幅提升其短期偿债能力,确保资金链的稳定与顺畅,也能提升企业管理应收账款的效率。应收账款周转率(receivables turnover ratio)是企业一定时期赊销收入净额与应收账款平均余额的比率。应收账款周转率是评价应收账款流动性大小的一个重要财务比率,它反映了应收账款在一个会计年度内的周转次数,可以用来分析应收账款的变现速度和管理效率。该比率越高,说明应收账款的周转速度越快、流动性越强。其计算公式为:

$$应收账款周转率 = \frac{赊销收入净额}{应收账款平均余额}$$

$$应收账款平均余额 = \frac{期初应收账款余额 + 期末应收账款余额}{2}$$

其中,赊销收入净额是指销售收入净额扣除现销收入之后的余额;销售收入净额是指销售收入扣除销售退回、销售折扣及折让后的余额。假设天空公司的营业收入全部都是赊销收入净额,根据表 3-1 和表 3-2 中的相关数据,该公司 2024 年的应收账款周转率为:

$$应收账款平均余额 = \frac{895.6 + 854.7}{2} = 875.15(元)$$

$$应收账款周转率 = \frac{11\,482.5}{875.15} = 13.12$$

在市场经济条件下,由于商业信用的普遍应用,应收账款成为企业一项重要的流动资产,应收账款的变现能力直接影响资产的流动性。应收账款周转率越高,说明企业收回应收账款的速度越快。企业可以减少坏账损失,提高资产的流动性,企业的短期偿债能力也会得到增强,这在一定程度上可以弥补流动比率低的不利影响。如果企业的应收账款周转率过低,则说明企业收回应收账款的效率低,或者信用政策过于宽松,这会导致应收账款占用资金数量过多,影响企业资金利用率和资金的正常周转。应收账款周转率过高,也可能是因为企业奉行了比较严格的信用政策,制定的信用标准和信用条件过于苛刻。这会限制企业销售量的增加,从而影响企业的盈利水平,这种情况往往表现为企业存货周转率同时偏低。

用应收账款周转率来反映应收账款的周转情况是比较常见的,如上面计算的天空公司应收账款周转率为 13.12,表明该公司一年内应收账款周转次数为 13.12 次。此外,应收账款平均收账期也可以用来反映应收账款的周转情况。其计算公式为:

$$应收账款平均收账期 = \frac{360}{应收账款周转率} = \frac{应收账款平均余额 \times 360}{赊销收入净额}$$

应收账款平均收账期表示应收账款周转一次所需的天数。平均收账期越短,说明企业的应收账款周转速度越快。根据天空公司的应收账款周转率,计算出应收账款平均收账期如下:

$$应收账款平均收账期 = \frac{360}{13.12} = 27.44(天)$$

天空公司的应收账款平均收账期为 27.44 天,说明天空公司从赊销产品到收回应收账款的平均天数为 27.44 天。

二、存货周转率

在流动资产中,存货所占比重较大,存货的流动性将直接影响企业的流动比率。存货周转率的分析同样可以通过存货周转次数和存货周转天数反映。

存货周转率(inventory turnover ratio)也称存货利用率,是企业一定时期的销售成本与存货平均余额的比率。其计算公式为:

$$存货周转率 = \frac{销售成本}{存货平均余额}$$

$$存货平均余额 = \frac{期初存货余额 + 期末存货余额}{2}$$

存货周转率说明了一定时期内企业存货周转的次数,可以反映企业存货的变现速度,衡量企业的销售能力及存货是否过量。根据表 3-1 中的相关数据,天空公司 2024 年的存货周转率为:

$$存货平均余额 = \frac{890 + 780}{2} = 835(元)$$

$$存货周转率 = \frac{6\ 270.5}{835} = 7.51$$

在正常经营情况下,存货周转率越高,说明存货周转速度越快,企业的销售能力越强,营运资本占用在存货上的金额越少。这表明企业的资产流动性较好,资金利用效率较高。反之,存货周转率过低,往往是因为企业库存管理不善,销售状况不好,造成存货积压,这说明企业在产品销售方面存在一定的问题,应当采取积极的销售策略,加快存货的周转速度。

但是,在利用存货周转率具体分析时,还应注意以下几点:

(1) 存货周转率的高低与企业的经营状况紧密相关。在通货膨胀较为严重的情况下,企业为了减轻存货采购成本的压力,可能会选择增加存货储备量,由此会引发存货周转率下降,这实属正常现象。

(2) 该比率反映的是存货整体的周转情况,并不能说明企业经营各环节的存货周转情况和管理水平。

(3) 在进行分析时,还需结合应收账款的周转情况以及企业的信用政策进行综合考虑。例如,当企业接收到一个大额订单时,其通常会先增加存货量,进而会推动应付账款的增加,而应收账款(即营业收入)的增加则相对滞后。因此,在该订单尚未实现销售之前,企业存货周转率会下降。然而,这实际上是一个积极的信号,预示着企业未来销售的增长。与此相反,当企业预计销售将会萎缩时,其通常会先减少存货量,这会导致存货周转率的上升。但这种周转率的上升,并不意味着企业资产管理的改善。

存货周转状况也可以用存货周转天数来表示。其计算公式为:

$$存货周转天数 = \frac{360}{存货周转率} = \frac{存货平均余额 \times 360}{销售成本}$$

存货周转天数表示存货周转一次所需要的时间,天数越少说明存货周转越快。根据天空公司的存货周转率,计算出存货周转天数如下:

$$存货周转天数 = \frac{360}{7.51} = 47.94(天)$$

三、流动资产周转率

流动资产周转率(liquid assets turnover ratio)是销售收入与流动资产平均余额的比率,它反映了企业全部流动资产的利用效率。其计算公式为:

$$流动资产周转率 = \frac{销售收入}{流动资产平均余额}$$

$$流动资产平均余额 = \frac{期初流动资产余额 + 期末流动资产余额}{2}$$

流动资产周转率表明在一个会计年度内企业流动资产周转的次数。在一定时期内,流动资产周转次数越多,流动资产周转率越高,表明以相同的流动资产完成的周转额越多,流动资产利用效果越好。根据表3-1和表3-2中的相关数据,天空公司2024年的流动资产周转率为:

$$流动资产平均余额 = \frac{2\,674.5 + 2\,352.2}{2} = 2\,513.35(元)$$

$$流动资产周转率 = \frac{11\,482.5}{2\,513.35} = 4.57$$

流动资产周转率是分析流动资产周转情况的一个综合指标。流动资产周转得较快,可以节约流动资金,提高资金的利用效率。但是,究竟流动资产周转率为多少才算好,并没有一个确定的标准。通常而言,分析流动资产周转率,应结合行业特点,并比较企业历年的数据。

流动资产的周转情况也可以用流动资产周转天数来表示,计算公式为:

$$流动资产周转天数 = \frac{360}{流动资产周转率} = \frac{流动资产平均余额 \times 360}{销售收入}$$

流动资产利用效果越好,流动资产周转天数越少,表明流动资产在经历生产销售各阶段所占用的时间越短。这可以相对节约企业的流动资产,增强企业的盈利能力。根据天空公司的流动资产周转率,计算出流动资产周转天数如下:

$$流动资产周转天数 = \frac{360}{4.57} = 78.77(天)$$

四、固定资产周转率

固定资产周转率(fixed assets turnover ratio)也称固定资产利用率,是企业销售收入与固定资产平均净值的比率,表示每1元固定资产投资支持的营业收入。其计算公式为:

$$固定资产周转率 = \frac{销售收入}{固定资产平均净值}$$

$$固定资产平均净值 = \frac{期初固定资产净值 + 期末固定资产净值}{2}$$

固定资产周转率高,说明企业固定资产投资得当,结构合理,利用效率高;反之,如果固定资产周转率不高,则表明固定资产利用效率不高,提供的生产成果不多,企业的营运能力不强。如果固定资产周转率与同行业平均水平相比偏低,则说明企业的生产效率较低,这可能会影响企业的盈利能力。根据表3-1和表3-2中的相关数据,天空公司2024年的固定资产周转率为:

$$固定资产平均净值 = \frac{4\,150 + 3\,800}{2} = 3\,975(元)$$

$$固定资产周转率 = \frac{11\,482.5}{3\,975} = 2.89$$

固定资产的周转情况也可以用固定资产周转天数来表示,计算公式为:

$$固定资产周转天数 = \frac{360}{固定资产周转率} = \frac{固定资产平均余额 \times 360}{销售收入}$$

一般而言,固定资产周转率越高,固定资产周转天数越少,表明企业固定资产的周转速度越快,固定资产的利用效率越高。根据天空公司的固定资产周转率,计算出固定资产周转天数如下:

$$固定资产周转天数 = \frac{360}{2.89} = 124.57(天)$$

五、总资产周转率

总资产周转率(total assets turnover ratio)也称总资产利用率,是企业销售收入与资产平均总额的比率,表示企业一年中总资产周转的次数。其计算公式为:

$$总资产周转率 = \frac{销售收入}{资产平均总额}$$

$$资产平均总额 = \frac{期初资产总额 + 期末资产总额}{2}$$

其中,销售收入一般用销售收入净额,即销售收入扣除销售退回、销售折扣和折让后的净额。总资产周转率可用来衡量企业全部资产整体的使用效率。如果这个比率较低,则说明企业利用其资产进行经营的效率较差,这会影响企业的盈利能力。对此,企业应该采取措施增加销售收入或处置资产,以提高总资产利用率。根据表 3-1 和表 3-2 中的相关数据,天空公司 2024 年的总资产周转率为:

$$资产平均总额 = \frac{6\,545.2 + 7\,288.5}{2} = 6\,919.85(元)$$

$$总资产周转率 = \frac{11\,482.5}{6\,919.85} = 1.66$$

总资产周转天数表示总资产周转一次需要的时间,是总资产转换为现金需要的平均时间。其计算公式为:

$$总资产周转天数 = \frac{360}{总资产周转率} = \frac{总资产平均余额 \times 360}{销售收入}$$

一般而言,总资产周转率越高,总资产周转天数越少,这表明企业总资产的周转速度越快,总资产的利用效率越高。

第四节　盈利能力分析

盈利能力是衡量企业赚取利润和实现资本增值的核心能力。利润不仅是股东获取投资回报、确保其权益增值的直接体现,也是评估企业管理层经营业绩的关键指标,同时还是企业职工薪酬的主要来源。因此,无论是投资人、债权人还是企业经理人员,均会高度重视并密切关注企业的盈利能力。盈利能力指标主要通过收入与利润之间的关系、资产与利润之间的关系反映。反映企业盈利能力的指标主要有销售毛利率、销售净利率、资产报酬率、股东权益报酬率等,股份有限公司还应分析每股利润、每股现金流量、每股股利、股利支付率、每股净资产、市盈率和市净率等。

一、销售毛利率与销售净利率

(一) 销售毛利率
销售毛利率也称毛利率,是企业的销售毛利与营业收入净额的比率。销售毛利是企业营业收入净额与营业成本的差额,可以根据利润表计算得出。营业收入净额是指营业收入扣除销售退回、销售折扣与折让后的净额。其计算公式为:

$$销售毛利率 = \frac{销售毛利}{营业收入净额} \times 100\% = \frac{营业收入净额 - 营业成本}{营业收入净额} \times 100\%$$

销售毛利率反映了企业的营业成本与营业收入的比例关系,销售毛利率越高,说明在营业收入净额中营业成本所占比重越小,企业通过销售获取利润的能力越强。根据表 3-2 中的相关数据,天空公司 2024 年的销售毛利率为:

$$销售毛利率 = \frac{11\ 482.5 - 6\ 270.5}{11\ 482.5} \times 100\% = 45.39\%$$

天空公司 2024 年的销售毛利率为 45.39%,说明每 100 元的营业收入可以为公司创造 45.39 元的毛利。将营业毛利率与行业水平进行比较,可以反映企业的市场竞争地位。那些企业营业毛利率高于行业水平意味着其实现一定的收入占用了更少的成本,表明其在资源、技术或劳动生产率方面具有竞争优势。而企业营业毛利率低于行业水平则意味着企业在行业中处于竞争劣势。此外,将不同行业的营业毛利率进行横向比较,也可以说明行业间盈利能力的差异。

(二) 销售净利率

销售净利率(profit margin on sales)是企业净利润与营业收入净额的比率,反映每 1 元营业收入最终赚取了多少利润,用于反映企业最终的盈利能力。其计算公式为:

$$销售净利率 = \frac{净利润}{营业收入净额} \times 100\%$$

销售净利率越高,说明企业通过扩大销售获取报酬的能力越强。根据表 3-2 中的相关数据,天空公司 2024 年的销售净利率为:

$$销售净利率 = \frac{766}{11\ 482.5} \times 100\% = 6.67\%$$

天空公司的销售净利率为 6.67%,说明每 100 元的营业收入可为公司创造 6.67 元的净利润。评价企业的销售净利率时,应比较企业历年的指标,从而判断企业销售净利率的变化趋势。但是,销售净利率受行业特点影响较大,还应该结合不同行业的具体情况进行分析。

二、资产报酬率

资产报酬率(return on assets,ROA)也称资产收益率,是企业在一定时期内的利润额与资产平均总额的比率。资产报酬率主要用来衡量企业利用资产获取利润的能力,反映每 1 元资产创造的利润。在实践中,根据财务分析的目的不同,利润额可以分为息税前利润、利润总额和净利润。按照所采用的利润额不同,资产报酬率可分为资产息税前利润率、资产利润率和资产净利率。

(一) 资产息税前利润率

资产息税前利润率是指企业一定时期的息税前利润与资产平均总额的比率,表示企业每1元的总资产所能创造的息税前利润。其计算公式为：

$$资产息税前利润率 = \frac{息税前利润}{资产平均总额} \times 100\%$$

企业所实现的息税前利润首先要用于支付债务利息，然后才能缴纳所得税和向股东分配利润。因此，息税前利润可以看作企业为债权人、政府和股东所创造的报酬。资产息税前利润率是一个不受企业债务资本与股权资本变动影响的指标，它常被用于评估企业运用全部经济资源以获取回报的能力，同时也体现了企业在经营活动中利用全部资产的效率。在分析企业资产报酬率时，债权人可选用资产息税前利润率作为参考。一般而言，只要企业的资产息税前利润率高于负债利息率，就意味着企业拥有足够的盈利来偿付债务利息。因此，该项比率不仅可以评价企业的盈利能力，而且可以评价企业的偿债能力。根据表3-1、表3-2中的相关数据（假定天空公司的财务费用都是利息费用，并且固定资产成本中不含资本化利息），天空公司2024年的资产息税前利润率为：

$$资产息税前利润率 = \frac{1\,104 + 367}{6\,919.85} \times 100\% = 21.26\%$$

天空公司的资产息税前利润率为21.26%，说明该公司每100元的资产可以获取21.26元的息税前利润。

（二）资产利润率

资产利润率是指企业一定时期的利润总额与资产平均总额的比率，表示企业每1元的总资产所能创造的利润总额，也称总资产税前利润率。其计算公式为：

$$资产利润率 = \frac{利润总额}{资产平均总额} \times 100\%$$

利润总额可从利润表中直接获得，它反映了企业在扣除利息之后、所得税费用之前的收益。资产利润率指标不受国家税收政策的影响，可以看作企业为政府和股东所创造的回报。根据表3-1、表3-2中的相关数据（假设天空公司所得税费用都是付现所得税），天空公司2024年的资产利润率为：

$$资产利润率 = \frac{1\,104}{6\,919.85} \times 100\% = 15.95\%$$

天空公司的资产利润率为15.95%，说明该公司每100元的资产可以获取15.95元的利润总额。

（三）资产净利率

资产净利率是指企业一定时期的净利润与资产平均总额的比率，表示企业每1元的总资产所能创造的净利润。其计算公式为：

$$资产净利率 = \frac{净利润}{资产平均总额} \times 100\%$$

其中，净利润可以直接从利润表中得到，它是企业所有者获得的剩余收益，企业的经营活动、投资活动、筹资活动以及国家税收政策的变化都会影响净利润。因此，资产净利率通常用于评价企业对股权投资的回报能力。股东分析企业资产报酬率时通常采用资产净利率。根据表 3-1 和表 3-2 中的相关数据,天空公司 2024 年的资产净利率为:

$$资产净利率 = \frac{766}{6\,919.85} \times 100\% = 11.07\%$$

天空公司的资产净利率为 11.07%,说明该公司每 100 元的资产可以为股东赚取 11.07 元的净利润。一般来说,这一比率越高,说明企业的盈利能力越强。天空公司资产净利率不高,说明其盈利能力不是很强。

但是,资产报酬率的高低并没有一个绝对的评价标准。在分析企业的资产报酬率时,通常采用比较分析法,与该企业以前会计年度的资产报酬率作比较,以判断企业资产盈利能力的变动趋势;或者与同行业平均资产报酬率作比较,以判断企业在同行业中所处的地位。通过这种比较分析,可以评价企业的经营效率,发现其经营管理中存在的问题。如果企业的资产报酬率偏低,则说明该企业经营效率较低,经营管理存在问题,企业应该调整经营方针,加强经营管理,提高资产的利用效率。

三、股东权益报酬率

股东权益报酬率(return on equity,ROE)也称净资产收益率或所有者权益报酬率,是企业一定时期的净利润与股东权益平均总额的比率。该比率表示每 1 元权益资本赚取的净利润,用于反映权益资本经营的盈利能力。其计算公式为:

$$股东权益报酬率 = \frac{净利润}{股东权益平均总额} \times 100\%$$

$$股东权益平均总额 = \frac{期初股东权益总额 + 期末股东权益总额}{2}$$

股东权益报酬率是评价企业盈利能力的一个重要财务比率,它反映了企业股东获取投资报酬的高低,所以是投资者关注的重点。这一比率越高,说明企业的盈利能力越强。根据表 3-1 和表 3-2 中的相关数据,天空公司 2024 年的股东权益报酬率为:

$$股东权益平均总额 = \frac{4\,896 + 4\,433}{2} = 4\,884.5(元)$$

$$股东权益报酬率 = \frac{766}{4\,884.5} \times 100\% = 15.68\%$$

天空公司的股东权益报酬率为 15.68%,表明股东每投入 100 元资本,可以获得 15.68 元的净利润。

股东权益报酬率可以进行如下拆解:

$$\begin{aligned}
股东权益报酬率 &= \frac{净利润}{股东权益平均总额} \times 100\% \\
&= \frac{净利润}{资产平均总额} \times \frac{资产平均总额}{股东权益平均总额} = 资产净利率 \times 平均权益乘数 \\
&= \frac{净利润}{销售收入} \times \frac{销售收入}{资产平均总额} \times \frac{资产平均总额}{股东权益平均总额} \\
&= 销售净利率 \times 总资产周转率 \times 平均权益乘数
\end{aligned}$$

从上述公式中,可以发现:

(1) 股东权益报酬率的高低受企业资产净利率与权益乘数两大因素的影响。因此,提升股东权益报酬率可以有两种策略:第一种,在维持财务杠杆稳定的前提下,通过增加收入与节约开支,提升资产的使用效率,进而提高资产净利率,最终提升股东权益报酬率;第二种,在资产利润率超出负债利息率的情境下,可通过增大权益乘数,即提升财务杠杆比例,来实现股东权益报酬率的增长。然而,需特别留意的是,第二种策略具有较大风险,因为企业采取负债经营模式的前提是具备充足的盈利能力以确保债务的本息偿还。单纯增加负债对于改善净资产收益率仅具有短期效应,若企业的盈利能力无法覆盖由此增加的财务风险,则最终将使企业陷入财务困境。因此,只有当企业净资产收益率上升且财务风险未显著加剧时,才能说明企业财务状况稳健。

(2) 资产净利率主要取决于总资产周转率与销售净利率两个因素。企业的销售净利率越高,资产周转速度越快,资产净利率越高。因此,提高资产净利率可以从两个方面入手:一方面,加强资产管理,提高资产利用率;另一方面,加强营销管理,增加销售收入,节约成本费用,提高利润水平。

四、每股收益

每股收益(earnings per share,EPS)又称每股利润或每股盈余,是指普通股股东持有一股所能享有的企业净利润或需承担的企业净亏损。其计算公式为:

$$每股收益 = \frac{净利润 - 优先股股利}{发行在外的普通股平均股数}$$

每股利润越高,说明公司的盈利能力越强。根据表 3-1 和表 3-2 中的相关数据,天空公司发行在外的普通股平均股数为 2 000 万股,并且没有优先股,则该公司 2024 年的普通股每股利润为:

$$每股收益 = \frac{766}{2\ 000} = 0.383(元)$$

每股收益在利润表中可以直接获取。利润表中会分别列示"基本每股收益"和"稀释每股收益"项目。企业存在稀释性潜在普通股的,应当计算稀释每股收益。稀释性潜在普通股是指假设当期转换为普通股会减少每股收益的潜在普通股。潜在普通股主要包括可转换公司债券、认股权证和股份期权等。

五、每股现金流量

每股利润的高低虽然与股利分配具有密切关系,但它不是决定股利分配的唯一因素。如果某公司的每股利润很高,但缺乏现金,那么其也无法分配现金股利。因此,还有必要分析公司的每股现金流量。每股现金流量是公司普通股每股所取得的经营活动的现金流量。每股现金流量等于经营活动产生的现金流量净额扣除优先股股利后的余额,除以发行在外的普通股平均股数。其计算公式为:

$$每股现金流量 = \frac{经营活动产生的现金流量净额 - 优先股股利}{发行在外的普通股平均股数}$$

每股现金流量越高，说明公司越有能力支付现金股利。根据表 3-1 和表 3-3 中的相关数据，天空公司 2024 年的每股现金流量为：

$$每股现金流量 = \frac{1\ 170}{2\ 000} = 0.585(元)$$

六、每股股利

每股股利等于普通股分配的现金股利总额除以普通股总股份数。它反映了普通股每股分得的现金股利的多少。其计算公式为：

$$每股股利 = \frac{现金股利总额 - 优先股股利}{发行在外的普通股股数}$$

每股股利反映的是普通股股东每持有上市公司 1 股普通股获取的股利大小，是投资者股票投资收益的重要来源之一。净利润是股利分配的基础，每股股利的数额在很大程度上依赖于每股收益的多少。然而，上市公司每股股利的发放，不仅受公司盈利能力的影响，还受到其股利分配政策及潜在投资机会的双重影响。投资者在分析上市公司的投资回报并考虑每股股利时，应当对比连续几个报告期的每股股利数据，以此来评估股利回报的稳定性，并据此形成收益预期。

反映每股股利和每股收益之间关系的一个重要指标是股利发放率，即每股股利分配额与当期的每股收益之比。它表明股份公司的净收益中有多少用于现金股利的分派。其计算公式为：

$$股利发放率 = \frac{每股股利}{每股收益}$$

股利发放率反映每 1 元净利润有多少用于普通股股东的现金股利发放，反映普通股股东的当期收益水平。借助于该指标，投资者可以了解一家上市公司的股利发放政策。

七、每股净资产

每股净资产，又称每股账面价值，是指企业期末股东权益总额与期末发行在外的普通股股数之间的比率。其计算公式为：

$$每股净资产 = \frac{股东权益总额}{发行在外的普通股股数}$$

严格来讲，每股净资产并不是衡量公司盈利能力的指标，但它受公司盈利的影响。如果公司利润较高，每股净资产就会随之增长得较快。从这个角度来看，该指标与公司盈利能力具有密切联系。投资者可以比较分析公司历年的每股净资产的变动趋势，来了解公司的发展趋势和盈利状况。根据表 3-1 中的相关数据，天空公司 2024 年年末的每股净资产为：

$$每股净资产 = \frac{4\ 896}{2\ 000} = 2.448(元)$$

八、市盈率和市净率

市盈率和市净率是以企业盈利能力为基础的市场估值指标。这两个指标并不是直接用于分析企业盈利能力的,而是投资者以盈利能力分析为基础,对公司股票进行价值评估的工具。

1. 市盈率

市盈率(price/earnings ratio,P/E)也称价格盈余比率或价格与收益比率,是指普通股每股股价与每股收益的比率。其计算公式为:

$$市盈率 = \frac{每股股价}{每股收益}$$

市盈率是股票市场上反映股票投资价值的重要指标,该比率的高低反映了市场上投资者对股票投资收益和投资风险的预期。一方面,市盈率越高,意味着投资者对股票的收益预期越看好,投资价值越大;反之,市盈率越低,意味着投资价值越小。另一方面,市盈率越高,也说明获得一定的预期利润投资者需要支付更高的价格,投资于该股票的风险也越大;反之,市盈率越低,说明投资于该股票的风险越小。

假定 2024 年年末天空公司的股票价格为每股 8 元,则其股票市盈率为:

$$市盈率 = \frac{8}{0.383} = 20.89$$

2. 市净率

市净率(price/book-value ratio,P/B),是指普通股每股股价与每股净资产的比率。其计算公式为:

$$市净率 = \frac{每股股价}{每股净资产}$$

每股股价代表着公司股票的市场价值,每股净资产代表着账面价值。所以,市净率反映了公司股票的市场价值与账面价值之间的关系,该比率越高,说明股票的市场价值越高。通常而言,资产质量好且盈利能力较强的公司,其市净率往往较高;相反,风险较高且发展前景欠佳的公司,其市净率则相对较低。在有效运作的资本市场里,若某公司的股票市净率低于1,即意味着其股价低于每股净资产,这通常反映出投资者对该公司的未来发展前景持悲观态度。假定 2024 年年末天空公司的股票价格为每股 8 元,则其股票市净率为:

$$市净率 = \frac{8}{2.448} = 3.27$$

第五节　发展能力分析

发展能力也称成长能力,是指企业在从事经营活动过程中所表现出的增长能力,如规模的扩大、盈利的持续增长、市场竞争力的增强等。反映企业发展能力的主要财务比率有资产增长率、股权资本增长率、销售增长率、利润增长率等。

一、资产增长率

资产增长率是企业本年总资产增长额与年初资产总额的比率。该比率反映了企业本年度资产规模的增长情况。其计算公式为：

$$资产增长率 = \frac{本年资产总额 - 上年资产总额}{上年资产总额} \times 100\%$$

资产增长率是从企业资产规模扩张方面来衡量企业发展能力的。企业资产总量对企业的发展具有重要的影响，一般来说，资产增长率越高，说明企业资产规模增长的速度越快，企业的竞争力会增强。但是，在分析企业资产数量增长的同时，也要注意分析企业资产的质量变化。根据表 3-1 中的相关数据，天空公司 2024 年的资产增长率为：

$$资产增长率 = \frac{7\,288.5 - 6\,545.2}{6\,545.2} \times 100\% = 11.36\%$$

二、股权资本增长率

股权资本增长率，也称净资产增长率或资本积累率，是指企业本年股东权益增长额与年初股东权益总额的比率。其计算公式为：

$$股权资本增长率 = \frac{本年股东权益总额 - 上年股东权益总额}{上年股东权益总额} \times 100\%$$

股权资本增长率反映了企业当年股东权益的变化水平，体现了企业资本的积累能力，是评价企业发展潜力的重要财务指标。该比率越高，说明企业资本积累能力越强，企业的发展能力也越强。根据表 3-1 中的相关数据，天空公司 2024 年的股权资本增长率为：

$$股权资本增长率 = \frac{4\,896 - 4\,433}{4\,433} \times 100\% = 10.44\%$$

三、销售增长率

销售增长率是企业本年营业收入增长额与上年营业收入总额的比率。其计算公式为：

$$销售增长率 = \frac{本年营业收入总额 - 上年营业收入总额}{上年营业收入总额} \times 100\%$$

销售增长率反映了企业营业收入的变化情况，是评价企业成长性和市场竞争力的重要指标。该比率大于 0，表示企业本年营业收入增加；反之，表示营业收入减少。该比率越高，说明企业营业收入的成长性越好，企业的发展能力越强。根据表 3-2 中的相关数据，天空公司 2024 年的销售增长率为：

$$销售增长率 = \frac{11\,482.5 - 10\,362}{10\,362} \times 100\% = 10.81\%$$

四、利润增长率

利润增长率是指企业本年利润总额增长额与上年利润总额的比率。其计算公式为：

$$利润增长率 = \frac{本年利润总额 - 上年利润总额}{上年利润总额} \times 100\%$$

利润增长率反映了企业盈利能力的变化,该比率越高,说明企业的成长性越好,发展能力越强。根据表 3-2 中的相关数据,天空公司 2024 年的利润增长率为:

$$利润增长率 = \frac{1\,104 - 1\,036.3}{1\,036.3} \times 100\% = 6.53\%$$

分析者也可以根据分析的目的,计算净利润增长率,其计算方法与利润增长率相同,只需将式中的利润总额换为净利润即可。根据表 3-2 中的相关数据,天空公司 2024 年的净利润增长率为:

$$净利润增长率 = \frac{766 - 723.2}{723.2} \times 100\% = 5.92\%$$

上述四项财务比率分别从不同的角度反映了企业的发展能力。需要说明的是,在分析企业的发展能力时,仅用一年的财务比率是不能正确评价企业的发展能力的,只有计算连续若干年的财务比率,才能正确评价企业发展能力的持续性。

第六节　财务状况综合分析

财务分析的最终目的在于全面、准确、客观地揭示与披露企业财务状况和经营情况,并借以对企业经济效益优劣作出合理的评价。显然,仅仅测算几个简单、孤立的财务比率,或者将一些孤立的财务分析指标堆砌在一起,不可能得出合理、正确的综合性结论,有时甚至会得出错误的结论。只有将企业偿债能力、营运能力、盈利能力以及发展能力等各项分析指标有机地联系起来,作为一套完整的体系,相互配合使用,作出系统的综合评价,才能从总体意义上把握企业财务状况和经营情况的优劣。因此,需要对企业进行综合的财务分析。财务综合分析的方法在实践中有很多,以下主要介绍两种比较常见的方法:杜邦分析法和财务比率综合评分法。

一、杜邦分析法

企业的财务状况是一个完整的系统,其内部各种因素都是相互依存、相互作用的,任何一个因素的变动都会引起企业整体财务状况的改变。因此,财务分析者在进行财务状况综合分析时,必须深入了解企业财务状况内部的各项因素及其相互之间的关系,这样才能比较全面地揭示企业财务状况的全貌。杜邦分析法正是这样一种分析方法,它利用几种主要的财务比率之间的关系来综合分析企业的财务状况。因这种分析法是由美国杜邦公司首先创造的,故称杜邦分析法。杜邦分析法又称杜邦财务分析体系,简称杜邦体系,其以净资产收益率为起点,以总资产净利率和权益乘数为基础,重点揭示企业盈利能力及权益乘数对净资产收益率的影响,以及各相关指标间的相互影响和作用关系。

杜邦分析法一般用杜邦系统图来表示。天空公司2024年的杜邦分析系统图,如图3-1所示(金额单位:万元)。

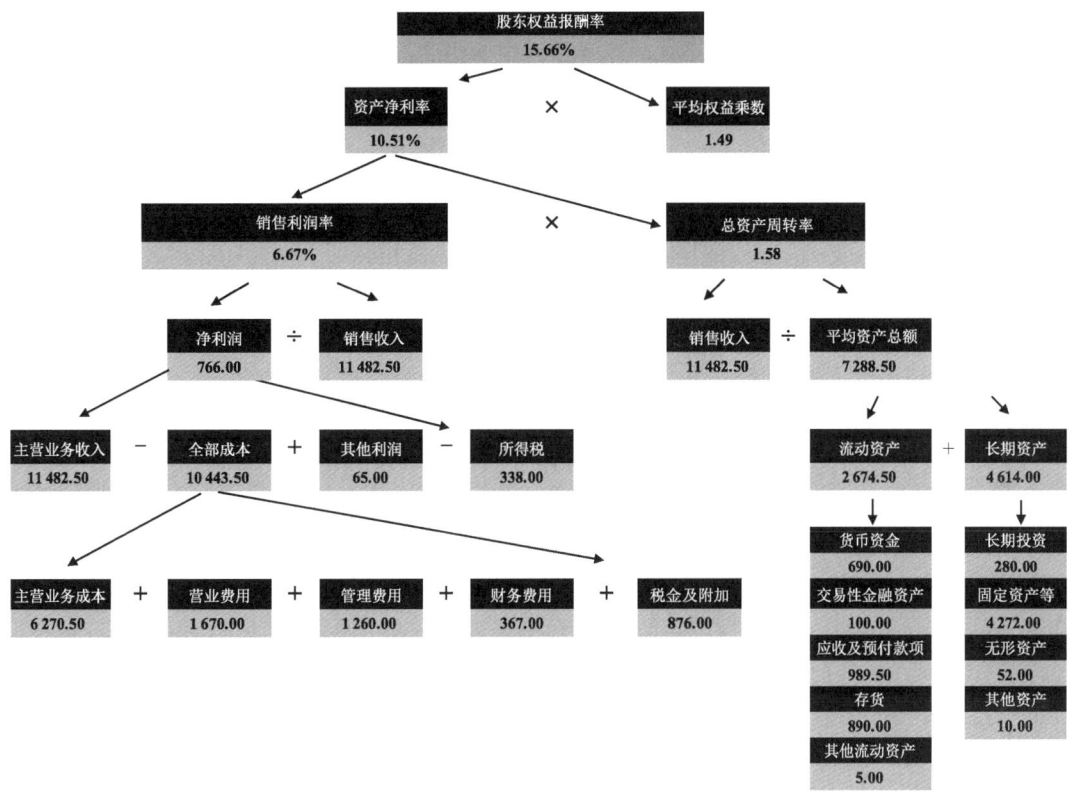

图3-1 天空公司 2024 年的杜邦分析系统图

杜邦系统主要反映了以下几种主要的财务比率关系:

(1)股东权益报酬率与资产净利率及平均权益乘数之间的关系。

$$股东权益报酬率 = 资产净利率 \times 平均权益乘数$$

(2)资产净利率与销售净利率及总资产周转率之间的关系。

$$资产净利率 = 销售净利率 \times 总资产周转率$$

(3)销售净利率与净利润及销售收入之间的关系。

$$销售净利率 = 净利润 \div 销售收入$$

(4)总资产周转率与销售收入及平均资产总额之间的关系。

$$总资产周转率 = 销售收入 \div 平均资产总额$$

杜邦系统在深入剖析上述几种关系之后,进一步对净利润和总资产进行逐级细化,以此全面且系统地展现企业的财务状况,并清晰揭示系统内各要素间的相互依存关系。

从杜邦分析系统可以了解以下财务信息：

（1）杜邦分析系统图清晰地揭示了股东权益报酬率作为高度综合且具有代表性的财务比率，在杜邦体系中占据核心地位。企业财务管理的核心目标在于实现股东财富的最大化，而股东权益报酬率正是衡量股东资金投入回报能力的关键指标，全面反映了企业在筹资、投资及生产运营等多维度经营活动的效率。该比率受企业资产净利率与权益乘数的共同影响，其中，资产净利率主要体现企业资产运用的经营效率，而权益乘数则侧重于反映企业的财务杠杆效应及资本结构特征。

（2）资产净利率作为衡量企业盈利能力的重要财务指标，其综合性同样显著，深刻揭示了企业生产经营活动的效率。企业的销售收入水平、成本费用结构、资产构成、资产周转速度及资金占用规模等因素，均对资产净利率产生影响。作为销售净利率与总资产周转率的乘积，资产净利率的分析可从销售活动与资产管理两大维度入手。

（3）从企业的销售方面看，销售净利率直观展现了企业净利润与销售收入之间的关联。通常情况下，销售收入的增加会带动净利润的相应增长。然而，提升销售净利率的关键在于同步提升销售收入并降低成本费用，确保净利润的增长幅度超越销售收入，从而实现销售净利率的提升。

因此，提高销售净利率需聚焦于以下两方面：一是深化市场开拓，增加销售收入。企业需深入调研市场状况，准确把握市场供求关系；在战略层面，立足长远利益，积极研发新产品；在战术层面，确保产品质量，强化营销策略，努力提升市场占有率，这些均是企业面向市场的核心竞争力体现。二是强化成本费用管控，降低耗费，提升利润。杜邦系统有助于分析企业成本费用结构的合理性，揭示成本费用管理存在的问题，为优化管理提供依据。在激烈的市场竞争中，企业不仅要注重营销与产品质量，还需努力降低产品成本，以增强市场竞争力。同时，严格管控管理费用、财务费用等期间费用，降低耗费，增加利润，尤其需关注利息费用与利润总额的关系。若利息负担过重，则需进一步审视企业资本结构的合理性及负债比率是否过高，因为不合理的资本结构将对股东报酬产生负面影响。

（4）在资产管理方面，企业应重点分析以下两方面：一是评估企业资产结构的合理性，即流动资产与非流动资产的比例是否恰当。资产结构直接反映企业资产的流动性，不仅关乎偿债能力，也影响盈利能力。具体而言，若货币资金在流动资产中占比较大，则需分析现金持有量的合理性，避免现金闲置影响盈利能力；若存货与应收账款过多，将占用大量资金，影响资金周转。二是结合销售收入，分析企业资产周转状况。资产周转速度直接影响盈利能力，周转缓慢将占用资金，增加资本成本，削减利润。在分析资产周转情况时，不仅要关注总资产周转率，还需深入分析存货周转率与应收账款周转率，并将其与资金占用情况相结合，以发现资产管理存在的问题，进而加强管理，提升资产利用效率。

二、财务比率综合评分法

财务比率综合评分法，也称沃尔评分法。是一种通过对挑选的若干财务比率进行量化评分，进而汇总得出综合得分，并以此全面评估企业综合财务状况的方法。因其最初由亚历山大·沃尔于1928年提出并应用于企业信用状况的综合评价，同时提出了信用能力指数的概念，故得名沃尔评分法。沃尔选取了包括流动比率、产权比率、固定资产比率、存货周转率、应收账款周转率、固定资产周转率和股权资本周转率在内的七项财务比率，并为各项比率赋予不同的权重。他以行业平均数作为基准，确定了各项财务比率的标准值，通过比较实际值与标准值，计算出关系比率，再与权重相乘得出总评分，以此作为企业信用状况的评价依据。此后，该方法不断演进，成为企业财务综合分析的关键工具。

采用财务比率综合评分法对企业财务状况进行综合分析，一般要遵循如下程序。

（1）选定财务比率。在选择时，需关注以下要点：一是全面性，即确保所选财务比率能全面覆盖企业的偿债能力、营运能力和盈利能力；二是代表性，即虽数量不需要很多，但应选取能揭示关键问题的重要财务比率；三是方向一致性，即财务比率的增减应能准确反映财务状况的改善或恶化。

（2）确定标准评分值。根据财务比率的重要性，确定其标准评分值（即重要性系数），总和为100分。标准评分值的确定对最终评分具有直接影响，需综合考虑企业经营特性、规模、市场形象及分析目的等因素。

（3）设定评分值上下限。为避免个别财务比率的异常对总分造成不合理影响，需为各项财务比率设定最高和最低评分值。

（4）确定标准。标准值是指在本企业现有技术经济条件下，各项财务比率的最优值。通常而言，财务比率的标准值可参照同行业平均水平，并适当调整后确定。

（5）计算关系比率。先计算企业在一定时期内各项财务比率的实际值，再将其与标准值相比较，得出关系比率，以反映实际值偏离标准值的程度。

（6）计算实际得分。实际得分为关系比率与标准评分值的乘积，每项财务比率的得分需控制在上下限内，所有财务比率实际得分的总和即为企业财务状况的综合得分。综合得分的高低直接反映了企业财务状况的优劣。若得分接近或达到100分，则表明企业财务状况良好，达到预先确定的标准；若得分远低于100分，则财务状况欠佳，需采取措施加以改进；若得分远超100分，则企业财务状况极为理想。

以下将运用财务比率综合评分法，对天空公司2024年的财务状况进行综合评估，如表3-4所示。

表 3-4　天空公司 2024 年的财务状况

财务比率	评分值 (1)	上/下限 (2)	标准值 (3)	实际值 (4)	关系比率 (5)=(4)/(3)	实际得分 (6)=(1)×(5)
流动比率	10	20/5	2	2.22	1.11	11.1
速动比率	10	20/5	1.2	1.48	1.23	12.3
资产/负债	12	20/5	2.1	3.05	1.45	17.4
存货周转率	10	20/5	6.5	7.51	1.16	11.6
应收账款周转率	8	20/4	13	13.12	1.01	8.08
总资产周转率	10	20/5	2.1	1.66	0.79	7.9
资产报酬率	15	30/7	15%	11.07%	0.74	11.1
股权报酬率	15	30/7	20%	15.68%	0.78	11.7
销售净利率	10	20/5	8%	6.67%	0.83	8.3
合计	100					99.48

表 3-4 所选择的财务比率包括偿债能力比率、营运能力比率和盈利能力比率。由于发展能力比率需要观察多个会计年度的数据才有效,故在针对单一年度的财务状况进行评价时,此类比率并未被纳入考量。根据表 3-4 中的综合评分,天空公司财务状况的综合得分为 99.48 分,略低于 100 分,这说明该公司的财务状况良好,与选定的标准基本是一致的。

 微型案例

瑞幸咖啡财务造假案:责任意识的缺失与警醒

瑞幸咖啡于 2017 年 6 月正式注册成立,并迅速扩张。截至 2019 年年底,其门店数量已突破 4 500 家。2019 年 5 月 17 日,瑞幸咖啡成功登陆纳斯达克,成为全球范围内从创立到实现 IPO 速度最快的公司之一。然而,2020 年 1 月 31 日,知名做空机构——浑水调研公司发布了一份针对瑞幸咖啡的做空报告,指控其涉嫌财务造假,包括门店销量、广告费用及其他产品净收入被夸大,并指出其 2019 年第三季度门店营业利润被虚增了 3.97 亿元。

面对指控,瑞幸咖啡于 2020 年 4 月 2 日向美国证券交易委员会(SEC)提交了公告,正式承认存在财务舞弊行为,涉及虚假交易额高达 22 亿元。随后,在 2020 年 6 月 27 日,瑞幸咖啡发布声明,宣布将于 6 月 29 日在纳斯达克停牌,并进行退市备案程序。

与此同时,中国证监会对瑞幸咖啡的财务造假行为进行了深入调查,并于 2020 年 7 月 31 日宣布调查取得了重要进展。同日,财政部也表示已完成对瑞幸咖啡境内运营主体的会计信息质量检查,发现自 2019 年 4 月至 2019 年年底,瑞幸咖啡通过虚构商品券业务增加了 22.46 亿元的交易额,虚增收入 21.191 亿元(占对外披露收入的 41.16%),同时虚增成本费用 12.111 亿元,虚增利润 9.081 亿元。

2020 年 9 月 18 日,国家市场监督管理总局对瑞幸咖啡(中国)有限公司和瑞幸咖啡(北京)有限公司因不正当竞争违法行为分别处以 200 万元的行政处罚。而在 2020 年 12 月 16 日,美国证券交易委员会(SEC)宣布,瑞幸咖啡已同意支付 1.8 亿美元以和解对其会计欺诈的指控。最终,在 2021 年 2 月 5 日,瑞幸咖啡在纽约申请了破产保护。

瑞幸咖啡财务造假案的发生,从根本上反映了企业社会责任意识的淡薄。企业作为社会经济活动的重要参与者,其行为不仅关乎自身发展,更关系到广大消费者、投资者以及社会的整体利益。然而,瑞幸咖啡为了追求短期利益,不惜采取虚假交易、操纵数据等不正当手段,严重损害了投资者和消费者的权益,破坏了市场的公平竞争秩序。

章节测试题 (共 100 分)

【单选题】(本题共 28 分,每小题 7 分)

1. 关于杜邦分析体系所涉及的财务指标,下列表述错误的是( )。

    A. 营业净利率可以反映企业的盈利能力

    B. 权益乘数可以反映企业的偿债能力

    C. 总资产周转率可以反映企业的营运能力

    D. 总资产收益率是杜邦分析体系的起点

2. 下列各项中,可用于企业营运能力分析的财务指标是( )。

A. 营业现金比率　　　　　　　　B. 应收账款周转天数

C. 资本保值增值率　　　　　　　D. 流动比率

3. 某公司年末财务报告的部分数据为:流动负债 120 万元,流动比率 2,速动比率 1.2,销售成本 200 万元,年初存货 104 万元,则本年度存货周转次数为( )次。

A. 1.65　　　　　B. 2　　　　　C. 2.3　　　　　D. 1.45

4. 某公司无优先股,上年每股利润为 8 元,每股发放股利 4 元,留用利润在过去一年中增加了 1 000 万元,年底每股账面价值为 60 元,负债总额为 10 000 万元,则该公司的资产负债率为( )。

A. 30%　　　　　B. 33%　　　　　C. 40%　　　　　D. 44%

【多选题】(本题共 14 分,每小题 7 分)

1. 下列各项中,影响企业偿债能力的有( )。

A. 可动用的授信额度　　　　　　B. 资产质量

C. 债务担保　　　　　　　　　　D. 未决诉讼

2. 假定其他条件不变,下列各项经济业务中,不影响总资产净利率的有( )。

A. 收回应收账款　　　　　　　　B. 用资本公积转增资本

C. 用银行存款购入生产设备　　　D. 用银行存款偿还短期借款

【判断题】(本题共 28 分,每小题 7 分)

1. 企业债权人在进行财务分析时,主要关心其投资的安全性,因此会进行偿债能力分析,但不关注盈利能力。 ( )

2. 计算利息保障倍数时,"应付利息"是指计入财务费用中的利息支出,不包括资本化利息。 ( )

3. 权益乘数的高低取决于企业的资本结构,资产负债率越高,权益乘数越高,财务风险越大。 ( )

4. 通过杜邦分析系统可以分析企业的资产结构是否合理。 ( )

【思考题】(本题共 30 分,每小题 10 分)

1. 简述企业的营运能力的概念。

2. 简述可以反映企业发展能力的财务指标。

3. 根据杜邦分析法,提高股东权益报酬率的方法有哪些?

第四章

筹 资 管 理

微课视频

1. 掌握资金需求量预测的方法。
2. 理解企业筹资的意义、动机、内容和原则。
3. 掌握股票相关知识点,理解普通股筹资的优缺点。
4. 掌握长期借款相关知识点,理解长期借款筹资的优缺点。
5. 掌握长期债券相关知识点,理解债券筹资的优缺点。
6. 掌握融资租赁相关知识点,理解融资租赁筹资的优缺点。
7. 掌握混合性筹资方式的类别。

知识导航

筹资管理
- 资金需求量的预测方法
  - 销售百分比法
  - 因素分析法
  - 回归分析法
- 企业筹资概述
  - 企业筹资的意义
  - 企业筹资的动机
  - 筹资管理的内容
  - 企业筹资的原则
- 股权性筹资
  - 吸收直接投资
  - 发行普通股筹资
  - 留存收益筹资
- 债务性筹资
  - 长期借款
  - 债券
  - 融资租赁
- 混合性筹资
  - 发行优先股筹资
  - 发行可转换债券筹资
  - 发行认股权证筹资

思政课堂

乡村振兴战略

实施乡村振兴战略是党的十九大作出的重大决策部署,是新时代"三农"工作的总抓手。为贯彻落实党的十九大精神,响应中央农村工作会议提出全面实施乡村振兴战略的号召,需要进一步加强农村建设,发展农村产业,实现乡村振兴,实现农业强、农村美、农民富,实现乡村生态振兴,加强农村环境治理,改善人居环境,打造美丽宜居生活家园。

当前社会主要矛盾已经转化为人民日益增长的美好生活需要和不平衡不充分的发展之间的矛盾。尽管在一系列强农、富农、惠农政策的推动下,农村工作取得了令人振奋的成绩,但必须清醒地认识到,许多农村地区在基础设施和人居环境等方面,仍然存在着不小的差距。

乡村振兴战略的实施,有利于统筹城乡发展,是继建设社会主义新农村之后对农村发展战略的再提升。此战略不仅着眼于对农村基本经营制度、农村集体产权制度、农业支持保护制度等涉农经济制度的改革、巩固与完善,更致力于构建一个集现代农业产业体系、生产体系、经营体系于一体的全新框架,推动农村第一、第二、第三产业的深度融合与协同发展,从而有效激发乡村发展潜力,铺就农民致富的康庄大道。

第一节　资金需求量的预测方法

资金需求量预测是确定筹资计划的前提。其核心目的在于,通过科学的方法预测并确定企业未来的资金需求,进而帮助企业判断是否需要启动筹资活动以填补资金缺口,并明确筹资策略以降低筹资成本。

资金需求量预测有助于改善投资决策,提高企业应变能力。资金需求量预测方法主要有销售百分比法、因素分析法和回归分析法。

一、销售百分比法

(一) 基本原理

销售百分比法又称营业收入比例法,是预测资金需求的一种常用手段。该方法假设资产、负债与销售收入存在稳定的百分比关系,根据预计的销售收入和相应的百分比预测资产、负债等,然后根据会计恒等式确定融资需求。例如,某企业每年为销售100元货物,需有20元存货,则存货与销售收入的比例是20%(20÷100)。若销售收入增至200元,那么该企业需有40元(200×20%)存货。因此,在确定了某一项目与销售收入之间的固定比例后,就可以预测出在特定销售额下该项目所需的资金额。

销售百分比法的核心优势在于,它能够提供短期内的财务预测报表,帮助财务管理人员适应外部筹资的需求。此外,这种方法相对简单易行。然而,这种方法也存在一定的局限性,表现为如果相关项目与销售收入之间的比例关系与实际不符,那么基于这一比例进行的预测就会产生偏差。因此,在相关因素发生变化时,必须对原有的销售百分比进行相应的调整。此外,销售百分比法的准确性在很大程度上依赖于销售预测的精确度。

(二) 基本步骤

(1) 划分敏感项目和非敏感项目。敏感项目是指随着销售收入的变动发生同向变动的资产和负债,与销售收入成正比例关系。不随销售收入变动而自发变动的项目称为非敏感项目,一般包括现金、应收账款、应收票据、存货等;敏感负债项目一般包括应付账款、应付票据等。固定资产、短期借款、股本、留存收益等一般都属于非敏感项目。

（2）确定有关项目与销售额的稳定比例关系。如果企业资金周转的营运效率保持不变，敏感资产项目将会随销售额的变动而呈正比例变动。企业应当根据历史资料和同业情况，剔除不合理的资金占用，寻找与销售额变动的稳定百分比关系。

（3）根据预测的销售收入计算各项经营资产、经营负债，以确定资金的需求量。

（4）预计增加的留存收益。

（5）确定需要增加的筹资数量。

其计算公式如下：

$$外部筹资需求量 = \frac{A}{S_1} \times \Delta S - \frac{B}{S_1} \times \Delta S - P \times E \times S_2$$

其中，A 表示随销售而变化的敏感性资产；B 表示随销售而变化的敏感性负债；S_1 表示基期销售额；S_2 表示预测期销售额；ΔS 表示销售变动额；P 表示销售净利率；E 表示利润留存率；A/S_1 表示敏感性资产与销售额的关系百分比；B/S_1 表示敏感性负债与销售额的关系百分比。

需要说明的是，如果非敏感性资产增加，则外部筹资需求量也应相应增加。

【例 4-1】 某公司 2024 年 12 月 31 日的简要资产负债及相关信息如表 4-1 所示。假定该公司 2024 年的销售额为 20 000 万元，销售净利率为 10%，利润留存率为 40%。其2025 年销售额预计增长 20%，有足够的生产能力，无须追加固定资产投资，请确定该公司对外筹资需求量。

表 4-1 某公司资产负债及相关信息

（2024 年 12 月 31 日）　　　　　　　　　　　　　　金额单位：万元

资产	金额	与销售关系	负债与权益	金额	与销售关系
现金	1 000	5%	短期借款	5 000	N
应收账款	3 000	15%	应付账款	2 000	10%
存货	6 000	30%	预提费用	1 000	5%
固定资产	6 000	N	公司债券	2 000	N
			实收资本	4 000	N
			留存收益	2 000	N
合计	16 000	50%	合计	16 000	15%

首先，确定有关项目及其与销售额的关系百分比。在表 4-1 中，N 表示不变动，是指该项目不随销售的变化而变化。

其次，确定需要增加的资金量。从表 4-1 可以看出，销售收入每增加 100 元，必须增加50 元的资金占用，但同时自动增加 15 元的资金来源，两者的差额 35 元（50-15）即为因销售收入增加而产生的资金需求。因此，每增加 100 元的销售收入，公司必须取得 35 元的资金来源。销售额从 20 000 万元增加到 24 000 万元，增加了 4 000 万元，按照 35% 的比率可预测将增加 1 400 万元的资金需求。

最后，确定外部筹资需求的数量。2025 年的净利润为 2 400 万元（24 000×10%），利润留存率为 40%，则将有 960 万元利润被留存下来，还有 440 万元的资金必须从外部筹集。

可求得该公司对外筹资的需求量为：

$$外部筹资需求量 = \frac{10\,000}{20\,000} \times 4\,000 - \frac{3\,000}{20\,000} \times 4\,000 - 10\% \times 40\% \times 24\,000 = 440(万元)$$

二、因素分析法

因素分析法又称分析调整法，是以有关项目基期年度的平均资金需要量为基础，根据预测年度的生产经营任务和资金周转加速的要求，对基础数据进行分析调整，来预测资金需要量的一种方法。这种方法计算简便，容易掌握，但预测结果不太精确。它通常用于品种繁多、规格复杂、资金用量较小、价格较低的项目。其计算公式如下：

$$\begin{pmatrix} 资金 \\ 需求量 \end{pmatrix} = \begin{pmatrix} 基期资金 \\ 平均占用额 \end{pmatrix} - \begin{pmatrix} 不合理资金 \\ 占用额 \end{pmatrix} \times \begin{pmatrix} 1 + 预测期销 \\ 售增长率 \end{pmatrix} \div \begin{pmatrix} 1 + 预测期资金周转 \\ 速度增长率 \end{pmatrix}$$

【例 4-2】 某企业上年度资金平均占用额为 2 400 万元，经分析，其中不合理部分为 300 万元，预计本年度销售增长 5%，资金周转加速 2%。请预测该企业本年度的资金需求量。

$$资金需求量 = (2\,400 - 300) \times (1 + 5\%) \div (1 + 2\%) = 2\,161.76(万元)$$

三、回归分析法

回归分析法是一种较为复杂的预测筹资数量的方法。回归分析法是先基于资本需要量与经营业务量（如销售数量）之间存在线性关系的假定建立数学模型，然后根据有关历史资料，用回归直线方程确定参数预测资金需要量的方法。其预测模型为：

$$Y = a + bX$$

其中，Y 表示资本需要总额；a 表示不变资本总额；b 表示单位业务量所需要的可变资本额；X 表示经营业务量。

不变资本是指在一定的经营规模内不随业务量变动的资本，其主要包括维持日常运营所必需的最低现金保有量、用于应对不时之需的原材料安全库存、必要的成品或商品储备量，以及固定资产占用的资本。可变资本是指随经营业务量变动而同比例变动的资本，一般包括在最低储备以外的现金、存货、应收账款等所占用的资本。

利用预测年度前连续 3 年以上的历史资料求出 a 和 b，并知道预测期的销售数量，就可以用上述公式测算资金需求情况。a 和 b 可用回归直线方程组求出。

第二节 企业筹资概述

企业筹资可以分为短期筹资和长期筹资。长期筹资（long-term financing）是指企业通过长期筹资渠道和资本市场，运用长期筹资方式，经济有效地筹措和集中长期资本的活动。长期筹资是企业筹资的主要内容，因此本章着重介绍企业长期筹资的相关内容，短期筹资则归为营运资金管理的内容。

一、企业筹资的意义

（1）任何企业在生存发展过程中，都需要始终维持一定的资本规模，而由于生产经营活动的发展，企业往往需要追加筹资。例如，有的企业为了增加经营收入，降低成本费用，提高利润水平，需要根据市场需求的变化，扩大生产经营规模，研制开发新产品，所有这些经营策略的实施通常都要求企业拥有一定的资本。

（2）企业为稳定供求关系并获得投资收益，开展对外投资活动，同样需要筹集资本。例如，部分企业为确保其产品生产所需的原材料供应稳定，会向供应商投资并获取控制权。

（3）企业根据内外部环境的变化，适时采取调整企业资本结构的策略，也需要及时筹集资本。例如，有的企业由于资本结构不合理，负债比率过高，偿债压力过大，财务风险过高，会主动通过筹资来调整资本结构。同时，企业因开展对外投资活动和调整资本结构，也需要筹措资本。

二、企业筹资的动机

企业长期筹资的基本目的在于维持其生存与发展。在持续的生存与发展进程中，企业具体的筹资活动通常受特定的筹资动机所驱使。企业长期筹资的具体动机是多种多样的，如为扩大生产、开发新产品而筹资，为对外投资、并购其他企业而筹资等。企业筹资的动机对筹资行为及其结果具有直接影响。在企业筹资的实际活动中，这些具体的筹资动机有时是单一的，有时是复合的，归纳起来，企业筹资动机有以下五种基本类型。

1. 创立性筹资动机

创立性筹资动机，是指企业设立时，为取得资本金并形成开展经营活动的基本条件而产生的筹资动机。资金是企业设立的先决条件。根据我国《中华人民共和国公司法》《中华人民共和国合伙企业法》《中华人民共和国个人独资企业法》等相关法律的规定，任何企业或公司在设立时都要求具备符合企业章程或公司章程规定的全体股东认缴的出资额。企业创建时，需根据经营规模预计长期资本需求及流动资金需求，购建厂房设备等，安排流动资金，形成企业的经营能力。因此，企业需要筹集注册资本和资本公积等股权资金，针对不足部分，企业需要筹集银行借款等债务资金。

2. 支付性筹资动机

支付性筹资动机，是指企业为了满足经营业务活动的正常波动所形成的支付需要而产生的筹资动机。企业在开展经营活动过程中，经常会出现超出维持正常经营活动资金需求的季节性、临时性的交易支付需要，如原材料购买的大额支付、员工工资的集中发放、银行借款的偿还、股东股利的发放等。出现这些情况时，企业除了需要进行满足正常经营活动所需的资金投入，还需要通过经常的临时性筹资来满足企业经营活动的正常波动需求，从而维持企业的支付能力。

3. 扩张性筹资动机

扩张性筹资动机是企业因扩大生产经营规模或增加对外投资的需要而产生的追加筹资动机。处于成长期且发展前景良好的企业通常会产生此类筹资动机，如企业产品供不应求，需增加市场供应，开发生产适销对路的新产品，追加有利的对外投资规模，开拓有发展潜力的对外投资领域等，通常都需要追加筹资。扩张性筹资动机的直接结果是导致企业资产总额及资本总额增加。

4. 调整性筹资动机

企业的调整性筹资动机是企业因调整现有资本结构的需要而产生的筹资动机。资本结构是指企业各种筹资的构成及其比例关系,企业的资本结构是由企业采取的各种筹资方式组合而形成的。企业在不同时期因筹资方式的不同组合会形成不同的资本结构。随着相关情况的变化,企业现有的资本结构可能不再合理,需进行相应调整以使资本结构趋于合理。企业产生调整性筹资动机的原因有很多。例如,一个企业由于客观情况的变化,现有的资本结构中债务筹资所占的比例过大,企业偿债压力过大,财务风险过高,此时企业会采取债转股等措施予以调整,使资本结构更能适应客观情况的变化。

5. 混合性筹资动机

混合性筹资动机,是指企业通过追加筹资,既满足经营活动和投资活动的资金需要,又达到调整资本结构目的的筹资动机。例如,企业想要获取其他公司的股权,需要大额资金,其资金来源通过增加长期贷款或发行公司债券解决,这种情况既扩张了企业规模,又使得企业的资本结构产生了较大的变化。混合性筹资动机兼具扩张性筹资动机和调整性筹资动机的特性,同时增加了企业的资产总额和资本总额,也导致企业的资产结构和资本结构发生变化。

三、筹资管理的内容

筹资活动是企业资金流转运动的起点。筹资管理要求解决企业为什么要筹资、需要筹集多少资金、从什么渠道筹集、以什么方式筹集,合理安排资本结构等问题。

1. 科学预测资金需要量

资金是企业设立、生存和发展的基本财务保障,是企业开展生产经营业务活动的基本前提。任何一个企业,为了形成生产经营能力、保证生产经营正常运行,必须持有一定数量的资金。在正常情况下,企业资金的需求主要源自两大核心目标:首先是确保日常经营运作的资金充足;其次则是满足投资扩张与发展的资金需求。企业初创之际,需依据既定的生产经营规模,审慎预估长期资本需求及流动资金需求;步入正常运营轨道后,企业则需结合年度经营规划及资金周转效率,测算维持日常业务运作所需的资金量;而当企业步入扩张发展阶段时,其更需依据规模扩张或对外投资所需的大额资金,进行专项规划并调配资金资源。

2. 合理安排筹资渠道、选择筹资方式

有了资金需求后,企业要解决的问题是资金从哪里来,以什么方式取得,这就是筹资渠道的安排和筹资方式的选择问题。

筹资渠道是指企业筹集资金的来源方向与通道。一般来说,企业最基本的筹资渠道有两条:直接筹资和间接筹资。直接筹资是企业通过与投资者签订协议或发行股票债券等方式直接从社会取得资金;间接筹资是企业通过银行等金融机构以信贷关系间接从社会取得资金。具体来说,企业的筹资渠道主要有:国家财政投资和财政补贴、银行与非银行金融机构信贷、资本市场筹集、其他法人单位与自然人投入、企业自身积累等。

对于上述渠道的资金,企业可以通过不同的筹资方式来取得。总体来说,企业筹资是从企业外部和内部取得的,外部筹资是指从企业外部筹措资金,内部筹资主要依靠企业的留存收益积累。外部筹资主要有两种方式：股权筹资和债务筹资。股权筹资是指企业通过吸收直接投资、发行股票等方式从股东投资者那里取得资金；债务筹资是指企业通过向银行借款、发行债券、利用商业信用、租赁等方式从债权人那里取得资金。

安排筹资渠道和选择筹资方式是一项重要的财务工作，直接关系到企业所能筹措资金的数量、成本和风险。因此，深入理解各类筹资渠道和筹资方式的特性、本质，以及它们与企业具体筹资需求的匹配程度，显得尤为重要。在全面评估不同性质资金所涉及的规模、成本及风险后，企业应依据各类筹资渠道的特点，明智地选择筹资方式，以确保资金的有效筹集。

3. 降低资本成本、控制财务风险

资本成本是企业筹集和使用资金所付出的代价。按不同方式取得的资金，其资本成本是不同的。一般来说，债务资金比股权资金的资本成本要低，而且其资本成本在签订债务合同时就已确定，与企业的经营业绩和盈亏状况无关。即使同是债务资金，由于借款、债券和租赁的性质不同，其资本成本也有差异。企业筹资的资本成本，需要通过投资所取得的收益与报酬来补偿，资本成本的高低决定了企业投资的最低投资收益率要求。因此，企业在筹资管理中，要权衡债务清偿的财务风险，合理利用资本成本较低的资金种类，努力降低企业资本成本率。

尽管债务资金的资本成本较低，但由于债务资金到期必须偿还本息，企业承担的财务风险比股权资金要大一些。财务风险，是指企业无法足额偿付到期债务的本金和利息的风险，主要表现为偿债风险。由于企业无力清偿债权人的债务，可能会导致企业破产。企业筹集资金在降低资本成本的同时，要充分考虑财务风险，防范引发企业破产的财务危机。

四、企业筹资的原则

企业筹资是企业的基本财务活动，是企业扩大生产经营规模和调整资本结构所必须采取的行为。为了经济有效地筹集长期资本，企业筹资必须遵循合法性、效益性、合理性和及时性等基本原则。

1. 合法性原则

企业的长期筹资行为会对社会资本的流向与流量以及资源配置产生深远影响，并关联到多方经济主体的权益。因此，企业在开展此类活动时，必须严格遵守国家的法律法规，切实履行约定的责任与义务，以保障所有相关方的合法权益不受侵害。同时，企业还需坚决杜绝非法筹资行为，防止因此给企业自身及相关利益主体带来不必要的经济损失。

2. 效益性原则

企业的长期筹资与投资在效益上应当相互权衡。企业投资是决定企业是否要长期筹资的重要因素。通过将投资收益与资本成本进行对比分析，企业可以决定是否追加筹资；一旦确定投资某个项目，企业所需长期筹资的规模也将随之确定。因此，在进行长期筹资时，一方面，企业应细致评估投资机会，避免盲目筹资而忽视投资效益。另一方面，鉴于不同长期筹资方式所承载的资本成本各异，企业需综合考量各种筹资方式，以期找到最优的长期筹资组合，从而有效降低资本成本，实现长期资本的经济高效筹集。

3. 合理性原则

长期筹资必须合理确定所需筹资的数量。企业的长期筹资活动，无论采用何种筹资渠道与方式，均需预先明确筹资的具体数额。在拓宽筹资渠道的同时，企业亦需把握合理的

筹资限度,确保筹资数额与投资需求相平衡,既防止因筹资不足而制约投资活动,又避免因筹资过剩而降低投资效益。此外,企业长期筹资还需科学设定资本结构。具体而言,合理确定资本结构涵盖两大方面:一是科学规划股权资本与债务资本的比例结构,即合理设定债务资本比例,使其与股权资本规模及偿债能力相匹配。在此方面,既要警惕债务资本比重过高带来的财务风险加剧、偿债压力增大,又要充分利用债务资本杠杆效应,提升股权资本的盈利水平。二是合理调配长期资本与短期资本的比例,即科学安排企业全部资本的期限结构,使之与企业资产持有的期限需求相契合。

4. 及时性原则

企业的长期筹资活动务必依据企业资本的投放时间规划进行精心筹划,确保资本来源能够及时到位,从而使筹资与投资在时间上紧密协调。企业投资活动,尤其是证券投资,往往对投资时间有着严格的要求,筹资活动必须与之紧密配合,既要避免筹资过早导致投资前资本的闲置,又要防止筹资滞后而错失投资良机。

第三节　股权性筹资

股权筹资形成企业的股权资金,是企业最基本的筹资方式。吸收直接投资、发行普通股筹资和留存收益筹资是股权性筹资的三种基本形式。

一、吸收直接投资

吸收直接投资是指企业直接吸纳国家、法人实体、个人投资者及外商资金投入的一种融资途径。吸收直接投资是非股份制企业筹集权益资本的基本方式。采用吸收直接投资的企业,吸收直接投资的实际出资额中,注册资本部分形成实收资本;超过注册资本的部分,属于资本溢价,形成资本公积。

(一)吸收直接投资的种类

1. 吸收国家投资

国家投资是指有权代表国家投资的政府部门或机构,以国有资产投入公司。吸收国家投资的特点包括:产权明确归属于国家;资金的使用与处置受到国家较为严格的监管与约束;这种投资方式在国有公司中被广泛采用。

2. 吸收法人投资

法人投资是指法人单位以其依法可支配的资产投入公司。吸收法人投资的特点包括:发生在法人单位之间;以参与公司利润分配或控制为目的;出资方式灵活多样。

3. 吸收外商投资

外商投资是指外国的自然人、企业或者其他组织(以下简称外国投资者)直接或间接在中国境内进行的投资。外商投资企业,是指全部或者部分由外国投资者投资,依照中国法律在中国境内登记注册设立的企业。

4. 吸收社会公众投资

社会公众投资是指社会个人或本公司职工以个人合法财产投入公司。吸收社会公众投资的特点包括：参与投资的人员众多；每位投资者的出资额相对有限；主要目的在于分享公司的利润。

（二）吸收直接投资的出资方式

1. 以货币资产出资

以货币资产出资是吸收直接投资中最重要的出资方式。企业有了货币资产，便能轻松获取各类物质资源，支付各项费用，满足企业初创期的开支需求以及后续的日常运营和资金周转。

2. 以实物资产出资

实物出资是指投资者以房屋、建筑物、设备等固定资产，以及材料、燃料、商品产品等流动资产进行的投资。实物出资应符合以下条件：适合企业生产、经营、研发等活动的实际需求；技术性能良好，运行可靠；作价公平合理，不得高估或低估。法律、行政法规对评估作价有规定的，从其规定。国有及国有控股企业接受其他企业的非货币资产出资，必须委托有资格的资产评估机构进行资产评估。

3. 以无形资产出资

无形资产出资是指投资者以土地使用权或者专有技术、商标权、专利权、非专利技术等知识产权进行的投资。企业吸收无形资产投资应符合以下条件：适合企业生产、经营、研发等活动的需要；有助于企业提高生产效率，降低消耗；作价公平合理。需要注意的是，吸收知识产权出资存在一定的风险，因为知识产权投资实际上是将技术转化为资本，固定其价值，而技术具有显著的时效性，可能因老化落后而导致实际价值不断减少甚至完全丧失。此外，国家相关法律法规对无形资产出资方式有明确规定，禁止股东或发起人使用劳务、信用、自然人姓名、商誉、特许经营权或设定担保的财产等作为出资。

4. 以特定债权出资

特定债权是指企业依法发行的可转换债券以及按照国家有关规定可以转作股权的债权。在实践中，企业可以将特定债权转为股权的情形主要有：①上市公司依法发行的可转换债券。②金融资产管理公司持有的国有及国有控股企业债权。③企业实行公司制改建时，经银行以外的其他债权人协商同意，可以按照有关协议和企业章程的规定将其债权转为股权。④根据《利用外资改组国有企业暂行规定》，国有企业的境内债权人将持有的债权转给外国投资者，企业通过债转股改组为外商投资企业。⑤按照《企业公司制改建有关国有资本管理与财务处理的暂行规定》，国有企业改制时，账面原有应付工资余额中欠发职工工资部分，在符合国家政策、职工自愿的条件下，依法扣除个人所得税后可转为个人投资；未退还职工的集资款也可转为个人投资。

（三）吸收直接投资的程序

1. 确定筹资数量

企业在新建或扩大经营时，要先确定资金的需求量。需求量的确定需综合考虑企业的生产经营规模、供销条件等多重因素，确保筹资规模与资金需求紧密匹配，避免资金冗余或短缺。

2. 寻找投资单位

企业需广泛搜集并分析潜在投资者的资信状况、财务实力及投资意向。同时，通过有效的信息交流和宣传策略,向出资方充分展示企业的经营能力、财务状况及未来预期,以便从中筛选出最为契合的合作伙伴。

3. 协商和签署投资协议

一旦找到合适的投资伙伴,双方将展开深入谈判,就出资额、出资方式及出资时间等关键条款达成共识。企业应优先考虑吸收货币投资,同时,若投资方拥有先进且符合企业需求的固定资产和无形资产,亦可灵活采用非货币投资方式。对于实物、知识产权、土地使用权等非货币资产投资,双方应遵循公平合理的原则,共同协商确定其价值。在出资额及资产作价明确后,双方将正式签署投资协议或合同,清晰界定各自的权利与义务。

4. 取得所筹集的资金

签署投资协议后,企业应按规定或计划取得资金。若采用现金投资方式,还需制定详细的拨款计划,明确拨款期限、每期拨款金额及划拨方式等细节。对于实物、知识产权、非专利技术、土地使用权等形式的投资,一个重要的问题就是核实财产。财产数量的准确性及价格的合理性,直接关系到投资各方的经济利益,因此必须严谨处理,必要时可聘请专业资产评估机构进行评估,并办理产权转移手续,确保资产顺利入账。

(四) 吸收直接投资的优缺点

1. 吸收直接投资的优点

(1) 能够尽快形成生产能力。吸收直接投资不仅可以取得一部分货币资金,能直接引入先进的设备和技术,从而尽快形成企业的生产经营能力,为企业的快速发展奠定坚实基础。

(2) 便于进行信息沟通。吸收直接投资的投资者结构相对简单,股权没有社会化和分散化,投资者甚至直接担任公司管理层职务。这种紧密的投资者关系,使得公司与投资者之间的沟通变得直接且高效,有助于企业快速响应市场变化。

2. 吸收直接投资的缺点

(1) 资本成本较高。相对于股票筹资方式来说,吸收直接投资的资本成本较高。当企业经营状况良好,盈利丰厚时,投资者往往要求将大部分盈余作为红利分配。因为向投资者支付的报酬是按其出资数额和企业实现利润的比率来计算的。不过,从筹资费用的角度来说,相较于股票筹资,吸收直接投资的手续相对比较简便,筹资费用较低,这在一定程度上减轻了企业的财务负担。

(2) 公司控制权集中,不利于公司治理。采用吸收直接投资方式筹资,投资者一般都要求获得与投资数额相适应的经营管理权。当某个投资者的投资额占比过大时,其对企业经营管理的控制权也会相应增强,这可能对其他投资者的利益构成潜在威胁,影响公司治理结构的平衡与稳定。

(3) 不便于进行产权交易。吸收直接投资由于没有证券为媒介,这使得产权交易变得相对困难,难以转让产权。

二、发行普通股筹资

股票是股份有限公司为筹措股权资本而发行的有价证券,是公司签发的证明股东持有公司股份的凭证。股票作为一种所有权凭证，代表着对发行公司净资产的所有权。股票只能由股份有限公司发行。

（一）股票的特点和种类

1. 股票的特点

（1）永久性。公司发行股票所筹集的资金属于公司的长期自有资金，没有期限，无须归还。换言之，股东在购买股票之后，一般情况下不能要求发行企业退还股金。

（2）流通性。股票作为一种有价证券，在资本市场上可以自由流通，也可以继承赠送或作为抵押品。尤其是上市公司发行的股票，其变现能力强，流动性极高。

（3）风险性。由于股票的永久性，股东成为企业风险的主要承担者。这些风险包括股票价格的波动、红利支付的不确定性，以及在破产清算时，股东处于企业破产清算时剩余财产分配中的最后顺序等。

（4）参与性。作为股份公司的所有者，股东拥有多项参与企业管理的权利，包括重大决策权、经营者选择权、财务监控权、公司经营的建议和质询权等。同时，股东还需履行承担有限责任和遵守公司章程等义务。

股东最基本的权利是按投入公司的股份额，依法享有公司收益获取权、公司重大决策参与权和选择公司管理者的权利，并以其所持股份为限对公司承担责任。

（1）公司管理权。股东对公司的管理权主要体现在重大决策参与权、经营者选择权、财务监督权、公司经营的建议和质询权、股东大会召集权等方面。

（2）收益分享权。股东有权通过股利方式获取公司的税后利润，利润分配方案由董事会提出并经过股东大会批准。

（3）股份转让权。股东有权将其所持有的股票出售或转让。

（4）优先认股权。原有股东拥有优先认购本公司增发股票的权利。

（5）剩余财产请求权。当公司解散、清算时，股东有对清偿债务、清偿优先股股东以后的剩余财产索取的权利。

2. 股票的种类

1）按股东权利和义务划分

按股东权利和义务划分，股票分为普通股股票和优先股股票。

（1）普通股股票简称普通股，是公司发行的代表着股东享有平等的权利、义务，不加特别限制的，股利不固定的股票。普通股是最基本的股票，股份有限公司通常情况下只发行普通股。

（2）优先股股票简称优先股，是公司发行的相对于普通股具有一定优先权的股票。其优先权利主要表现在股利分配优先权和分取剩余财产优先权上。优先股股东在股东大会上无表决权，在参与公司经营管理上受到一定限制，仅对涉及优先股权利的问题有表决权。

2）按股东权利和义务划分

按股票是否记名划分，股票分为记名股票和无记名股票。记名股票是在股票票面上记载有股东姓名或将名称记入公司股东名册的股票；无记名股票不登记股东名称，公司只记载股票数量、编号及发行日期。

我国《公司法》规定,公司向发起人、法人发行的股票,应当为记名股票,并应当记载该发起人、法人的名称或者姓名,不得另立户名或者以代表人姓名记名;向社会公众发行的股票,可以为记名股票,也可以为无记名股票。

3)按发行对象和上市地点划分

按发行对象和上市地点划分,股票分为 A 股、B 股、H 股、N 股和 S 股等。A 股即人民币普通股票,由我国境内公司发行,境内上市交易。它以人民币标明面值,以人民币认购和交易。B 股即人民币特种股票,由我国境内公司发行,境内上市交易。它以人民币标明面值,以外币认购和交易。H 股是注册地在内地、在香港上市的股票。在纽约和新加坡上市的股票,分别称为 N 股和 S 股。

(二) 股票公开发行的一般条件

根据《公司法》的规定,股票发行需要满足以下基本要求:

(1) 股份有限公司的资本划分为股份,公司的全部股份,根据公司章程的规定择一采用面额股或者无面额股,采用面额股的,每一股的金额相等。

(2) 股票是公司签发的证明股东所持股份的凭证。

(3) 股份的发行实行公平、公正的原则,同类别的每一股份应当具有同等权利。

(4) 同次发行的同类别股份,每股的发行条件和价格应当相同;认购人所认购的股份,每股应当支付相同价格。

(5) 面额股票的发行价格可以等于票面金额(即平价),也可以超过票面金额(即溢价),但不得低于票面金额(即折价)。

上市公司公开发行股票,应当符合下列规定:

(1) 具备健全且运行良好的组织机构。

(2) 现任董事、监事和高级管理人员符合法律、行政法规规定的任职要求。

(3) 具有完整的业务体系和直接面向市场独立经营的能力,不存在对持续经营有重大不利影响的情形。

(4) 会计基础工作规范,内部控制制度健全且有效执行,财务报表的编制和披露符合企业会计准则和相关信息披露规则的规定,在所有重大方面公允反映了上市公司的财务状况、经营成果和现金流量,最近 3 年财务会计报告被出具无保留意见审计报告。

(5) 除金融类企业,最近一期末不存在金额较大的财务性投资。

上市公司存在下列情形之一的,不得公开发行股票:

(1) 擅自改变前次募集资金用途未作纠正,或者未经股东大会认可。

(2) 上市公司或者其现任董事、监事和高级管理人员最近 3 年受到证监会行政处罚;或者最近 1 年受到证券交易所公开谴责;或者因涉嫌犯罪正在被司法机关立案侦查或者涉嫌违法违规正在被证监会立案调查。

(3) 上市公司或者其控股股东、实际控制人最近 1 年存在未履行向投资者作出的公开承诺的情形。

(4) 上市公司或者其控股股东、实际控制人最近 3 年存在贪污、贿赂、侵占财产、挪用财产或者破坏社会主义市场经济秩序的刑事犯罪,或者存在严重损害上市公司利益、投资者合法权益、社会公共利益的重大违法行为。

（三）股票发行的程序

各国对股票的发行程序都有严格的法律规定，未经法定程序发行的股票无效。根据规定，上市公司应按照下列程序申请发行股票：

（1）公司董事会应当依法作出决议，包括本次证券发行的方案、本次发行方案的论证分析报告、本次募集资金使用的可行性报告以及其他须明确的事项等，并提请股东大会批准。

（2）公司股东大会就发行股票作出决定，至少应当包括本次发行证券的种类和数量、发行方式、发行对象及向原股东配售的安排、定价方式或价格区间、募集资金用途、决议的有效期、对董事会办理本次发行具体事宜的授权以及其他必须明确的事项。股东大会就发行证券事项作出决议，一般经出席会议的股东所持表决权的 2/3 以上通过。

（3）公司按照证监会有关规定制作注册申请文件，依法由保荐人保荐并向交易所申报。申请文件受理后，未经证监会或者交易所同意，不得改动。发生重大事项的，公司、保荐人、证券服务机构应当及时向交易所报告，并按要求更新申请文件和信息披露资料。

（4）交易所审核公司公开发行证券的申请文件，并提出审议意见。交易所主要通过向公司提出审核问询、公司回答问题方式开展审核工作，判断公司发行申请是否符合发行条件和信息披露要求。交易所一般应当自受理注册申请文件之日起 2 个月内形成审核意见。

（5）交易所按照规定的条件和程序，形成公司是否符合发行条件和信息披露要求的审核意见，认为公司符合发行条件和信息披露要求的，将审核意见、公司注册申请文件及相关审核资料报证监会注册；认为公司不符合发行条件或者信息披露要求的，作出终止发行上市审核决定。

（6）证监会收到交易所审核意见及相关资料后，基于交易所审核意见，依法履行发行注册程序，在 15 个工作日内对公司的注册申请作出是否予以注册的决定。证监会作出予以注册决定的，自作出之日起 1 年内有效，公司应当在注册决定有效期内发行证券。交易所作出终止发行上市审核决定，或者证监会作出不予注册决定的，自决定作出之日起一般 6 个月后，公司可以再次提出证券发行申请。

（四）股票的发售方式

股票的发售方式是指股份有限公司向社会公开发行股票时所采取的股票销售方式，包括自销和承销两种方式。股票的发行是否成功，最终取决于能否成功地将股票全部销售出去。根据我国相关规定，上市公司发行证券，应当由证券公司承销。上市公司董事会决议提前确定全部发行对象的，可以由上市公司自行销售。

1. 自销方式

股票发行的自销方式，是指股份有限公司自行直接将股票出售给认购股东，而不经过证券经营机构承销。若董事会决议已预先明确了全部发行对象，则公司可以采用自销方式。在这一模式下，发行公司能够直接掌控整个发行流程，确保发行目的得以实现，并有效节省发行成本。然而，值得注意的是，该模式下所有的发行风险均需由发行公司独立承担，因此，这种发行方式通常更受那些知名度高、实力雄厚的公司青睐。

2. 承销方式

股票发行的承销方式，是指发行公司将股票销售业务委托给证券承销机构代理。证券承销机构是指专门从事证券买卖业务的金融中介机构，在我国主要为证券公司，在美国一般是投资银行,在日本则是被称为干事承购公司的证券公司。承销方式是发行股票所普遍采用的推销方式,包括包销和代销两种。

(1) 包销是由发行公司与证券经营机构签订承销协议,全权委托证券承销机构代理股票的发售业务。具体操作上,证券承销机构会先行购买股份公司公开发行的全部股票,随后再将这些股票转售给广大投资者。在规定的募股期限内,若实际招募股份数达不到预定发行股份数,剩余的股份将由证券承销机构全部接手。选择包销方式,发行公司能够确保股票的顺利出售,迅速筹集到所需资本,同时无需承担发行风险。然而,这种方式也有其不利之处,比如需要以略低于市场的价格将股票卖给承销商,并且需要支付相对较高的发行费用。

(2) 代销是由证券经营机构代理股票发售业务,如果实际募集的股份数量未能达到预期目标,承销机构无需承担剩余股份的购买责任,而是将未售出的股份归还给发行公司,发行风险由发行公司自己承担。

根据我国《证券发行与承销管理办法》的规定,上市公司向特定对象发行证券未采用自销方式或者上市公司向原股东配股的,应当采用代销方式。

(五) 发行普通股筹资的优缺点

1. 发行普通股筹资的优点

(1) 普通股筹资没有固定的股利负担。当公司盈利且认为条件成熟时,可将利润分配给股东;若公司盈利较少,或虽有盈利但面临资金短缺或更佳的投资机遇,则可减少或不支付股利。相比之下,债券或借款的利息支付则不受公司盈利状况的影响,必须按时偿付。

(2) 普通股股本没有规定的到期日,无须偿还,它是公司的永久性资本,除非公司清算,才予以清偿。这一特性对于确保公司资本的最低需求、促进公司的持续稳定发展具有重要意义。

(3) 利用普通股筹资的风险小。由于普通股股本没有固定的到期日,一般也不用支付固定的股利,不存在还本付息的财务风险。

(4) 发行普通股筹集股权资本能提升公司的信誉。普通股股本及其产生的资本公积和盈余公积等,为公司筹措债务资本提供了坚实的基础。提高股权资本比例有助于提升公司的信用价值,为利用更多债务资本融资提供强有力的支持。

2. 发行普通股筹资的缺点

(1) 资本成本较高。通常情况下,普通股融资的成本要高于债务资本。这主要是因为普通股投资风险较大,投资者要求更高的回报,且股利从税后利润中支付。而债务融资的债权人风险较小,所支付的利息可在税前扣除。此外,普通股的发行成本也相对较高,通常高于优先股、公司债券和长期借款等融资方式。

(2) 可能影响公司控制权和股价。通过普通股融资增加新股东时,一方面可能会分散公司的控制权;另一方面,新股东对公司已积累的盈余享有分享权,这可能会降低普通股的每股收益,从而引发股价下跌的风险。

三、留存收益筹资

(一) 留存收益的性质

从性质上看,企业通过合法有效经营所实现的税后净利润,都属于企业的所有者。因此,属于所有者的利润包括分配给所有者的利润和尚未分配留存于企业的利润。企业将本年度的利润部分甚至全部留存下来的原因很多:首先,收益的确认与计量遵循权责发生制原则,这意味着即便企业账面上显示有利润,也并不意味着企业同时实现了相应的现金净流量。因此,企业可能因缺乏足够的现金流而无法将全部或部分利润分配给所有者。其次,法律法规从保护债权人利益和要求企业可持续发展等角度出发,限制企业将利润全部分配出去。根据《公司法》规定,企业每年的税后利润,必须提取 10% 的法定公积金。公司法定公积金累计额为公司注册资本的 50% 以上的,可以不再提取。最后,企业自身出于扩大再生产及筹资需求,也会主动将部分利润留存。

(二) 留存收益的筹资来源

1. 盈余公积金

盈余公积金是指有指定用途的留存净利润,其提取基数是抵减年初累计亏损后的本年度净利润。盈余公积金主要用于企业未来的经营发展,经投资者审议后,其也可以用于转增股本(实收资本)和弥补公司经营亏损。

2. 未分配利润

未分配利润是指未限定用途的留存净利润。未分配利润有两层含义:其一,这部分净利润本年没有分配给公司的股东投资者;其二,这部分净利润未指定用途,可以用于企业未来经营发展,转增股本(实收资本),弥补公司经营亏损和以后年度利润分配。

(三) 留存收益筹资的优缺点

1. 留存收益筹资的优点

(1) 不用发生筹资费用。与普通股筹资相比较,留存收益筹资不需要发生筹资费用,资本成本较低。

(2) 维持公司的控制权分布。利用留存收益筹资,不用对外发行新股或吸收新投资者,由此增加的股权资本不会改变公司的股权结构,不会稀释原有股东的控制权。

2. 留存收益筹资的缺点

筹资数额有限。当期留存收益的上限即为当期的净利润总额。如果企业发生亏损,则企业当年就没有利润留存。另外,股东和投资者基于自身期望,往往倾向于企业能够每年发放一定额度的股利,并维持一个相对稳定的利润分配比例。

第四节　债务性筹资

债务筹资形成企业的债务资本,债务资本是企业通过银行借款、向社会发行公司债券、租赁等方式筹集和取得的资金。长期借款、债券和融资租赁是债务性筹资的三种基本形式。

一、长期借款

长期借款是指企业向银行或其他非银行金融机构借入的、需要还本付息的款项,其偿还期限超过 1 年,主要用于企业购建固定资产和满足流动资金周转的需要。

（一）长期借款的种类

1. 按提供贷款的机构划分

按提供贷款的机构划分，长期借款可分为政策性银行贷款、商业银行贷款和其他金融机构贷款。

（1）政策性银行贷款，是执行国家政策性贷款业务的银行（通称政策性银行）提供的贷款，通常为长期贷款。

（2）商业银行贷款，包括短期贷款和长期贷款。其中，长期贷款的期限长于1年；企业与银行之间需签署借款合同，合同中明确列明针对借款企业的各项具体限制条款；有规定的借款利率，既可选择固定利率，也可依据基准利率的浮动而相应调整；还款方式以分期偿还为主，通常每期偿还金额保持一致，当然，也可根据实际情况采取到期一次性清偿的方式。

（3）其他金融机构贷款。其他金融机构对企业的贷款一般较商业银行贷款的期限更长，要求的利率较高，对借款企业的信用要求和担保的选择也比较严格。

2. 按长期借款用途划分

按长期借款用途划分，长期借款分为固定资产投资借款、更新改造借款、技术改造借款、基建借款、网点设施借款、科技开发和新产品试制借款等。

3. 按长期借款有无担保划分

按长期借款有无担保划分，长期借款分为信用贷款和担保贷款。

（1）信用贷款，是指以借款人的信用发放的贷款，借款人不需要提供担保。这种贷款方式风险较大，银行通常要对借款方的经济效益、经营管理水平、发展前景等情况进行详细考察，以降低风险。

（2）担保贷款，是指银行在发放贷款时，要求借款人提供担保，以保障贷款债权的受偿。担保贷款按担保方式，可分为保证贷款、抵押贷款和质押贷款。

保证贷款是指保证人和债权人约定，当债务人不履行债务时，保证人按照约定履行债务或者承担责任的贷款。具有代为清偿债务能力的法人、其他组织或者公民，可以作为保证人。学校等以公益为目的的事业单位、社会团体不得为保证人；企业法人的分支机构、职能部门不得为保证人。

抵押贷款是指债务人或者第三人不转移抵押财产，将该财产作为债权担保的贷款。可以抵押的财产主要有机器、交通运输工具、房屋和其他地上定着物等。

质押贷款是指债务人或者第三人以其动产或权利作质押，将该动产或权利作为债权担保的贷款。质押的动产应移交债权人。

（二）银行借款的程序

1. 提出申请，银行审批

企业根据筹资需求向银行提出书面申请，按银行要求的条件和内容填报借款申请书。银行按照有关政策和贷款条件，对借款企业进行信用审查，核准公司申请的借款金额和用款计划。银行审查的主要内容包括：公司的财务状况、信用情况、盈利的稳定性、发展前景、借款投资项目的可行性、抵押品和担保情况。

2. 签订合同，取得借款

借款申请获批准后，银行与企业进一步协商贷款的具体条件，签订正式的借款合同，规定贷款的数额、利率、期限和一些限制性条款。合同签署完毕后,在银行核定的贷款额度范围内,企业可根据事先制定的用款计划及实际需求,灵活选择一次性或分期将贷款资金划转至公司的存款账户,确保资金能够及时、高效地投入运营使用。

(三) 长期借款的信用条件

按照国际惯例,银行借款往往附加一些信用条件,主要有授信额度、周转授信协议、补偿性余额。

1. 授信额度

授信额度是借款企业与银行间正式或非正式协议规定的企业借款的最高限额。通常在授信额度内,企业可随时按需要向银行申请借款。例如,在正式协议下,约定某企业的授信额度为 4 000 万元,如该企业已借用 2 000 万元且尚未偿还,则该企业仍可申请 2 000 万元。但在非正式协议下,银行并不承担按最高借款限额保证贷款的法律义务。

2. 周转授信协议

周转授信协议是一种经常被大公司使用的正式授信额度。周转授信协议也规定借款的最高限额,在协议的有效期内,只要企业借款总额未超过最高限额,银行就必须满足企业在任何时候提出的借款要求。与一般授信额度不同的是,银行对周转信用额度负有法律义务,有的向企业收取一定的承诺费用,按企业未使用授信额度的一定比例(2%左右)计算,有的不额外收费。例如,某企业与银行的周转信用额度为 1 000 万元,承诺费率为 0.5%,借款企业年度内使用了 800 万元,余额为 200 万元。则该借款企业应向银行支付承诺费的金额为 1 万元(200×0.5%)。

3. 补偿性余额

补偿性余额是银行要求借款企业保持按贷款限额或实际借款额的 10%～20% 的平均存款余额留存银行。银行通常都有这种要求,目的是降低银行贷款风险,提高贷款的有效利率,补偿银行的损失。例如,如果某企业需借款 80 万元以清偿到期债务,贷款银行要求维持 20% 的补偿性余额,那么该企业为了获取 80 万元,必须借款 100 万元。如果名义利率为 6%,则实际利率为 7.5% $\left[\dfrac{100 \times 6\%}{100 \times (1 - 20\%)}\right]$。

(四) 长期借款的保护性条款

长期借款的金额高、期限长、风险大,除借款合同的基本条款之外,债权人通常还在借款合同中附加各种保护性条款,以确保企业按要求使用借款和按时足额偿还借款。保护性条款一般有以下三类。

1. 例行性保护条款

例行性保护条款作为例行常规,在大多数借款合同中都会出现。这类条款主要包括:①定期向提供贷款的金融机构提交公司财务报表,方便债权人随时掌握公司的财务状况和经营成果。②保持存货储备量,不准在正常情况下出售较多的非产成品存货,以保持企业的正常生产经营能力。③及时清偿债务,包括按时缴纳税金和其他到期款项,有效避免罚款带来的不必要现金损耗。④不准以资产作其他承诺的担保或抵押。⑤不准贴现应收票据或出售应收账款,以避免或有负债等。

2. 一般性保护条款

一般性保护条款是对企业资产的流动性及偿债能力等方面的要求条款,这类条款被应用于大多数借款合同。其主要包括:①保持企业的资产流动性。要求企业需持有一定最低额度的货币资金及其他流动资产,以保持企业资产的流动性和偿债能力,一般规定了企业必须保持的最低营运资金数额和最低流动比率数值。②限制企业非经营性支出。如限制支付现金股利、购入股票和职工加薪的数额规模,以减少企业资金的过度外流。③限制企业资本支出的规模。控制企业资产结构中的长期性资产的比例,以减少公司日后不得不变卖固定资产以偿还贷款的可能性。④限制公司再举债规模,目的是防止其他债权人取得对公司资产的优先索偿权。⑤限制公司的长期投资。如规定公司不准投资于短期内不能收回资金的项目,不能未经银行等债权人同意而与其他公司合并等。

3. 特殊性保护条款

特殊性保护条款是针对某些特殊情况而出现在部分借款合同中的条款,只有在特殊情况下才能生效。其主要包括:要求公司的主要领导人购买人身保险;借款的用途不得改变;违约惩罚条款等。

上述各项条款联合使用,将有利于全面保护银行等债权人的权益。但借款合同是经双方充分协商后决定的,其最终结果取决于双方的谈判能力,而不是完全取决于银行等债权人的主观愿望。

(五) 长期借款筹资的优缺点

1. 长期借款筹资的优点

(1) 借款筹资速度较快。相较于发行股票或债券筹集长期资金所需的前期准备与漫长流程,企业利用长期借款筹资通常能在较短的时间内,通过相对简单的程序迅速获得现金,满足企业的资金需求。

(2) 借款资本成本较低。利用长期借款筹资,其利息可在所得税前列支,故可减少企业实际负担的成本。因此,长期借款筹资比股票筹资的成本要低得多;与债券相比,长期借款筹资的借款利率一般低于债券利率;此外,由于长期借款属于间接筹资,筹资费用极少。

(3) 借款筹资弹性较大。在借款时,企业与银行直接商定贷款的时间、数额和利率等;在用款期间,企业如因财务状况发生某些变化,亦可与银行再行协商,变更借款数量和还款期限等。因此,对企业而言,长期借款筹资具有较大的灵活性。

(4) 企业利用长期借款筹资,与债券筹资一样,可以发挥财务杠杆的作用。

2. 长期借款筹资的缺点

(1) 长期借款筹资风险较大。长期借款通常有固定的利息负担和固定的偿付期限,故长期借款企业的筹资风险较大。

(2) 长期借款筹资限制条件较多。这可能会影响企业以后的筹资和投资活动。

(3) 长期借款筹资的数量有限,其一般不像股票、债券筹资那样可以一次筹集大笔资金。

二、债券

债券是债务人为筹集债务资本而发行的、约定在一定期限内向债权人还本付息的有价证券。发行债券是企业筹集债务资本的重要方式。我国非公司企业发行的债券称为企业债券。按照《公司法》和国际惯例，股份有限公司和有限责任公司发行的债券称为公司债券，有时简称公司债。公司发行债券通常是为其大型投资项目一次性筹集大笔长期资本。

为与可转换债券进行区别，这里主要讲述公司债券的基本问题以及发行普通债券筹资。

（一）债券的种类

1. 按公司债券有无记名划分

按公司债券有无记名划分，债券分为记名债券与无记名债券。

（1）记名债券是指在券面上记载持券人的姓名或名称的债券。对于这种债券，公司只对记名人偿付本金，持券人凭印鉴支取利息。记名债券的转让由债券持有人以背书等方式进行，并由发行公司将受让人的姓名或名称载于公司债券存根簿。我国《公司法》规定，公司债券应当为记名债券。

（2）无记名债券是指在券面上不记载持券人的姓名或名称，还本付息以债券为凭据，一般实行剪票付息的债券。债券持有人将债券交付给受让人后即发挥转让效力。

2. 按公司债券有无抵押担保划分

按公司债券有无抵押担保划分，债券可分为抵押债券与信用债券。

（1）抵押债券又称有担保债券，是指发行公司有特定财产作为担保品的债券。其按担保品的不同，又可分为不动产抵押债券、动产抵押债券、信托抵押债券。信托抵押债券是指公司以其持有的有价证券为担保而发行的债券。

抵押债券还可按抵押品的先后担保顺序，分为第一抵押债券和第二抵押债券。公司解散清算时，只有在第一抵押债券持有人的债权已获清偿后，第二抵押债券持有人才有权索偿剩余的财产。因此，后者要求的利率相对较高。

（2）信用债券又称无担保债券，是指发行公司没有抵押品作为担保，完全凭信用发行的债券。这种债券通常由信誉良好的公司发行，利率一般略高于抵押债券。

3. 按公司债券利率是否变动划分

按公司债券利率是否变动划分，债券可分为固定利率债券与浮动利率债券。

（1）固定利率债券的利率在发行债券时即已确定并载于债券券面。

（2）浮动利率债券的利率在发行债券之初不固定，而是根据有关利率，如银行存贷款利率等加以确定。

4. 按公司债券是否参与利润分配划分

按公司债券是否参与利润分配划分，债券可分为参与债券与非参与债券。

（1）参与债券的持有人除可获得预先规定的利息外，还享有一定程度的参与发行公司利润分配的权利，其参与利润分配的方式与比例必须事先规定。在实践中，这种债券一般很少。

（2）非参与债券的持有人没有参与利润分配的权利。公司债券大多为非参与债券。

5. 按公司债券持有人的特定权益划分

按公司债券持有人的特定权益划分，债券可分为收益债券、可转换债券和附认股权债券。

（1）收益债券（income bond）是指只有当发行公司有税后利润可供分配时才支付利息的一种公司债券。对发行公司而言，其不必为这种债券承担固定的利息负担；对投资者而言，这种债券风险较大，收益也可能较高。

（2）可转换债券（convertible bond）是指根据发行公司债券募集办法的规定，债券持有人可将其转换为发行公司的股票的债券。发行可转换债券的公司应规定转换办法，并按转换办法向债券持有人换发股票。债券持有人有权选择是否将其所持债券转换为股票。发行可转换债券，不仅为投资者提供了更为灵活多样的投资机会，同时也为发行公司提供了调整资本结构、缓解财务压力的便利途径。

（3）附认股权债券（bond with warrants）是指所发行的债券附带允许债券持有人按特定价格认购股票的一种长期选择权。这种认股权通常随债券发放，具有与可转换债券相类似的属性。附认股权债券的票面利率与可转换债券一样，通常低于一般的公司债券。

6. 按公司债券是否上市交易划分

按公司债券是否上市交易划分，债券可分为上市债券与非上市债券。按照国际惯例，公司债券与股票一样，也有上市与非上市之分。上市债券是经有关机构审批，可以在证券交易所买卖的债券。发行公司想要上市债券，必须满足既定的条件，并正式提出申请，严格遵循既定程序，逐一完成上市所需的各个环节。

（二）发行债券的条件

在我国，根据《公司法》的规定，股份有限公司和有限责任公司具有发行债券的资格。根据《证券法》的规定，公开发行公司债券，应当符合下列条件：

（1）具备健全且运行良好的组织机构。

（2）最近3年平均可分配利润足以支付公司债券1年的利息。

（3）国务院规定的其他条件。

公开发行公司债券筹集的资金，必须按照公司债券募集办法所列资金用途使用。改变资金用途，必须经债券持有人会议作出决议。公开发行债券筹措的资金，不得用于弥补亏损和非生产性支出。

（三）债券的发行程序

1. 作出发债决议

拟发行公司债券的公司，需要由公司董事会制定公司债券发行方案，并由公司股东大会批准，作出决议。

2. 提出发债申请

根据《证券法》的规定，申请公开发行公司债券，应当向国务院授权的部门或者国务院证券监督管理机构报送公司营业执照、公司章程、公司债券募集办法等正式文件及国务院授权的部门或者国务院证券监督管理机构规定的其他文件。按照《证券法》聘请保荐人的，还应当报送保荐人出具的发行保荐书。

3. 公告募集办法

公司发行债券的申请经批准后，要向社会公告公司债券的募集办法。公司债券募集分为私募发行和公募发行。私募发行是以特定的少数投资者为指定对象发行债券，公募发行是在证券市场上以非特定的广大投资者为对象公开发行债券。

4. 委托证券经营机构发售

按照我国公司债券发行的相关法律规定,公司债券的公募发行采取间接发行方式。在这种发行方式下,发行公司与承销团签订承销协议。承销团由数家证券公司或投资银行组成,承销方式有代销和包销两种。代销是指承销机构代为推销债券,在约定期限内未售出的余额可退还发行公司,承销机构不承担发行风险。包销是由承销团先购入发行公司拟发行的全部债券,再出售给社会上的投资者,如果约定期限内未能全部售出,余额要由承销团负责认购。

5. 交付债券,收缴债券款

债券购买人向债券承销机构付款购买债券,承销机构向购买人交付债券。然后,债券发行公司向承销机构收缴债券款,记债券存根,并结算发行代理费。

(四) 债券筹资的优缺点

1. 债券筹资的优点

(1)债券筹资成本相对较低。相较于股票的股利支出,债券的利息支出可在税前扣除,为公司带来节税效益。因此,公司实际承担的债券成本普遍低于股票成本。

(2)债券筹资能够发挥财务杠杆的作用。无论发行公司的盈利多少,债券持有人一般只收取固定的利息,而更多的利润可分配给股东或留用公司经营,从而增加股东和公司的财富。

(3)债券筹资能够保障股东的控制权,债券持有人无权参与发行公司的管理决策。因此,公司发行债券不像增发新股那样可能会分散股东对公司的控制权。

(4)债券筹资便于调整公司的资本结构。在公司发行可转换债券以及可提前赎回债券的情况下,便于公司主动合理地调整资本结构。

2. 债券筹资的缺点

(1)债券筹资的财务风险较大。债券具有固定的到期日,且需定期支付利息,公司必须承担按期还本付息的义务。即便公司经营状况不佳,亦需向债券持有人还本付息,这可能导致公司面临更大的财务困境,甚至引发公司破产风险。

(2)债券筹资的限制条件较多。发行债券的限制条件一般要比长期借款、租赁筹资的限制条件更多且更严格,从而限制了公司对债券筹资方式的使用,甚至会影响公司以后的筹资能力。

(3)债券筹资的数量有限。公司利用债券筹资一般受一定额度的限制。多数国家对此都有限定。我国《公司法》规定,发行公司流通在外的债券累计总额不得超过公司净资产的40%。

三、融资租赁

(一) 租赁的概念

租赁是指通过签订资产出让合同的方式,使用资产的一方(承租方)通过支付租金,向出让资产的一方(出租方)取得资产使用权的一种交易行为。在这项交易中,承租方通过得到所需资产的使用权,完成了筹集资金的行为。

(二) 租赁的种类及特点

现代租赁的种类很多,通常按经营和财务性质分为经营租赁和融资租赁两大类。

1. 经营租赁

经营租赁(operating leasing)又称营运租赁、服务租赁,是由出租人向承租企业提供租赁设备,并提供设备维修保养和人员培训等的服务性业务,通常为短期租赁。承租企业采用经营租赁的目的主要不是融通资本,而是获得设备的短期使用以及出租人提供的专门技术服务。从承租企业无须先筹资再购买设备即可享有设备使用权的角度来看,经营租赁也有短期筹资的功效。

经营租赁的特点主要有:①承租企业根据需要可随时向出租人提出租赁资产;②租赁期较短,不涉及长期而固定的义务;③在设备租赁期内,如有新设备出现或不需用租人设备,承租企业可按规定提前解除租赁合同,这对承租企业比较有利;④出租人提供专门的服务;⑤租赁期满或租赁合同终止时,租赁设备由出租人收回。

2. 融资租赁

融资租赁(financing leasing)又称资本租赁、财务租赁,是由租赁公司按照承租企业的要求融资购买设备,并在契约或合同规定的较长期限内提供给承租企业使用的信用性业务,是现代租赁的主要类型。承租企业采用融资的主要目的是融通资本。一般融资的对象是资本,而融资租赁集融资与融物于一体,具有借贷的性质,是承租企业筹集长期借入资本的一种特殊方式。融资租赁通常为长期租赁,可满足承租企业对设备的长期需求,故其有时也称为资本租赁。

融资租赁的主要特点有:①一般由承租企业向租赁公司提出正式申请,由租赁公司融资购进设备租给承租企业使用;②租赁期限较长,大多为设备使用年限的一半以上;③租赁合同比较稳定,在规定的租期内非经双方同意,任何一方不得中途解约,这有利于维护双方的权益;④由承租企业负责设备的维修保养和投保事宜,但无权自行拆卸改装;⑤租赁期满时,按事先约定的办法处置设备,一般有续租、留购或退还三种选择,通常由承租企业留购。

(三) 融资租赁的方式

融资租赁按其业务的不同特点,可细分为以下三种具体方式。

1. 直接租赁

直接租赁是融资租赁的典型形式,通常所说的融资租赁是指直接租赁形式。

2. 售后租回

售后租回一般是制造企业按照协议先将其资产卖给租赁公司,再作为承租企业将所售资产租回使用,并按期向租赁公司支付租金。采用这种融资租赁形式,承租企业因出售资产而获得了一笔现金,同时因将其租回而保留了资产的使用权。这与抵押贷款有些相似。

3. 杠杆租赁

杠杆租赁是一种在国际上广受欢迎的融资租赁模式,它通常涉及承租人、出租人以及贷款人这三方主体。从承租人的视角来看,杠杆租赁与其他融资租赁方式并无显著区别:承租人依据合同条款,在租赁期内获取资产的使用权,并按约定支付租金。然而,对于出租人而言,其仅需垫付购买资产所需现金的一小部分(一般为 20%～40%),其余部分(为 60%～80%)则是以该资产作为抵押,从贷款人处借款来支付。因此,在这种情况下,租赁公司既是出租人,又是借款人,既要收取租金,又要偿还借款。由于这种融资租赁方式通常能够确保租赁收益高于借款成本支出,出租人能够获得财务杠杆效益,故其被称为杠杆租赁。

(四) 融资租赁的程序

1. 选择租赁公司

企业决定采用租赁方式取得某项设备时,首先需了解各租赁公司的经营范围、业务能力、资信情况,以及与金融机构(如银行)的关系,取得租赁公司的融资条件和租赁费率等资料,加以分析比较,择优选择。

2. 办理租赁委托

企业选定租赁公司后,便可向其提出申请,办理委托。这时,承租企业需填写租赁申请书,说明所需设备的具体要求,同时还要向租赁公司提供财务状况文件,包括资产负债表、利润表和现金流量表等资料。

3. 签订购货协议

由承租企业与租赁公司的一方或双方合作组织选定设备供应商,并与其进行技术和商务谈判,在此基础上签订购货协议。

4. 签订租赁合同

租赁合同系由承租企业与租赁公司签订。它是租赁业务的重要文件,具有法律效力。融资租赁合同的内容可分为一般条款和特殊条款两部分。一般条款主要包括租赁设备条款、租赁期限、租金支付条款等;特殊条款主要包括租赁设备产权归属、设备责任、保险条款、租赁双方责任等。

5. 办理验货、付款与保险

承租企业按购货协议收到租赁设备时,要进行验收,验收合格后签发交货及验收证书,并提交租赁公司,租赁公司据以向供应商支付设备价款。同时,承租企业向保险公司办理投保事宜。

6. 支付租金

承租企业在租期内按合同规定的租金数额、支付方式等,向租赁公司支付租金。

7. 合同期满处置设备

融资租赁合同期满时,承租企业根据合同约定,对设备采取续租、退还或留购的处置方式。

(五) 融资租赁的租金计算

1. 租金的构成

租赁每期租金的多少,取决于以下几项因素:①设备原价及预计残值,包括设备买价、运输费、安装调试费、保险费等,以及设备租赁期满后出售可得的收入。②利息,是指租赁公司为承租企业购置设备垫付资金所应支付的利息。③租赁手续费和利润,其中,手续费是指租赁公司承办租赁设备所发生的业务费用,包括业务人员工资、办公费、差旅费等。

2. 租金的支付方式

租金的支付方式有以下几种:①按支付间隔期长短支付,分为年付、半年付、季付和月付等方式。②按在期初和期末支付,分为先付和后付。③按每次支付额支付,分为等额支付和不等额支付。实务中,承租企业与租赁公司商定的租金支付方式,大多为后付等额年金。

3. 租金的计算

我国租赁实务中,租金的计算大多采用等额年金法。通常要根据利率和租赁手续费率确定一个租费率,作为折现率。

【例 4-2】 某企业于 2024 年 1 月 1 日从租赁公司租入一套设备,价值为 80 万元,租期为 6 年,租赁期满时预计残值为 6 万元,归租赁公司。假设年利率为 8%,租赁手续费率为每年 2%。租金每年年末支付一次,计算每年需要支付多少租金?

每年租金 $= [800\ 000 - 60\ 000 \times PVIF_{10\%,6}] \div PVIFA_{10\%,6} = 175\ 908$(元)

为了便于有计划地安排租金的支付,承租企业可编制租金摊销计划表。根据本例的有关资料编制租金摊销计划,如表 4-2 所示。

表 4-2　租金摊销计划
单位:元

日期	支付租金 (1)	应计租金 (2)=(4)×10%	本金减少 (3)=(1)-(2)	应还本金 (4)=(4)-(3)
2024.01.01	—	—	—	800 000
2024.12.31	175 908	80 000	95 908	704 092
2025.12.31	175 908	70 409	105 499	598 593
2026.12.31	175 908	59 859	116 049	482 545
2027.12.31	175 908	48 254	127 654	354 891
2028.12.31	175 908	35 489	140 419	214 472
2029.12.31	175 908	21 447	154 461	60 011*
合计	1 055 448	315 459	739 989	—

注:＊表示 60011 为到期残值,尾数 11 是中间计算过程四舍五入的误差导致。

(六) 融资租赁筹资的优缺点

1. 融资租赁筹资的优点

(1) 融资租赁能迅速获取所需资产。它将融资与采购设备融为一体,相较于先筹集资金再购置设备的传统方式,融资租赁能更快地帮助企业构建生产经营能力。

(2) 融资租赁的限制条件较少。相较于股票、债券和长期借款等筹资方式,租赁筹资受到的资格条件限制相对较少,这为企业提供了更大的灵活性。

(3) 融资租赁可以免遭设备陈旧过时的风险。随着科学技术的不断进步,设备陈旧过时的风险很大,而多数租赁协议规定这种风险由出租人承担,承租企业不必承担风险。

(4) 融资租赁的全部租金通常在整个租期内分期支付,这可以适当降低不能偿付的风险。

(5) 融资租赁的租金费用允许在所得税前扣除,承租企业能够享受节税利益。

2. 融资租赁筹资的缺点

(1) 租赁筹资的成本较高,租金总额通常要比设备价值高出 30%。

(2) 承租企业在财务困难时期支付固定的租金,也将成为企业一项沉重的负担。

(3) 采用租赁筹资方式如不能享有设备残值,也可视为承租企业的一种机会成本。

第五节 混合性筹资

一、发行优先股筹资

（一）优先股的基本性质

1. 约定股息

相对于普通股而言,优先股的股利收益是事先约定的,也是相对固定的。由于优先股的股息率事先已作规定,因此优先股的股息一般不会根据公司经营情况而变化,而且优先股一般也不再参与公司普通股的利润分红。

2. 权利优先

优先股在年度利润分配和剩余财产清偿分配方面,具有比普通股股东优先的权利。优先股可先于普通股获得股息,公司的可分配利润先分给优先股股东,剩余部分再分给普通股股东。在剩余财产方面,优先股的清偿顺序先于普通股而次于债权人。一旦公司清算,剩余财产先分给债权人,再分给优先股股东,最后分给普通股股东。

优先股的优先权利是相对于普通股而言的。与公司债权人不同,优先股股东不能要求经营成果不好而无法分配股利的公司支付固定股息;优先股股东也不能要求无法支付股息的公司进入破产程序,不能向人民法院提出企业重整、和解或者破产清算申请。

3. 权利范围小

优先股股东一般没有选举权和被选举权,对股份公司的重大经营事项无表决权。其仅在股东大会表决与优先股股东自身利益直接相关的特定事项时,具有有限表决权。例如,修改公司章程中与优先股股东利益相关的事项条款时,优先股股东有表决权。

（二）优先股的种类

优先股按其具体的权利不同,还可进一步分类。

1. 按优先股股利是否累积支付

按优先股股利是否累积支付,优先股分为累积优先股和非累积优先股。累积优先股是指公司过去年度未支付股利可累积计算由以后年度的利润补足付清。非累积优先股则没有这种补付的权利。累积优先股比非累积优先股具有更大的吸引力,其发行也较为广泛。

2. 按优先股股利是否分配额外股利

按优先股股利是否分配额外股利,优先股分为参与优先股和非参与优先股。当公司利润在按规定分配给优先股和普通股后仍有剩余利润可供分配股利时,能够与普通股一起参与分配额外股利的优先股,即为参与优先股,否则为非参与优先股。参与优先股的持有人可按规定的条件和比例将其转换为公司的普通股或公司债券。这种参与优先股能够增加筹资和投资双方的灵活性,在国外比较流行。不具有这种转换权的优先股,则属于非参与优先股。

3. 按优先股公司可否赎回

按优先股公司可否赎回,优先股分为可赎回优先股和不可赎回优先股。可赎回优先股是指股份有限公司出于减轻股利负担的目的,可按规定以原价购回的优先股。公司不能购回的优先股,则属于不可赎回优先股。

(三) 发行优先股的条件

上市公司发行优先股应当符合以下条件:

(1) 股票上市公司最近 3 个会计年度应当连续盈利。

(2) 最近 3 个会计年度实现的年均可分配利润应当不少于优先股 1 年的股息。

(3) 报告期不存在重大会计违规事项。

(4) 最近 36 个月内因违反相关法律、行政法规或规章受到行政处罚且情节严重的公司不得公开发行优先股。

(5) 公司及其控股股东或实际控制人最近 12 个月内应当不存在违反向投资者作出的公开承诺的行为。

(四) 优先股筹资的优缺点

1. 优先股筹资的优点

(1) 优先股一般没有固定的到期日,不用偿付本金。发行优先股筹集资本,实际上相当于得到一笔无限期的长期贷款,公司不承担还本义务。对于可赎回优先股,公司可在需要时按一定价格购回,这就使得利用这部分资本更具有弹性。在财务状况较差时发行优先股,又在财务状况转好时购回,有利于结合资本需求加以调剂,同时也便于掌握公司的资本结构。

(2) 优先股的股利既有固定性,又有一定的灵活性。一般而言,优先股都采用固定股利。但对固定股利的支付并不构成公司的法定义务。如果公司财务状况不佳,可以暂时不支付优先股股利。优先股股东无法像债权人那样强制公司破产,从而为公司提供了缓冲空间。

(3) 保持普通股股东对公司的控制权。当公司既想向社会增加筹集股权资本,又想保持原有普通股股东的控制权时,利用优先股筹资尤为恰当。

(4) 从法律上讲,优先股股本属于股权资本,发行优先股筹资能够增强公司的股权资本基础,提升公司的举债能力。

2. 优先股筹资的缺点

(1) 优先股的资本成本虽低于普通股,但一般高于债券。

(2) 优先股筹资的制约因素较多。例如,为了保证优先股的固定股利,当企业盈利不多时,普通股就可能分不到股利。

(3) 可能形成较重的财务负担。优先股要求支付固定股利,但不能在税前扣除。当盈利下降时,优先股的股利可能会成为公司一项较重的财务负担,有时公司不得不延期支付,从而会影响公司的形象。

二、发行可转换债券筹资

可转换债券是一种混合型证券,是公司普通债券与证券期权的组合体。可转换债券的持有人在一定期限内,可以按照事先规定的价格或者转换比例,自由地选择是否转换为公司普通股。

一般来说,可转换债券可以分为两类:一类是不可分离的可转换债券,其转股权与债券不可分离,债券持有者直接按照债券面额和约定的转股价格,在规定的期限内将债券转换为股票;另一类是可分离交易的可转换债券,这类债券在发行时附有认股权证,是认股权证与公司债券的组合。发行上市后,公司债券和认股权证各自独立流通、交易。认股权证的持有者认购股票时,需要按照认购价格(行权价)出资购买股票。

(一) 可转换债券的基本要素

可转换债券的基本要素是指构成可转换债券基本特征的必要因素,它们代表了可转换债券与一般债券的区别。

1. 标的股票

可转换债券转换期权的标的物是可转换成的公司股票。标的股票一般是发行公司自己的普通股票。

2. 票面利率

可转换债券的票面利率一般会低于普通债券的票面利率,有时甚至还低于同期银行存款利率,因为在可转换债券的投资收益中,除了债券的利息收益,还附加了股票买入期权的收益部分。一个设计合理的可转换债券,在大多数情况下,其股票买入期权的收益足以弥补债券利息收益的差额。

3. 转换价格

转换价格是指可转换债券在转换期内据以转换为普通股的折算价格,即将可转换债券转换为普通股的每股普通股的价格。如每股 20 元,即是指可转换债券转股时,将债券金额按每股 20 元转换为相应股数的股票。由于可转换债券在未来可以行权转换成股票,在债券发售时,其所确定的转换价格一般比发售日股票市场价格高出一定比例,如高出 10%~30%。《上市公司证券发行管理办法》规定,转股价格应不低于募集说明书公告日前 20 个交易日该公司股票交易均价和前 1 个交易日的均价。因配股、增发、送股、派息、分立及其他原因引起上市公司股份变动的,应当同时调整转股价格。

4. 转换比率

转换比率是指每一张可转换债券在既定的转换价格下能转换为普通股股票的数量。在债券面值和转换价格确定的前提下,转换比率为债券面值除以转换价格:

$$转换比率 = \frac{债券面值}{转换价格}$$

5. 转换期

转换期是指可转换债券持有人能够行使转换权的有效期限。可转换债券的转换期可以与债券的期限相同,也可以短于债券的期限。

6. 赎回与回售条款

赎回条款是指发债公司按事先约定的价格买回未转股债券的条件规定。赎回一般发生在公司股票价格一段时期内连续高于转股价格达到某一幅度时。回售条款是指债券持有人有权按照事先约定的价格将债券卖回给发债公司的条件规定。回售一般发生在公司股票价格在一段时期内连续低于转股价格达到某一幅度时。

(二)可转换债券筹资的优缺点

1. 可转换债券筹资的优点

(1)有利于降低资本成本。可转换债券的利率通常低于普通债券,故在转换前可转换债券的资本成本低于普通债券;一旦转换为股票,其又可避免股票的发行费用,从而进一步降低股票的资本成本。

(2)有利于筹集更多资本。可转换债券的转换价格通常高于发行时的股票价格。因此,可转换债券转换后,其筹资额大于当时发行股票的筹资额;另外,其也有利于稳定公司的股价。

(3)有利于调整资本结构。可转换债券是一种兼具债务筹资和股权筹资双重性质的筹资方式。可转换债券在转换前属于发行公司的一种债务,若公司希望推动转股,则其可通过多种方式吸引持有人转换,以实现资本结构的优化。

(4)有利于避免筹资损失。当公司的股票价格在一段时期内连续高于转换价格超过某一幅度时,发行公司可按赎回条款中事先约定的价格赎回未转换的可转换债券,从而避免出现筹资损失。

2. 可转换债券筹资的缺点

(1)转股后可转换债券筹资将失去利率较低的好处。

(2)若确需股票筹资,但股价并未上升,可转换债券持有人不愿转股时,发行公司将承受偿债压力。

(3)若可转换债券转股时股价高于转换价格,则发行公司将遭受筹资损失。

(4)回售条款的规定可能使发行公司遭受损失。当公司的股票价格在一段时期内连续低于转换价格并达到一定幅度时,可转换债券持有人可按事先约定的价格将所持债券回售给公司,从而使发行公司受损。

三、发行认股权证筹资

认股权证是一种由上市公司发行的证明文件,持有人有权在一定时间内以约定价格认购该公司发行的一定数量的股票。

(一)认股权证的种类

1. 长期认股权证与短期认股权证

认股权证按允许认股的期限可分为长期认股权证和短期认股权证。

(1)长期认股权证的认股期限通常持续几年,有的是永久性的。

(2)短期认股权证的认股期限比较短,一般在 90 天以内。

2. 单独发行的认股权证与附带发行的认股权证

认股权证按发行方式可分为单独发行的认股权证和附带发行的认股权证。

(1)单独发行的认股权证是指不依附于其他证券而独立发行的认股权证。

(2)附带发行的认股权证是指依附于债券、优先股、普通股或短期票据发行的认股权证。

3. 备兑认股权证与配股权证

(1)备兑认股权证是每份备兑权证按一定比例含有几家公司的若干股份。

(2)配股权证是确认股东配股权的证书,它按股东的持股比例定向派发,赋予股东以优惠的价格认购发行公司一定份数新股的权利。

(二) 认股权证的作用

在公司的筹资实务中,认股权证的运用十分灵活,对发行公司具有一定的作用。

(1) 为公司筹集额外的现金。认股权证不论是单独发行还是附带发行,都能为发行公司带来一笔可观的额外资金,从而增强公司的资本基底,提升其运营能力与市场竞争力。

(2) 促进其他筹资方式的运用。单独发行的认股权证有利于公司将来发售股票。而作为附带发行的认股权证,则能显著提升其所依附证券的发行效率。例如,当认股权证与债券捆绑发行时,它能够有效促进债券的顺利发售,吸引更多投资者的目光。

↗ 微型案例

田东县芒果产业示范园:创业融资与乡村振兴的完美结合

在广西百色市的田东县,一个以芒果为核心,集标准化、规模化、科技化于一体的产业示范园正悄然崛起,成为乡村振兴的璀璨明珠。这片位于广西壮族自治区西部的沃土,凭借得天独厚的自然条件,孕育了品质上乘的芒果。然而,长期以来,由于种植技术滞后、产业链短、附加值低等问题,当地芒果产业的发展一度陷入瓶颈,农民增收和农村经济发展受到严重制约。

为打破这一困境,田东县紧抓国家农村产业融合发展示范园创建的机遇,以芒果产业为切入点,开启了一场深刻的产业变革。在这场变革中,创新融资模式和产业链整合成为推动芒果产业高质量发展的关键力量。

针对果农融资难的问题,田东县推出了"香芒贷""桂惠贷"等一系列金融产品,通过田东农村商业银行(以下简称田东农商行)等金融机构,为果农提供了"融资+融智"的全方位金融服务。这一创新举措,不仅解决了果农资金短缺的燃眉之急,更通过技术培训和信息采集,提升了芒果种植的科技含量和附加值。

在"融资+融智"的支持下,田东县的芒果产业焕发出勃勃生机。目前,全县芒果种植面积已达 32.8 万亩,投产面积 20.4 万亩,品种多达 40 余种,包括桂七芒、金煌芒等优质品种。2018 年,芒果总产量达到 21.4 万吨,总产值约 12 亿元。这一成绩的取得,离不开"政府作为、银行参与、保险保障、农民受益"的融资新模式。截至 2019 年 11 月末,田东农商行已累计发放芒果产业发展贷款 19 494 万元,惠及 3 762 户果农,其中贫困户 951 户,贷款余额 4 031 万元。同时,通过 60 余场专家技术培训,超过 3 000 名果农受益,芒果产业已成为农民增收致富的重要途径。

此外,田东县还积极探索畜禽活体质押贷款、家庭农场(专业大户)贷款以及农民工创业担保贷款等创新金融产品,进一步拓宽了农村融资渠道,为农业规模经营农户提供了强有力的金融支持。截至 2019 年 11 月末,田东农商行已试行发放畜禽活体质押贷款 70 万元,中国邮储银行田东县支行则累计发放家庭农场(专业大户)贷款 121 笔,金额达 1 932 万元;同时,共发放农民工创业担保贷款 126 笔,金额达 951 万元,有效解决了返乡农民工等人群的创业融资难题。

田东县芒果产业示范园的成功实践,不仅为当地芒果产业的转型升级注入了强劲动力,更为乡村振兴战略的深入实施提供了宝贵经验。通过创新融资模式和产业链整合,田东县正逐步构建起一个以芒果为核心,多元化、多层次、多环节的现代农业产业体系,为实现农业强、农村美、农民富的美好愿景奠定了坚实基础。

章节测试题 （共100分）

【单选题】(本题共35分,每小题5分)

1. 企业因近期偿还债务的压力较大,通过举借长期债务来偿还部分短期债务而进行筹资的动机属于( )。
   A. 扩张性筹资动机　　　　　　　　　B. 支付性筹资动机
   C. 创立性筹资动机　　　　　　　　　D. 调整性筹资动机

2. 下列各项中,不属于租赁租金构成内容的是( )。
   A. 设备原价　　　　　　　　　　　　B. 租赁手续费
   C. 租赁设备的维护费用　　　　　　　D. 垫付设备价款的利息

3. 债务人或第三方将其动产或财产权利移交给债权人占有,将该动产或财产权利作为债权取得担保的贷款为( )。
   A. 信用贷款　　　B. 保证贷款　　　C. 抵押贷款　　　D. 质押贷款

4. 与发行公司债券相比,银行借款筹资的优点是( )。
   A. 资本成本较低　　　　　　　　　　B. 资金使用的限制条件少
   C. 能提高公司社会声誉　　　　　　　D. 单次筹资数额较大

5. 下列关于公司股票上市的说法中,错误的是( )。
   A. 股票上市有利于确定公司价值
   B. 股票上市有利于保护公司的商业机密
   C. 股票上市有利于促进公司股权流通和转让
   D. 股票上市可能会分散公司的控制权

6. 某公司发行可转换债券,每张面值为1 000元,转换比率为20,则该可转换债券的转换价格为( )元/股。
   　A. 20　　　　　B. 50　　　　　C. 30　　　　　D. 25

7. 如果某公司的股票价格在一定的时间段内高于设定的一个阈值,上市公司有权按照略高于可转换债券面值的价格买回全部或部分未转股的可转债。这反映的可转换债券的基本要素是( )。
   A. 赎回条款　　　B. 转换价格　　　C. 回售条款　　　D. 强制性转换条款

【多选题】(本题共15分,每小题5分)

1. 下列各项中,属于债务筹资方式的有( )。
   A. 普通债券　　　B. 融资租赁　　　C. 优先股　　　D. 普通股

2. 下列关于优先股筹资的表述中,正确的有( )。
   A. 优先股筹资有利于调整股权资本的内部结构
   B. 优先股筹资兼有债务筹资和股权筹资的某些性质
   C. 优先股筹资不利于保障普通股股东的控制权
   D. 优先股筹资可能会给公司带来一定的财务压力

3. 下列关于杠杆租赁的表述中,正确的有(　　)。

    A. 出租人既是债权人,又是债务人

    B. 涉及出租人、承租人和资金出借人三方当事人

    C. 租赁的设备通常是出租方已有的设备

    D. 出租人只投入设备购买款的部分资金

【判断题】(本题共 15 分,每小题 5 分)

1. 企业发行股票、债券均属于直接筹资方式。　　　　　　　　　　　( )

2. 长期借款的例行性保护条款、一般性保护条款和特殊性保护条款可结合使用,有利于全面保护债权人的权益。　　　　　　　　　　　　　　　　　( )

3. 企业吸收直接投资有时能够直接获得所需的设备和技术,及时形成生产能力。

                                              ( )

4. 因为公司债务必须付息,而普通股不一定支付股利,所以普通股资本成本小于债务资本成本。　　　　　　　　　　　　　　　　　　　　　　　( )

5. 企业可以用商标专用权、债券、厂房和设备等作为质押品向商业银行申请质押贷款。

                                              ( )

【思考题】(本题共 35 分,每小题 7 分)

1. 简述销售百分比法的基本步骤。

2. 简述融资租赁的方式。

3. 股东的权利有哪些?

4. 简述债券筹资的优缺点。

5. 简述优先股筹资的优缺点。

第五章

资本成本与资本结构

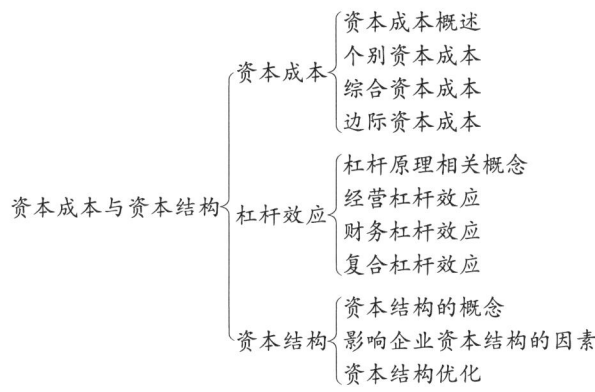

微课视频

学习目标

1. 理解资本成本的概念和构成。
2. 熟悉资本结构的概念和资本结构决策。
3. 掌握各种个别资本成本、综合资本成本、边际资本成本的计算。
4. 掌握三大杠杆的原理及各个杠杆系数的计算。
5. 掌握最优资本结构的计算方法。

知识导航

资本成本与资本结构
- 资本成本
  - 资本成本概述
  - 个别资本成本
  - 综合资本成本
  - 边际资本成本
- 杠杆效应
  - 杠杆原理相关概念
  - 经营杠杆效应
  - 财务杠杆效应
  - 复合杠杆效应
- 资本结构
  - 资本结构的概念
  - 影响企业资本结构的因素
  - 资本结构优化

思政课堂

构建绿色金融标准体系,引导资本向低碳领域倾斜

在全球气候变化加剧、生态环境恶化的背景下,可持续发展已成为全人类的共同目标。中国作为负责任的大国,明确提出"碳达峰、碳中和"的战略目标,而绿色金融正是实现这一目标的重要工具。绿色金融是指通过金融工具和市场机制,通过金融手段引导资金流向环保、节能、清洁能源、绿色交通等低碳领域,减少高碳行业的投资,增加对清洁能源、绿色技术的支持,以支持经济社会的可持续发展。

构建绿色金融标准体系,引导资本向低碳领域倾斜,不仅是经济高质量发展的必然要求,更是践行习近平生态文明思想、推动人与自然和谐共生的关键举措。2016年,《关于构建绿色金融体系的指导意见》首次系统提出绿色金融的发展框架;2020年,"碳达峰、碳中和"目标要求金融体系调整投资结构,支持低碳产业;2021年,《绿色债券支持项目目录》统一绿色债券标准,防止"洗绿"行为。我国出台的这些政策表明,绿色金融不仅是经济问题,

更是国家战略,体现了党和政府对可持续发展的坚定决心。

金融不仅是逐利的工具,更是推动社会进步的力量。构建绿色金融标准体系,引导资本向低碳领域倾斜,是金融行业服务国家战略的重要体现。作为新时代的经济管理人才,我们不仅要掌握专业技能,更要具备社会责任感和可持续发展观。我们应通过金融的力量,推动经济绿色转型,为建设美丽中国、实现全球气候治理目标贡献力量。让我们共同努力,让金融成为向善的力量,为子孙后代留下更美好的地球家园。

第一节 资本成本

资本是债权人和所有者提供的,用作进行长期资产投资的长期资金来源,包括利用股票、债券、长期借款、留存收益等方式所筹集的资金。由于企业资金中长期资金所占的比重较大,成本较高,因此,研究资本成本主要是研究长期资金的成本问题。资本成本是指资本的价格,企业无论以何种方式获取资金,都应付出相应的成本。从资本的供应者角度看,它是投资者提供资本时要求得到的资本报酬率;从资本的需求者角度看,它是企业为获取资本所必须支付的代价。

一、资本成本概述

(一) 资本成本的概念和构成

资本成本(cost of capital)是指企业筹集和使用资金而支付的各种费用,即付出的代价。资本成本通常由筹资费用和用资费用两个部分组成。

1. 筹资费用

筹集费用是指企业在筹集资本过程中,为取得资金而发生的各项费用,如向银行借款而支付的手续费,发行股票或债券的印刷费、评估费、公证费、宣传费及承销费等。筹资费用通常在筹资时一次性支付,在用资过程中不再发生,因此该费用可以从筹资总额中扣除。

2. 用资费用

用资费用是指企业因占用和使用资本向出资者支付的有关报酬,如向银行等债权人支付的利息、向股东支付的股利等。用资费用是在资本使用期间持续发生的,其与筹集资金的规模、资金占用时长相关。

(二) 资本成本的作用

1. 资本成本是比较筹资方式的依据

个别资本成本率是企业选择筹资方式的依据。一个企业长期资本的筹集往往有多种筹资方式可供选择,包括长期借款、发行债券、发行股票等。这些长期筹资方式的个别资本成本率的高低不同,可作为比较、选择各种筹资方式的依据。

2. 资本成本是衡量资本结构的依据

企业的全部长期资本通常是由多种长期资本筹资类型的组合构成的。企业长期资本的筹资有多个组合方案可供选择。不同筹资组合的综合资本成本率的高低,可作为比较各个筹资组合方案、作出资本结构决策的依据。

财务管理

3. 资本成本是评价投资项目的标准

一般而言,一个投资项目只有当其投资报酬率高于其资本成本率时,在经济上才是合理的。否则,该项目将无利可图,甚至会发生亏损。因此,国际上通常将资本成本率视为一个投资项目必须赚得的最低报酬率或必要报酬率,作为是否采纳投资项目的取舍依据。

在企业投资评价分析中,可以将资本成本率作为折(贴)现率,用于测算各个投资方案的净现值和现值指数,以比较投资方案,进行投资决策。

4. 资本成本可以作为评价企业整体经营业绩的基准

企业的整体经营业绩可以用企业全部投资的利润率来衡量,并与企业全部资本的成本率相比较。如果利润率高于成本率,则认为企业经营能力强;反之,如果利润率低于成本率,则认为企业经营不善,业绩不佳,此时企业需要改善经营管理,提高企业全部资本的利润率或降低成本率。

(三) 影响资本成本的因素

1. 经济总体环境

经济总体环境变化的影响,反映在无风险报酬率上。当经济总体环境保持稳定时,整个社会的资金供求关系比较均衡,无风险报酬率较低,从而使得资本成本较低。反之,则资本成本较高。

2. 资本市场条件

如果资本市场缺乏效率,证券市场流动性低,则投资者的投资风险大,其所要求的预期报酬率高。此种情况下,通过资本市场筹集的资本的成本就比较高。

3. 企业经营状况和融资状况

企业的经营风险和财务风险构成企业的总体风险。如果企业的总体风险水平高,则投资者所承担的风险较高,其所要求的投资报酬率也会增加,因此资本成本也会较高。

4. 企业对筹资规模和时限的需求

一般来说,筹资规模大、占用资金时间长,资本成本就会较高。

二、个别资本成本

个别资本成本是指单一融资方式的资本成本,一般用于个别筹资方式决策。个别资本成本可分为负债资本成本和权益资本成本。其中,负债资本成本包括长期借款资本成本和债券资本成本。权益资本成本包括优先股成本、普通股成本和留存收益成本。

(一) 资本成本计算的基本模型

为了便于分析比较,资本成本通常用不考虑货币时间价值的一般通用模型计算。资本成本由相对数和绝对数两种方式表示。一般而言,资本成本率是年资金占用费用与筹集资金净额的比率,筹集资金净额等于筹资总额减去筹资费用。其计算公式如下:

$$资本成本率 = \frac{年资金占用费用}{筹资总额 - 筹资费用} = \frac{年资金占用费用}{筹资总额(1 - 筹资费用率)}$$

(二) 债务资本成本的计算

1. 长期借款资本成本

长期借款资本成本一般包括借款利息和借款手续费用,手续费用是筹资费用的具体表现。因利息费用在企业所得税之前支付,具有抵税作用,故一般计算税后资本成本率,以便与权益资本成本率具有可比性。长期借款资本成本率的计算公式如下:

$$K = \frac{I(1-T)}{L-F} = \frac{I(1-T)}{L(1-f)}$$

其中,K 表示借款资本成本率;I 表示借款年利息;T 表示所得税税率;L 表示筹资总额;F 表示筹资费用;f 表示筹资费用率。

【例 5-1】 某公司向银行借款 1 000 万元,借款期限 5 年,年利率 9%,每年付息一次,到期一次还本,筹资费用率 0.2%,企业所得税税率 25%。请计算该项长期借款的资本成本率。

$$K = \frac{1\,000 \times 9\%(1-25\%)}{1\,000(1-0.2\%)} = 6.76\%$$

相较而言,长期借款的筹资费用主要是支付给债权人的手续费,其一般数额很小,可以忽略不计。故长期借款资本成本率可简化计算为:

$$K = R_i(1-T)$$

其中,R_i 表示借款利率。

【例 5-2】 承接[例 5-1],假设不考虑借款手续费。请计算该项长期借款的资本成本率。

$$K = 9\%(1-25\%) = 6.75\%$$

当借款合同附有补偿性余额条款时,筹资总额应扣除补偿性余额,这会使企业的长期借款所承担的实际成本上升。

【例 5-3】 承接[例 5-1],假定银行要求的补偿性余额为借款额的 10%。请计算该项长期借款的资本成本率。

$$K = \frac{1\,000 \times 9\%(1-25\%)}{1\,000(1-10\%)} = 7.5\%$$

2. 债券资本成本

债券资本成本主要包括债券利息和筹资费用。债券利息在企业所得税前支付,具有减税效应。债券的筹资费用一般较高,应予以考虑。债券的筹资费用主要包括申请发行债券的手续费、债券注册费、印刷费、上市费以及推销费等。

值得注意的是,公司债券可以平价、溢价和折价发行,因此发行价格不一定等于债券的票面面值。在计算债券资本成本时,债券的筹资总额应按债券的发行价格计算,而债券的年利息则应按债券面值和票面利率来计算。债券资本成本率的计算公式如下:

$$K = \frac{I(1-T)}{B(1-f)}$$

其中,K 表示债券资本成本率;I 表示债券年利息;T 表示所得税税率;B 表示债券筹资总额;f 表示筹资费用率。

【例 5-4】 某公司拟发行面值为 100 元 5 年期企业债券,票面利率 8%,每年末付息一次,到期一次还本。发行费用为发行价格的 5%。若分别按面值 100 元发行、120 元溢价发行和 90 元折价发行,请计算这三种情况下债券的资本成本率。

(1) 按面值 100 元平价发行:

$$K = \frac{100 \times 8\%(1-25\%)}{100(1-5\%)} = 6.32\%$$

(2) 按面值 120 元溢价发行:

$$K = \frac{100 \times 8\%(1-25\%)}{120(1-5\%)} = 5.26\%$$

(3) 按面值 90 元折价发行:

$$K = \frac{100 \times 8\%(1-25\%)}{90(1-5\%)} = 7.02\%$$

(三) 股权资本成本的计算

按照公司股权资本的构成,股权资本成本主要分为普通股资本成本、优先股资本成本和留存收益资本成本等。根据《企业所得税法》的规定,公司须以税后利润向股东分派股利,故股权资本成本没有抵税利益。

1. 普通股资本成本

普通股资本成本主要是向股东支付各期股利。由于股利支付取决于企业生产经营情况,各期股利支付数额并不一定固定,而是随企业各期收益波动,因此,很难准确估计出普通股的资本成本。常用的估计普通股资本成本的方法有:股利折(贴)现模型、资本资产定价模型和债券收益率加风险报酬率。

(1) 股利折(贴)现模型。股利折(贴)现模型是指把企业发行股票所收到资金净额现值与预计未来资金流出现值相等的折(贴)现率作为普通股资本成本率。其可用公式表示为:

$$P_c(1-f) = \sum_{t=1}^{\infty} \frac{D_t}{(1+K_c)^t}$$

其中,P_c 表示普通股筹资总额;D_t 表示普通股第 t 年的股利;K_c 表示普通股资本成本率。

公司采用不同的股利分配政策时,运用该模型测算普通股资本成本率的具体方法有所不同。如果公司采用固定股利政策,则普通股的资本成本率为:

$$K_C = \frac{D}{P_c(1-f)}$$

【例 5-5】 某公司拟发行普通股融资,发行价格为 20 元/股,融资费用率为 2%,招股说明书承诺预计每年派发现金股利 1 元/股。请计算该公司的普通股资本成本率。

$$K_C = \frac{1}{20(1-2\%)} = 5.01\%$$

如果公司采用固定增长的股利政策,则普通股的资本成本率为:

$$K_C = \frac{D_1}{P_c(1-f)} + g$$

其中,D_1 表示预期第 1 年的股利;g 表示固定股利增长率。

【例 5-6】 某公司拟发行普通股融资,发行价格为 25 元/股,融资费用率为 1.5%。预计第一年发放现金股利2元/股,且以后每年增长3%。请计算该公司的普通股资本成本率。

$$K_C = \frac{2}{25(1-1.5\%)} + 3\% = 11.12\%$$

(2)资本资产定价模型。资本资产定价模型是指普通股投资的必要报酬率等于无风险报酬率加上风险报酬率。其用公式表示为:

$$K_C = R_f + \beta_i(R_m - R_f)$$

其中,K_C表示普通股投资必要报酬率;R_f表示无风险报酬率;R_m表示市场必要报酬率;β_i表示第i种股票的贝塔系数。

【例5-7】 某公司拟发行普通股融资,目前国债利率为3%。历史数据分析表明,在过去的5年里,股票市场的平均收益率为8%,过去3年该公司所处行业的贝塔系数平均值为1.8。请计算该公司的普通股资本成本。

$$K_C = 3\% + 1.8(8\% - 3\%) = 12\%$$

(3)债券收益率加风险报酬率。债券收益率加风险报酬率是指从投资者的角度,股票投资的风险高于债券。因此,股票投资的必要报酬率可以在债券利率的基础上加上股票投资高于债券投资的风险报酬率。用公式表示为:

$$K_C = R_d + ERP$$

其中,K_C表示普通股资本成本率;R_d表示企业债券收益率;ERP表示股权风险溢价。

【例5-8】 某公司已发行债券的投资报酬率为10%。现准备发行股票,经分析该股票高于债券的投资风险报酬率为5%。请计算该公司的普通股资本成本率。

$$K_C = 10\% + 5\% = 15\%$$

2. 优先股资本成本

优先股资本成本率是优先股股东要求的必要报酬率。优先股资本成本包括优先股股息和发行费用。优先股的股利通常是固定的,并且也是在税后派发。因此,优先股资本成本率的测算与采用固定股利政策的情况下计算的普通股资本成本率类似。其计算公式为:

$$K = \frac{D}{P(1-f)}$$

其中,K表示优先股资本成本率;D表示优先股股利;P表示优先股筹集总额,按发行价计算;f表示优先股筹资费用率。

【例5-9】 某公司准备发行一批面值总额为100万元的优先股股票,发行总价为150万元,筹资费用率为6%,每年支付13%的股利。请计算该公司优先股的资本成本率。

$$K = \frac{1\,000\,000 \times 13\%}{1\,500\,000(1-6\%)} = 9.22\%$$

3. 留存收益资本成本

公司的留存收益是由公司税后利润形成的,属于权益资本。从表象上看,公司留存收益并不需要支付额外成本。从所有者权益的角度来看,留存收益属于股东,是指股东将利润继续留在公司从而失去了其他收益机会。因此,留存收益也有资本成本,只不过其是一种机会成本。留存收益资本成本率的测算方法与普通股类似。但作为一种内部资金来源,其无需考虑筹资费用。留存收益资本成本的计算公式为：

$$K = \frac{D_1}{P} + g$$

其中，K 表示留存收益资本成本率。

【例 5-10】 某公司平价发行普通股 500 万元，筹资费率为 5%，上年的股利支付率为 12%，预计股利每年增长 5%。请计算该公司留存收益的资本成本率。

$$K = \frac{5\,000\,000 \times 12\%(1+5\%)}{5\,000\,000} + 5\% = 17.6\%$$

三、综合资本成本

如前所述，企业筹集资金的渠道不相同，其资本成本也不同。在筹资决策时，如果只以某一种资本成本作为依据，则往往会造成决策失误。综合资本成本通常是以各个别资本在企业总资本中的比重为权数，对各个别资本成本率进行加权平均而得到的总资本成本率，故其又称为加权平均资本成本率。计算综合资本成本主要是为了保证企业有一个合理的资金来源结构，使各种资金保持合理的比例，并尽可能使企业综合资本成本有所降低。其计算公式如下：

$$K_w = \sum_{j=1}^{n} K_j W_j$$

其中，K_w 表示综合资本成本率；K_j 表示第 j 种个别资本成本率；W_j 表示第 j 种个别资本在全部资本中的比重。其中：

$$\sum_{j=1}^{n} W_j = 1$$

在测算企业综合资本成本时，个别资本占全部资本的比重起着决定作用。企业各种资本的权重则取决于各种资本价值的确定。资本价值权重的选取通常分为以下三种。

1. 账面价值权重（数）法

账面价值权重（数）法是以各个别资本的会计报表账面价值为基础确定资本权重（数）的方法。其优点是数据容易取得，计算结果稳定；缺点是当股票和债券的市价与账面价值差距较大时，不能反映现时机会成本，不适合用于评价现时的资本结构。

2. 市场价值权重（数）法

市场价值权重（数）法是指以各个别资本的现行市价为基础确定权重（数）的方法。这种方式能够反映现时的资本成本水平，有利于进行资本结构决策。但是其数据不容易取得，并且只能反映现时的资本结构，故其不适用于未来的筹资决策。

3. 目标价值权重（数）法

目标价值权重（数）法是指以各个别资本预计的未来价值为基础确定权重（数）的方法。对于公司筹措新资金，需要反映期望的资本结构来说，采用该方法是有益的，因为其适用于未来的筹资决策。但是目标价值的确定难免具有主观性。

【例 5-11】 某公司长期资本账面总额共为 1 000 万元，其中，长期借款 200 万元、长期

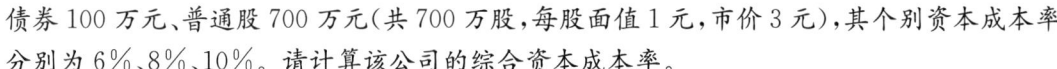

债券 100 万元、普通股 700 万元(共 700 万股,每股面值 1 元,市价 3 元),其个别资本成本率分别为 6%、8%、10%。请计算该公司的综合资本成本率。

(1) 按照账面价值权重(数)计算:

$$W = \frac{200}{1\,000} \times 6\% + \frac{100}{1\,000} \times 8\% + \frac{700}{1\,000} \times 10\% = 9\%$$

(2) 按照市场价值权重(数)计算:

$$W = \frac{200}{200+100+2\,100} \times 6\% + \frac{100}{1\,200+100+2\,100} \times 8\% + \frac{700 \times 3}{200+100+2\,100} \times 10\%$$
$$= 9.58\%$$

四、边际资本成本

边际资本成本是指企业每增加一个单位量的资本而形成的追加资本的成本。当企业筹集的资金超过一定限度时,原来的资本成本可能会增加。这是因为不同的筹资方式具有不同的成本,且这些成本随着筹资量的增加可能会发生变化。因此,企业需要关注边际资本成本的变化,以制定合理的筹资策略。

1. 边际资本成本计算

企业追加筹资有时只采取某一种筹资方式,更多时候因单一筹资方式无法筹集到较多金额,企业往往需要通过多种筹资方式的组合来实现其筹资目标。此时,边际资本成本应该按加权平均法测算,而其权重应采用市场价值权数确定。

【例 5-12】 某公司目标资本结构为:长期债务 15%、优先股 25%、普通股权益(包括留存收益)60%。现公司按此资本结构拟追加筹资 300 万元,该公司个别资本成本率测算如表 5-1 所示。请计算该公司追加筹资的边际资本成本率。

$$K_{合计} = K_{长期债务} + K_{优先股} + K_{普通股}$$
$$= 15\% \times 8\% + 25\% \times 10\% + 60\% \times 15\% = 12.7\%$$

表 5-1　个别资本成本率测算　　　　　　　　　单位:万元

资本种类	目标资本结构	追加筹资额	个别资本成本率
长期债务	15%	45	8%
优先股	25%	75	10%
普通股权益(包括留存收益)	60%	180	15%
合计	100%	300	—

2. 边际资本成本规划

使用表格的形式对边际资本成本进行直观展示,可便于企业在追加筹资时比较和选择不同规模范围的筹资组合,从而控制企业的资本成本。下面举例说明边际资本成本的规划过程。

【例 5-13】 某公司目前拥有长期资本 500 万元,其中,长期债务为 75 万元,优先股为 125 万元,普通股(含留用利润)为 300 万元。现公司准备追加资金。请计算建立追加筹资的边际资本成本。

（1）确定公司目标资本结构。经过分析，该公司目前的资本结构为目标资本结构，在后续增资时应予以保持，即长期债务15%、优先股25%、普通股权益60%。

（2）测算各种筹资方式的资本成本。通过分析资本市场状况和公司的筹资能力，测算出各种筹资方式在不同规模下对应的资本成本，测算结果如表5-2所示。

表5-2　资本成本测算结果　　　　　　　　　单位：万元

资本种类	目标资本结构	筹资范围	个别资本成本率
长期债务	15%	0～45	5%
		45以上	8%
优先股	25%	0～100	10%
		100以上	11%
普通股权益（包括留存收益）	60%	0～120	12%
		120以上	15%

（3）测算筹资总额分界点。根据公司目标资本结构和各种资本的成本率变动的分界点，测算公司筹资总额分界点。其测算公式为：

$$BP_j = \frac{TF_i}{W_i}$$

其中，BP_j表示筹资总额分界点；TF_i表示第j种资本的成本发生变化的筹资额分界点；W_i表示目标资本结构中第j种资本的权重。

该公司的追加筹资总额范围的测算结果，如表5-3所示。

表5-3　筹资总额范围的测算结果　　　　　　　　　单位：万元

资本种类	筹资范围	个别资本成本率	筹资总额分界点	筹资总额范围
长期债务	0～45	5%	300（45÷15%）	0～300
	45以上	8%		300以上
优先股	0～100	10%	400（100÷25%）	0～400
	100以上	11%		400以上
普通股权益（包括留存收益）	0～120	12%	200（120÷60%）	0～200
	120以上	15%		200以上

表5-3展示了不同种类资本成本变动的分界点。例如，长期债务在45万元以内时，其资本成本率为5%，而在目标资本结构中，债务资本的比例为15%。这表明，当债务资本成本率由5%上升到8%之前，企业可筹资300万元；当筹资总额多于300万元时，债务资本成本就要上升到8%。

（4）测算边际资本成本。根据上述步骤测算出筹资分界点，可以得到4组筹资总额范围：①200万元以内；②200万～300万元；③300万～400万元；④400万元以上。对这4组筹资总额范围分别测算其加权平均资本成本，即可得到各种筹资总额范围的边际资本成本,如表5-4所示。

表5-4　边际资本成本规划　　　　　　　　　　　单位:万元

筹资总额范围	资本种类	资本结构	资本成本率	边际资本成本权重	边际资本成本率
200以内	长期债务	15%	5%	0.75%	10.45%
	优先股	25%	10%	2.50%	
	普通股	60%	12%	7.20%	
200~300	长期债务	15%	5%	0.75%	12.25%
	优先股	25%	10%	2.50%	
	普通股	60%	15%	9.00%	
300~400	长期债务	15%	8%	1.20%	12.70%
	优先股	25%	10%	2.50%	
	普通股	60%	15%	9.00%	
400以上	长期债务	15%	8%	1.20%	12.95%
	优先股	25%	11%	2.75%	
	普通股	60%	15%	9.00%	

第二节　杠杆效应

一、杠杆原理相关概念

古希腊科学家阿基米德有这样一句流传很久的名言:"给我一个支点,我就能撬起整个地球!"自然界中的杠杆原理,是指人们通过利用杠杆用较少的力量移动较重物体的现象。财务管理中也存在着类似的杠杆效应。杠杆效应是由于特定固定费用的存在,而导致当某一财务变量以较小的幅度变动时,另一相关变量会以较大幅度变动。财务管理中的杠杆效应分为经营杠杆效应、财务杠杆效应和复合杠杆效应。了解这些杠杆效应,有助于企业合理地规避风险,提高财务管理水平。在此之前,我们需要先了解成本习性、边际贡献和息税前利润等相关概念。

(一) 成本习性

成本习性是指成本总额如何随着业务量的变动而产生不同的变动,即两者之间的依存关系。这种依存关系是客观存在的,具有一定的规律性,也称为成本性态。这里的业务量可以是生产或销售的产品数量,也可以是反映生产工作量的直接人工小时数或机器工作小时数。因此,成本按习性分类,可分为固定成本、变动成本和混合成本。

1. 固定成本

固定成本是指其总额在一定时期和一定业务量范围内不随业务量的变化而发生变动

的成本。无论企业产量的增减,这些成本都会存在,如直线法计提的折旧费、保险费、行政管理人员工资、办公费、租金等。固定成本通常与企业的长期决策和产能规划紧密相关。该成本具有两大特点:一方面,固定成本总额不变;另一方面,单位固定成本随着业务量的增加而逐渐减少。

2. 变动成本

变动成本是指其总额在一定时期和一定业务量范围内随业务量成正比例变动的成本。它们与企业的生产或销售活动直接相关,包括直接材料、直接人工、计件工资、工作量法计提的折旧费等。当企业增加生产量或销售数量时,这些成本会相应增加;反之,这些成本会相应减少。变动成本与企业的短期经营决策密切相关。该成本具有两大特点:一方面,变动成本总额随业务量成正比例变动;另一方面,单位变动成本保持不变。

3. 混合成本

除了纯粹的固定成本和变动成本,还存在一些具有混合性态的成本,这些成本虽然也随业务量的变动而变动,但不成正比例变动。混合成本是介于固定成本和变动成本之间的成本类型,可进一步将其细分为半变动成本、半固定成本、延期变动成本和曲线变动成本。

(二) 边际贡献

边际贡献又称贡献毛益(total contribution margin,TCM),是指产品的销售收入超过其变动成本的金额。它反映了产品对企业的盈利贡献,用它补偿固定成本之后,尚有剩余的话,即为企业营业利润。如果其不足以补偿企业所耗费的固定成本,两者之间的差额为企业营业亏损。因此,边际贡献的高低直接反映了企业的盈利能力和经营状况。其计算公式为:

$$TCM = S - V_c = PQ - VQ = (P - V)Q$$

其中,TCM 表示边际贡献总额;S 表示销售收入;V_c 表示变动成本总额;P 表示单价,V 表示单位变动成本;Q 表示产销量。

(三) 息税前利润

息税前利润(earnings before interest and tax,EBIT)是指支付利息和缴纳所得税前的利润。其计算公式为:

$$EBIT = S - V_c - F = (P - V)Q - F = TCM - F$$

其中,$EBIT$ 表示边际贡献总额;F 表示固定成本总额。

二、经营杠杆效应

(一) 经营杠杆基本原理

经营杠杆又称营业杠杆,是指由于公司经营活动带来的固定费用而导致的息税前利润变动率大于业务量变动率的杠杆效应。由于在一定范围内,固定成本总额保持不变,在企业业务量增长的情况下,单位业务量分摊的固定成本就会下降,从而使得息税前利润相应增加。

(二) 经营杠杆系数

经营杠杆系数(degree of operating leverage,DOL)是指息税前利润的变动率相当于业

务量变动率的倍数,反映了经营杠杆的作用程度。该系数可用于衡量业务量变动对息税前利润的影响有多大。其计算公式为:

$$DOL = \frac{\Delta EBIT/EBIT}{\Delta S/S} = \frac{\Delta EBIT/EBIT}{\Delta Q/Q}$$

其中,DOL 表示经营杠杆系数;ΔS 表示销售额变动额;S 表示销售额;ΔQ 表示销量变动;Q 表示销量;$EBIT$ 表示息税前利润;$\Delta EBIT$ 表示息税前利润变动额。

【例 5-14】 某公司连续 2 年的产品营业收入与息税前利润变动如表 5-5 所示。请计算息税前利润的变动情况。

表 5-5　产品营业收入与息税前利润变动　　　　　　　　　　　单位:万元

项目	第一年	第二年	变动率
营业收入	1 000	1 200	20％
减：变动成本	600	720	20％
边际贡献	400	480	20％
减：固定成本	100	100	—
息税前利润	300	380	26.67％

由表 5-5 可知,与第一年相比,当公司营业收入增长 20％时,息税前利润将增长 26.67％,这时,经营杠杆带来的正向作用使企业获得更大的利益。反之,当企业营业收入下降时,经营杠杆带来的反向作用会使企业损失更多。

值得注意的是,在不同的营业收入水平上,经营杠杆系数的水平并不相同。经营杠杆系数的计算公式可简化为:

$$DOL = \frac{Q(P-V)}{Q(P-V)-F} = \frac{TCM}{EBIT} = \frac{EBIT+F}{EBIT}$$

【例 5-15】 某公司产销甲产品,该产品的单价为 5 元,单位产品变动成本为 3 元,固定成本总额为 40 000 元,销售量为 70 000 件。请计算该公司的经营杠杆系数。

$$DOL = \frac{70\,000 \times (5-3)}{70\,000 \times (5-3) - 40\,000} = 1.4$$

经营杠杆系数为 1.4 表示:当企业营业收入增长 10％时,息税前利润将增长 14％;反之,当企业营业收入下降 10％时,息税前利润将下降 14％。即当营业收入发生变动时,息税前利润会以 1.4 倍的比例同方向变动。前一种情形表现为经营杠杆利益,后一种情形则表现为经营风险。

(三) 经营杠杆与经营风险

经营风险是指由于企业生产经营变动或外部市场环境改变导致企业息税前利润波动的风险。影响经营风险的因素很多,主要有市场需求的变化、销售价格的变动、投入要素价格的变动。当销售额下降时,企业息税前利润下降得更快,从而给企业带来更大的风险,这种风险使得企业在面对市场波动时更加脆弱。经营杠杆本身并不是利润不稳定的根源,但是,它放大了企业营业收入变化对息税前利润变动的影响程度。因此,企业在利用经营杠杆获取利益的同时,也需要权衡由此带来的风险。经营风险可以通过经营杠杆系数加以衡量。一般来说,经营杠杆系数越大,息税前利润变动越激烈,企业的经营风险也就越大。

三、财务杠杆效应

(一) 财务杠杆基本原理

财务杠杆又称融资杠杆或资本杠杆,是指由于公司债务筹资带来的固定费用的存在而导致普通股每股收益变动率大于息税前利润变动率的杠杆效应。

企业的筹资来源包括债务资金与权益资金。不论企业营业利润为多少,债务的利息、融资租赁的租金和优先股的股息通常都是固定不变的。当息税前利润增加时,每一元息税前利润所负担的利息会相应减少,从而每股收益就会相应增加。

(二) 财务杠杆系数

财务杠杆系数(degree of financial leverage,DFL)是指普通股每股收益的变动率相对于息税前利润变动率的倍数,反映了财务杠杆的作用程度。该系数用于衡量息税前利润变动对每股收益的影响有多大。其计算公式为:

$$DFL = \frac{\Delta EPS/EPS}{\Delta EBIT/EBIT}$$

其中,DFL 表示经营杠杆系数;ΔEPS 表示普通股每股收益变动额;EPS 表示普通股每股收益;$EBIT$ 表示息税前利润;$\Delta EBIT$ 表示息税前利润变动额。

因为:

$$EPS = \frac{(EBIT - I)(1 - T)}{N}$$

$$\Delta EPS = \frac{\Delta EBIT(1 - T)}{N}$$

所以,财务杠杆系数公式可以简化为:

$$DFL = \frac{EBIT}{EBIT - I}$$

【例 5-16】 某公司连续 3 年的息税前利润和每股收益数据变动如表 5-6 所示。请计算该公司 3 年的财务杠杆系数。

表 5-6 息税前利润和每股收益数据变动

项目	第一年	第二年	第三年
息税前利润(万元)	700	1 000	1 200
息税前利润率增长率	—	42.86%	20%
债务利息(万元)	300	300	300

(续表)

项目	第一年	第二年	第三年
税前利润(万元)	400	700	900
所得税(25%)	100	175	225
税后利润(万元)	300	525	675
每股收益(元,100万股)	3	5.25	6.75
每股收益增长率	—	75%	28.57%

$$DFL_1 = \frac{700}{700 - 300} = 1.75$$

$$DFL_2 = \frac{1\,000}{1\,000 - 300} = 1.43$$

$$DFL_3 = \frac{1\,200}{1\,200 - 300} = 1.33$$

由表5-6可知,固定资本成本所占比重越高,财务杠杆系数就越大。第一年到第二年息税前利润上涨42.86%,每股收益也上涨75%;第二年到第三年,息税前利润上涨幅度下降,每股收益的上涨幅度也随之降低。由此可见,在一定范围内,企业适当使用负债经营,可以获得更大盈利。但同时企业也需要注意当盈利减少时,每股收益的收缩幅度也会增大。

(三) 财务杠杆与财务风险

财务风险是指企业由于筹资原因产生的资本负担而导致的普通股每股收益波动的风险。引起财务风险的主要原因是息税前利润的不利变化和资本负担的固定成本。财务风险的来源主要有两个方面:一方面是外部市场环境的变化。如市场利率的波动、经济周期的影响等,都可能导致企业借款成本的变化,进而影响企业的偿债能力。另一方面是企业内部经营的不确定性。如企业经营决策的失误、市场竞争加剧等,都可能影响企业的盈利能力,进而影响企业的现金流和偿债能力。

当企业盈利能力下降时,固定债务利息会加剧企业现金流的压力,甚至引发企业的财务风险。当息税前利润率大于利息率时,财务杠杆发生积极作用,每1元盈余所负担的固定利息成本就会相对减少,其作用结果是企业所有者获得更大的额外收益。这种由财务杠杆作用带来的额外利润就是财务杠杆收益。当息税前利润率小于负债利息率时,财务杠杆发生负面作用,每1元盈余所负担的固定利息成本就会相对增加,其作用结果是企业所有者承担更大的额外损失。这些额外损失构成了企业的财务风险。只要有固定性资本成本存在,财务杠杆系数就总是大于1。

一般而言,公司的财务杠杆系数越大,财务杠杆利益和财务风险就越高;反之,财务杠杆系数越小,财务杠杆利益和财务风险就越低。除了根据财务杠杆判断公司所面临的财务风险,还要结合其他可以测度财务风险的指标进行综合判断,如与偿债能力相关的各项财务指标、风险预警模型等。

四、复合杠杆效应

(一) 复合杠杆基本原理

复合杠杆又称总杠杆,是由经营杠杆和财务杠杆共同作用形成的。即如果公司同时存在经营活动带来的固定费用和债务筹资带来的固定费用,则将导致普通股每股收益变动率大于业务量变动率的杠杆效应。

如上所述,由于存在固定性的经营成本,产生经营杠杆作用,从而使得息税前利润的变动幅度大于产销业务量的变动幅度;同样,由于存在固定性财务费用,产生财务杠杆效应,从而使得企业每股收益的变动率大于息税前利润的变动率。如果两种杠杆共同起作用,那么产销业务量稍有变动,每股收益就会被放大两次。

(二) 复合杠杆系数

复合杠杆系数(degree of total leverage, DTL)是指每股收益变动率与产销业务量变动率的比率,它是经营杠杆系数与财务杠杆系数的乘积,反映了总杠杆的作用程度。该系数用于衡量营业收入变动对每股收益的影响有多大。其计算公式为:

$$DTL = \frac{\Delta EPS/EPS}{\Delta S/S} = \frac{\Delta EPS/EPS}{\Delta Q/Q}$$

上述公式可以简化为:

$$DTL = DOL \times DFL = \frac{TCM}{EBIT-I} = \frac{EBIT+F}{EBIT-I}$$

【例5-17】 某公司长期资本总额为10 000万元,其中债务资本占50%,债务年利率为6%,所得税税率为25%;固定成本总额为100万元,变动成本率为40%。当公司销售额为1 000万元时,请计算该公司的综合杠杆系数。

$$DTL = \frac{1\,000 - 1\,000 \times 40\%}{1\,000 - 1\,000 \times 40\% - 100 - 10\,000 \times 50\% \times 4\%} = 2$$

(三) 复合杠杆与企业风险

企业风险是企业的经营风险和财务风险,反映了企业的整体风险。企业风险主要体现在企业经济效益波动对每股利润的影响上。当企业经济效益较好时,每股利润会上升;反之,当企业效益较差时,每股利润会下降。复合杠杆系数反映了经营杠杆和财务杠杆之间的关系,用以评价企业的整体风险。企业复合杠杆系数越大,则企业风险越大;反之则企业风险越小。

在复合杠杆系数一定的情况下,经营杠杆系数和财务杠杆系数此消彼长,企业可以通过对经营杠杆和财务杠杆的不同组合,获得一个理想的复合杠杆系数和总风险水平。比如,固定资产比重较大的资本密集型企业或处在初创阶段的企业,其产销占比小,经营杠杆系数高,经营风险大,所以企业可以减少企业借款来降低财务风险,即缩小财务杠杆系数。固定资产比重较小的劳动密集型企业或处于扩张成熟期的企业,其业务量大,经营杠杆系数低,经营风险小,所以企业可以增加借款比例,增大财务杠杆系数。

第三节　资本结构

一、资本结构的概念

资本结构(capital structure)是指企业各种资本的价值构成及其比例关系,是企业一定时期融资组合的结果。资本结构有广义和狭义之分。广义的资本结构涵盖了资产负债表中的各种资本来源,即企业全部资本的构成及其比例关系;狭义的资本结构只包括长期债务与股东权益的构成比率,而短期债务资本应作为营运资本来管理。本章所指的资本结构仅指狭义的资本结构。

二、影响企业资本结构的因素

1. 债权人和信用评级机构的影响

一般来说,企业在决定资本结构并付诸实施之前,都要向贷款银行和信用评估机构咨询,并对它们提出的意见给予充分的重视。如果企业财务状况良好,信用等级高,则债权人愿意向企业提供信用,且企业容易获得债务资本。相反,如果企业财务情况欠佳,信用等级不高,债权人投资风险大,则会降低企业获得信用的能力,加大债务资本筹资的资本成本。

2. 行业因素

不同行业的资本结构差异很大,在资本结构决策中,应将本行业资本结构的一般水准作为参照,以便更有效地决定本企业的资本结构。通常而言,产品市场稳定的成熟产业的经营风险低,所以其可以提高债务资金的比重,发挥财务杠杆作用。而高新技术企业的产品、技术、市场尚不成熟,经营风险高,因此,其可降低债务资金比重,控制财务杠杆风险。

3. 企业产品盈利情况

企业的盈利能力较强,说明企业的经营状况良好,偿债能力较强。因此,其更容易获得外部融资,同时也更倾向于通过内部积累的利润进行再投资。在这种情况下,企业可能会选择更高的负债比例,因为其有能力承担相应的债务成本。相反,如果企业盈利能力较弱,其筹资难度会增大,同时也会更加谨慎地使用债务筹资,以免加重财务负担。

4. 企业的财务状况

企业的财务状况包括资产状况、负债状况和现金流量状况等,这些都对其资本结构的决策具有一定的影响。企业需要分析现有财务状况以及未来发展能力,合理安排资本结构。如果企业财务状况较差,其可能主要通过留用利润来补充资本;而如果企业的财务状况良好,则其可能更多地进行外部筹资,倾向于使用更多的债务资本。企业为控制财务风险和保持筹资能力,则会选择比较有余地的资本结构。

5. 企业的发展阶段

同一企业处于不同发展阶段时,其资本结构的安排也不同。一般而言,企业的发展往往要经过不同阶段,如初创期、成长期、成熟期和衰退期等。企业初创阶段经营风险高,其在资本结构安排上应控制负债比例。企业在发展成熟阶段,产品产销业务量稳定持续增长,经营风险低。此时,企业可适度增加债务资金比重,发挥财务杠杆效应。企业在收缩阶段,产品市场占有率下降,经营风险逐步加大。此时,企业应逐步降低债务资金比重,保证经营现金流量能够偿付到期债务,从而保持企业的持续经营能力,降低企业的破产风险。

6. 企业投资者和管理当局的态度

从企业所有者的角度看,如果企业股权分散,则其可能更多地采用权益资本筹资,以分散企业风险。从企业管理者的角度看,高负债资本结构的财务风险高,一旦企业经营失败或出现财务危机,管理者将面临市场接管的威胁或者被董事会解聘。因此,稳健的管理者偏好于选择低负债比例的资本结构;反之,激进型的管理者可能会为了获得较多的财务杠杆收益而安排较高的负债比重。

三、资本结构优化

企业的资本结构是由企业采用各种筹资方式筹集资金而形成的结构。各种筹集方式的不同组合决定了企业的资本结构及其变化。企业的筹资方式主要分为债务资本和权益资本两大类。企业利用债务资本进行举债经营具有两面性,其既可以降低企业的资本成本,也会给企业带来财务风险。因此,企业必须权衡财务风险和资本成本的关系,确定最优的资本结构。所谓最优的资本结构,是指在一定条件下使企业加权平均资本成本率最低及企业价值最大的资本结构。

1. 资本成本比较法

资金成本比较法是指通过测算不同资本结构方案的综合资本成本,并以此相互比较选择最佳资本结构的一种方法。综合资本成本最低的资本结构,就是最优资本结构。企业的资本结构决策可分为初始资本结构决策和追加资本结构决策。下面将分别说明这两种决策的运用。

(1)初始资本结构决策。在企业筹资实务中,企业对拟定的筹资总额可以采用多种筹资方式来筹集,同时每种筹资方式的筹资数额亦可有不同安排,由此形成若干个可供选择的资本结构。企业可以通过计算比较不同方案的综合资本成本,对方案进行选择。

【例5-18】 某公司需要筹集资金5 000万元,现有三种筹资方案,如表5-7所示。请依据资本成本进行方案选择。

单位:万元

表5-7 某公司筹资方案

融资方式	方案甲		方案乙		方案丙	
	金额	资本成本率	金额	资本成本率	金额	资本成本率
长期借款	1 000	6%	3 000	6%	2 000	6%
长期债券	1 000	8%	500	8%	1 000	8%
普通股	3 000	12%	1 500	12%	2 000	12%
合计	5 000	—	5 000	—	5 000	—

$$K_{甲} = \frac{1\,000}{5\,000} \times 6\% + \frac{1\,000}{5\,000} \times 8\% + \frac{3\,000}{5\,000} \times 12\% = 10\%$$

$$K_{乙} = \frac{3\,000}{5\,000} \times 6\% + \frac{500}{5\,000} \times 8\% + \frac{1\,500}{5\,000} \times 12\% = 8\%$$

$$K_{丙} = \frac{2\,000}{5\,000} \times 6\% + \frac{1\,000}{5\,000} \times 8\% + \frac{2\,000}{5\,000} \times 12\% = 8.8\%$$

由上述计算可知,方案乙的综合资本成本率是三个方案中最小的,因此该公司应选择方案乙。

(2)追加资本结构决策。企业在持续的生产经营过程中,由于扩大业务或对外投资的需要,有时会增加筹集资金,即追加筹资。因追加筹资以及筹资环境的变化,企业原有的资本结构就会发生变化,从而使原定的最佳资本结构未必仍是最优的。因此,企业应在资本结构不断变化中寻求最佳资本结构,从而保持资本结构的最优化。

按照最佳资本结构的要求,选择追加筹资方案可有两种方法:一种方法是直接测算比较各备选追加筹资方案的边际资本成本,从中选择最优筹资方案;另一种方法是将备选追加筹资方案与原有最佳资本结构汇总,测算各追加筹资条件下汇总资本结构的加权平均资本成本,比较确定最优追加筹资方案。

【例5-19】 承接[例5-18],在公司初始投资选择了方案乙的情况下,目前还需要追加融资3 000万元,现有A、B两种方案可供选择,公司的初始资本结构和两种追加筹资方案如表5-8所示。请依据边际资本成本进行方案选择。

表5-8　初始资本结构和两种追加筹资方案　　　　　　　　单位:万元

融资方式	初始资本结构		追加筹资A方案		追加筹资B方案	
	金额	资本成本率	金额	资本成本率	金额	资本成本率
长期借款	3 000	6%	1 000	7%	—	7%
长期债券	500	8%	—	—	1 500	9%
普通股	1 500	12%	2 000	10%	1 500	10%
合计	5 000	—	3 000	—	3 000	—

A方案:

$$长期借款资本成本率 = 6\% \times \frac{3\,000}{4\,000} + 7\% \times \frac{1\,000}{4\,000} = 6.25\%$$

$$普通股资本成本率 = 12\% \times \frac{1\,500}{3\,500} + 10\% \times \frac{2\,000}{3\,500} = 10.85\%$$

$$综合资本成本率 = 6.25\% \times \frac{4\,000}{8\,000} + 8\% \times \frac{500}{8\,000} + 10.85\% \times \frac{3\,500}{8\,000} = 7.9\%$$

B方案:

$$长期债券资本成本率 = 8\% \times \frac{500}{2\,000} + 9\% \times \frac{1\,500}{2\,000} = 8.75\%$$

$$普通股资本成本率 = 12\% \times \frac{1\,500}{3\,000} + 10\% \times \frac{1\,500}{3\,000} = 11\%$$

$$综合资本成本率 = 6\% \times \frac{3\,000}{8\,000} + 8.75\% \times \frac{2\,000}{8\,000} + 11\% \times \frac{3\,000}{8\,000} = 8.57\%$$

由此可知,A方案加权平均资本成本率最低,因此该公司应选择A方案。

2. 每股收益分析法

每股收益分析法是指利用每股收益无差别点来进行资本结构决策的方法。每股收益无差别点也称息税前利润平衡点或筹资无差别点,是指两种筹资方式下普通股每股收益相等时的息税前利润点。当预期息税前利润大于每股收益无差别点时,负债筹资会增加每股收益;当预期息税前利润小于每股收益无差别点时,负债筹资会减少每股收益。其计算公式如下:

$$\frac{(\overline{EBIT}-I_1)(1-T)}{N_1}=\frac{(\overline{EBIT}-I_2)(1-T)}{N_2}$$

其中,$\overline{EBIT}$ 表示每股收益无差别点处的息税前利润;I_1 和 I_2 表示两种筹资方式下的年利息;N_1 和 N_2 表示两种筹资方式下的流通在外的普通股股数;T 表示所得税税率。

进行每股收益分析,当预计息税前利润大于每股无差别点息税前利润时,运用负债筹资可获得较高的每股收益;反之,则获得较低的每股收益。

【例 5-20】 某公司总资本为 6 000 万元,其中,债务资本为 2 500 万元,年利率为 10%。股权资本为 3 500 万元,其中,普通股资本为 2 000 万元(2 000 万股,面值 1 元)。目前每股市价 4 元,资本公积和未分配利润一共为 1 500 万元,现投资需要再筹集 3 000 万元,有增发普通股和向银行借款两种方案可供选择。

方案一:增发普通股 1 000 万股,每股发行价 3 元,增发普通股。

方案二:向银行取得长期借款 3 000 万元,利息率 10%。

假设所得税税率是 25%,求增资后的每股利润无差别点,据推测增加筹资后的息税前利润是 1 000 万元和 1 800 万元时,请判断分别应该采用哪一种筹资方式?

$$\frac{(\overline{EBIT}-2\,500\times10\%)(1-25\%)}{2\,000+1\,000}=\frac{(\overline{EBIT}-5\,500\times10\%)(1-25\%)}{2\,000}$$

$$\overline{EBIT}=1\,150(万元)$$

$$EPS=0.225(元)$$

因此,当 $EBIT$ 等于 1 150 万元时,采用两种方式每股利润相等无差别,这时的每股利润均为 0.225 元。当公司实际 $EBIT>1\,150$ 万元时,利用负债筹资得到的每股利润更高。反之,$EBIT<1\,150$ 万元时,利用发行普通股筹资得到的每股利润更高。

3. 公司价值比较法

公司价值比较法是在充分反映财务风险的前提下,以公司价值的大小为标准,经过测算确定公司最佳资本结构的方法。相比之下,每股收益分析法和资本成本比较法均是从账面价值的角度进行资本结构优化分析的。

公司价值比较法在企业价值最大化这一财务管理目标的指引下,充分考虑风险因素和公司的市场价值,来确定最佳资本结构,进行资本结构优化分析。公司的市场总价值应该等于资本的市场价值,即股票的总价值与债务的总价值之和,用公式表示为:

$$V=B+S$$

其中,V 表示公司的总价值;B 表示公司长期债务的折现价值;S 表示公司股票的折现价值。

为简化分析,假定公司各期的经营利润保持不变,债券的市场价值等于其面值,股票的市场价值可以通过下式计算:

$$S = \frac{(EBIT - I)(1 - T)}{K_s}$$

$$K_s = R_f + \beta(R_m - R_f)$$

$$K_{WACC} = K_b \times \frac{B}{V}(1 - T) + K_s \times \frac{S}{V}$$

其中，K_{WACC} 表示公司综合资本成本率；K_s 表示普通股资本成本率；R_f 表示无风险报酬率；R_m 表示所有股票的市场报酬率；β 表示公司股票的贝塔系数；K_b 表示公司债务年利率。

【例 5-21】 某公司目前的资本全部为普通股，息税前利润为 500 万元，公司认为目前的资本结构没有发挥财务杠杆的作用，计划举借长期债务回购部分普通股，以调整资本结构。假设无风险报酬率为 3%，证券市场平均报酬率为 10%，所得税税率为 25%。经测算，不同资本结构下的长期债务成本和普通股成本如表 5-9 所示。请计算该公司的综合资本成本率。

表 5-9 不同资本结构下的长期债务成本和普通股成本

债券市场价值 B	公司债务年利率 K_b	股票 β 值	普通股资本成本率 K_s
0	—	1.25	11.75%
300	9%	1.3	12.10%
600	9%	1.35	12.45%
900	10%	1.45	13.15%
1 200	12%	1.6	14.20%
1 500	14%	2.15	18.05%

假设公司长期债务的折现价值 B 为 600 万元，则公司股票的折现价值为：

$$S = \frac{(500 - 600 \times 9\%)(1 - 25\%)}{12.45\%} = 2\,686.75（万元）$$

$$V = 600 + 2\,686.75 = 3\,286.7（万元）$$

$$K_{WACC} = 9\% \times \frac{600}{3\,286.75}(1 - 25\%) + 12.45\% \times \frac{2\,686.75}{3\,286.75} = 11.41\%$$

公司在不同长期债务规模下的公司价值和资本成本率计算结果，如表 5-10 所示。

表 5-10 公司价值和资本成本率测算

债券市场价值 B	公司价值 V	股票市场价值 S	公司债务年利率 K_b	普通股资本成本率 K_s	加权平均资本成本率 K_{WACC}
0	3 191.49	3 191.49	—	11.75%	11.75%
300	3 231.82	2 931.82	9%	12.10%	11.60%
600	3 286.75	2 686.75	9%	12.45%	11.41%
900	3 238.40	2 338.40	10%	13.15%	11.58%

债券市场价值 B	公司价值 V	股票市场价值 S	公司债务年利率 K_b	普通股资本成本率 K_s	加权平均资本成本率 K_{WACC}
1 200	3 080.28	1 880.28	12%	14.20%	12.17%
1 500	2 704.99	1 204.99	14%	18.05%	13.86%

由以上计算结果可以看出，当债券市场价值为 600 万元时，公司的加权平均资本成本率最低，公司总价值最大，此时的资本结构为公司的最优资本结构，因此，公司应当发行债券 600 万元。

微型案例

苏宁易购的转型困境

苏宁易购作为中国零售行业的代表性企业，其资本结构在电商冲击下面临严峻挑战。截至 2023 年，公司资产负债率达 68.7%，流动负债占比超 80%，这主要源于线下门店扩张与供应链垫资需求。这种高杠杆结构导致融资成本攀升，其中 2022 年财务费用率高达 4.2%，显著高于行业均值。同时，其固定资产周转天数从 2019 年的 45 天延长至 2022 年的 78 天，反映出资本运营效率持续恶化。

为了应对危机，苏宁易购实施了多项调整措施：①2021 年，引入深圳国有资本的战略投资，深圳国际控股有限公司和鲲鹏资本注资 148 亿元，将有息负债率从 72% 降至 63%。然而，张近东及其一致行动人的持股比例从 48% 降至 21.83%，股权被显著稀释。②尝试进行资产证券化，2023 年发行供应链 ABS 产品规模达到 120 亿元，应收账款周转率从 3.2 次提升至 4.5 次，但融资成本仍然高于行业平均水平。③在轻资产转型方面，公司关闭了 1 200 家低效门店，并剥离物流仓储资产成立独立子公司，使资产负债率下降了 8 个百分点。然而，公司线上收入占比反而从 72% 降至 65%，削弱了全渠道的协同效应。

尽管 2024 年苏宁易购实现净利润 6.1 亿元，经营活动现金流同比增长 57.56%，但 2024 年年末资产负债率仍高达 90.63%，流动比率仅为 0.55，短期偿债压力依然巨大。这一矛盾现象揭示出传统资本结构调整的局限性：单纯依赖债务重组与资产剥离，无法从根本上解决结构性矛盾。于是，苏宁易购通过"租、建、并、购、联"整合资源，并引入 AI 大模型优化供应链，使存货周转天数缩短至 6.78 天，验证了数字化转型对资本效率的提升作用。但这些技术赋能措施尚未形成足以支撑长期发展的盈利模式，资本结构优化与业务战略转型的协同效应仍需加强。苏宁易购的经验警示我们，企业单纯依赖债务重组难以根治结构性问题，唯有将资本结构调整与战略转型深度绑定，才能实现资本效率与盈利能力的良性循环。

章节测试题　(共 100 分)

【单选题】(本题共 24 分，每小题 3 分)

1. 在个别资本成本的计算中，不必考虑筹资费用影响因素的是(　　)。

　　A. 长期借款成本　　　　　　　　B. 债券成本

  C. 留存收益成本   D. 普通股成本

2. 在个别资本成本的计算中,必须考虑所得税因素的是(　　)。

  A. 优先股成本 B. 债券成本 C. 留存收益成本 D. 普通股成本

3. 如果企业一定期间内的固定生产成本和固定财务费用均不为零,则由上述因素共同作用而导致的杠杆效应属于(　　)。

  A. 经营杠杆效应   B. 财务杠杆效应

  C. 综合杠杆效应   D. 风险杠杆效应

4. 利用无差别点进行企业资本结构分析时,当预计销售额高于无差别点时,采用(　　)筹资更有利。

  A. 留用利润 B. 股权   C. 债务   D. 内部

5. 经营杠杆产生的原因是企业存在(　　)。

  A. 固定营业成本   B. 销售费用

  C. 财务费用   D. 管理费用

6. 下列说法中,正确的是(　　)。

  A. 企业的资本结构就是企业的财务结构

  B. 企业的财务结构不包括短期负债

  C. 狭义的资本结构中不包括短期负债

  D. 资本结构又被称为杠杆资本结构

7. 甲公司全部长期资本为5 000万元,债务资本比率为0.3,债务年利率为7%,公司所得税率为25%。在息税前利润为600万元时,税后利润为300万元。则其财务杠杆系数为(　　)。

  A. 1.09   B. 1.21   C. 1.32   D. 1.45

8. 某公司的经营杠杆系数为1.35,财务杠杆系数为2.4,则该公司销售额每增长1倍,就会造成每股收益增加(　　)倍。

  A. 3.75   B. 3.24   C. 1.35   D. 2.4

【多选题】(本题共20分,每小题4分)

1. 资本结构决策的每股收益分析法体现的目标包括(　　)。

  A. 股东权益最大化   B. 股票价值最大化

  C. 公司价值最大化   D. 利润最大化

2. 下列关于经营杠杆系数的表述中,正确的有(　　)。

  A. 在固定成本不变的情况下,经营杠杆系数说明了销售额变动所引起息税前利润变动的幅度

  B. 在固定成本不变的情况下,营业收入越高,经营杠杆系数越大,经营风险就越小

  C. 在固定成本不变的情况下,营业收入越高,经营杠杆系数越小,经营风险就越小

  D. 当销售额达到盈亏临界点时,经营杠杆系数趋近于无穷大

  E. 企业一般可以通过增加营业收入、降低产品单位变动成本、降低固定成本比重等措施使经营风险降低

3. 下列关于资本结构决策方法的说法中,正确的有(　　)。

  A. 资本成本比较法难以区别不同融资方案间的财务风险因素差异

B. 每股收益无差别点法没有考虑风险因素

C. 公司价值比较法确定的最佳资本结构下,公司资本成本最低

D. 每股收益无差别点法认为,每股收益最大时,公司价值最大

4. 下列关于影响资本成本因素的说法中,正确的有( )。

A. 市场利率上升,公司的债务成本会上升

B. 股权成本上升会推动债务成本上升

C. 税率会影响企业的最佳资本结构

D. 公司的资本成本反映现有资产的平均风险

5. 考虑所得税的情况下,下列关于债务成本的表述中,正确的有( )。

A. 债权人要求的收益率等于公司的税后债务成本

B. 优先股的资本成本高于债务的资本成本

C. 利息可以抵税,政府实际上支付了部分债务成本

D. 不考虑发行成本时,平价发行的债券其税前的债务成本等于债券的票面利率

【判断题】(本题共 10 分,每小题 2 分)

1. 财务杠杆系数是由企业资本结构决定的,财务杠杆系数越大,财务风险越大。

( )

2. 企业负债比例越高,财务风险越大,因此,负债对企业总是不利的。 ( )

3. 企业使用留存收益不需付出代价。 ( )

4. 资本成本包括筹资费用和用资费用两部分,其中筹资费用是资本成本的主要内容。

( )

5. 通过发行股票筹资,可以不付利息,因此其成本比借款筹资的成本低。 ( )

【计算题】(本题共 46 分)

1. 某企业有长期资本 800 万元,其中债务资本 200 万元,债务利率 10%,普通股 600 万元(6 万股,每股面值 100 元)。因该企业要扩大业务,现需要追加筹资 400 万元,有两种筹资方式:甲方案,发行债券 400 万元,年利率 10%;乙方案,发行普通股 400 万元(4 万股,每股面值 100 元)。假定所得税税率为 25%。

要求:请计算每股盈余无差别点。(共 15 分)

2. 某企业计划筹集资本 600 万元,所得税税率为 25%。有关资料如下:

(1) 向银行借款 80 万元,借款年利率 8%,期限为 5 年,每年支付一次利息,到期还本,筹措借款的费用率为 0.2%。

(2) 按溢价发行债券,发行面值 1 000 元的债券 1 万张,发行价格为 1 200 元,发行费用率为 2%,票面利率 8%,期限为 5 年,每年付息一次,到期还本。

(3) 发行普通股股票 40 万元,每股发行价格 10 元,发行费用率为 4%。预计第一年每股股利 1.2 元,以后每年按 3% 递增。

要求:

(1) 计算个别资本成本。(15 分)

(2) 计算该企业加权平均资本成本。(16 分)

第五章 资本成本与资本结构

第六章

财
务
管
理

项目投资管理

微课视频

学习目标

1. 理解项目投资的概念及其在企业财务管理中的重要性。

2. 掌握项目投资现金流量的估算及项目投资的评价方法,并具备一定的项目投资决策能力。

3. 领会不同评价方法之间的差异及其在决策中的应用。

4. 理解固定资产更新决策的背景及其在企业中的重要性。

5. 掌握固定资产更新决策的基本方法,实现理论和实践的有机结合。

知识导航

项目投资管理

- 项目投资概述
  - 项目投资的概念
  - 项目投资的分类
  - 项目投资的特点
  - 项目投资的决策程序
- 项目投资的现金流量
  - 现金流量概述
  - 项目现金流量的估算
  - 项目投资中使用现金流量的原因
- 项目投资的财务评价
  - 静态评价法
  - 动态评价法
  - 项目投资评价方法的比较
- 项目投资决策
  - 独立项目的决策
  - 互斥项目的决策
  - 固定资产更新决策

思政课堂

2025 年国办的 1 号文件,给了政府投资基金

国务院办公厅于 2025 年 1 月 2 日印发了《关于促进政府投资基金高质量发展的指导意见》(国办发〔2025〕1 号,以下简称《指导意见》),《指导意见》围绕政府投资基金的设立、运作、退出等全流程,提出了 7 个方面共 25 条具体措施,旨在推动政府投资基金的高质量发展,服务国家重大战略和现代化产业体系建设。《指导意见》强调基金应聚焦重大战略和重点领域,支持产业升级与新质生产力发展,在产业升级和创新创业中发挥引领作用。《指导意见》为项目投资决策提供了明确指引,为科学决策、资源配置优化和投资效益提升奠定了

坚实基础,并强调了市场化、法治化和专业化原则,助推经济社会高质量发展。

思政课堂通过引入政策文件,引导学生聚焦国家重大战略领域,如新能源、高端制造、数字经济等,理解市场化、法治化、专业化原则的具体应用,关注国家发展对人才的需求,培养学生的社会责任感和使命感,为未来个人发展和投身国家建设奠定基础。同时,教师应鼓励学生学以致用,参与社会实践和跨学科研究,了解政策导向对投资决策的深远影响,强化理论与实践结合,提升其综合分析能力。

第一节　项目投资概述

一、项目投资的概念

投资,是指企业以未来收回现金、取得收益为目的而发生现金流出的活动。无论是构建厂房还是购入股票,都属于投资行为。从投资方式来看,投资行为可以分为直接投资和间接投资。项目投资,是指企业对具体项目的投资,也就是投资者直接将资金用于生产或经营活动,形成实物资产,这属于直接投资。像购买股票、债券等金融资产就属于间接投资,这类投资不会直接形成实物资产,而是通过股息或利息获取收益。通常情况下,经营性企业需要通过项目投资来实现稳定增长,从而实现其财务管理目标。

二、项目投资的分类

项目投资可以按照不同的标准进行分类。

1. 按照投资项目间的关系进行划分

根据投资项目之间的相互关系,企业的投资项目可以分为独立项目投资和互斥项目投资。

1) 独立项目投资

独立项目投资,是指在多个相互独立的项目中进行选择的投资。在这种情况下,各个项目之间互不影响,也不相互替代,项目的取舍主要取决于项目自身是否符合决策标准。

2) 互斥项目投资

互斥项目投资,是指项目间互相排斥,不能同时选择的投资。在互斥项目投资决策中,即使每个项目单独来看都具备经济可行性,但由于资源有限,企业无法同时选择多个项目,而必须从中挑选出最优方案。例如,某企业为了降低成本、提高产量,计划配置更先进的生产设备。企业可以选择自主研发该设备,也可以选择直接购买成熟设备,这两种方案在功能上相互替代,企业只能选择其中一种。此时,企业就需要通过科学的指标评价体系来确定最终选择哪个方案,并放弃另外一个方案。

2. 按照项目投资的内容进行划分

1) 固定资产投资项目

固定资产投资项目是指为建造、购买或更新房屋和建筑物、仪器设备、运输工具等进行的投资。

2) 研发投资项目

研发投资项目是指为研究和开发新产品、新服务而产生的各项费用支出。

3）其他投资项目

其他投资项目是指除以上投资外的其他项目投资，如小型技改措施、信息化建设、节能环保、消防保卫等方面的投资项目。

三、项目投资的特点

1. 投资金额大

项目投资通常涉及固定资产投入和流动资金的占用，所需资金规模较大，可能导致企业资金被长期占用，从而降低资金的流动性。

2. 投资回收期长

固定资产项目所投资金一般需要几年甚至几十年才能收回，这类投资对企业未来长期的发展，甚至生存都具有决定性影响，因此，企业在投资前必须进行充分的可行性研究。

3. 变现能力差

项目投资通常不能在一年或一个营业周期内实现变现，原因在于项目一旦完成，若想更改，难度会很大且成本很高，因此，项目投资的变现能力较差。

4. 投资风险大

项目投资的未来收益受多种因素影响，加上其投入资金规模大、回收周期长和变现能力弱，故项目投资的风险会高于其他类型投资的风险，从而对企业未来的发展产生重大影响。事实证明，一旦项目投资决策失败，会给企业带来巨大的损失。

四、项目投资的决策程序

项目投资决策一般涉及以下四个步骤：

（1）确定目标。在投资决策之前，必须明确项目投资所要达到的目标或需要解决的问题。

（2）提出备选方案。投资目标确定后，就要提出所有可选的方案。为实现既定目标，可能只有一个方案，也可能存在多个备选方案。

（3）搜集相关信息。根据所提出的备选方案，尽可能多地搜集相关信息，如投资项目的未来现金流入量、流出量等。

（4）比较分析。利用所收集的相关信息，运用恰当的评价方法，计算各备选方案的关键指标，并根据既定的评价标准作出决策。

第二节　项目投资的现金流量

一、现金流量概述

（一）现金流量与项目现金流量

现金流量是指一项长期投资项目在未来一定时期内引起的现金流入和流出情况。这里的现金，是广义现金，它不仅包括库存现金、银行存款等货币性资产，还包括相关非货币性资产的变现价值。

项目现金流量是指特定项目所引起的现金流入与流出的数量,它属于时点指标,一般假设发生在投资的期初或期末。

(二) 净现金流量与项目净现金流量

净现金流量是指现金流入量与现金流出量之间的差额,简称 NCF(Net Cash Flow)。现金流入量大于现金流出量,则净现金流量为正值;反之,净现金流量为负值。

项目净现金流量是指因实施该项目而使企业净现金流量增加的部分。例如,企业启动 A 项目后,其净现金流量达到 1 000 万元。而此前企业原有的净现金流量为 600 万元,那么 A 项目所带来的新增净现金流量即为 400 万元。

现金流入量是指投资项目所引起的现金收入的增量。它包括:因购入新设备而产生的旧设备处置收入;项目建成投产后每年增加的产品销售或劳务收入;项目在有效期满报废清理时的残料变价收入以及收回之前垫支的营运资金等。

现金流出量是指投资项目所引起的现金支出的增量。它包括:项目建设过程中因购置设备或生产线的费用、工程建设支出以及项目投产前垫支的营运资金等;项目投产后每年增加的付现成本(材料费、人工费等);项目寿命期满支付的清理费等。

(三) 其他相关概念

为准确估算投资项目的现金流量增量,需正确识别导致企业总现金流量变动的支出情况,包括相关成本、非相关成本和机会成本。

1) 相关成本

相关成本是指与特定决策相关且在分析评价时必须考虑的成本,如未来成本、变动成本、机会成本、重置成本和付现成本等。

2) 非相关成本

非相关成本是指与特定决策无关且在分析评价时无需考虑的成本,如沉没成本、不可避免成本等。例如,W 公司在 2024 年曾计划新建一个车间,并为此支付了 5 万元咨询费用于可行性分析。之后,公司发现了更好的投资机会,该车间项目被搁置,并且咨询费已作为费用入账。如果现在重新考虑该项目并进行投资分析,则这笔咨询费不再是当下投资项目的相关成本。由于这笔费用已经实际发生,无论公司是否继续推进新建车间的计划,都无法收回,且与公司未来的现金流量无关。

3) 机会成本

在选择投资方案时,若选择了某一方案,则意味着必须放弃其他投资机会。这些被放弃的投资机会可能带来的潜在收益,就是所选方案的机会成本。机会成本并非传统意义上的"成本",它不是实际发生的费用或支出,而是一种因选择而失去的潜在收益。在投资决策中,机会成本不可忽视,所选方案的预期收益必须高于机会成本;否则,该方案并非最优方案。

二、项目现金流量的估算

投资项目通常可划分为三个阶段:建设期(初始期)、营业期和终结期。为了更方便地估算现金流量,可将各现金流量项目归属到相应阶段中。

(一) 建设期现金流量

建设期现金流量(初始现金流量)主要是现金流出量,即在该投资项目上的原始投资。

其包括两部分：①长期资产投资，如购置成本、运输费、安装费等。②垫支的营运资金，即新增流动资产与新增结算性流动负债之间的净差额。例如，启动一个新项目时，需要投入500万元的流动资产。其中，通过银行取得借款300万元，那么实际需要垫支的营运资金则为200万元。营运资金的垫支通常发生在建设期期末或营业期期初，并在项目终结时一次性全部收回。

(二) 营业期现金流量

营业期现金流量是指项目在投入使用后生产经营过程中所产生的现金流入与流出的差额，一般按年度计算。从净现金流量的角度来看，缴纳所得税属于企业的现金流出；而折旧作为一种非付现成本，虽然会减少利润，但并不涉及现金支出，因此在计算现金流量时，需将折旧作为一项现金流入进行调整。营业现金净流量的计算公式可以表示如下：

① 营业净现金流量＝营业收入－付现成本－所得税

② 营业净现金流量＝税后营业净利润＋非付现成本

③ 营业净现金流量＝营业收入×(1－所得税税率)－付现成本×(1－所得税税率)
＋非付现成本×所得税税率

公式②、③推导如下：

营业净现金流量

＝营业收入－付现成本－所得税

＝营业收入－付现成本－非付现成本－所得税＋非付现成本

＝营业收入－成本总额－所得税＋非付现成本

＝税后营业净利润＋非付现成本

＝(营业收入－付现成本－非付现成本)×(1－所得税税率)＋非付现成本

＝营业收入×(1－所得税税率)－付现成本×(1－所得税税率)
＋非付现成本×所得税税率

上述公式中，需要注意以下两点：

(1) 计算固定资产折旧、无形资产摊销等非付现成本时，必须遵循税法的规定，因为这些非付现成本是通过影响所得税而间接影响现金流量的。因此，必须依据税法允许扣除的折旧和摊销要求进行计算。

(2) 付现成本，是指付现营业成本，即这部分成本属于营业成本，会影响利润并进而影响所得税。如果某笔现金流出不影响利润，那么也就不影响所得税。虽然这笔现金流出会减少当期净现金流量，但不属于公式中的"付现成本"。

【例 6-1】 W 公司在营业期内，每年的营业收入为 2 200 万元，每年的付现成本为 400 万元，折旧与摊销等非付现成本为 200 万元。第 2 年年末，其发生大修理费用 300 万元，企业所得税税率为 25%。若税法规定，大修理费可以税前一次扣除。请分别计算 W 公司第 2 年和第 3 年的营业净现金流量。

第 2 年营业净现金流量为：

2 200×(1－25%)－(400＋300)×(1－25%)＋200×25%＝1 175(万元)

第 3 年营业净现金流量为：

2 200×(1－25%)－400×(1－25%)＋200×25%＝1 350(万元)

若税法规定,大修理费不准予税前一次扣除,但准予在后续2个年度内进行摊销。则第2年和第3年营业净现金流量分别是多少?

第2年营业净现金流量为:

$$2\,200 \times (1-25\%) - 400 \times (1-25\%) + 200 \times 25\% = 1\,350(万元)$$

第3年营业净现金流量为:

$$2\,200 \times (1-25\%) - 400 \times (1-25\%) + (200+150) \times 25\% = 1\,437.5(万元)$$

(三)终结期现金流量

终结期现金流量是指投资项目在营业期结束时所产生的现金流量,主要涉及以下3个方面:

(1)固定资产的变价净收入,即项目终结时固定资产的变现收入扣除清理费用后的净额。

(2)垫支营运资金的收回,即投资期垫支的营运资金。

(3)固定资产的变现净损益对净现金流量的影响(变现净损益对所得税的影响)。

其计算公式为:

$$终结期净现金流量 = 固定资产的变现净损益 \times 所得税税率$$
$$= (账面价值 - 变价净收入) \times 所得税税率$$

其中,固定资产的账面价值等于固定资产的原值减去按照税法规定计提的累计折旧。

【例6-2】 甲公司在固定资产项目终结期的相关数据如下:固定资产原值为200万元,累计折旧(按税法规定)为100万元,固定资产变现收入为140万元,清理费用为30万元,回收垫支的营运资金为40万元,企业所得税税率为25%。请计算该项目终结期的净现金流量。

账面价值 = 200 - 100 = 100(万元)

变现净收入 = 140 - 30 = 110(万元)

固定资产的变现净损益对现金净流量的影响 = (100 - 110) × 25% = -2.5(万元)

终结期净现金流量 = 110 + 40 - 2.5 = 147.5(万元)

若固定资产的变现收入为100万元,其他条件保持不变,那么该项目在终结期的净现金流量是多少?

账面价值 = 200 - 100 = 100(万元)

变现净收入 = 100 - 30 = 70(万元)

固定资产的变现净损益对净现金流量的影响 = (100 - 70) × 25% = 7.5(万元)

终结期净现金流量 = 70 + 40 + 7.5 = 117.5(万元)

由此可知,变现利得纳税,作为现金流出;变现损失抵税,构成现金流入。

综上,在项目全周期现金流量(包括建设期、营业期和终结期的现金流量)的估算中,营业期的现金流量估算相对较为复杂。

【例6-3】 甲公司拟投资一个新项目,投资部门提出了A、B两个投资方案,方案如下。

A方案:一次性投入资金50万元,项目预计使用期限为5年(与税法规定的折旧年限一致),税法规定的净残值为2万元,采用直线法计提折旧。项目预计每年销售收入为100万元,第1年的付现成本为66万元,此后每年在上1年的基础上增加1万元的维修费

（可在税前抵扣）。项目投入营运时，需垫支营运资金25万元。项目寿命期满预计残值变价收入3万元。

B方案：一次性投入资金75万元，预计使用期限为5年（与税法规定的折旧年限相同），税法规定的净残值为3万元，采用直线法计提折旧。该方案预计年销售收入为140万元。项目投入营运时，需垫支营运资金30万元。项目寿命期满预计残值变价收入2万元。

请根据上述信息计算A、B两个方案在建设期、营业期和终结期的现金流量。

（1）建设期现金流量如下：

A方案建设期净现金流量＝－50－25＝－75（万元）

B方案建设期净现金流量＝－75－35＝－105（万元）

（2）营业期的现金流量如表6-1所示。

表6-1　A、B方案在营业期的现金流量　　　　　　　　　　单位：万元

项目	第1年	第2年	第3年	第4年	第5年
A方案					
销售收入(1)	100	100	100	100	100
付现成本(2)	66	67	68	69	70
折旧(3)	9.6	9.6	9.6	9.6	9.6
营业利润(4)＝(1)－(2)－(3)	24.4	23.4	22.4	21.4	20.4
所得税(5)＝(4)×25%	6.1	5.85	5.6	5.35	5.1
税后营业净利(6)＝(4)－(5)	18.3	17.55	16.8	16.05	15.3
营业净现金流量(7)＝(1)－(2)－(5)	27.9	27.15	26.4	25.65	24.9
B方案					
销售收入(1)	140	140	140	140	140
付现成本(2)	105	105	105	105	105
折旧(3)	14.4	14.4	14.4	14.4	14.4
营业利润(4)＝(1)－(2)－(3)	20.6	20.6	20.6	20.6	20.6
所得税(5)＝(4)×25%	5.15	5.15	5.15	5.15	5.15
税后营业净利(6)＝(4)－(5)	15.45	15.45	15.45	15.45	15.45
营业净现金流量(7)＝(1)－(2)－(5)	29.85	29.85	29.85	29.85	29.85

（3）终结期的现金流量如表6-2所示。

表6-2　A、B方案在终结期的现金流量　　　　　　　　　　单位：万元

项目	A方案	B方案
固定资产原值(1)	50	75
折旧(2)	9.6×5	14.4×5
固定资产账面价值(3)＝(1)－(2)	2	3

项目	A方案	B方案
固定资产变价收入(4)	3	2
固定资产变现净损益(4)＝(3)－(4)	－1	1
固定资产变现净损益对现金流量的影响(5)＝(4)×25％	－0.25	0.25
垫支营运资金的收回(6)	25	30
终结期净现金流量(7)＝(4)＋(5)＋(6)	27.75	32.25

A、B方案各年净现金流量如下：

NCF_{A0}＝建设期净现金流量＝固定资产投资＋垫支的营运资金＝－75(万元)

NCF_{A1}＝第1年营业期净现金流量＝27.9(万元)

NCF_{A2}＝第2年营业期净现金流量＝27.15(万元)

NCF_{A3}＝第3年营业期净现金流量＝26.4(万元)

NCF_{A4}＝第4年营业期净现金流量＝25.65(万元)

NCF_{A5}＝第5年营业期净现金流量＋终结期净现金流量＝24.9＋27.75＝52.65(万元)

NCF_{B0}＝建设期净现金流量＝固定资产投资＋垫支的营运资金＝－105(万元)

NCF_{B1}＝第1年营业期净现金流量＝29.85(万元)

NCF_{B2}＝第2年营业期净现金流量＝29.85(万元)

NCF_{B3}＝第3年营业期净现金流量＝29.85(万元)

NCF_{B4}＝第4年营业期净现金流量＝29.85(万元)

NCF_{B5}＝第5年营业期净现金流量＋终结期净现金流量＝29.85＋32.25＝62.1(万元)

三、项目投资中使用现金流量的原因

在项目投资决策中,选择使用现金流量而非会计利润作为评价投资项目优劣的基础,是因为在评估投资项目的经济效益时,现金流量比会计利润更具科学性和合理性,分析如下。

(1) 使用现金流量有利于科学地考虑货币时间价值因素。资金具有时间价值,不同时点的资金具有不同的价值。因此,需要根据其发生的时间,按照资本成本率进行折现,以准确评估项目的可行性。而利润的计算是以权责发生制作为基础,其收入和成本并不一定反映当期实际收到或支付的现金。但现金流量不同,它反映的是当期实际的现金流入和流出情况,这与会计利润的计算基础明显不同。

例如,在项目初始投资时,购置固定资产会支付大量现金,但这些支出并不直接计入当期成本;而在后续期间,固定资产的折旧虽然计入成本,但并不涉及实际的现金流出。此外,计算利润时,往往不考虑流动资产的垫支金额和回收时间等因素。因此,使用现金流量作为投资决策的基础,能够更科学地考虑货币时间价值,有利于企业作出更正确的决策。

(2) 使用现金流量能使投资决策更符合客观实际情况。项目投资决策中,使用现金流量来评估投资方案的优劣更为科学和客观。而会计利润则存在一定的局限性,不够科学和客观。①会计利润的计算缺乏统一标准,容易受到存货计价、费用分摊、折旧方法等因素的影响,从而具有较强的主观性,因此,将其作为决策的主要依据不够可靠。②会计利润反映的是某个会计期间的"应计"现金流量,而非实际的现金流入和流出。然而,在投资分析中,对项目效益的评估通常是基于项目收回的资金将用于再投资的假设。但有利润的年份不一定能产生足够的现金流量用于再投资,只有净现金流量才能真正用于再投资。因此,一个项目能否持续运营,关键在于是否有足够的现金用于各项支付,而不仅仅是某一年是否有利润。

第三节　项目投资的财务评价

项目投资的财务评价,是指运用特定的指标,对项目的预期收益和价值进行定量分析,从而判断项目的财务可行性,并为投资决策提供支持。评价项目投资决策用到的方法,根据是否考虑货币时间价值分为静态评价法和动态评价法。静态评价法(如投资回收期法)计算较为简便,而动态评价法(如净现值法、现值指数法和内含报酬率法)虽然计算相对复杂,但更为科学合理。

一、静态评价法

静态评价法不考虑货币的时间价值,适用于直接评估计算期较短或折现率较低的项目投资,也可以作为辅助工具用于评估计算期较长或折现率较高的项目投资。常见的静态评价指标有投资回收期和投资利润率。

(一) 投资回收期法

投资回收期是指收回全部初始投资需要的时间。投资回收期法是指通过计算回收期的长短判断投资项目优劣的一种评价方法。一般来说,回收期越短,项目的风险越低。因此,回收期越短通常被认为越好。投资回收期的计算可以分为如下两种情况。

(1) 初始投资一次性投入,且项目投产后每年的净现金流量保持不变,则:

$$投资回收期 = \frac{初始投资额}{年净现金流量}$$

【例6-4】　W公司需要在两台设备之间作出投资选择,计划采用投资回收期法作出投资决策。甲设备的购买价格为35 000元,预计每年可产生7 000元的现金净流量;乙设备的购买价格为36 000元,预计每年可产生8 000元的净现金流量。请运用投资回收期法作出投资决策。

甲设备回收期＝35 000÷7 000＝5(年)

乙设备回收期＝36 000÷8 000＝4.5(年)

根据计算结果,乙设备的回收期短于甲设备的回收期。因此,公司应优先选择乙设备。

(2) 初始投资一次性投入但投产后每年净现金流量不等,或者初始投资是分次投入,则:

$$投资回收期 = 投资成本足额回收前的年数 + \frac{年初未收回的成本}{本年的净现金流量}$$

【例 6-5】 A 公司正在对一个项目投资的现金流量进行预测,相关信息如下:项目初始投资 10 000 万元,预计投产后,第 1 年经营净现金流量为 2 000 万元,第 2 年为 6 000 万元,第 3 年为 5 000 万元。请计算该项目的投资回收期。

$$投资回收期 = 2 + \frac{10\,000 - 2\,000 - 6\,000}{5\,000} = 2.4(年)$$

投资回收期法是项目投资决策中较为简便但不够精确的评价方法。它的优点在于计算简单,并能够直观地反映一个投资项目需要多长时间才能收回初始投资成本。这种方法在一定程度上有助于管理层识别项目的风险水平和资金流动性。它的缺点是没有考虑货币时间价值,没有考虑回收期以后的收益。例如,有两个初始投资均是 200 万元的项目,如果这两个项目在前 2 年每年的净现金流量都是 100 万元,那么它们的投资回收期是相同的。但若其中一个项目在 2 年后没有后续现金流量,而另一个项目在之后的 2 年中每年能产生 20 万元的现金流量,这种情况下,投资回收期法就无法准确衡量它们的真实获利能力。因此,投资回收期法常作为辅助性方法使用。

(二) 投资利润率法

投资利润率(会计收益率)是指项目在其寿命期内的预计年均收益额与项目初始投资额的比率,通常以百分比形式表示。投资利润率法是指通过计算投资利润率判断投资项目优劣的一种评价方法。投资利润率越高,表明项目的盈利能力越强。

$$投资利润率 = \frac{年均收益额}{原始投资额} \times 100\%$$

【例 6-6】 某投资项目初始投资额为 1 000 万元,经营期限为 3 年。在经营期间,第 1 年、第 2 年和第 3 年的净利润分别为 300 万元、230 万元和 100 万元。要求的必要投资收益率为 25%。请计算该项目的投资收益率,并判断项目的可行性。

年均收益额 = (300 + 230 + 100) ÷ 3 = 210(万元)

投资收益率 = (210 ÷ 1 000) × 100% = 21%

因为该项目的投资收益率为 21%,低于要求的必要投资收益率 25%,所以项目不可行。

投资收益率法在计算时可以直接使用会计报表数据,简单且便于理解,应用范围广。其缺点包括:没有考虑货币的时间价值;无法直接利用净现金流量信息;投资收益率指标的分子与分母在时间口径上不一致,导致指标的可比性和指导性有限。

二、动态评价法

动态评价法充分考虑了货币的时间价值,在计算相关评价指标时需要进行折(贴)现处理。常见的动态评价方法包括净现值法、现值指数法和内含报酬率法等。

(一) 净现值法

净现值(Net Present Value,NPV),是指项目未来各期现金流量的现值总和与初始投资额现值之间的差额。其计算公式为:

$$NPV = \sum_{t=1}^{n} \frac{NCF_t}{(1+i)^t} - C_0$$

其中，n 为投资项目的预计使用年限；i 为折（贴）现率（资本成本率或投资者要求的必要报酬率）；NCF_t 为第 t 年的净现金流量；C_0 为初始投资额。

采用净现值法进行项目投资的决策规则是：①对于独立投资项目，如果净现值≥0，则方案可行。这表明项目投资所获得的收益能够弥补初始投资成本，或者项目预期投资收益率不低于投资者所要求的最低收益率，也就是必要收益率。反之，如果净现值＜0，则方案不可行。②对于互斥项目，其他条件相同时，净现值越大，则方案越好。

【例 6-7】　B公司购入了一台价值 60 000 元的设备，采用直线法计提折旧，设备的使用寿命为 6 年，期末没有残值。预计投产后，每年可实现利润 8 000 元，假设该项目投资的最低报酬率是 12%。计算该项目的净现值并作出决策。

$NCF_{1\sim6} = 8\,000 + 60\,000/6 = 18\,000$（元）

$$NPV = 18\,000 \times (P/A, 12\%, 6) - 60\,000$$
$$= 18\,000 \times 4.111\,4 - 60\,000$$
$$= 14\,005.2$（元）$$

因为净现值大于 0，所以该项目投资方案可行。

【例 6-8】　乙公司正在考虑 A 和 B 两个互斥项目的方案，这两个方案的现金流量情况如表 6-3 所示。假定两个项目投资的最低报酬率均为 10%，请为乙公司作出投资决策。

表 6-3　A、B 两个方案的现金流量情况　　　　　　　　　　单位：元

时间	初始投资时点	第 1 年	第 2 年	第 3 年	第 4 年	第 5 年
A 方案现金流量	−200 000	55 000	55 000	55 000	55 000	55 000
B 方案现金流量	−250 000	56 000	65 000	80 000	80 000	80 000

根据相关条件，计算如下：

$$NPV_A = 55\,000 \times (P/A, 10\%, 5) - 200\,000$$
$$= 55\,000 \times 3.790\,8 - 200\,000$$
$$= 8\,494$（元）$$

$$NPV_B = 56\,000 \times (P/F, 10\%, 1) + 65\,000 \times (P/F, 10\%, 2) + 80\,000 \times (P/A,$$
$$10\%, 3) \times (P/F, 10\%, 3) - 250\,000$$
$$= 56\,000 \times 0.909\,1 + 65\,000 \times 0.826\,4 + 80\,000 \times 2.486\,9 \times 0.751\,3 - 250\,000$$
$$= 4\,098.2$（元）$$

因为 A、B 两个方案属于互斥项目且 $NPV_A > NPV_B$，根据净现值法的决策规则，乙公司应该选择 A 方案。

净现值法的优点在于它考虑了货币的时间价值，能够体现不同投资方案的净收益并且与公司价值最大化的目标直接相连。从理论上讲，这种方法较为完善，适用范围比较广泛。但是，净现值法也有其局限性。如净现值是一个绝对数值，对于初始投资额不同的独立项目不太适用。而且它也不适用于寿命期不同的互斥项目的决策分析。

（二）现值指数法

现值指数（Present Value Index，PI），也称为获利指数，是指项目未来净现金流量的现值与初始投资额现值的比率。现值指数法是指通过计算现值指数判断投资项目优劣的一

种评价方法。该指标反映了每1元初始投资所创造的价值。其计算公式为：

$$PI = \sum_{t=1}^{n} \frac{NCF_t}{(1+i)^t} \Big/ C_0$$

其中，n 为投资项目的预计使用年限；i 为折(贴)现率(资本成本率或投资者要求的必要报酬率)；NCF_t 为第 t 年的净现金流量；C_0 为初始投资额。

利用现值指数法进行项目投资决策的判断标准为：现值指数(PI) $\geqslant 1$(此时净现值 $\geqslant 0$)，则方案可行；反之，现值指数(PI) < 1(即净现值 < 0)，则方案不可行。在多个方案的选优决策中，现值指数越大，则方案越优。

【例6-9】 甲公司准备购入一设备以扩充生产能力。现有A、B两个方案可供选择。A方案需要投资10 000元，预计使用寿命5年，采用直线法计提折旧，5年后该设备无残值。5年中每年销售收入为6 000元，每年付现成本为2 000元。B方案需要投资11 000元，预计使用寿命为5年，采用直线法计提折旧，5年后设备的残值收入是1 000元。5年中每年销售收入为6 000元，每年付现成本为2 000元。假设所得税税率为25%，资本成本率为10%，请为甲公司作出投资决策。

根据相关条件，两个方案的现金流量计算如表6-4所示。

表6-4 A、B两个方案的现金流量 单位：元

时间	初始投资时点	第1年	第2年	第3年	第4年	第5年
A方案现金流量	−10 000	3 500	3 500	3 500	3 500	3 500
B方案现金流量	−11 000	3 500	3 500	3 500	3 500	3 500+1 000

$$PI_A = [3\,500 \times (P/A, 10\%, 5)]/10\,000$$
$$= 3\,500 \times 3.790\,8/10\,000$$
$$\approx 1.33$$
$$PI_B = [3\,500 \times (P/A, 10\%, 5) + 1\,000 \times (P/F, 10\%, 5)]/11\,000$$
$$= (3\,500 \times 3.790\,8 + 1\,000 \times 0.620\,9)/11\,000$$
$$\approx 1.26$$

由于 $PI_A > PI_B$，甲公司应选择A方案。

综上可知，现值指数法就是净现值法的一种补充，当不同投资方案的初始投资额现值相同时，现值指数法实质上是净现值法。该方法的优点在于，它解决了净现值法无法比较和评价初始投资额现值不同的独立投资方案的问题。但是，现值指数法仍然无法直接用于寿命期不同的互斥投资方案的决策。

(三) 内含报酬率法

内含报酬率(internal rate of return，IRR)，是净现值为零时的折现率，就是项目实际能够达到的投资收益率(预期收益率)。内含报酬率法是指通过计算内含报酬率判断投资项目优劣的一种评价方法。内含报酬率反映了投资项目的真实收益水平。例如，有人借给你10万元，但没有告诉你利率是多少，只是要求你在第1年、第2年和第3年年末分别偿还3

万元、4 万元和 5 万元。这时你的第一反应可能是："这笔借款的利率是多少？"这个利率就是内含报酬率。其计算公式如下：

$$\sum_{t=1}^{n} \frac{NCF_t}{(1+IRR)^t} - C_0 = 0$$

其中，n 为投资项目的预计使用年限；IRR 为内含报酬率；NCF_t 为第 t 年的净现金流量；C_0 为初始投资额。

利用内含报酬率法进行项目投资决策的判断标准为：如果项目的内含报酬率（IRR）大于或等于投资者所要求的必要收益率（资本成本率），则项目可行；反之，如果内含报酬率（IRR）小于必要收益率，则项目不可行。在多个方案的选优决策中，内含报酬率越大，方案越优。

【例 6-10】 承接[例 6-9]，计算 A 方案的内含报酬率。

$[3\,500 \times (P/A,\ IRR,\ 5)] - 10\,000 = 0$

$(P/A,\ IRR,\ 5) = 10\,000/3\,500 = 2.857\,1$

查阅年金现值系数表可知，$(P/A,\ 20\%,\ 5) = 2.990\,6$

$(P/A,\ 24\%,\ 5) = 2.745\,4$

说明 A 方案的内含报酬率大于 20%，小于 24%。为了更精确地计算 A 方案的内含报酬率，可以采用插值法进行估算，如图 6-1 所示。

利率　　　　　年金现值系数

20%　　　　　2.990 6

IRR=?　　　　2.857 1

24%　　　　　2.754 54

图 6-1　采用插值法计算 A 方案的内含报酬率

列式计算如下：

$$\frac{IRR - 20\%}{24\% - 20\%} = \frac{2.857\,1 - 2.990\,6}{2.745\,4 - 2.990\,6}$$

$$\frac{IRR - 20\%}{4\%} = \frac{-0.133\,5}{-0.245\,2}$$

$$IRR - 20\% = \frac{0.133\,5 \times 4\%}{0.245\,2}$$

$$IRR = 22.18\%$$

A 方案的内含报酬率为 22.18%。

如果项目投产后，未来各年的净现金流量不完全相等，则项目的内含报酬率计算步骤如下。

（1）预估一个折现率，并按此折现率计算净现值。如果计算出的净现值大于 0，则说明预估的折现率低于该方案的实际内含报酬率，此时应调高折现率再进行测算；反之，如果算出的净现值小于 0，则说明预估的折现率高于实际内含报酬率，此时需要调低折现率再进行测算。通过逐次测算，反复调整折现率并计算净现值，直至找到净现值从正数变为负数时比较接近于 0 的那两个折现率及其对应的净现值。

（2）依据上述两个相邻的折现率及其对应的净现值，通过插值法计算出该项目的内含报酬率。

【例 6-11】 承接[例 6-9]，计算 B 方案的内含报酬率。

由于 B 方案的每年净现金流量不完全相等，需要逐次测试以计算 B 方案的内含报酬率，如表 6-5 所示。

表 6-5 B 方案内含报酬率的测算情况　　　　　　　　　　　　单位：元

年份	每年现金流量	第一次测算 21%		第二次测算 20%		第三次测算 19%	
1	3 500						
2	3 500						
3	3 500						
4	3 500						
1—4 年未来现金净流量现值合计		2.540 5	8 891.75	2.588 5	9 059.75	2.638 4	9 234.4
5	4 500	0.385 6	1 735.2	0.401 9	1 808.55	0.419 0	1 885.5
未来现金净流量现值合计			10 626.95		10 868.3		11 119.9
减：原始投资额现值			11 000		11 000		11 000
净现值			−373.1		−131.7		119.9

采用插值法进行估算，如图 6-2 所示。

$$
\begin{array}{cc}
\text{利率} & \text{计算结果} \\
20\% & -131.7 \\
IRR=? & 0 \\
19\% & 119.9
\end{array}
$$

图 6-2 采用插值法计算 B 方案的内含报酬率

列式计算如下：

$$\frac{20\%-IRR}{20\%-19\%}=\frac{-131.7-0}{-131.7-119.9}$$

$$\frac{20\%-IRR}{1\%}=\frac{-131.7-0}{-131.7-119.9}$$

$$\frac{20\%-IRR}{1\%}=0.52$$

$$IRR=19.99\%$$

B 方案的内含报酬率为 19.99%。

内含报酬率法充分考虑了货币的时间价值，并能够反映投资项目实际可能达到的收益水平，便于被高层决策者理解和应用。对于独立投资方案的比较和决策，尤其是当各方案的初始投资额现值或期限不同时，通过计算各个方案的内含报酬率，可以清晰地反映各独立投资方案的盈利能力。这种方法的不足之处在于计算过程较为复杂,尤其是对于每年现金净流量不等的投资项目,如果仅依靠手工计算,通常需要多次尝试和测算才能得出结果。但若借助 Excel 软件,则可以轻松地求得内含报酬率。此外,在互斥方案的决策中,如果各个方案的初始投资额现值存在较大差异,有时可能会导致无法作出正确的决策,比如某一方案原始投资额小、净现值小,但内含报酬率可能较高,而另一方案原始投资额大、净现值大,但内含报酬率可能较低。

三、项目投资评价方法的比较

1. 静态评价法与动态评价法的比较

早期,各国企业进行投资决策时,通常以静态评价法作为主要的评价方法。随着静态评价法的局限性愈发明显,人们开始建立考虑货币时间价值的折现现金流量指标——动态评价法。动态评价法将不同时期的资金进行折现,使其具有可比性,从而弥补了静态评价法的不足。因此,动态评价法的适用范围越来越广,以动态评价法为主、静态评价法为辅的投资决策体系逐渐形成。静态评价法与动态评价法的具体比较如下。

(1)静态评价法没有考虑货币的时间价值,导致不同时点的现金流量无法直接进行比较;而动态评价法则通过将不同时点的现金流量按照一定的折现率调整到同一时点,使得不同时点的现金流量具有了可比性。

(2)静态评价法因未考虑货币的时间价值,导致计算出的指标(如回收速度或盈利能力)往往高于项目实际水平,存在夸大的情况;而动态评价法由于考虑了货币的时间价值,能够更真实地反映投资项目的实际盈利能力。

(3)动态评价法能够计算出方案本身的内含报酬率,这为筹措资金提供了重要依据。而静态评价法则无法做到这一点。动态评价法能求出方案本身的内含报酬率,这是筹措资金的重要依据。而静态评价法却无能为力。

尽管静态评价法存在诸多局限性,但由于其易于理解且计算简单,在实践中仍然被采用。

2. 几种动态评价法的比较

动态评价法由于考虑了货币的时间价值,故其能够为不同时期的现金流入和流出提供可比的基础,是一种相对科学的评价方法。前述的净现值法、现值指数法和内含报酬率法具体比较如下。

(1)净现值法与现值指数法的比较。从净现值和现值指数的计算方式来看,它们基于相同的信息进行分析,因此在大多数情况下,两者的评价结果是一致的。即净现值大于0的投资项目,其现值指数必然大于1;净现值小于0的项目,其现值指数必然小于1。但初始投资额不等的项目评价结果可能会不一致。

例如,有 A 和 B 两个投资方案,A 方案的初始投资额为 100 万元,净现值为 150 万元,现值指数为 1.5;B 方案的初始投资额为 50 万元,净现值为 80 万元,现值指数为 1.6。采用净现值法评价,应选择 A 方案;采用现值指数法评价,应选择 B 方案。

产生不一致的原因在于方法本身。净现值最大决策标准符合企业的最大利益原则。也就是说净现值越大,企业的收益就越大。而现值指数仅反映了每投入 1 元初始投资所对应的未来现金流入的现值,并未反映投资回报的总额。因此,在没有资本限量的情况下,对于互斥方案的决策,应优先选择净现值较高的投资项目。

(2)净现值法与内含报酬率法的比较。在多数情况下,投资方案的净现值大于0,说明其内含报酬率大于设定的折现率;投资方案净现值小于0,则内含报酬率小于设定的折现率。因此,对于一般的常规项目,净现值法和内含报酬率法通常得出的结论是一致的。但是对于非常规项目,尤其是那些现金流入时间分布不均匀的项目(比如一个项目在前期流入较多的现金,而另一个项目在后期流入较多的现金),这种差异可能导致两种方法得出不同的结果。

例如,A项目和B项目是两个互斥投资项目,资本成本率是10%,依据现金流量计算的净现值和内含报酬率如表6-6所示。

表6-6　A项目和B项目依据现金流量计算的净现值和内含报酬率　　　单位:元

时间	初始投资时点	第1年	第2年	第3年	第4年	第5年	第6年	净现值	内含报酬率
A项目现金流量	−10 000	4 000	5 000	6 000	200	200	200	2 650	22.98%
B项目现金流量	−10 000	200	200	200	7 000	8 000	9 000	5 326	20.06%

根据净现值决策标准,应选择B项目;而根据内含报酬率决策标准,则应选择A项目。这一矛盾如何解决呢?较高的内含报酬率并非是投资所追求的最终目标,企业所追求的财务目标是增加企业的价值。因此,在没有资本限制、没有互斥选择的情况下,净现值法是一种较为理想的项目评价方法。

第四节　项目投资决策

项目投资的评价方法,能对项目投资的经济性进行评价。同时,得出该项目是否具备财务可行性的结论。由于评价方法各具特色、适用条件也不相同,在进行项目投资决策时,应根据具体的项目场景灵活选择和应用合适的评价方法。

一、独立项目的决策

独立项目是指与其他投资项目互不依赖、互不影响的项目。在评价这类项目时,只需判断项目本身是否满足某种既定的可行性标准,而无需考虑其他项目的决策结果。可行性标准如净现值 NPV≥0,现值指数 PI≥1,内含报酬率 IRR≥i_c,采用这三种指标对同一个独立项目进行评价时,往往能得出相同的结论。

若需对多个独立项目进行比较分析,通常采用内含报酬率法进行排序,这是因为内含报酬率能够反映每个独立项目的盈利能力。

二、互斥项目的决策

互斥项目是指多个项目之间互相排斥不能并存。因此,当投资项目净现值都是正的时候,决策的实质就是选择最优项目。然而,当不同项目的投资额不同或者项目的使用寿命不同时,使用净现值法和内含报酬率法进行评估可能会得出不一致的结论。那么,此时该如何作出决策呢?

1. 投资额不同项目的决策

当面对投资额不同但寿命期相同的互斥项目时,使用净现值法和内含报酬率法进行评价可能会得出相互矛盾的结论,此时可以采用扩大规模法进行决策。也就是说,可以假设存在多个投资额较小的项目,这些项目的初始投资和预期现金流量基本一致,然后计算这些小项目的总净现值,并与投资额较大的项目进行比较。

【例6-12】 项目A和项目B是两个互斥项目,资本成本率为10%,投资期限为4年,两个项目的现金流量、内含报酬率及净现值如表6-7所示。是否可以根据内含报酬率判断项目的优劣? 如果不能,该如何判断?

表6-7 项目A和项目B的现金流量、内含报酬率及净现值 单位:元

时间	初始投资时点	第1年	第2年	第3年	第4年
项目A	−100 000	40 000	40 000	40 000	60 000
项目B	−30 000	22 000	22 000	2 000	1 000

项目A内含报酬率 $IRR = 26.4\%$,净现值 $NPV = 40\ 455$(元)
项目B内含报酬率 $IRR = 33.44\%$,净现值 $NPV = 10\ 367$(元)

对于寿命期相同但是投资额不同的互斥项目,不能直接根据内含报酬率判断项目的优劣。可以采用扩大规模法计算净现值,根据净现值大小来判断项目优劣。B项目扩大规模后的现金流量、内含报酬率及净现值如表6-8所示。

表6-8 项目B扩大规模后的现金流量、内含报酬率及净现值 单位:元

时间	初始投资时点	第1年	第2年	第3年	第4年
项目B	−30 000	22 000	22 000	2 000	1 000
扩大后	−100 000	73 333	73 333	6 667	3 333

项目B扩大规模前内含报酬率 $IRR = 33.44\%$,净现值 $NPV = 10\ 367$(元)
项目B扩大规模后内含报酬率 $IRR = 33.44\%$,净现值 $NPV = 34\ 557$(元)

项目B扩大后的净现值为34 557元,小于项目A的净现值40 455元。所以,项目A优于项目B。

在互斥项目的决策中,投资者通常更关注实际获得的收益金额,而非单纯的收益率。因此,在进行选择时,投资者往往会倾向于选择能够带来更多实实在在报酬的项目,而不是单纯追求更高的报酬率。在对互斥项目进行选优决策时,如果所有项目的净现值均为正,则意味着每个项目不仅收回了初始投资成本,还获得了额外的报酬。当各项目的寿命期相等时,无关初始投资额的大小,净现值较大的项目即为最优选择,因为初始投资额的大小并不会改变投资决策的结果。因此,在决策过程中,无需特别考虑初始投资额的差异。

2. 寿命期不同项目的决策

如果净现值和内含报酬率之间的矛盾是由项目寿命不同导致的,那么就可以通过共

同年限法或等额年金法来解决。

1）共同年限法

共同年限法就是将两个项目转化成同样长的投资期限,通常取项目寿命期的最小公倍数。例如,A项目的寿命期为2年,B项目的寿命期为3年,那么调整后的共同年限为6年(2×3)。之后,分别计算两个项目在调整后的相同寿命期内的净现值,并选择净现值较大的项目即可。

2）等额年金法

等额年金法就是假设两个项目的资本成本相同,通过净现值和年金现值系数计算出项目的等额年金,等额年金较高的项目则为较优项目。其计算公式为:

$$等额年金 = \frac{净现值}{年金现值系数} = \frac{NPV}{(P/A, i, n)}$$

【例6-13】 甲公司为一投资项目拟定了A、B两个方案。A方案的原始投资额在建设期初一次投入,原始投资额为120万元,项目寿命期限为6年,净现值为25万元;B方案的原始投资额为105万元,同样在建设期初一次投入,运营期为3年,建设期为1年,运营期每年产生净现金流量50万元;项目的资本成本是10%。若不考虑其他因素,计算B方案的净现值并分别采用共同年限法和等额年金法作出投资决策。

B方案的净现值为:

$50 \times (P/A, 10\%, 3) \times (P/F, 10\%, 1) - 105$

$= 50 \times 2.4869 \times 0.9091 - 105$

$= 8.04（万元）$

（1）共同年限法投资决策:

共同年限是4和6的最小公倍数12。也就是说,A方案在12年内需周转2次,B方案在12年内需周转3次,如图6-3所示。

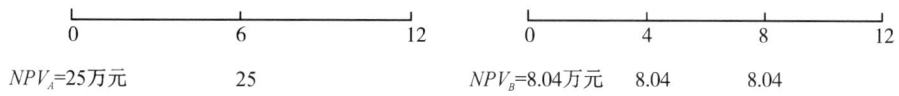

图6-3 最小公倍数寿命

所以:

A方案的净现值 $= 25 + 25 \times (P/F, 10\%, 6)$

$\qquad\qquad\qquad = 25 + 25 \times 0.5645$

$\qquad\qquad\qquad = 39.11（万元）$

B方案的净现值 $= 8.04 + 8.04 \times (P/F, 10\%, 4) + 8.04 \times (P/F, 10\%, 8)$

$\qquad\qquad\qquad = 8.04 + 8.04 \times 0.6830 + 8.04 \times 0.4665$

$\qquad\qquad\qquad = 17.28（万元）$

采用共同年限法调整后,A方案的净现值为39.11万元,B方案的净现值为17.28万元。由于A方案的净现值较大,A方案优于B方案。

（2）等额年金法投资决策:

A、B两个方案的等额年金计算如下:

A方案：项目的等额年金$=25/(P/A，10\%，6)=25/4.3553=5.74$（万元）

B方案：项目的等额年金$=8.04/(P/A，10\%，4)=8.04/3.1699=2.54$（万元）

因为A方案项目的等额年金大于B方案，所以A方案优于B方案。

【例6-14】 甲公司是一家致力于集成电路制造的国有控股企业集团，在上海证券交易所上市。2024年公司完成增资后，资金充裕，能够同时投资多个项目。当前有A和B两个投资项目可供选择，且两个项目的寿命期相同，公司的加权平均资本成本为10%。经测算，A项目的净现值为0.53亿元，内含报酬率为16.05%；B项目的净现值为0.69亿元，内含报酬率为12.78%。结合投资项目的一般分类，请对A项目和B项目进行投资决策并说明理由。

A项目和B项目是独立项目，均可投资。两个项目的净现值都大于0，两个项目的内含报酬率也均高于公司的加权平均资本成本。

如果A项目和B项目是互斥项目，则选择B项目。净现值与股东财富直接相关，较高的净现值意味着项目能为股东创造更多的价值，因此，在寿命期相同的互斥项目中，若净现值与内含报酬率的评价结果不一致，则应选择净现值更高的项目。

三、固定资产更新决策

固定资产更新是指对那些在技术上或经济上不再适宜继续使用的旧设备进行替换，或者利用先进技术对现有设备进行局部改造。固定资产更新决策就是对这类投资项目进行分析，并据此作出是否更新的决策，属于互斥投资方案的决策。

当前，科学技术不断发展，固定资产更新周期大大缩短。旧设备通常存在能耗高、维修成本大的问题，所以当市场上出现生产效率更高，原材料、燃料和动力消耗更少的新型设备时，即使旧设备仍可继续使用，企业也可能会选择对固定资产进行更新。固定资产更新决策是企业项目投资决策的一项重要内容。

1. 新旧设备使用寿命相同时的决策

如果新旧设备的剩余使用寿命相同，则可以采用差量分析法来计算更新方案与非更新方案之间现金流量的增减变化，并据此进行投资决策。这种方法相对较为简便。

【例6-15】 甲公司有一台旧设备，该设备已经使用了6年，目前公司正在考虑是否对其进行更新。公司的所得税率为25%，资本成本为10%。旧设备采用直线法计提折旧，新设备采用年数总和法计提折旧。由于技术更新换代较快，旧设备最终报废时的变现价值为0，新设备报废时的残值收入为7000元，具体情况如表6-9和表6-10所示。请对甲公司是继续使用旧设备还是对其进行更新作出投资决策。

表6-9　新旧设备相关数据　　　　　　　　　　　　　　　　　金额单位：元

项目	旧设备	新设备
原价	50 000	70 000
可用年限（年）	10	4
已用年限（年）	6	0
尚可使用年限（年）	4	4

项目	旧设备	新设备
税法规定残值	0	7 000
目前变现价值	20 000	70 000
每年可获得收入	40 000	60 000
每年付现成本	20 000	18 000

表 6-10　新旧设备折旧情况　　　　　　单位：元

每年折旧额	直线法	年数总和法
第 1 年	5 000	25 200
第 2 年	5 000	18 900
第 3 年	5 000	12 600
第 4 年	5 000	6 300

根据资料，采用差量分析法对设备是否更新作出决策的步骤如下：

（1）计算初始投资的差量，所有增减量均用 Δ 表示。

Δ初始投资＝70 000－20 000＝50 000（元）

（2）计算各年经营现金净流量的差量，如表 6-11 所示。

表 6-11　各年经营净现金流量的差量　　　　　　单位：元

项目	第 1 年	第 2 年	第 3 年	第 4 年
Δ销售收入(1)	20 000	20 000	20 000	20 000
Δ付现成本(2)	−2 000	−2 000	−2 000	−2 000
Δ折旧额(3)	20 200	13 900	7 600	1 300
Δ税前利润(4)＝(1)−(2)−(3)	1 800	8 100	14 400	20 700
Δ所得税(5)＝(4)×25%	450	2 025	3 600	5 175
Δ税后净利(6)＝(4)−(5)	1 350	6 075	10 800	15 525
Δ经营净现金流量(7)＝(6)+(3)＝(1)−(2)−(5)	21 550	19 975	18 400	16 825

（3）计算两个方案各年现金流量的差量，如表 6-12 所示。

表 6-12　两个方案各年现金流量的差量　　　　　　单位：元

项目	第 0 年	第 1 年	第 2 年	第 3 年	第 4 年
Δ初始投资	−50 000				
Δ经营净现金流量		21 550	19 975	18 400	16 825
Δ终结现金流量					7 000
Δ现金流量	−50 000	21 550	19 975	18 400	23 825

(4) 计算两个方案净现值的差量。

$$\Delta NPV = 21\,550 \times (P/F, 10\%, 1) + 19\,975 \times (P/F, 10\%, 2) + 18\,400 \times (P/F, 10\%, 3)$$
$$+ 23\,825 \times (P/F, 10\%, 4) - 50\,000$$
$$= 21\,550 \times 0.909\,1 + 19\,975 \times 0.826\,4 + 18\,400 \times 0.751\,3 + 23\,825 \times 0.683\,0 - 50\,000$$
$$= 16\,194.85(元)$$

固定资产更新后,净现值将增加 16 194.85 元,因此,建议对固定资产进行更新。

这项投资决策同样可以通过分别计算两个方案的净现值并进行对比而作出,其最终决策结果与差量分析法相同。

2. 新旧设备使用寿命不同时的决策

[例 6-15]中,新旧设备尚可使用年限相同。然而,在大多数情况下,新设备的使用寿命通常会比旧设备长,这时,固定资产的更新决策转变为寿命期不同、互斥项目的投资决策问题。

对于寿命期限不同的项目,不能直接通过比较它们的净现值或内含报酬率来进行决策。此时可以采用共同年限法或者等额年金法进行投资决策。

【例 6-16】 承接[例 6-15],为了简化计算,假设新设备的使用寿命为 8 年,每年可实现销售收入 45 000 元,采用直线法计提折旧,期末无残值,且最终报废时的变现价值为 0。如果选择将旧设备更新为技术含量相同的新设备,则需要额外投入 20 000 元。

根据资料,投资方案的决策过程如下:

(1) 计算新旧设备的经营净现金流量,如表 6-13 所示。

表 6-13 新旧设备的经营净现金流量   单位:元

项目	旧设备(1～4 年)	新设备(1～8 年)
销售收入(1)	40 000	45 000
付现成本(2)	20 000	18 000
折旧额(3)	5 000	8 750
税前利润(4)=(1)-(2)-(3)	15 000	18 250
所得税(5)=(4)×25%	3 750	4 562.5
税后净利(6)=(4)-(5)	11 250	13 687.5
经营现金净流量(7)=(6)+(3)=(1)-(2)-(5)	16 250	22 437.5

(2) 计算新旧设备各年的现金流量,如表 6-14 所示。

表 6-14 新旧设备各年的现金流量   单位:元

项目	旧设备		新设备	
	第 0 年	第 1～4 年	第 0 年	第 1～8 年
初始投资	−20 000		−70 000	
经营现金净流量		16 250		22 437.5
终结现金流量		0		0
现金流量	−20 000	16 250	−70 000	22 437.5

（3）计算新旧设备的净现值。

$NPV_{旧}=16\,250\times(P/A，10\%，4)-20\,000=16\,250\times3.169\,9-20\,000$
$=31\,510.88(元)$

$NPV_{新}=22\,437.5\times(P/A，10\%，8)-70\,000=22\,437.5\times5.334\,9-70\,000$
$=49\,701.82(元)$

从以上净现值的计算中，很容易得出是否应该更新设备的结论。但是这个结论是错误的。由于新旧设备的寿命期限不同，不能仅依据当前的净现值直接进行比较，而是需要通过共同年限法或者等额年金法作出投资决策。

（1）采用共同年限法计算：

共同年限是 4 和 8 的最小公倍数 8，新设备寿命期是 8 年，所以不需要调整。旧设备在8 年的时间内可以经过两次完整的使用周期。这意味着在 4 年后，第二次投资周期开始，净现值与当前继续使用旧设备相同，如图 6-4 所示。

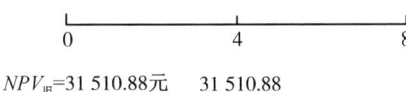

$NPV_{旧}=31\,510.88元$ $31\,510.88$

图 6-4　旧设备最小公倍寿命期的 NPV

$NPV_{旧调整}=31\,510.88+31\,510.88\times(P/F，10\%，4)$
$=31\,510.88+31\,510.88\times0.683\,0$
$=53\,032.81(元)$

采用共同年限法调整计算后发现，继续使用旧设备的净现值高于使用新设备的净现值，因此，不应该对设备进行更新。

（2）采用等额年金法计算如下：

旧设备等额年金$=31\,510.88/(P/A，10\%，4)=31\,510.88/3.169\,9=9\,940.65(元)$
新设备等额年金$=49\,701.82/(P/A，10\%，8)=49\,701.82/5.334\,9=9\,316.35(元)$

由于旧设备的等额年金大于新设备的等额年金，当前不应该进行设备更新。

由上述计算可知，采用共同年限法和等额年金法得出的结论一致。若是两个方案寿命期的最小公倍数较大，将会导致项目重复周转，计算起来也会很复杂。在这种情况下，可以使用等额年金法进行决策。

↗ **微型案例**

比亚迪投资决策中的现金流量分析

比亚迪股份有限公司（以下简称比亚迪）是中国新能源汽车行业的领军企业，计划启动一个新的电动汽车生产项目。该项目预计建设期为 2 年，运营期为 8 年，总投资额达 20 亿元，具体包括：设备购置费用 10 亿元、厂房建设费用 5 亿元、原材料采购费用 2 亿元，以及设计费、安装费等其他支出 3 亿元。

假设项目投入运营后，预计每年实现销售收入 30 亿元，发生的原材料、人工、折旧等成本费用为 20 亿元。设备折旧年限假设为 10 年、无残值，采用直线法计算折旧。假设所得税率为 25%、折现率为 10%。据此测算,每年税前利润可达 10 亿元,所得税为 2.5 亿元,年折旧额为 1 亿元,进而计算出每年营业净现金流量为 8.5 亿元。此外,假设项目结束时设备的变现价值收入为 1 亿元,则终结现金流量即为 1 亿元。

通过汇总初始现金流量、营业现金流量以及终结现金流量并进行分析,能够全面掌握项目在其整个生命周期内的现金流量状况,进而评估出项目的投资回收期和盈利能力。投资回收期(不考虑资金时间价值)约为 2.35 年。通过对各年现金流量进行折现并计算其现值总和,得出项目的净现值为正,这表明项目具有良好的经济效益;再次计算使净现值为零的折现率,结果显示内部收益率高于 10%,这表明项目具有较强的盈利能力。

综上表明,现金流量的准确预测与评估在投资决策中至关重要,它不仅有助于判断项目投资的可行性,还能为制定合理的投资策略提供依据,并有效控制投资风险。

章节测试题 （共 100 分）

【单选题】(本题共 10 分,每小题 2 分)

1. 如果考虑所得税的影响,则下列属于正确计算营业净现金流量的算式是(   )。
    A. 税后营业利润＋非付现成本
    B. 营业收入－付现成本
    C. (营业收入－付现成本)×(1－所得税税率)
    D. 营业收入×(1－所得税税率)＋非付现成本×所得税税率

2. 如果固定资产的账面原值是 1 000 万元,已经计提的折旧是 800 万元,现在售价是 120 万元,适用的所得税税率是 25%,则该设备变现所产生的净现金流量是(   )万元。
    A. 120   B. 200   C. 320   D. 140

3. 如果某个投资项目原始投资额的现值是 100 万元,净现值是 25 万元,那么该项目的现值指数是(   )。
    A. 0.25   B. 0.75   C. 1.05   D. 1.25

4. 若净现值为负数,则表明该投资项目(   )。
    A. 投资报酬率小于零,不可行
    B. 投资报酬率大于零,可行
    C. 投资报酬率不一定小于零,因此也有可能是可行方案
    D. 投资报酬率没有达到预定的折现率,不可行

5. 下列说法中不正确的是(   )。
    A. 当净现值大于零时,现值指数小于 1
    B. 当净现值大于零时,说明该方案可行
    C. 当净现值为零时,说明此时的折现率为内含报酬率
    D. 净现值是未来现金流量的总现值与初始投资额现值之差

【多选题】(本题共 20 分,每小题 4 分)

1. 在投资决策分析中使用的折现现金流量指标有(   )。
    A. 内含报酬率   B. 获利指数   C. 会计收益率   D. 净现值

2. 利润与现金流量的差异主要表现在(   )。

A. 购置固定资产付出大量现金时不计入成本

B. 将固定资产价值以折旧或折耗方式计入成本时,不涉及现金流出

C. 现金流量一般来说大于利润

D. 计算利润时不考虑垫支的流动资产的数量和回收的时间

3. 下列投资中,属于对外投资的有( )。

A. 债券投资　　　　B. 股票投资　　　　C. 应收账款　　　　D. 固定资产投资

4. 下列各项中,影响内含报酬率的有( )。

A. 银行贷款利率　　　　　　　　　B. 银行存款利率

C. 投资项目有效期　　　　　　　　D. 初始投资额

5. 长期投资决策中,属于初始现金流量的有( )。

A. 营业费用　　　　　　　　　　　B. 购置设备的费用

C. 不可预见的费用　　　　　　　　D. 垫支的营运资本

【判断题】(本题共 10 分,每小题 2 分)

1. 对内投资都是直接投资,对外投资都是间接投资。　　　　　　　　　( )

2. 互斥项目的决策中,采用净现值法可能会作出错误决策,而采用内含报酬率法始终能得出正确结论。　　　　　　　　　　　　　　　　　　　　　　　　　( )

3. 因为现值指数是用相对数表示的,所以现值指数法比净现值法更为优越。　　( )

4. 固定资产投资方案的内含报酬率可能有多个。　　　　　　　　　　　( )

5. 投资决策中,项目结束时因收回垫支流动资金产生的现金流入应计入应纳所得税收入。　　　　　　　　　　　　　　　　　　　　　　　　　　　　　( )

【思考题】(本题共 30 分,每小题 10 分)

1. 简述在投资决策中使用现金流量的原因。

2. 简述非折现现金流量指标。

3. 试述净现值法与内含报酬率法不一致的情况及原因。

【计算分析题】(本题共 30 分,每小题 15 分)

1. W 公司有一项目,建设期为 2 年,每年需要投入资金 200 万元。第 3 年正式投产,投产开始时垫支营运资金 50 万元,在项目结束时收回。项目运营期为 6 年,每年营业收入为 400 万元,付现成本为 280 万元。项目净残值为 40 万元,采用直线法计提折旧(与税法规定相同),公司所得税税率为 25%,资本成本率为 10%。

要求:

(1) 计算该项目每年的营业净现金流量。

(2) 列出该项目每年的现金流量。

(3) 计算该项目的净现值和内含报酬率,并判断项目的可行性。

2. A 公司有一台 1 年前购置的旧设备,现考虑是否进行更新。旧设备原价为 14 950 元,预计尚可使用 5 年,每年付现成本为 2 150 元,预计净残值为 1 750 元,当前的变现价值为 8 500 元;新设备的购置成本为 13 750 元,预计可使用 6 年,每年付现成本为 850 元,预计净残值为 2 500 元。假设该公司的资本成本率为 12%,所得税税率为 25%。税法规定的该类设备折旧年限为 6 年,直线法计提折旧,残值为原值的 10%。

要求:请对 A 公司设备更新的可行性进行投资决策分析。

财务管理

第七章

证券投资管理

1. 掌握证券投资分类与证券投资风险的内容。
2. 理解债券与股票的估值模型，并能熟练运用估值模型进行投资决策。
3. 了解证券投资组合，并能理解证券投资组合策略。

微课视频

知识导航

证券投资管理
- 证券投资概述
  - 企业证券投资的动机
  - 证券投资的分类
  - 证券投资风险
  - 证券投资的程序
- 债券投资管理
  - 债券的构成要素
  - 债券价值
  - 影响债券价值的因素
  - 债券到期收益率
- 股票投资管理
  - 股票投资的特征
  - 股票价值
  - 股票投资收益率
- 证券投资组合
  - 证券投资组合的作用
  - 证券投资组合的风险与收益
  - 证券投资组合策略

防范化解金融风险，保护好股票市场

金融是现代经济的核心，而股票市场作为金融市场的重要组成部分，不仅关系企业的融资和发展，更与广大投资者的切身利益息息相关。近年来，随着我国经济的快速发展和金融市场的不断开放，金融风险也呈现出复杂化、多样化的趋势。如何有效防范化解金融风险，保护好股票市场，成为当前经济工作和金融监管的重要课题。这不仅是一个经济问题，更是一个涉及国家稳定、社会和谐的政治问题。因此，我们必须从国家战略高度出发，坚持底线思维，增强忧患意识，切实维护金融市场的稳定运行。

金融风险的来源多种多样，主要包括市场风险、信用风险、流动性风险、操作风险以及系统性风险等。在股票市场中，这些风险可能表现为股价剧烈波动、市场操纵、信息披露不透明、杠杆资金过度涌入等问题。

一个健康、稳定的股票市场能够为企业提供高效的融资渠道，促进科技创新和产业升级；能够为居民提供财富增值的途径，增强消费信心；能够提升我国金融体系的国际竞争力，助力加快人民币国际化进程。

防范化解金融风险，保护好股票市场，是一项系统性工程，需要政府、监管机构、市场参与者和全社会共同努力。我们要坚持底线思维，增强忧患意识，不断完善金融监管体系，提高市场运行效率，增强投资者风险意识，推动股票市场长期健康发展。只有这样，才能为我国经济高质量发展提供坚实支撑，为实现中华民族伟大复兴的中国梦贡献力量。

第一节　证券投资概述

证券投资即有价证券投资（quoted securities investment），是指企业或个人购买债券、股票、基金等有价证券，借以获得收益的行为。金融机构的主营业务是进行有价证券交易。证券投资的对象主要是政府债券、企业债券、股票、基金等有价证券。

一、企业证券投资的动机

1. 利用闲置资金增加收益

企业在生产经营过程中，必须保持一定规模的货币资金（以现金为主）以满足日常经营需求。然而，现金作为一种流动性极强的资产，本身并不产生收益，若持有过量反而会导致资金闲置，形成沉淀成本。因此，企业可以将暂时闲置的货币资金用于短期证券投资，在确保流动性的同时获取额外收益。当企业出现现金需求时，其可随时变现证券以满足资金周转。这种短期证券投资实质上发挥了现金替代品的作用，其既能够维持企业的支付能力，又能在一定程度上提高资金使用效率，实现收益与流动性的平衡。

2. 调整资本结构

处于成长扩张期的企业，一般每隔一段时间就会发行长期证券，以获得一些长期资金。一方面，暂时不用的资金可投资于有价证券以获取一定的收益，且当企业进行投资需要资金时，其可出售有价证券以获取现金；另一方面，企业证券投资也调整了企业的长、短期资本结构。

3. 满足未来财务需求

如果企业在未来需要新建厂房或归还到期债务，则可将现有的有价证券通过交易市场变现，满足业务所需资金需要。

4. 获得管理权或控制权

企业进行股票投资的目的除了获取收益，还可能是出于战略性控制的需要。例如，一家实体企业欲扩展高科技业务，则可以通过股票市场或协议购买某科技公司一定数额的股份，以控制其财务和经营活动，从而达到实现业务转型的目的。

二、证券投资的分类

1. 按证券发行主体

按证券发行主体不同，证券投资分为政府证券投资、金融证券投资和企业证券投资。

政府证券投资是指投资者购买由政府财政部门或其授权机构发行的债务工具的投资行为。这类债务工具包括：①购买国库券［财政部发行的短期（1年以内）贴现债券］；②购买国债（中央财政发行）和地方债（省级政府发行）。

金融证券投资是指投资者购买由持牌金融机构发行的融资工具的投资行为。这类融资工具主要包括：①金融债券（商业银行等金融机构发行的中长期债务融资工具）；②次级债（用于补充金融机构附属资本的债券品种）；③同业存单（银行间市场发行的短期融资凭证）。

企业证券投资是指投资者购买企业法人发行的融资工具的投资行为。这类融资工具具体分为：①权益类（普通股、优先股）；②债务类（公司债券、可转换债券）；③衍生类（认股权证、存托凭证）。

2. 按投资期限

按投资期限，证券投资可分为短期证券投资和长期证券投资。

短期证券投资是指投资者购买投资期限不超过1年的流动性金融资产配置的投资行为。这类投资标的主要包括：①货币市场工具（如国库券、商业票据）；②短期债券（如1年期以内的国债、金融债）；③银行理财产品（短期保本型）。

长期证券投资是指持有期限超过1年的战略性资产配置，典型投资品种涵盖：①权益类资产（如股票、股权投资基金）；②长期债券（如公司债、地方政府债）；③另类投资（如房地产信托、基础设施证券化产品）。

3. 按有价证券性质

按有价证券的性质，证券投资可分为债权性证券投资和权益性证券投资。

债权性证券投资是指投资者通过持有债权凭证获得固定收益请求权的投资行为，如政府及企业发行的各类债券。

权益性证券投资是指投资者通过持有所有权凭证参与企业剩余价值分配的投资行为，如购买公司股票的行为。

4. 按证券收益类型

根据证券收益类型的不同，证券投资可分为固定收益证券投资和非固定收益证券投资两大类。

固定收益证券投资是指投资者持有在票面上明确约定固定收益率的证券。这类证券通常具有收益稳定、风险较低的特点，其典型代表包括优先股（其股息或股息率在发行时即已确定）以及各类债券等。

非固定收益证券投资是指投资收益未事先约定，而是随发行主体的经营状况和市场环境波动的证券投资。这类证券的收益具有不确定性，风险相对较高但潜在回报也可能更大，其典型代表是普通股（其股利分配需视公司盈利情况而定，但遵循同股同利的原则）。此外，可转换债券、权证等衍生金融工具也属于非固定收益证券的范畴。

5. 按投资方式

根据投资方式不同，证券投资可分为直接证券投资和间接证券投资两种形式。

直接证券投资是指投资者直接在金融市场上购买股票、债券、基金等有价证券，并自行承担投资决策和风险的投资行为。

间接证券投资是指投资者通过购买基金份额、理财产品或其他集合投资工具，将资金委托给专业投资机构（如基金公司、资产管理公司等），由这些机构进行证券组合配置和管理。

三、证券投资风险

进行证券投资的动机是未来获得某种直接与间接的收益。某些证券的价格具有较大的波动性和不确定性，收益与风险共存。证券投资风险就是投资者在投资期内不能获得预期收益或遭受损失的可能性。证券投资风险包括信用风险、利率风险、通货膨胀风险、流动性风险、期限性风险等类型。

1. 信用风险

信用风险又称违约风险，是指证券发行人在证券到期时无法还本付息而使投资者遭受损失的风险，它通常是针对债券而言的。违约风险越高，投资者要求发行人支付的利率越高。一般而言，政府证券违约风险较小，金融证券的违约风险次之，企业发行的证券风险较大。

2. 利率风险

利率风险是指由于利率变动引起证券价格的波动而使投资者遭受损失的风险。证券的价格随利率的变动而变动。一般而言，银行利率下降，证券价格上升；银行利率上升，证券价格下降。因此，即使是没有信用风险的国库券，也会存在利率风险。证券的到期时间越长，利率风险就越大。

3. 通货膨胀风险

通货膨胀风险又称购买力风险，是由通货膨胀导致投资者的实际收益水平下降的风险。在存在通货膨胀的情况下，物价普遍上涨，证券价格也会上升，投资者的货币收入有所增加。由于货币贬值，货币购买力水平下降，投资者的实际收益不仅没有增加，反而有所减少。一般可通过计算实际收益率来分析购买力风险。

4. 流动性风险

流动性风险是指因市场成交量不足或缺乏愿意交易的对手，导致企业未能在理想的时点完成买卖的风险。流动性指的是以合理的代价筹集资金的能力。流动性的代价会因市场上短暂的流动性短缺而上升，而市场流动性对所有市场参与者的资金成本均产生影响。市场流动性指标包括交易量、利率水平及波动性、寻找交易对手的难易程度等。

5. 期限性风险

期限性风险是由于证券期限长而给投资者带来的风险。一项投资到期日越长，投资者遭受的不确定性因素就越多，其所承担的风险越大。例如，同一家企业发行的 10 年期债券要比 1 年期债券的风险大，这便是证券的期限性风险。

四、证券投资的程序

证券投资的程序通常包括以下几个步骤。

1. 确定证券投资目标和策略

在开始投资之前，企业需要确定投资目标和策略，包括确定投资的预期收益、投资的资金规模以及投资的具体对象。

2. 进行投资分析

投资分析是投资决策的关键步骤，包括对市场趋势、公司基本面、行业状况等进行深入研究,以评估证券的投资价值。

3. 组建证券投资组合

根据投资分析结果,企业会选择并购买多种证券,以构建投资组合。这一步需要考虑证券的风险水平和收益潜力。

4. 对证券投资组合进行修正

随着市场条件的变化,企业可能需要调整其投资组合。这包括买卖证券、调整资产配置等,以维持投资组合的风险与收益的平衡。

5. 评估证券投资组合的业绩

证券投资一段时间后,企业需要评估投资组合的表现。这包括分析投资收益、风险水平以及投资组合的整体表现,以便对未来的投资决策提供参考。

以上每个步骤都需要企业根据其投资目标和市场情况,作出合理的决策。

第二节　债券投资管理

债券是社会各类经济主体(如政府、金融机构、非金融企业、国际组织等)为筹集资金而向投资者出具的,承诺按规定利率支付利息并按约定条件偿还本金的债权债务凭证,具有偿还性、流动性、安全性和收益性等基本特征。简单来讲,债券是借债的证明书,具有法律效力。债券购买者与发行者之间是一种债权债务关系,债券发行人即债务人,投资者/债券持有人即债权人。

一、债券的构成要素

债券主要包括以下几项构成要素。

1. 票面价值

债券面值是指债券票面标明的货币价值,是债券发行人承诺在债券到期日偿还给债券持有人的金额。这也是债券发行人按期支付利息的计算依据。债券注明的面值一般都是整数,同时,债券会注明币种。

2. 票面利率

票面利率是债券年利息与债券票面价值的比率,代表了借钱机构承诺给债券持有人的报酬。投资者获得的年利息等于债券面值乘以票面利率。利率主要由双方按法规和资金市场情况进行协商确定下来,须双方共同遵守。

3. 债券价格

债券价格通常分为发行价格和交易价格。当债券发行价格高于面值时,称为溢价发行;当债券发行价格低于面值时,称为折价发行;当债券发行价格等于面值时,称为平价发行。债券的交易价格是指投资者在二级市场转让债券的成交价。

4. 偿还期和付息期

偿还期是指债券从发行日至到期日的时间间隔,其明确了债券的到期时间。付息期是债券利息的支付时间,可以是到期一次性支付,也可以是分期支付,如每年或每半年支付一次。

5. 发行人名称

发行人名称对应债务的债权主体,其既明确了发行人应履行对债权人偿还本息的义务,也为债权人到期追回本息提供了依据。

此外,债券还有提前赎回规定、税收待遇、拖欠的可能性、流通性等方面的规定。

二、债券价值

债券作为企业的一种投资,具有购买价格。投资者购买债券时支付现金,发生现金流出。发行人付息或到期偿还本金,或者在市场出售时得到现金,发生现金流入。

债券的价值或债券的内在价值是指债券未来现金流入量的现值,即债券各期利息收入的现值加上债券到期偿还本金的现值之和。只有债券的内在价值大于购买价格时,这种证券才值得购买。

1. 一般债券估价

一般债券的估值主要采用现金流贴现法。这种方法基于货币时间价值,通过计算债券的未来现金流按照一定的利率折现现值来确定债券的当前价值。典型的债券利率固定,每年计算并支付利息,到期归还本金。在此情况下,按复利方式计算的债券价值的计算公式如下:

$$V = \sum_{t=1}^{n} \frac{I}{(1+i)^t} + \frac{M}{(1+i)^t} = I \times PVIFA_{i,n} + M \times PVIF_{i,n}$$

其中,V 为债券价值;I 为定期计算的利息;M 为债券票面价值;i 为市场利率或必要投资收益率;n 为计息期数;t 为第 t 期。

【例7-1】 诚信集团拟 2026 年 2 月 1 日购买一张面额为 1 000 元的债券,其票面利率为 3%,每年 2 月 1 日计算并支付一次利息,并于 5 年后的 1 月 31 日到期。当前的市场利率为 4%,债券的市价是 800 元,诚信集团是否应购买该债券?

$$V = \frac{30}{(1+4\%)^1} + \frac{30}{(1+4\%)^2} + \frac{30}{(1+4\%)^3} + \frac{30}{(1+4\%)^4} + \frac{30}{(1+4\%)^5} + \frac{1\,000}{(1+4\%)^5}$$
$$= 30 \times PVIFA_{4\%,5} + 1\,000 \times PVIF_{4\%,5}$$
$$= 30 \times 5.416 + 1\,000 \times 0.621$$
$$= 162.48 + 621 = 783.48(元) < 800(元)$$

由于债券的价值小于市价,如不考虑其他风险问题,购买此债券是不合算的。

2. 一次还本付息且单利计息的债券估价

一次还本付息且单利计息的债券价值的计算公式如下:

$$V = \frac{I \cdot n + M}{(1+i)^n}$$

【例7-2】 诚信集团欲购买金信公司发行的利随本清、不计复利的债券。该债券面值为 1 000 元,5 年期,票面利率为 5%,当前市场利率为 4%。若该债券目前发行价格为 1 015 元,诚信集团是否应购买该债券?

$$V = \frac{1\,000 \times 5\% \times 5 + 1\,000}{(1+4\%)^5} = 1\,027.41(元)$$

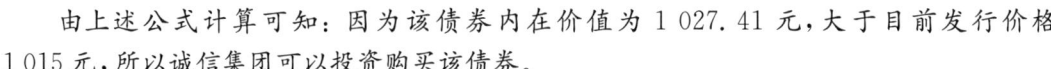

由上述公式计算可知：因为该债券内在价值为 1 027.41 元，大于目前发行价格 1 015 元，所以诚信集团可以投资购买该债券。

3. 贴现发行债券估价

目前，我国有些债券是按照低于其票面金额的价格折价发行的，到期日按照票面金额进行偿付。这类债券叫作贴现发行债券。这类债券并不支付利息，其到期收益是债券的面值与购买债券价格的差值。因为没有利息，所以其也被称作零息债券。这种债券价值的计算公式如下：

$$V = \frac{M}{(1+i)^n} = M \cdot PVIF_{i,n}$$

【例 7-3】 某债券面值为 1 000 元，期限为 5 年，以贴现方式发行，期内不计利息，到期按面值偿还。若企业要求的投资收益率为 5%，问其价格为多少时，企业才能购买？

$$V = 1\,000 \cdot PVIF_{5\%,5} = 1\,000 \times 0.784 = 784(元)$$

计算结果表明，只有当该债券价格低于 784 元时，企业才能购买。

三、影响债券价值的因素

总的来说，影响债券价值有两个层次的因素：一是内部因素，二是外部因素。

1. 内部因素

内部因素包括票面利率、债券期限、税收待遇、流动性（二级市场的活跃程度）、发债主体的信用、是否可赎回等，如表 7-1 所示。

表 7-1 债券内部因素对债券价值的影响

影响因素	变动方向	对债券价值的影响
票面利率	越高	内在价值越大
债券期限	越长	内在价值变化的可能性和幅度越大
税收待遇	税收越低（免税）	内在价值越大
流动性	越好	内在价值越大
发债主体的信用	等级越高	内在价值越大
是否可赎回	提前赎回可能性小	内在价值越小

注：变动方向以其他因素不变为前提。

【例 7-4】 已知债券面值为 1 000 元，每年付息一次，到期偿还本金。假设市场利率为 5%，请分别计算票面利率为 4%、5%、6% 三种情况下的债券价值。

$$V_{4\%} = 1\,000 \times PVIF_{5\%,n} + 1\,000 \times 4\% \times PVIFA_{5\%,n}$$

$$V_{5\%} = 1\,000 \times PVIF_{5\%,n} + 1\,000 \times 5\% \times PVIFA_{5\%,n}$$

$$V_{6\%} = 1\,000 \times PVIF_{5\%,n} + 1\,000 \times 6\% \times PVIFA_{5\%,n}$$

由上述 V 值可知，债券期限越短，债券票面利率对债券价值的影响越小。在票面利率偏离市场利率的情况下，债券期限越长，债券值越偏离于债券面值。但这种偏离的变化幅度最终会趋于平稳。或者说，超长期债券的期限差异对债券价值的影响不大。

溢价债券的内部收益率低于票面利率,折价债券的内部收益率高于票面利率,平价债券的内部收益率等于票面利率。

2. 外在因素

影响债券价值的外在因素包括供求状况、基础利率、市场利率风险(波动程度)、通货膨胀水平等,具体如表 7-2 所示。

表 7-2　债券外部因素对债券价值的影响

影响因素	变动方向	对债券价值的影响
供求状况	供大于求	整体价值越低
基础利率	提高	整体价值越低
市场利率风险	越大	整体价值越低
通货膨胀水平	越高	整体价值越低

以基础利率为例,债券价值与基础利率的变动方向相反。因为当中国人民银行提高基准利率水平时,投资者预期的收益率会相应提高。其原因是投资者的预期收益由两部分构成,一部分是无风险收益,另一部分是风险溢价。基准利率的提高直接提高了无风险收益,不考虑其他影响,投资者的预期收益率也会相应提高。因此,投资者就会调低债券的投资价值估值。

债券价值对市场利率的敏感性也不一致。长期债券对市场利率的敏感性大于短期债券。在市场利率较低时,长期债券的价值远高于短期债券。在市场利率较高时,长期债券的价值远低于短期债券。在市场利率低于票面利率时,债券价值对市场利率的变化较为敏感,市场利率稍有变动,债券价值就会发生剧烈的波动;在市场利率超过票面利率后,债券价值对市场利率的敏感性减弱,市场利率的提高,不会使债券价值过分地降低。

四、债券到期收益率

债券到期收益率,也称为债券的最终收益率,是指投资者在购买债券后,持有至债券到期日所能获得的年化收益率。这种收益率反映了投资者持有债券期间的平均年化回报率,考虑了利息收入和资本利得。例如,国债到期收益率是投资购买国债的内部收益率。

1. 短期债券到期收益率

短期债券是指处于最后付息周期的附息债券、贴现债券和剩余流通期限在 1 年以内(含 1 年)的到期一次还本付息债券。其到期收益率的计算公式为:

$$到期收益率 = \frac{到期本息和 - 债券买入价}{债券买入价 \times 剩余到期年限} \times 100\%$$

各种不同债券到期收益率的具体计算方法分别列示如下。

(1) 零息债券的计算。零息债券是指以贴现方式发行,不附息票,而于到期日时按面值一次性支付本利的债券。

$$零息债券到期收益率 = \frac{债券年利息 + 债券面值 - 债券买入价}{债券买入价 \times 剩余到期年限} \times 100\%$$

【例7-5】 诚信集团 2023 年 1 月 1 日以 102 元的价格购买了面值为 100 元、利率为 5%,每年 1 月 1 日支付 1 次利息的 2019 年发行的 5 年期国库券,持有到 2024 年 1 月 1 日到期,那么该零息债券到期收益率为多少?

$$零息债券到期收益率 = \frac{100 \times 5\% + (100 - 102)}{102 \times 1} \times 100\% = 2.94\%$$

(2) 一次还本付息债券到期收益率的计算。

$$债券到期收益率 = \frac{债券面值(1 + 票面利率(债券有效年限)) - 债券买入价}{债券买入价 \times 剩余到期年限} \times 100\%$$

【例7-6】 诚信公司于 2024 年 1 月 1 日以 1 015 元的价格购买了金信公司于 2020 年 1 月发行的面值为 1 000 元,利率为 5%,到期一次还本利息的 5 年期公司债券,持有到 2025 年 1 月 1 日,计算其到期收益率。

$$到期收益率 = \frac{1 \, 025 - 1 \, 015}{1 \, 015} \times 100\% = 0.9\%$$

(3) 贴现债券到期收益率的计算。

$$贴现债券到期收益率 = \frac{债券面值 - 债券买入价}{债券买入价 \times 剩余到期年限} \times 100\%$$

2. 长期债券到期收益率

长期债券到期收益率采取复利计算方式,其计算公式为:

$$PV = \frac{I}{(1+i)^1} + \frac{I}{(1+i)^2} + \cdots + \frac{I}{(1+i)^t} + \frac{M}{(1+i)^t}$$

其中,i 为到期收益率;M 为债券面值;PV 为债券买入价;t 为剩余的付息年数;I 为当期债券票面年利息。

【例7-7】 诚信集团于 2024 年 1 月 1 日以 1 010 元价格购买了金信公司于 2021 年 1 月 1 日发行的面值为 1 000 元,票面利率为 5% 的 5 年期债券。请分别计算该债券为一次还本付息和分期付息时的到期收益率。

(1) 一次还本付息时:

根据 $1 \, 010 = 1 \, 000(1 + 5 \times 5\%) \times PVIF_{i,2}$,可得:

$PVIF_{i,2} = 1 \, 010 \div 1 \, 250 = 0.808$

查复利现值系数表可知:

当 $i = 11\%$, $PVIF_{i,2} = 0.812$

当 $i = 12\%$, $PVIF_{i,2} = 0.797$

采用插值法求得:$i = 11.27\%$

(2) 分期付息时:

根据 $1 \, 010 = 1 \, 000 \times 5\% \times PVIFA_{i,2} + 1 \, 000 \times PVIF_{i,2}$

$\qquad\qquad = 50 \times PVIFA_{i,2} + 1 \, 000 \times PVIF_{i,2}$

当 $i = 5\%$ 时,

$NPV = 50 \times PVIFA_{i,2} + 1 \, 000 \times PVIF_{i,2} - 1 \, 010 = 50 \times 1.859 + 1 \, 000 \times 0.907 - 1 \, 010$

$\qquad = -10.05(元)$

由于 $NPV < 0$，需进一步降低测试比率。

当 $i = 3\%$ 时，

$$NPV = 50 \times PVIFA_{i,2} + 1\,000 \times PVIF_{i,2} - 1\,010 = 50 \times 1.913 + 1\,000 \times 0.943 - 1\,010$$
$$= 28.65(元)$$

可求得：$i = 4.49\%$

第三节 股票投资管理

股票投资是公司进行证券投资的另一个重要方面，是企业为未来能获得一定的收益而购买股份制公司发行股票的投资行为。随着我国股票市场的发展，股票投资越来越重要。

一、股票投资的特征

股票投资具有以下四个方面的特征。

1. 收益性

收益性是股票投资最基本的特征。股票持有者可以通过股息或红利的形式获得收益，这是公司利润分配的一部分。此外，股票价值的波动也提供了资本增值的机会。通过低价买入和高价卖出股票，投资者可以赚取价差收益。另外，在通货膨胀时，股票价格会随着资产重置价格上升而上涨，股票通常被视为在高通货膨胀期间可优先选择的投资对象。

2. 价格波动性与风险性

股票价格具有波动性，受多种因素影响，如公司业绩、宏观经济环境和市场情绪等。股票价格随着市场行情而波动，具有很大的不确定性。股票价格波动的不确定性越大，投资风险也越大。风险性是指投资股票可能产生利益损失的特性，持有股票需要承担一定的风险。正是因为存在这种不确定性，股票投资者可能会遭受损失。如果投资者在高价位买进股票，其就有可能遭受损失。

3. 流通性

股票流通性是指股票在不同投资者之间的可交易性。流通性高意味着股票容易买卖，价格对交易量不敏感，这增加了市场的流动性和交易的便利性。流通性通常以可流通的股票数量、股票成交量以及股价对交易量的敏感程度来衡量。股票的流通使投资者可以在市场上卖出其所持有的股票而取得现金。因为股票流通且股价变动，大量投资者会关注股价不断上涨的行业和公司。而公司可以通过增发股票，不断吸收大量资本进入公司的生产经营活动，从而起到优化资源配置的效果。

4. 目的多元性

股票投资的目的通常有两个：一是获利；二是利用购买某公司的大量股票，达到参与和控制该公司管理的目的。股票持有人有权参与公司的重大决策，出席股东大会，选举公司董事会成员。股票持有者通常通过出席股东大会来行使权利。从实践中看，只要股东持有的股票数量达到左右决策结果所需的实际多数，其就能掌握公司的决策控制权。

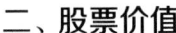

二、股票价值

1. 影响股票价值的要素

1）股票价值

股票价值也称股票的内在价值、理论价值。股票的内在价值是股票基于其基本面因素（如公司的资产、负债、收入、支出和预期增长）所展现出的真实价值。这个价值不是由市场价格决定的，而是基于公司的财务状况和获利能力。投资股票通常是为了能够获得股份公司未来一定时期的现金流入。这种现金流入包括两部分：投资持有期内的股利以及未来出售股票时得到的价格收入。

2）股票价格

股票价格是股票在流通市场上的实际买卖价格，通常表现为开盘价、收盘价、最高价、最低价等形式。其中，收盘价最重要，是分析股市行情时采用的基本数据。因受到各种因素的影响，股票价格会出现波动。

3）股利

股利是指按照股份支付给持股人的公司利润。一般来说，公司在纳税、弥补亏损、提取法定公积金之前，不得分配股利。公司当年无利润时，其也不得分配股利。股息是指公司根据股东出资比例或持有的股份，按照事先确定的固定比例向股东分配的公司盈余；而红利是公司除股息之外，根据公司盈利的多少向股东分配的公司盈余。当公司有利润且管理层愿意将利润分给普通股股东时，股东才有可能获得股利。这个特点使得股利与留用利润再投资存在明显区别。

2. 股票估值的一般模型

一般投资者购买股票期望得到两种现金流：一是投资持有期间的股利，二是持有期末的未来股票价格。假定 V 为股票的内在价值，D_t 为第 t 期每股股利；R 为股票贴现率，或股票必要报酬率；n 为预计持有股票的期数，P_n 为第 n 年出售股票时的价格，则股票价值为：

$$V = \sum_{t=1}^{n} \frac{D_t}{(1+R)^t} + \frac{P_n}{(1+R)^n}$$

如果投资者打算永久持有股票，则股票的未来现金流就是各期的股利收入，其股票的估值模型为特殊股利贴现模型：

$$V = \sum_{t=1}^{\infty} \frac{D_t}{(1+R)^t}$$

【例 7-8】　诚信集团准备购买一只股票，预计未来 2 年每年的股利为 3 元，2 年后市场价格为 25 元，投资者预期收益率为 8%。请计算该股票的现值。

根据股票价值的一般模型：

$$V = \sum_{t=1}^{n} \frac{D_t}{(1+R)^t} + \frac{P_n}{(1+R)^n} = \frac{3}{(1+8\%)^1} + \frac{3}{(1+8\%)^2} + \frac{25}{(1+8\%)^2}$$
$$= 3 \times 0.926 + 3 \times 0.857 + 25 \times 0.857 = 26.774(元)$$

即该股票的现值为 26.77 元。

此外，股利贴现模型又可细分为零增长模型、稳定增长模型、复合增长模型等。

3. 股利固定增长的股票估值模型

麦伦·戈登（Myron J. Gordon）生于1920年，1970年开始担任加拿大多伦多大学理财学教授。股利固定增长的股票价值模型又称戈登模型（Gordon Model）。在大多数理财学和投资学方面的教材中，戈登模型是一个被广泛接受和运用的股票估价模型。该模型通过计算公司预期未来支付给股东的股利现值，来确定股票的内在价值。

戈登模型有三个假定条件：①股息的支付在时间上是永久性的。②股息的增长速度 g 是一个常数，如第一期股利为1，第二期为 $(1+g)$，第三期为 $(1+g)^2$，以此类推。③模型中的贴现率大于股息增长率。其股票价值为：

$$V = \frac{D_1}{(1+R)^1} + \frac{D_1(1+g)}{(1+R)^2} + \frac{D_2(1+g)^2}{(1+R)^3} + \cdots$$

可简化为：

$$V = \frac{D_1}{R-g}$$

如果股票发行公司经营状况良好，则股利分派一般呈逐年增长的态势，但准确预计股票增长率比较困难，所以估值是一个近似值。

【例7-9】 诚信集团发行的股票，经分析属于固定成长型，预计获得的收益率为8%，最近一年的每股股利为2元，预计股利增长率为4%，则该股票的价值为多少？

$$V = \frac{2 \times (1+4\%)}{8\% - 4\%} = 52（元）$$

若当前该股票的市场价格为45元，在不考虑风险的前提下，投资该股票是可行的。

4. 股利零增长的股票估值模型

股利零增长模型假定股利增长率等于0，即未来的股利按一个固定数量支付。其股票价值为：

$$V = \frac{D_1}{(1+R)^1} + \frac{D_2}{(1+R)^2} + \frac{D_3}{(1+R)^3} + \cdots + \frac{D_t}{(1+R)^t}$$

其中，V 为股票的内在价值；D_t 为在未来时期以现金形式表示的每股股利；R 为在一定风险程度下现金流的贴现率。如果未来各年的股利 D_t 相等，用 D_0 表示，则：

$$V = \sum_{t=1}^{\infty} \frac{D_0}{(1+R)^t} = \frac{D_0}{R}$$

【例7-10】 假定诚信集团在未来无限时期支付的每股股利为8元，必要收益率为8%。如果此时1股该公司的股票价格为85元，是否可以购买该种股票？

$$V = \frac{D_0}{R} = \frac{8}{8\%} = 100（元）$$

$$100 - 85 = 15（元）$$

可见，每股股票差价为15元。因此，可以购买该种股票。

5. 多阶段增长的股票估值模型

多阶段增长又称非固定增长。有些公司的股票在一段时间内高速增长,在另一段时间里又正常固定增长或固定不变,在这种情况下,就要分段计算,以确定股票的价值。

【例7-11】 诚信公司持有金信公司的股票,其必要收益率为8%,预计金信公司未来3年股利高速增长,增长率为15%,此后转为正常增长,增长率为4%。金信公司最近支付的股利为3元。请计算该公司的股票价值。

(1) 计算前3年的股利现值,如表7-3所示。

表7-3 股利现值计算

单位:元

年份	股利	复利现值系数	现值
第1年	3×1.15	0.926	3.19
第2年	3.45×1.15	0.857	3.40
第3年	3.97×1.15	0.794	3.62
合计			10.21

(2) 计算第3年的股票价值:

$$V_3 = \frac{D_3(1+g)}{(R+g)} = \frac{4.56 \times (1+4\%)}{(8\%-4\%)} = 118.703(元)$$

(3) 计算股票目前的内在价值:

$$V = 118.703 \times PVIF_{8\%,3} + 10.21 = 118.703 \times 0.794 + 10.21 = 104.46(元)$$

即该股票的价值为104.46元。

三、股票投资收益率

股票投资收益率是投资者持有股票期间的股息收入与买卖差价占股票买入价格的比率。

1. 短期持有股票的收益率

短期股票由于期限较短,一般不用考虑货币时间价值因素,只需考虑股票价差及利息,将其与投资额相比,即可求出短期股票收益率。

$$R = \frac{(S_1 - S_0 + d)}{S_0} \times 100\% = \frac{(S_1 - S_0)}{S_0} + \frac{d}{S_0}$$

$$=预期资本利得收益率+股利收益率$$

其中,R为短期股票收益率;S_1为股票出售价格;S_0为股票购买价格;d为股利。

【例7-12】 2023年2月1日,诚信集团购买金信每股市价15元的股票。2025年1月,诚信集团每股获得现金股利1元。2024年2月1日,诚信集团将股票以每股18元的价格出售。计算该股票的收益率。

$$R = \frac{(S_1 - S_0 + d)}{S_0} \times 100\% = \frac{(18-15+1)}{15} \times 100\% = 26.67\%$$

即该股票的收益率为26.67%。

2. 长期持有,股利固定增长股票的收益率

长期持有,股利固定增长股票的收益率的计算公式为:

$$R = \frac{d}{P_0} + g$$

其中,R 为投资收益率,P_0 为股票的买价;g 为股利年增长率;d 为第 1 期的股利。

【例 7-13】 诚信集团发行的股票每股市价为 40 元,预期下一年度的股利为 2.4 元,预期股利增长率为 6%,计算该股票的收益率。

$$R = \frac{2.4}{40} + 6\% = 12\%$$

即该股票的收益率为 12%。

3. 一般股票的收益率

一般股票的收益率是使各期股利及股票售价的复利现值等于股票买入价时的贴现率,即投资现值减去未来股票股利现值为 0 时的折现率就是投资收益率。

$$V = \sum_{t=1}^{n} \frac{d_t}{(1+R)^t} + \frac{V_n}{(1+R)^n}$$

其中,V 为股票买入价;d_t 为第 t 期股票的股利;R 为贴现率或投资收益率;V_n 为股票出售价格;n 为持有股票的期数。

【例 7-14】 诚信集团于 2022 年 1 月 1 日以每股 5.10 元的价格购买金信公司股票 100 万股,2022 年 3 月 31 日至 2024 年 3 月 31 日,每股各分得现金股利 0.5 元、0.6 元、0.8 元,2024 年 3 月 31 日以每股 6 元的价格将股票全部出售。诚信集团的投资收益率是多少?

用内插法进行计算,分别设 $i=16\%$,$i=18\%$。各年净现值计算如表 7-4 所示。

表 7-4　各年净现值计算　　　　　　　　　　　　　　　　单位:万元

时间	当年现金流量	$i=16\%$		$i=18\%$	
		现值系数	现值	现值系数	现值
2022 年 3 月 31 日	100×0.5=50	0.862	43.10	0.847	42.35
2023 年 3 月 31 日	100×0.6=60	0.743	44.58	0.718	43.08
2024 年 3 月 31 日	100×0.8+100×6=680	0.641	435.88	0.609	414.12
合计			523.56		499.55

用内插法计算收益率如下:

$$R = 16\% + \frac{523.56 - 510}{523.56 - 499.55}(18\% - 16\%) = 16.56\%$$

即该股票的收益率为 16.56%。

第四节 证券投资组合

投资者在投资时,一般并不把其所有资金都投资于一种证券,而是同时持有多种证券。证券投资组合是由多种证券资产组成的投资方式,目的是通过资产的多样化配置来降低风险并提高收益。这种同时投资多种证券的方式叫作证券的投资组合,简称证券组合或投资组合。投资银行、基金、保险公司、其他类金融机构、股份公司等一般都持有多种有价证券,即使是个人投资者也会持有证券组合,而不是仅仅投资一家公司的股票或债券。

一、证券投资组合的作用

证券投资是一种高风险与高收益并存的投资方式。获取最高的投资收益,规避风险是理性投资者的愿望。降低证券投资风险的途径是多种多样的,其中最为有效的是进行投资组合。"不要把所有的鸡蛋放在同一个篮子里"就揭示了证券投资组合的一般规律和目的。这可以帮助投资者在复杂的金融市场中作出更明智的投资决策,实现财务安全和财富增长的目标。

1. 分散风险

通过将资金投资于多种不同类型的证券(如股票、债券、基金等),投资者可以在一定程度上降低单一证券投资所带来的风险。当某一证券表现不佳时,其他证券的收益可能弥补这一损失,从而降低整体投资组合的波动性。

2. 收益最大化

投资者可以通过合理配置不同类型的证券,实现在风险可控的前提下追求收益最大化的目标。通过投资组合,投资者可以根据市场环境和自身风险承受能力,调整各类证券的权重,以期在投资过程中获取更高的收益。

3. 优化资产配置

证券投资组合有助于投资者实现资产的合理配置。投资者可以根据自身投资目标和期限,结合各类证券的预期收益和风险,构建符合自身需求的投资组合,从而实现投资目标。

4. 降低交易成本

通过构建投资组合,投资者可以减少频繁交易的次数,降低交易成本。同时,投资组合有助于投资者在市场波动时保持理性,避免因情绪化决策而导致出现损失。

5. 提高投资效率

证券投资组合可以提高投资效率,使投资者能够更好地应对市场变化。通过对不同证券的动态调整,投资者可以及时抓住市场机会,提高投资收益。

二、证券投资组合的风险与收益

1. 证券投资组合的风险

虽然证券投资组合无法消除全部风险,但如果证券种类较多,则能分散掉大部分风险。证券投资组合旨在探索如何通过有效的方法来降低投资风险。证券投资组合的风险可以分为以下两种。

1）公司特别风险

公司特别风险又称可分散风险或非系统性风险,是指个别随机事件导致的对单个证券经济损失的可能性,是可以分散的风险,例如,个别公司遭受水灾、公司在某些区域市场占有率降低等。这种风险可通过证券持有的多样化来抵消,即多买几家公司的股票,其中某些公司股票的报酬下降,而另一些公司股票的报酬上升,从而实现降低风险的目的。

2）β 风险

β 风险又称系统性风险、市场风险或不可分散风险,是分散投资后仍然残留的风险。例如,新技术替代、国家法规调整、国家财政和货币政策调整等都会使大多数股票收益发生变动。即使投资者持有的是经过适当分散的证券投资组合,其也将遭受这种风险。对投资者来说,这种风险是无法消除的,故称不可分散风险。其风险程度通常用 β 系数来衡量。

如果用 ρ_{iM} 表示第 i 只股票的报酬与市场组合报酬的相关系数,用 σ_i 表示第 i 只股票报酬的标准差,σ_M 表示市场组合报酬的标准差,则股票 i 的 β 系数可由下式得出:

$$\beta_i = \left(\frac{\sigma_i}{\sigma_M}\right)\rho_{iM}$$

证券投资组合的 β_P 系数是单个证券 β_i 系数的加权平均数,权数为各股票在证券投资组合中所占的比重。其计算公式为:

$$\beta_P = \sum_{i=1}^{n} W_i\beta_i$$

其中,β_P 为证券投资组合的 β 系数;W_i 为证券投资组合中第 i 种股票所占的比重;β_i 为第 i 种股票的 β 系数;n 为证券投资组合中包含的股票数量。

大多数公司的 β 值分布在 $0.5 \sim 1.5$ 之间。一些标准的 β 系数如下:① $\beta = 0.5$,说明该股票的风险只有整个市场股票风险的一半。② $\beta = 1.0$,说明该股票的风险等于整个市场股票的风险。③ $\beta = 2.0$,说明该股票的风险等于整个市场股票风险的 2 倍。

2. 证券投资组合的收益

投资者进行证券组合投资与进行单项投资一样,都要求对承担的风险进行补偿。股票的风险越大,投资者所要求的报酬就越高。但是与单项投资不同,证券组合投资要求补偿的风险只是不可分散风险,而不要求对可分散风险进行补偿。因此,证券投资组合的风险收益是超过时间价值的那部分额外收益。证券投资组合的风险收益率可用下列公式计算:

$$R_P = \beta_P \times (R_m - R_f)$$

其中,R_P 为证券投资组合的风险收益率;β_P 为证券投资组合的 β 系数;R_m 为所有股票的平均收益率,简称市场收益率;R_f 为无风险收益率,一般用政府国债的利率来衡量。

【例 7-15】 诚信集团持有 A、B、C 三种股票构成的证券投资组合,它们的 β 系数分别是 2.0、1.0 和 0.5,它们在证券投资组合中所占的比重分别为 60%、30% 和 10%,股票的市场收益率为 15%,无风险收益率为 10%。请确定这种证券投资组合的风险收益率。

（1）确定证券投资组合的 β_P 系数。

$\beta_P = 2.0 \times 60\% + 1.0 \times 30\% + 0.5 \times 10\% = 1.55$

（2）计算证券投资组合的风险收益率。

$$R_P = \beta_P \times (R_m - R_f) = 1.55 \times (15\% - 10\%) = 7.75\%$$

计算出风险收益率后，便可根据投资额和风险收益率计算出风险收益的数额。

从以上计算中可以看出，在其他因素不变的情况下，风险收益大小取决于证券投资组合的 β_P 系数的大小，系数越大，风险收益就越大。β 系数反映了股票收益与系统风险的相关程度。

3. 风险和收益率的关系

在西方金融学中，有许多模型论述风险和收益率的关系，其中一个最重要的模型为资本资产定价模型（Capital Asset Pricing Model，CAPM），这一模型为：

$$R_i = R_f + \beta_i \times (R_m - R_f)$$

其中，R_i 为第 i 种股票或第 i 种证券投资组合的必要报酬率；R_f 为无风险收益率；β_i 为第 i 种股票或第 i 种证券投资组合的 β 系数；R_m 为所有股票或所有证券的平均收益率。

资本资产定价模型通常可以用图形来表示，证券市场线（securities market line，SML）用于说明必要报酬率 R_i 与不可分散风险 β 系数之间的关系，如图 7-1 所示。

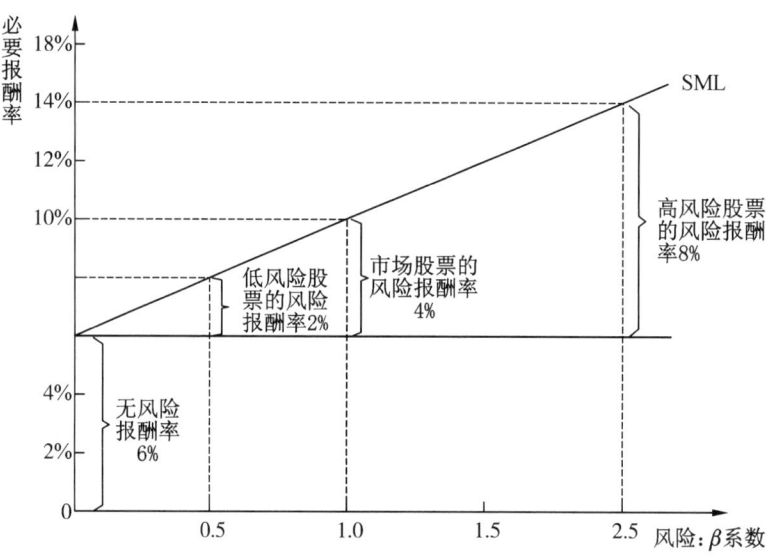

图 7-1　必要报酬率与 β 系数的关系

$(R_m - R_f)$ 表示市场风险溢价率，即市场整体对风险的偏好。如果市场整体对风险的厌恶感越强，证券市场线的斜率就越大，对风险资产所要求的风险补偿就越大，对风险资产的要求收益率就越高。证券投资组合的风险收益率计算的关键在于组合中各种证券系数和所占比重的确定。同时，要掌握投资组合的投资收益率与风险收益率的关系。

【例 7-16】　诚信集团股票的 β 系数为 2.0，无风险利率为 6%，市场上所有股票的平均收益率为 10%。请确定诚信集团股票的收益率。

$$R_i = R_f + \beta_i \times (R_m - R_f) = 6\% + 2.0 \times (10\% - 6\%) = 14\%$$

诚信集团股票的收益率达到或超过 14%时,投资者就会购买诚信集团的股票;如果低于 14%,则投资者不会购买诚信集团的股票。

三、证券投资组合策略

证券投资组合策略是投资者根据市场上各种证券的具体情况以及投资者对风险的偏好与承担风险的能力,选择相应证券进行组合时所采用的方法。

常见的证券投资组合策略有以下几种:

(1)悲观的证券投资组合策略。该组合策略要求尽量模拟证券市场现状(无论是证券种类还是各证券的比重),将尽可能多的证券包括进来,从而得到与市场平均报酬率相近的投资。

(2)乐观的证券投资组合策略。该组合策略要求尽可能多地选择一些成长性较好的股票,少选低报酬的股票,这样就可以使投资组合的收益高于证券市场的平均报酬率。

(3)适中的证券投资组合策略。该组合策略认为,股票的价格主要由企业的经营业绩决定,只要企业的经济效益好,股票的价格终究会体现企业优良的业绩。

↗ **微型案例**

公司该不该炒股?

宁德时代新能源科技股份有限公司(以下简称宁德时代)成立于 2011 年,是全球领先的动力电池系统提供商。2025 年 6 月,宁德时代因"投资业务拖累主业"的质疑登上财经热搜。数据显示,其 2024 年证券投资亏损达 28.7 亿元,相当于全年研发投入的 35%。

这家动力电池巨头从 2022 年开始大规模布局证券投资:①2023 年投资收益 18.2 亿元,贡献净利润 25%;②2024 年重仓新能源板块却遭遇行业调整;③2025 年第一季度已减持 54%的证券投资仓位。

这一戏剧性转变引发市场热议。支持者认为:①证券投资可合理利用千亿级现金储备;②投资产业链上下游可形成协同效应;③可平滑动力电池行业周期波动。但反对者指出:①2024 年证券投资亏损抵销了主业 16%的利润增长;②分散了管理层对核心业务的注意力;③违背了"专注新能源创新"的企业定位。2024 年部分科技企业证券投资对比,如表 7-5 所示。

表 7-5 **2024 年部分科技企业证券投资对比** 单位:亿元

股票代码	股票名称	投资金额	投资收益	占净利润比
300750.SZ	宁德时代	187.3	−28.7	−32%
002475.SZ	立讯精密	92.4	15.2	18%
600703.SH	三安光电	45.6	6.8	22%
603986.SH	兆易创新	38.2	−5.3	−12%

章节测试题　（共100分）

【单选题】(本题共15分,每小题3分)

1. 按照证券收益,证券可分为(　　　)。
　　A. 凭证证券和有价证券　　　　　　　B. 所有权证券和债权证券
　　C. 原生证券和衍生证券　　　　　　　D. 固定收益证券和非固定收益证券

2. 在证券投资中,证券发行人无法按期支付利息或本金的风险称为(　　　)。
　　A. 利率风险　　　B. 违约风险　　　C. 购买力风险　　　D. 流动性风险

3. 某公司发行5年期债券,债券的面值为1 000元,票面利率为5%,每年付息一次,到期还本,投资者要求的必要收益率为6%,则该债券的价值为(　　　)元。
　　A. 784.677　　　B. 769　　　C. 1 000　　　D. 957.92

4. 投资组合(　　　)。
　　A. 能分散所有风险　　　　　　　　　B. 能分散系统性风险
　　C. 能分散非系统性风险　　　　　　　D. 不能分散风险

5. 某公司发行的股票,预期报酬率为10%,最近刚支付的股利为每股2元,估计股利年增长率为2%,则该股票的价值为(　　　)元。
　　A. 17　　　B. 20　　　C. 20.4　　　D. 25.5

【多选题】(本题共15分,每小题3分)

1. 相对于实物投资而言,证券投资(　　　)。
　　A. 流动性强　　　B. 价值不稳定　　　C. 投资风险较大　　　D. 交易成本低

2. 由影响所有公司的因素引起的风险,可称为(　　　)。
　　A. 可分散风险　　　B. 市场风险　　　C. 不可分散风险　　　D. 系统风险

3. 下列证券中,属于固定收益证券的有(　　　)。
　　A. 公司债券　　　B. 金融债券　　　C. 优先股股票　　　D. 普通股股票

4. 按照资本资产定价模型,影响特定股票预期收益率的因素有(　　　)。
　　A. 无风险的收益率　　　　　　　　　B. 平均风险股票的必要收益率
　　C. 特定股票β系数　　　　　　　　D. 财务杠杆系数

5. 证券投资的收益包括(　　　)。
　　A. 价差收益　　　B. 股利收益　　　C. 债券利息收益　　　D. 出售收入

【判断题】(本题共15分,每小题3分)

1. β系数可用来衡量可分散风险的大小。　　　　　　　　　　　　　　(　　　)

2. 如果某种股票的β系数小于1,说明其风险小于整个市场的风险。　　(　　　)

3. 企业购买的优先股股票属于混合性证券。　　　　　　　　　　　　　　(　　　)

4. 企业投资股票,要承担的风险较大,但获得的收益也较高。　　　　　　(　　　)

5. 系统性风险不能通过证券投资组合来消除。　　　　　　　　　　　　　(　　　)

【思考题】(本题共25分,每小题5分)

1. 什么是市场风险和可分散风险,二者有何区别?

2. 证券组合的作用是什么?

3. 股票、债券的价值计算模型有哪些? 如何应用?

4. 股票、债券的长期收益率如何计算?

5. 证券有哪些要素?

【计算题】(本题共 30 分,每小题 15 分)

1. 假设投资者购买了一张面值为 1 000 元、每年付息一次、到期归还本金、票面利率为 12% 的 5 年期债券,投资者将该债券持有至到期日。

要求:

(1) 假设购买价格为 1 075.92 元,计算债券投资的内部收益率。

(2) 假设购买价格为 1 000 元,计算债券投资的内部收益率。

(3) 假设购买价格为 899.24 元,计算债券投资的内部收益率。

2. 某投资者 2022 年 5 月购入 A 公司股票 1 000 股,每股购买价 3.2 元;A 公司 2023 年、2024 年、2025 年分别派发现金股利每股 0.25 元、0.32 元、0.45 元;该投资者 2025 年 5 月以每股 3.5 元的价格售出该股票。

要求:请计算 A 股票的投资收益率。

第八章

竖排：财务管理

营运资金管理

微课视频

 学习目标

1. 理解营运资金的概念。
2. 掌握最佳现金持有量的方法。
3. 掌握应收账款信用政策决策原则。
4. 掌握存货经济批量。
5. 了解现金及有价证券的日常管理。
6. 了解应收账款的日常管理。
7. 了解存货的日常管理。

 知识导航

营运资金管理
├─ 营运资金管理概述
│   ├─ 营运资金的概念和特点
│   ├─ 营运资金管理的原则
│   └─ 营运资金管理的策略
├─ 现金管理与短期金融资产管理
│   ├─ 现金管理
│   └─ 短期金融资产管理
├─ 应收账款管理
│   ├─ 应收账款产生的原因
│   ├─ 应收账款的成本
│   ├─ 应收账款的信用政策分析
│   └─ 应收账款的日常管理
└─ 存货管理
    ├─ 存货的概念和功能
    ├─ 存货的成本
    ├─ 存货的经济批量模型
    └─ 存货的日常管理

 思政课堂

商业伦理和社会责任

　　我们在用 AI 智能决策对营运资金效率进行优化的时候，不仅要关注技术带来的经济效益，还需深入讨论其背后的伦理问题。例如，一家科技公司曾利用自身数据优势延长供应商账期，这不仅影响了中小企业的正常运营，也违背了《保障中小企业款项支付条例》的精神。这种行为从短期来看，可能为该科技公司带来了更多的资金使用灵活性，但从长远角度看，这种行为破坏了整个供应链的生态平衡，损害了上下游企业之间的信任关系。

企业在追求资金效率的同时，必须坚守商业道德底线。企业作为社会经济的重要组成部分，有责任维护供应链各环节的公平和谐。只有确保每个环节的企业都能健康发展，整个产业链才能稳定运行，实现可持续发展的目标。这不仅是企业的社会责任，也是企业自身长期发展的必要条件。在未来的财务管理工作中，我们应始终将商业伦理和社会责任放在重要位置，作出既符合企业利益又符合社会道德规范的决策。

第一节　营运资金管理概述

一、营运资金的概念和特点

营运资金是指流动资产减去流动负债后的余额，是企业用以维持正常经营所需要的资金，即企业在生产经营中可用流动资产的净额。流动资产是指可以在一年或超过一年的一个营业周期内变现或者耗用的资产，包括货币资金、短期投资、应收预付款项、存货等。流动负债是指必须在一年或超过一年的一个营业周期内偿还的债务，包括短期借款、应付预收款项、暂时沉淀的应交税金等。营运资金的存在表明企业的流动资产占用的资金除了以流动负债筹集，还以长期负债或所有者权益筹集。

营运资金具有以下主要特点。

（1）周转时间短。营运资金的周转具有短期性，通常在一个营业周期内完成。因此，营运资金可以通过短期筹资方式加以解决。

（2）数量具有波动性。流动资产和流动负债的数量容易受企业内外条件的影响，波动较大。这就要求企业在管理营运资金时，必须具备高度的灵活性和应变能力。

（3）来源具有多样性。营运资金的来源较为灵活多样，包括银行短期借款、短期融资券、商业信用、暂时沉淀的应交税金、应付利润、应付工资、应付费用、预收货款、票据贴现等。

（4）实物形态具有变动性，容易变现。营运资金的实物形态经常变化，但其一般具有较强的变现能力，这对企业应对临时性的资金需求具有重要意义。

二、营运资金管理的原则

营运资金管理主要解决两个问题：一是如何确定短期资产的最佳持有量；二是如何筹措短期资金。通过合理安排资金结构，企业能够应对市场变化，抓住商业机遇，实现资源的优化配置。

对营运资金进行管理，既要保证有足够的资金满足生产经营的需要，又要保证能按时、足额地偿还各种到期债务。为实现上述目标，营运资金管理应遵循以下原则。

（1）认真分析生产经营状况，合理确定并控制营运资金的需要量。企业营运资金的需要量取决于生产经营规模和流动资金的周转速度，同时也受市场及供、产、销情况的影响。企业应综合考虑各种因素，合理确定流动资金的需要量；既要保证企业经营的需要，又不能因安排过量而浪费；企业日常也应控制营运资金的占用，将其纳入计划预算的良性范围。

（2）在保证生产经营需要的前提下，节约使用资金。在保证生产经营需要的前提下，企业应通过优化管理流程,减少不必要的资金占用。例如,如果企业的资产全部都是货币资金,则企业只能获得少量的利息收入。如果企业持有的营运资金过多,也会降低企业的收益。

(3)加快资金周转,提高资金效益。当企业的经营规模一定时,流动资产周转的速度与流动资金需要量呈反方向变化。企业应加强内部责任管理,适度加速存货周转,缩短应收账款的收款周期,延长应付账款的付款周期,以改进资金的利用效果。

(4)合理确定流动资金的来源构成,保障企业具有足够的短期偿债能力。企业应选择合适的筹资渠道及方式,力求以最小的代价谋取最大的经济利益,并使企业筹资与其之后的偿债能力等合理配比。

三、营运资金管理的策略

企业需要评估营运资金管理中的风险与收益,制定流动资产的投资策略和筹资策略。实际上,财务管理人员在营运资金管理方面必须作出两项决策:一是需要拥有多少流动资产;二是如何为需要的流动资产筹资。在实践中,这两项决策一般同时进行,且相互影响。

1. 流动资产的投资策略

一家企业必须选择与其业务需要和管理风格相符合的流动资产投资策略。如果企业管理政策趋于保守,就会保持较高的流动资产与销售收入比率,保证更高的流动性(安全性),但企业盈利水平也会更低。如果管理者偏向于为了更高的盈利能力而愿意承担风险,那么它将保持一个低水平的流动资产与销售收入比率。流动资产的投资策略包括以下几种基本类型。

1)紧缩的流动资产投资策略。

在紧缩的流动资产投资策略下,企业会维持低水平的流动资产与销售收入比率。需要说明的是,这里的流动资产通常只包括生产经营过程中产生的存货、应收款项以及现金等生产性流动资产,不包括股票、债券等金融性流动资产。

紧缩的流动资产投资策略可以节约流动资产的持有成本,如节约持有资金的机会成本。但与此同时,企业可能面临着更高的风险,这些风险表现为更紧的应收账款信用政策和较低的存货占用水平,以及缺乏现金用于偿还应付账款等。但是,只要不可预见的事件没有损坏企业的流动性而导致严重的问题发生,紧缩的流动资产投资策略就会提高企业的效益。

2)宽松的流动资产投资策略

在宽松的流动资产投资策略下,企业通常会维持高水平的流动资产与销售收入比率。也就是说,企业将保持高水平的现金、高水平的应收账款(通常给予客户宽松的付款条件)和高水平的存货(通常源于补给原材料或不愿意因为产成品存货不足而失去销售)。在这种策略下,由于流动性较高,企业的财务与经营风险较小。但是,过多的流动资产投资无疑会承担较高的流动资产持有成本,提高企业的资金成本,降低企业的收益水平。

3)激进的流动资产投资策略

激进的流动资产投资策略,就是公司持有尽可能少的现金和小额的有价证券投资,在存货上做少量投资,采用严格的销售信用政策或者禁止赊销。激进的流动资产投资策略,表现为安排较低的流动资产与收入比。该策略可以节约流动资产的持有成本。与此同时,公司需要承担较大的风险。

企业制定流动资产投资策略时，需要权衡资产的收益性与风险性。增加流动资产投资会增加流动资产的持有成本，降低资产的收益性，减少短缺成本。反之，减少流动资产投资会降低流动资产的持有成本，增加资产的收益性，增加短缺成本。因此，从理论上来说，最优的流动资产投资应该使流动资产的持有成本与短缺成本之和最低。最优流动资产投资规模，如图 8-1 所示。

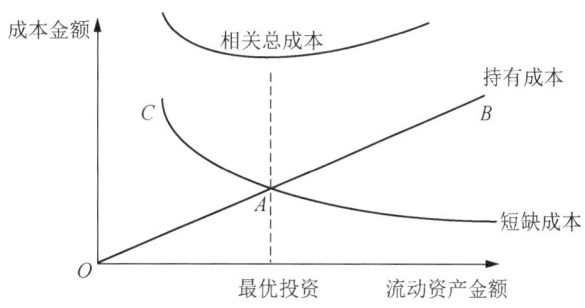

图 8-1　最优流动资产投资规模

2. 流动资产的筹资策略

在企业经营状况不发生大的变化的情况下，流动资产最基本的需求具有一定的刚性和相对稳定性，我们可以将其界定为流动资产的永久性水平。当销售发生季节性变化时，流动资产将会在永久性水平的基础上增加。因此，流动资产可以被分解为两部分：永久性部分和波动性部分。永久性流动资产是指满足企业长期最低需求的流动资产，其占有量通常相对稳定；波动性流动资产或称临时性流动资产，是指那些由于季节性或临时性的原因而形成的流动资产，其占用量随当时的需求而波动。

筹资决策主要取决于管理者的风险导向，此外它还受短期、中期、长期负债的利率差异的影响。根据资产的期限结构与资金来源的期限结构的匹配程度差异，流动资产的筹资策略可以划分为期限匹配筹资策略、保守筹资策略和激进筹资策略三种基本类型。可供选择的流动资产筹资策略，如表 8-1 所示。

表 8-1　可供选择的流动资产筹资策略

资产的分类	非流动资产	永久性流动资产	波动性流动资产
期限匹配筹资策略	长期来源		短期来源
保守筹资策略	长期来源		短期来源
激进筹资策略	长期来源		短期来源

1）期限匹配筹资策略

在期限匹配筹资策略中，永久性流动资产和非流动资产以长期筹资（负债或股东权益）融通，波动性流动资产用短期筹资融通。这意味着，在给定的时间内，企业的短期筹资数量反映了当时的波动性流动资产的数量。当波动性流动资产扩张时，信贷额度也会增加，以便支持企业的扩张；当波动性流动资产收缩时，资金就会释放，以偿付短期借款。该策略适用于企业经营状况较为稳定、风险承受能力适中的情况。

2）保守筹资策略

在保守筹资策略中，长期筹资支持非流动资产、永久性流动资产和部分波动性流动资产。企业通常以长期筹资为波动性流动资产的平均水平融资，短期筹资仅用于融通剩余的波动性流动资产，筹资风险较低。这种策略通常最小限度地使用短期筹资，但由于长期负债成本高于短期负债成本，就会导致筹资成本较高、收益较低。该策略适用于企业经营风险较低、现金流稳定、对短期偿债能力要求较高的情况。

3）激进筹资策略

在激进筹资策略中，企业以长期负债和权益为所有的非流动资产融资，仅对一部分永久性流动资产使用长期筹资方式融资。短期筹资方式支持剩下的永久性流动资产和所有的波动性流动资产。在这种策略观念下，通常使用更多的短期筹资。该策略适用于企业经营风险较高、盈利能力较强、能够承受较高财务风险的情况。

第二节　现金管理与短期金融资产管理

现金有广义和狭义之分。广义的现金是指在生产经营过程中以货币形态存在的资金，包括库存现金、银行存款和其他货币资金等；狭义的现金仅指库存现金。这里的现金是指广义的现金。

现金管理是短期金融资产管理的一个重要组成部分。现金可以视为一种特殊的金融资产，其流动性最高。在短期金融资产管理中，现金通常作为其他短期金融资产的缓冲。当其他短期金融资产需要变现或者进行投资时，现金可以快速地进行转换。同时，现金管理和短期金融资产管理都属于企业流动性管理的范畴，它们的目标都是为了保证企业资金的正常流转和有效利用。

一、现金管理

（一）持有现金的动机

现金是企业资产中流动性最强的资产，持有一定数量的现金是企业开展正常生产活动的基础，是保证企业避免支付危机的必要条件。同时，现金是获利能力最弱的一项资产，过多地持有现金会降低资产的获利能力。现金的管理要与其持有现金的动机联系起来考虑，企业持有现金的动机主要有以下三种。

（1）交易性动机。企业持有现金是为了满足日常生产经营的需要。企业在生产经营过程中需要购买原材料，支付各种成本费用，为了满足这种要求，企业应持有一定数量的现金。

（2）预防性动机。企业在现金管理时，要考虑到可能出现的意外情况，应准备一定的预防性现金。确定预防性需求的现金数额时，需考虑以下因素：①企业愿冒现金短缺风险的程度；②企业预测现金收支可靠的程度；③企业临时融资的能力。

（3）投机性动机。企业进行投机性的资本运作通常都是临时性的，一般是为了捕捉某些转瞬即逝的机会。为满足投机性需要而储备现金是企业确定现金余额时需要考虑的次要因素，其持有量的大小往往与金融市场的投资机会和企业管理层的风险偏好有关。

企业的现金持有量一般小于上述三种动机下的现金持有量之和。因为为某一需求持有的现金可以用于满足其他需求。

（二）现金管理的成本

1. 机会成本

机会成本是指企业因保留一定的现金余额而增加的管理费用及丧失的投资收益。因为现金作为企业的一项资金占用,是需要付出代价的,这种代价就体现为机会成本。从投资角度来说,机会成本就是企业因持有现金而丧失的投资机会所能获得的投资收益。这种投资收益是企业不能用该现金进行其他投资而获得的收益,与现金成正比例关系。其计算公式如下:

$$机会成本＝现金持有量×有价证券利率$$

2. 管理成本

管理成本是指企业因持有一定数量的现金而要支付的管理人员的工资,以及必要的安全措施费等管理费用。通常认为这部分费用在一定范围内与现金持有量的多少关系不大,属于一种固定成本。这种固定成本在一定范围内和现金持有量之间没有明显的比例关系。

3. 短缺成本

短缺成本是指企业在现金持有量不足时无法及时通过有价证券变现等方式补充企业所需的资金而给企业造成的损失。这些损失有直接损失,也有间接损失。现金的短缺成本与现金持有量成反比例关系。

4. 转换成本

转换成本是指企业的现金和有价证券之间进行转换时所发生的交易费用,包括委托买卖佣金、委托手续费、证券过户费、交割手续费等。在现金需要量既定的前提下,现金持有量越少,进行证券变现的次数越多,相应的转换成本就越大;反之,现金持有量越多,证券变现的次数就越少,需要的转换成本也就越小。转换成本与证券变现次数呈线性关系,用公式可以表示为:

$$转换成本总额＝证券变现次数×每次的转换成本$$

(三) 最佳现金持有量

现金管理决策中,最重要的是确定企业的最佳现金持有量。确定最佳现金持有量的方法,最常见的是成本分析模式、存货分析模式和现金周转模式。

1. 成本分析模式

1) 成本分析模式的基本原理

成本分析模式是通过分析企业置存货币资金的各相关成本,测算各相关成本之和最小时的现金持有量的一种方法。在成本分析模式下,应分析机会成本、管理成本、短缺成本。最佳现金持有量下的现金持有总成本＝Min(机会成本＋管理成本＋短缺成本)。其中,机会成本是正相关成本,管理成本属于固定成本,短缺成本是负相关成本。因此,成本分析模式是要找到机会成本、管理成本和短缺成本所组成的总成本曲线中最低点所对应的现金持有量,把它作为最佳现金持有量。成本分析模型如图8-2所示。

在图8-2中,机会成本线向右上方倾斜,短缺成本线向右下方倾斜,管理成本线为平行于横轴的平行线,总成本线是一条抛物线,该抛物线的最低点就是持有现金的最低总成本。超过该点,

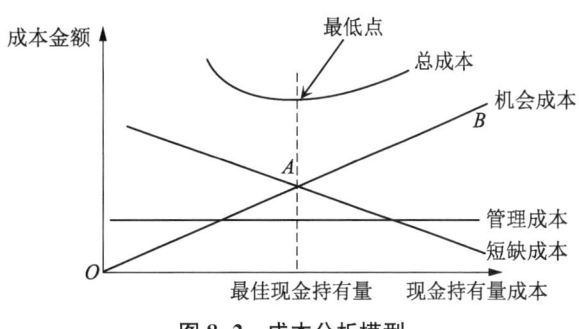

图8-2 成本分析模型

机会成本上升的代价会大于短缺成本下降的好处;在这点之前,短缺成本上升的代价会大于机会成本下降的好处。图8-2中,A点为最佳现金持有量。

由成本分析模型可知,如果减少现金持有量,则增加短缺成本;如果增加现金持有量,则增加机会成本。改进上述关系的一种办法是当拥有多余现金时,将现金转化为有价证券;当现金不足时,将有价证券转换为现金。但现金和有价证券之间的转换也需要成本,即为转换成本。

2) 成本分析模式的计算步骤

在实际工作中,运用成本分析模式确定最佳现金持有量的具体步骤如下:

(1) 根据不同现金持有量,计算各方案的现金持有成本之和。

(2) 按照不同现金持有量及有关成本资料,测算各备选方案的成本数值,编制最佳现金持有量测算表。

(3) 通过对最佳现金持有量测算表的分析,在测算表中找出总成本最低时的现金持有量,即最佳现金持有量。

【例8-1】 某企业现有A、B、C、D四种现金持有方案,试选择最佳现金持有量。某企业有关成本资料,如表8-2所示。

表8-2　某企业有关成本资料　　　　　　　　　　　　单位:元

项目	A	B	C	D
平均现金持有量	100 000	200 000	300 000	400 000
机会成本率	10%	10%	10%	10%
短缺成本	48 000	25 000	10 000	8 000

根据已知资料,编制最佳现金持有量测算表,如表8-3所示。

表8-3　最佳现金持有量测算表　　　　　　　　　　　单位:元

方案	平均现金持有量	机会成本	短缺成本	相关总成本
A	100 000	10 000	48 000	58 000
B	200 000	20 000	25 000	45 000
C	300 000	30 000	10 000	40 000
D	400 000	40 000	8 000	48 000

通过表8-3的计算可知,C方案的现金总成本为40 000元,分别小于A、B、D三种方案的58 000元、45 000元和48 000元。也就是说,当平均现金持有量为30 000元时,总代价最低,对企业来说最为划算,因此,该企业应该选择C方案。

3) 成本分析模式的优缺点

成本分析模式的优点是相对简单,便于理解;缺点是需要比较准确地确定相关成本与现金持有量的函数关系。在具体计算时,可以先分别计算出各方案的机会成本、管理成本和短缺成本之和,再选出总成本最低点的现金持有量作为最佳现金持有量。

2. 存货分析模式

1）存货分析模式的基本原理

存货模型又称为鲍莫尔模型（Baumol Model），它是 1952 年由美国经济学家威廉·鲍莫尔（William Baumol）首先提出的。他认为公司现金持有量在许多方面与存货相似，存货经济订货批量模型可用于确定目标现金持有量。他以此为出发点，建立了鲍莫尔模型。存货模型只考虑现金机会成本和转换成本，而不考虑现金管理成本和短缺成本。

企业平时持有较多的现金，会降低现金的短缺成本，但也会增加现金占有的机会成本；企业平时持有较少的现金，则会增加现金的短缺成本，却会减少现金占用的机会成本。如果企业日常只持有较少的现金，其再有现金需要时（如手头的现金用尽），通过出售有价证券换回现金（或从银行借入现金），既能满足现金的需要，避免产生短缺成本，又能减少机会成本。因此，适当的现金与有价证券之间的转换，是企业提高资金使用效率的有效途径。其具体操作与企业奉行的营运资金政策有关：企业采用宽松的流动资产投资政策时，会保留较多的现金，则转换次数少；如果企业经常进行大量的有价证券与现金的转换，则会增加转换交易成本。因此，如何确定有价证券与现金的每次转换量，是一个需要研究的问题，这可以应用现金持有量的存货模式来解决。存货模式下的现金成本如图 8-3 所示。

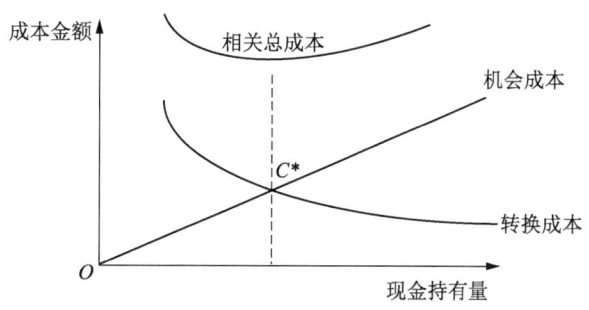

图 8-3　存货模式下的现金成本

在图 8-3 中，现金的机会成本和转换成本是两条随现金持有量呈现不同方向发展的曲线，两条曲线的交叉点 C＊ 所对应的现金持有量，就是相关总成本最低的现金持有量。

2）存货分析模式的假设前提

在运用存货模型确定最佳现金持有量时，需要建立以下假设前提：

（1）企业在一定时期内，现金的总需求量是一定的，并且可以预测。

（2）在预测期内，企业不会发生现金短缺情况，其可以通过出售有价证券来弥补现金的不足。

（3）企业现金流量是稳定的，在一定时期内，现金流出均匀发生，并且能够可靠地预测现金流出数量。

（4）可以获悉证券利率及每次固定交易费用。

3）存货分析模式的计算

在存货分析模式中，设 T 为特定时期内的现金总需求量，F 为每次转换有价证券的转换成本，C 为最佳现金持有量，K 为有价证券利息率，TC 为总成本（机会成本与转换成本之和），则：

$$持有机会成本＝平均现金持有量×机会成本率＝\frac{C}{2}×K$$

$$转换成本＝交易次数×单次转换成本＝\frac{T}{C}×F$$

$$现金总成本＝机会成本×转换成本＝\frac{C}{2}×K+\frac{T}{2}×F$$

现金持有总成本最低时的最佳现金持有量的计算公式为：$C^{*}=\sqrt{\frac{2TF}{K}}$

最低现金持有总成本的计算公式为：$TC(C^{*})=\sqrt{2TFK}$

有价证券最佳转换次数的计算公式为：$N=\frac{T}{C^{*}}$

$$最佳转换间隔期=\frac{360}{N}$$

【例8-2】 假设某企业明年需要现金 84 000 000 元，已知持有现金的机会成本率为 7%，将有价证券转换为现金的转换成本为 150 元，则最佳现金持有量是多少？

$$C=\sqrt{\frac{2×150×84\ 000\ 000}{7\%}}=600\ 000(元)$$

由此可见，该企业最佳现金持有量为 600 000 元。企业持有的现金超过 600 000 元，其现金投资收益率会降低；而企业持有的现金低于 600 000 元，则其正常支付现金的风险会增大。

4）存货分析模式的优缺点

采用存货分析模式确定最佳现金持有量比较简单、直观，其也可以精确地算出最佳现金余额和现金与有价证券的转换次数，这对企业加强现金管理具有一定的作用。但这一模型假设的计划期内现金流入流出比较稳定，有时这会与实际情况不符。因此，该模式确定的结果只能作为企业判断最佳现金持有量的一个参考标准。

3. 现金周转模式

1）现金周转模式的基本原理

现金周转模式是根据现金周转期确定企业最佳现金持有量的一种方法。现金周转期是指从用现金购买原材料开始，到销售产品并最终收回现金的整个过程所花费的时间。现金周转期越短，企业所需要的现金就越少，资金利用效率越高；反之，现金周转期越长，企业所需要的现金就越多，资金利用效率越低。现金周转期模式如图 8-4 所示。

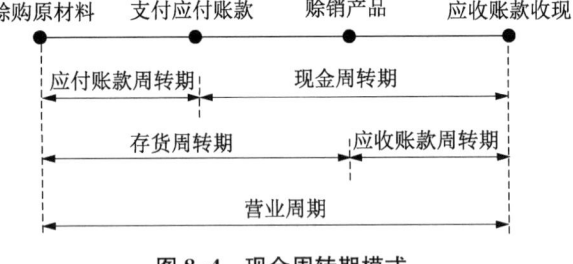

图 8-4 现金周转期模式

2）现金周转模式的计算

现金周转期具体包括以下三个方面：

（1）应付账款周转期，是指企业由下单购买原材料至实际支付货款所需要的时间。

（2）存货周转期，是指企业将原材料投入生产转化为产品并出售所需要的时间。

（3）应收账款周转期，是指由赊销产品至应收账款收现所需要的时间。

整个营业活动自购买原材料投入生产至应收账款收现所需要的时间即为营业周期。它们之间的关系可以表示为：

营业周期＝存货周转期＋应收账款周转期＝现金周转期＋应付账款周转期

现金周转期＝营业周期－应付账款周转期

＝存货周转期＋应收账款周转期－应付账款周转期

现金周转模式就是要根据现金的周转速度来确定最佳现金持有量,其公式如下:

$$现金周转率＝360÷现金周转期$$
$$最佳现金持有量＝预测期全年现金需要量÷现金周转率$$

【例8-3】 某公司预计全年需要资金720万元,预计存货周转期为80天,应收账款周转期为40天,应付账款周转期为30天,请确定最佳现金持有量。

现金周转期＝80＋40－30＝90(天)

现金周转次数＝360÷90＝4(次)

最佳现金持有量＝720÷4＝180(万元)

3）现金周转模式的优缺点

现金周转模式考虑了从现金投入生产经营到最终再转化为现金的全过程,包括存货周转、应收账款和应付账款的周转。因此,它能够更全面地反映企业的现金流动情况。这种方法在实际操作中较为简单,容易理解和应用,适合大多数企业使用。但现金周转模式假设现金需求量恒定,且现金流出量稳定不变,未考虑其他净现金流入和现金安全库存等因素。这些假设在实际操作中很少出现,可能导致计算结果与实际情况有较大偏差。

(四) 现金的日常管理

现金的日常管理目的在于提高现金的使用效率,为达到这一目的,应当注意做好以下几个方面的工作。

1. 加速收款管理

为了提高现金的使用效率,加速现金的周转,企业应尽量加速账款的收回。这一般包括两种方法：①采用集中银行法,即在收款额较集中的若干地区均设立收款中心,并指定一个主要开户银行(通常是总部所在地银行)为集中银行;企业客户的货款交到距其最近的收款中心,收款中心银行再将扣除补偿性余额后的多余现金解缴到企业指定的集中银行,供企业使用。集中银行法模型如图8-5所示。②采用锁箱系统法,即通过在各主要城市租用专门的邮政信箱,以缩短从收到顾客付款到存入当地银行的时间的一种现金管理办法。锁箱系统法模型如图8-6所示。为加强大额货款管理,建议对大额电汇收款采取专人负责支票收取及银行送存的措施,同时严格管控跨行及内部单位间的现金往来,并精简冗余银行账户,以优化资金管理效率。

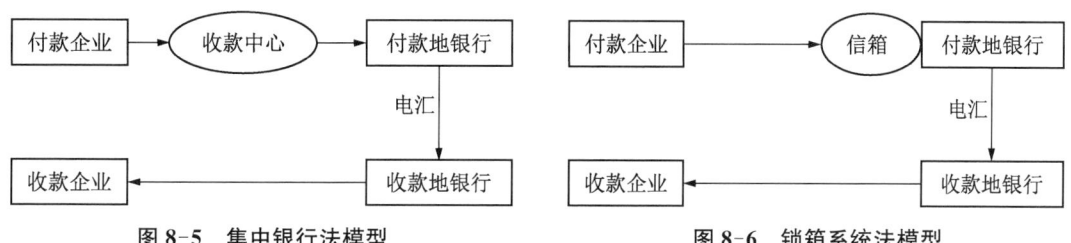

图8-5 集中银行法模型　　　　　图8-6 锁箱系统法模型

2. 控制现金付款

控制现金付款的主要任务是尽可能延缓现金的支出时间。当然,这种延缓必须是合理合法的,在不损害企业信誉的条件下,应尽可能推迟现金的支出。

(1) 使用现金浮游量。现金浮游量是指由于企业提高收款效率和延长付款时间所产生的企业账户上的现金余额和银行账户上的企业存款余额之间的差额。

(2) 推迟应付款的支付。推迟应付款的支付是指企业在不影响自己信誉的前提下,充分运用供货方所提供的信用优惠,尽可能地推迟应付款的支付期。

(3) 汇票代替支票。汇票分为商业承兑汇票和银行承兑汇票。与支票不同的是,承兑汇票并不是见票即付,这一方式的优点是推迟了企业调入资金支付汇票的实际所需时间。这样,企业就只需在银行中保持较少的现金余额。它的缺点是某些供应商可能并不喜欢用汇票付款,银行也不喜欢处理汇票。同支票相比,银行会收取较高的手续费。

(4) 改进员工工资支付模式。企业可以为支付工资专门设立一个工资账户,通过银行向职工支付工资。为了最大限度地减少工资账户的存款余额,企业要合理预测开出支付工资的支票到职工去银行兑现的具体时间。

(5) 透支。透支是指企业开出支票的金额大于活期存款余额。它实际上是银行向企业提供的信用。透支的限额由银行和企业共同商定。

(6) 争取现金流出与现金流入同步。企业应尽量使现金流出与流入同步,这样既可以降低交易性现金余额,又可以减少有价证券转换为现金的次数,提高现金的利用效率,节约转换成本。

二、短期金融资产管理

(一) 短期金融资产的概念

短期金融资产,是指能够随时变现并且持有时间不准备超过一年(含一年)的金融资产,包括股票、债券、基金等。短期金融资产由于易变现的特征而成为现金的替代品。因此,短期金融资产管理通常与现金管理密不可分。

(二) 持有短期金融资产的动机

企业持有短期金融资产主要有以下两个动机:

(1) 以短期金融资产作为现金的替代品。短期金融资产虽然不能直接用作支付手段。但与其他短期资产相比,短期金融资产具有较高的流动性和较强的变现能力。通过持有不同的短期金融资产组合,可以丰富企业货币资金的持有形式。

(2) 以短期金融资产取得一定的收益。单纯的现金(现钞和银行存款)项目没有收益或者收益很低,将一部分现金投资于短期金融资产,可以在保持较高流动性的同时获取高于现金资产的收益。所以,将持有的部分现金投资于短期金融资产是多数企业的做法。

(三) 短期金融资产的种类

最常见、最便捷的短期金融工具是定期银行存款。但由于银行存款利率相对较低而证券市场日益发达,这类金融资产在企业投资清单中所占的比例越来越小,多数企业更倾向于投资一些收益率更高的金融工具。

1. 短期国库券

短期国库券(treasury bills，Tbills)是指政府发行的、期限在1年以下的债券。短期国库券在西方称为财政部账单，一般期限在1年以下，多为3个月或6个月，也有1年期的。由于有国家或其他级别政府部门的权威和信誉作担保，短期国库券一般具有风险小、收益不高的特点。发行短期国债是世界各国政府筹资的普遍趋势，也为其企业提供了较多的短期投资选择。

2. 大额可转让定期存单

大额可转让定期存单(negotiable certificate of deposit，CD)是银行发行的具有固定期限和一定利率，并且可以在金融市场上转让流通的定期存款凭证。其主要特点包括不记名、可转让，面额较大，期限多在1年以内，利率通常高于同期限的定期存款利率。

《大额可转让定期存单管理办法》规定，大额可转让定期存单的发行单位为各商业银行，其他金融机构不得发行。其发行对象为城乡居民个人和企业、事业单位，各商业银行的储蓄机构只能对个人发行大额可转让定期存单。各商业银行在向中国人民银行申请发行计划时，必须附上与指定经营大额可转让定期存单业务的证券机构达成的转让协议。对城乡居民个人发行的大额可转让定期存单，面额为1万元、2万元、5万元；对企业、事业单位发行的大额可转让定期存单，面额为50万元、100万元、500万元。大额可转让定期存单的期限为3个月、6个月、12个月；采用记名方式发行，存单在转让前购买人因意外事故而使存单遗失、损毁时，可以向原发行银行申请挂失，挂失手续与定期储蓄存款挂失手续相同，存单一经转让，则不能申请挂失。

3. 货币市场基金

货币市场基金(money market fund，MMF)是指仅投资于货币市场工具，每个交易日可办理基金份额申购、赎回的基金。在基金名称中使用"货币""现金""流动"等类似字样的基金视为货币市场基金。

基金管理人不得有不公平交易及利益输送等行为，包括普通货币市场基金与重要货币市场基金之间，不同重要货币市场基金之间不得相互交易。同一基金管理人管理的全部货币市场基金投资同一债券发行人的债券及其短期融资债券、资产支持证券不得超过其净资产的10%。对于重要货币市场基金，其持有一家公司发行的证券市值不得超过基金资产净值的5%。投资于具有基金托管人资格的同一商业银行发行的金融工具占基金资产净值的比例不得超过15%。投资组合的平均剩余期限不得超过90天，投资组合的杠杆比例不得超过110%。

4. 商业票据

商业票据(commercial paper，CP)是一种较为常见的企业短期筹资形式，是大型工商企业或金融企业为筹措短期资金而发行的无担保短期本票。这种筹资从另一个角度来看就是其他企业的投资。商业票据既是一种筹资工具，也是一种投资工具。

5. 证券化资产

证券化资产是指实施了资产证券化(asset securitization)的资产。资产证券化是一种对(金融)资产所有权和收益权进行分离的金融创新。其基本流程是：发起人把证券化资产出售给一家特设信托机构(special purpose vehicle，SPV)，或者由SPV主动购买可以证券化的资产，然后将这些资产汇集成资产池(asset pool)，并以该资产池所产生的现金流量为支撑,在金融市场上发行有价证券。为了提高资产支持证券的等级,SPV 常常会在发行之前聘请证券评级机构对资产支持证券(asset－backed securitization)进行信用评级,最后由证券承销商把有资产支持的证券销售给投资者。

除了上面介绍的各类短期金融资产,企业还可以用暂时闲置的资金到证券市场购买股票和债券,在需要资金的时候再将这些短期金融资产出售变现。

第三节　应收账款管理

应收账款是指企业因对外销售商品、提供劳务等而向购货或接受劳务的单位收取的款项。一方面,企业通过采取赊销、分期付款等方式,可以扩大销售,增强企业的竞争力,获得利润;另一方面,形成的应收账款会产生坏账等费用损失从而增加企业的经营风险。因此,应收账款管理的目标是在充分发挥应收账款强化竞争、扩大销售的功能的同时,尽可能降低机会成本、坏账损失与管理成本,在应收账款所增加的盈利和所增加的成本之间作出权衡,取得最大的收益。

一、应收账款产生的原因

1. 商业竞争

这是产生应收账款的主要原因。市场经济条件下,存在着激烈的商业竞争。竞争机制的作用迫使企业以各种手段扩大销售。除了依靠产品质量、价格、售后服务、广告等,赊销也是扩大销售的手段之一。对于同等的产品价格、相同的质量水平与售后服务,实行赊销的产品或商品的销售额将大于现金销售的产品或商品的销售额。

2. 销售和收款的时间差距

商品成交的时间和收到货款的时间经常不一致,这也导致了应收账款的产生。当然,现实生活中现金销售是很普遍的,特别是在零售企业中,现金销售更为常见。不过就一般批发和大量生产企业来讲,发货的时间和收到货款的时间往往不同。

应收账款是企业的一项资金投放,是为了扩大销售和盈利而进行的投资。而投资肯定要发生成本(包括承担风险),这就需要在应收账款信用政策所增加的盈利和这种政策的成本之间作出权衡。只有当应收账款所增加的盈利超过所增加的成本时,才应当实施应收账款赊销。

二、应收账款的成本

应收账款作为企业为增加销售和盈利进行的投资,会产生一定的成本。应收账款的成本主要包括以下四个方面。

1. 机会成本

应收账款会占用企业一定量的资金,若企业不把这部分资金投放于应收账款,则也可以将其用于其他投资并可能获得收益,如投资债券可获得利息收入。这种因投放于应收账款而放弃其他投资所带来的收益,即为应收账款的机会成本。其计算公式如下:

$$\begin{aligned}\text{应收账款占用资金的} \\ \text{应计利息(即机会成本)}\end{aligned} = \text{应收账款占用资金} \times \text{资本成本}$$

$$= \text{应收账款平均余额} \times \text{变动成本率} \times \text{资本成本}$$

$$= \text{日销售额} \times \text{平均收现期} \times \text{变动成本率} \times \text{资本成本}$$

$$= (\text{全年销售额}/360) \times \text{平均收现期} \times \text{变动成本率} \times \text{资本成本}$$

应收账款平均余额＝日销售额×平均收现期

应收账款占用资金＝应收账款平均余额×变动成本率

其中,平均收现期是指各种收现期的加权平均数。

【例8-4】 假设某企业预测的年度赊销额为3 000 000元,应收账款平均收账天数为60天,变动成本率为60%,资金成本率为10%。试计算该企业应收账款的机会成本。

应收账款平均余额＝3 000 000÷360×60＝500 000(元)

维持赊销业务所需要的资金＝500 000×60%＝300 000(元)

应收账款的机会成本＝300 000×10%＝30 000(元)

2. 管理成本

应收账款的管理成本主要是指企业管理应收账款所增加的费用。其主要包括调查顾客信用状况的费用、收集各种信息的费用、账簿的记录费用、收账费用、数据处理成本、相关管理人员成本和从第三方购买信用信息的成本等。

3. 坏账成本

在赊销交易中,债务人由于种种原因无力偿还债务,债权人就有可能无法收回应收账款而发生损失,这种损失就是坏账成本。可以说,企业发生坏账成本是不可避免的,而此项成本一般与应收账款发生的金额成正比。

坏账成本一般用下列公式测算:

$$\text{应收账款的坏账成本} = \text{赊销额} \times \text{预计坏账损失率}$$

4. 收账成本

应收账款发生后,企业应采取各种措施,尽量争取按期收回款项,否则款项拖欠时间过长会产生坏账,从而使企业蒙受损失。通常企业可以采取寄发账单、电话催收、派人上门催收、法律诉讼等方式催收应收账款,然而催收账款要发生费用,某些催款方式的费用还会很高。一般来说,收账的花费越大,收账措施越有力,可收回的账款越多,坏账损失也就越小。

三、应收账款的信用政策分析

应收账款赊销的效果好坏,依赖于企业的信用政策。信用政策包括:信用标准、信用期间、现金折扣政策和收账政策。

(一) 信用标准

信用标准是指顾客获得企业的交易信用所应具备的条件。如果顾客达不到信用标准,便不能享受企业的信用优惠或只能享受较低的信用优惠。

企业在设定某一顾客的信用标准时,往往先要评估其赖账的可能性。这可以通过"5C"系统来进行。所谓"5C"系统,是评估顾客信用品质的五个方面,即品质(character)、能力

(capacity)、资本(capital)、抵押(collateral)和条件(conditions)。

(1) 品质。品质是指顾客的信誉,即履行偿债义务的可能性。企业必须设法了解顾客过去的付款记录,看其是否有按期如数付款的一贯做法,及其与其他供货企业的关系是否良好。这一点经常被视为评价顾客信用的首要因素。

(2) 能力。能力是指顾客的偿债能力,即其流动资产的数量和质量以及与流动负债的比例。顾客的流动资产越多,其转换为现金以支付款项的能力越强。同时,还应注意顾客流动资产的质量,看是否存在存货过多、过时或质量下降,影响其变现能力和支付能力的情况。

(3) 资本。资本是指顾客的财务实力和财务状况。

(4) 抵押。抵押是指顾客拒付款项或无力支付款项时能被用作抵押的资产。这对于不知底细或信用状况有争议的顾客尤为重要。一旦收不到这些顾客的款项,便可以抵押品抵补。如果这些顾客提供足够的抵押,就可以考虑向他们提供相应的信用。

(5) 条件。条件是指可能影响顾客付款能力的经济环境,例如,万一出现经济不景气情况时,会对顾客的付款产生什么影响,顾客会如何做等。这需要了解顾客在过去困难时期的付款历史。

(二) 信用期间

信用期间是企业允许顾客从购货到付款之间的时间,或者说是企业给予顾客的付款期间。例如,若某企业允许顾客在购货后的 50 天内付款,则信用期为 50 天。信用期过短,不足以吸引顾客,在竞争中会使销售额下降;信用期过长,对销售额增加固然有利,但只顾及销售增长而盲目放宽信用期,所得的收益有时会被增长的费用抵销,甚至会造成利润减少。因此,企业必须慎重研究,确定恰当的信用期。

信用期的确定,主要应分析改变现行信用期对收入和成本的影响。延长信用期,会使销售额增加,产生有利影响;与此同时,应收账款、收账费用和坏账损失增加,会对企业产生不利影响。当前者大于后者时,可以延长信用期,否则不宜延长。如果缩短信用期,情况与此相反。

【例 8-5】 长城公司预测的年度赊销收入净额为 2 100 万元,其信用条件是 n/30,变动成本率为 60%,资金成本率或有价证券利息率为 12%。假设企业收账政策不变,固定成本总额不变。该企业准备了三个信用条件的备选方案,甲:维持 n/30 的信用条件;乙:将信用条件放宽到 n/60;丙:将信用条件放宽到 n/90。估计的各种备选方案的赊销水平、坏账百分比和收账费用等有关数据,如表 8-4 所示。

表 8-4　信用期限备选方案　　　　　　　　　金额单位:万元

项目	甲方案(n/30)	乙方案(n/60)	丙方案(n/90)
年赊销额	2 100	2 280	2 340
应收账款周转(次)	14	8	6
应收账款平均余额	2 100÷14 = 150	2 280÷8 = 285	2 340÷6 = 390
维持赊销业务所需资金	150×60% = 90	285×60% = 171	390×60% = 650
坏账损失/年赊销额	3%	4%	6%

项目	甲方案(n/30)	乙方案(n/60)	丙方案(n/90)
坏账损失	$2\,100 \times 3\% = 63$	$2\,280 \times 4\% = 91.2$	$2\,340 \times 6\% = 140.4$
收账费用	25	43	57

根据表8-4的资料,编制信用期限分析评价表,如表8-5所示。

表8-5　信用期限分析评价表

单位:万元

项目	甲方案(n/30)	乙方案(n/60)	丙方案(n/90)
年赊销额①	2 100	2 280	2 340
变动成本②	$2\,100 \times 60\% = 1\,260$	$2\,280 \times 60\% = 1\,368$	$2\,340 \times 60\% = 1\,404$
信用成本前收益③＝①－②	840	912	936
信用成本			
应收账款机会成本④	$90 \times 12\% = 10.8$	$171 \times 12\% = 20.52$	$234 \times 12\% = 28.08$
坏账损失⑤	63	91.2	140.4
收账费用⑥	25	43	57
小计⑦＝④＋⑤＋⑥	98.8	154.72	225.48
信用成本后收益⑧＝③－⑦	741.2	757.28	710.52

由表8-5计算的数据可知,在这三种方案中,乙方案的信用后收益为757.28万元,获利最大,它比甲方案增加收益16.08万元(757.28－741.20),比丙方案增加收益46.76万元(757.28－710.52)。因此,乙方案为最佳方案。

(三) 现金折扣政策

现金折扣政策包括折扣期限和现金折扣两个方面。现金折扣是企业对顾客在商品价格上的扣减,目的在于吸引顾客为享受优惠而提前付款,缩短企业的平均收账期。同时,现金折扣也是促销的一种手段,能够扩大销售量。

现金折扣常采用如"5/10,3/20,n/30"这样的符号表示,其含义如下:

5/10表示10天内付款,可享受5%的价格优惠,即只需支付原价的95%;3/20表示20天内付款,可享受3%的价格优惠,即只需支付原价的97%;n/30表示付款的最后期限为30天,此时付款无优惠。

因为现金折扣是与信用期间结合使用的,所以确定现金折扣程度的方法与确定信用期间的方法一致,只是把折扣与延期付款时间综合起来,先计算各方案的延期与折扣能取得多大的增量收益,再计算各方案带来的成本变化,最终确定最佳方案。

【例8-6】　承[例8-5],如果长城公司选择了乙方案,为了加速应收账款的回收,决定将赊销条件改为"3/10,2/20,n/40",即丁方案。采用丁方案,按照以往数据的赊销额计算,估计约有50%的客户会利用3%的折扣,20%的客户会利用2%的折扣,坏账损失降为3%,收账费用降为30万元。根据上述资料,有关指标计算如表8-6所示。

表 8-6　现金折扣方案计算　　　　　　　　　　　　金额单位：万元

项目	丁方案(n/60)
年赊销额①	2 280
应收账款周转期(天)②	50%×10＋20%×20＋30%×40＝21
应收账款周转率(次)③＝360÷②	360÷21≈17.14
应收账款平均余额④＝①÷③	2 280÷17.14＝ 133.02
维持赊销业务所需资金⑤＝④×60%	133.02×60%＝79.81
应收账款机会成本⑥＝⑤×12%	79.81×12%＝9.58
坏账损失/年赊销额⑦	3%
坏账损失⑧＝①×3%	2 280×3%＝68.40
现金折扣⑨＝①×(3%×50%＋2%×15%)	2 280×(3%×50%＋2%×15%)＝41.04

根据表 8-6 的资料,编制现金折扣条件分析评价表,如表 8-7 所示。

表 8-7　现金折扣条件分析评价表　　　　　　　　　　　单位：万元

项目	乙方案(n/60)	丁方案(3/10,2/20,n/40)
年赊销额①	2 280	2 280
减：现金折扣②		41.04
年赊销净额③＝①－②	2 280	2 238.96
减：变动成本④	2 280×60%＝1 368	1 368
信用成本前收益⑤＝③－④	912	870.96
信用成本		
维持赊销业务所需资金⑥	171	79.81
应收账款机会成本⑦	171×12%＝20.52	79.81×12%≈9.58
坏账损失⑧	91.2	68.4
收账费用⑨	43	30
小计⑩＝⑦＋⑧＋⑨	154.72	107.98
信用成本后收益⑪＝⑤－⑩	757.28	762.98

计算结果表明,实行现金折扣以后,长城公司的收益增加了 5.7 万元(762.98－757.28)。因此,这时应该选择丁方案。

(四) 收账政策

一般而言,企业加强收账管理,及早收回货款,可以减少坏账损失,降低应收账款上的资金占用,但同时也会增加收账费用。因此,制定收账政策就是要在增加收账费用与减少坏账损失、应收账款机会成本之间进行权衡,若前者小于后者,则说明制定的收账政策是可取的,即选择应收账款总成本最小的方案。应收账款总成本的计算公式如下：

$$应收账款总成本＝机会成本＋管理成本＋坏账成本$$

【例 8-7】 假设某企业资金利润率为 20％，企业应收账款原有的收账政策和拟改变的收账政策如表 8-8 所示。请分析拟改变的收账政策方案是否可行。

表 8-8　收账政策备选方案　　　　　　　金额单位：万元

项目	现行的收账政策	拟改变的收账政策
年收账费用(A)	6	10
平均收账天数(天)(B)	60	30
坏账损失率(C)	3％	2％
赊销额(D)	480	480
变动成本率(E)	60％	60％

根据表 8-8 的资料，编制收账政策分析评价表，如表 8-9 所示。

表 8-9 收账政策分析评价表　　　　　　　金额单位：万元

项目		现行的收账政策	拟改变的收账政策
赊销额①＝D		480	480
应收账款平均收账天数(天)②＝B		60	30
应收账款平均余额③＝①×②/360		80	40
应收账款占用的资金④＝③×E		48	24
收账成本	应收账款机会成本⑤＝④×20％	9.6	4.8
	坏账损失⑥＝D×C	14.4	9.6
	年收账费用⑦＝A	6	10
	收账总成本⑧＝⑤＋⑥＋⑦	30	24.4

　　计算结果表明，拟改变的收账政策相关的收账成本低于现行收账政策的收账成本。因此，改变收账政策的方案是可以接受的。

四、应收账款的日常管理

　　企业的应收账款发生后，应采取各种措施，尽量争取按期收回款项，否则会因拖欠时间过长而发生坏账，使企业蒙受损失。这些措施包括对应收账款回收情况的监督和制定适当的收账政策。

1. 应收账款回收情况的监督

　　企业已发生的应收账款时间有长有短，有的尚未超过收款期，有的则超过了收款期。一般来讲，拖欠时间越长，款项收回的可能性越小，形成坏账的可能性越大。对此，企业应实施严密监督，随时掌握回收情况。实施对应收账款回收情况的监督，可以通过编制账龄分析表进行。

账龄分析表是一张能显示应收账款在外天数(账龄)长短的报告,其格式如表8-10所示。

表 8-10　账龄分析表

202×年12月31日   金额单位:万元

应收账款账龄	账户数量(个)	金额	百分率
信用期内	200	8	40%
超过信用期 1~20 天	100	4	20%
超过信用期 21~40 天	50	2	10%
超过信用期 41~60 天	30	2	10%
超过信用期 61~80 天	20	2	10%
超过信用期 81~100 天	15	1	5%
超过信用期 100 天	5	1	5%
合计	420	20	100

利用账龄分析表,企业可以了解到以下情况:

(1) 有多少欠款尚在信用期内。由表8-10可知,有价值8万元的应收账款处在信用期内,占全部应收账款的40%。这些款项未到偿付期,欠款是正常的。但到期后能否收回,还要待时再定,故及时的监督仍是必要的。

(2) 有多少欠款超过了信用期,超过时间长短的款项各占多少,有多少欠款会因拖欠时间太久而可能成为坏账。由表8-10可知,有价值12万元的应收账款已超过了信用期,占全部应收账款的60%。不过,其中拖欠时间较短的(20天内)有4万元,占全部应收账款的20%,这部分欠款收回的可能性很大;拖欠时间较长的(21~100天)有7万元,占全部应收账款的35%,这部分欠款的回收有一定难度;拖欠时间很长的(100天以上)有1万元,占全部应收账款的5%,这部分欠款有可能成为坏账。对不同拖欠时间的欠款,企业应采取不同的收账方法,制定出经济、可行的收账政策;对可能发生的坏账损失,则应提前做好准备,充分估计这一因素对损益的影响。

2. 收账政策的制定

企业对各种不同过期账款的催收方式,包括准备为此付出的代价,就是它的收账政策。例如,对过期较短的顾客,不过多地打扰;对过期稍长的顾客,可适当催款;对过期较长的顾客,可不断催询;对过期很长的顾客,可在催款时采用严厉的措辞,必要时可提请有关部门仲裁或向法院提起诉讼等。

催收账款要发生费用,某些催款方式的费用还会很高(如诉讼费)。一般说来,收账的花费越大,收账措施越有力,可收回的账款应越多,坏账损失也就越小。因此,制定收账政策要在收账费用和所减少坏账损失之间作出权衡。制定有效、得当的收账政策很大程度上要依靠有关人员的经验;从财务管理的角度讲,也有一些数量化的方法可以参照。

第四节 存 货 管 理

一、存货的概念和功能

1. 存货的概念

存货是指企业在生产经营过程中为销售或者耗用而储备的物资,包括材料、燃料、低值易耗品、在产品、半成品、产成品、协作件和商品等。存货管理水平的高低直接影响企业的生产经营能否顺利进行,并最终影响企业的收益、风险等状况。存货管理需要在存货的收益和成本之间进行权衡,其基本目标是在满足生产销售的前提下,尽量降低存货数量,以减少企业成本、增加收益,使企业达到最佳状态。

2. 存货的功能

企业持有存货一方面是为了保证生产或销售的经营需要,另一方面是出于价格的考虑,零购物资的价格往往较高,而整批购买通常能取得价格优惠。但是,过多的存货要占用较多资金,并且会增加包括仓储费、保险费、维护费、管理人员工资在内的各项开支。因此,存货管理的目标,就是在保证生产或销售需要的前提下,最大限度地降低存货成本。存货的功能具体包括以下几个方面:

(1)保证生产正常进行。生产过程中需要的原材料和在产品,是生产的物质保证。一定量的存货储备,可以有效避免生产中断、停工待料情况的发生,保证生产的正常进行。

(2)提高销售的机动性。一定数量的存货储备能够提升企业适应市场变化的能力,防止企业在市场需求量激增时,因产品储备不足而失去销售良机。同时,顾客为节约采购成本和其他费用,一般倾向于成批采购,企业为了达到运输上的最优批量,也会组织成批发运。所以,保持一定量的存货有利于市场销售。

(3)维持均衡生产,降低产品生产成本。针对季节性产品或需求波动较大的产品,若根据需求组织生产,可能导致生产能力有时得不到充分利用,有时生产又超负荷,生产成本上升。一定量的原材料和产成品储备可以有效解决企业这一问题,其可实现均衡生产,降低生产成本。

(4)降低存货取得成本。企业大批量集中进货,可以减少订货次数,企业更容易享受价格折扣,降低购置成本和订货成本,从而使企业总的进货成本降低。

(5)防止意外事件发生。企业在采购、运输、生产和销售过程中,都可能发生意料之外的事故,而保持必要的存货保险储备,可以减少意外事件带来的损失。

二、存货的成本

与储备存货有关的成本,包括以下三种。

(一)取得成本

取得成本是指为取得某种存货而支出的成本,通常用 TCa 来表示。其又分为订货成本和购置成本。

1. 订货成本

订货成本是指取得订单的成本,如办公费、差旅费、邮资、电报电话费等。订货成本中有一部分与订货次数无关,如常设采购机构的基本开支等,其称为订货的固定成本,用 F_1 表示;另一部分与订货次数有关,如差旅费、邮资等,其称为订货的变动成本,用 K 表示;订货次数等于存货年需求量 D 与每次进货量 Q 的商。订货成本的计算公式为:

$$订货成本 = F_1 + \frac{D}{Q}K$$

2. 购置成本

购置成本是指存货本身的价值,通常用数量与单价的乘积来确定。年需求量用 D 表示,单价用 U 表示,于是购置成本为 DU。

订货成本加上购置成本,就等于存货的取得成本。其公式可表述为:

取得成本 = 订货成本 + 购置成本 = 订货固定成本 + 订货变动成本 + 购置成本

即

$$TCa = F_1 + \frac{D}{Q}K + DU$$

(二) 储存成本

储存成本是指为保持存货而发生的成本,包括存货占用资金所应计的利息(若企业用现有现金购买存货,便失去了现金存放银行或投资于证券本应取得的利息,为放弃利息;若企业借款购买存货,便要支付利息费用,为付出利息)、仓库费用、保险费用、存货破损和变质损失等,通常用 TCc 来表示。

储存成本也分为固定成本和变动成本。固定储存成本与存货数量的多少无关,如仓库折旧、仓库职工的固定月工资等,通常用 F_2 来表示。变动储存成本与存货的数量有关,如存货占用资金的应计利息、存货的破损和变质损失、存货的保险费用等,单位变动储存成本用 Kc 来表示。储存成本的计算公式为:

储存成本 = 储存固定成本 + 储存变动成本

即

$$TCc = F2 + Kc\frac{Q}{2}$$

其中,$\frac{Q}{2}$ 表示存货的平均储存量。

(三) 缺货成本

缺货成本是指由于存货供应中断而造成的损失,包括材料供应中断造成的停工损失、产成品库存缺货造成的拖欠发货损失和丧失销售机会的损失(还应包括需要主观估计的商誉损失)。如果生产企业以紧急采购代用材料解决库存材料中断之急,那么缺货成本表现为紧急额外购入成本(紧急额外购入的开支会大于正常采购的开支)。缺货成本用 TCs 表示。

如果以 TC 来表示储备存货的总成本,它的计算公式表述为:

$$TC = TCa + TCc + TCs = F1 + \frac{D}{Q}K + DU + F2 + Kc\frac{Q}{2} + TCs$$

企业存货的最优化,即是使 TC 值最小。

三、存货的经济批量模型

经济订货批量是指在一定时期内能使存货相关总成本最低的每一次订货的数量。企业在确定经济订货批量时,需要设立一些假设条件,并在此基础上建立经济订货批量基本模型。存货的经济订货批量模型需要设立的假设条件如下:

(1) 存货总需求量是已知常数。

(2) 订货提前期是常数。

(3) 货物是一次性入库。

(4) 单位货物成本为常数,无批量折扣。

(5) 库存储存成本与库存水平呈线性关系。

(6) 货物是一种独立需求的物品,不受其他货物影响。

(7) 不允许缺货,即无缺货成本。

设立上述假设后可知,经济订货批量下存货的相关成本只包括变动订货成本和变动储存成本。在全年存货需求量一定的前提下,订货成本的高低与采购批量成正比。因此,能够使一定时期订货成本和储存成本之和最低的采购批量即为经济订货批量,此时储存成本与订货成本相等。经济订货批量模型如图 8-7 所示。

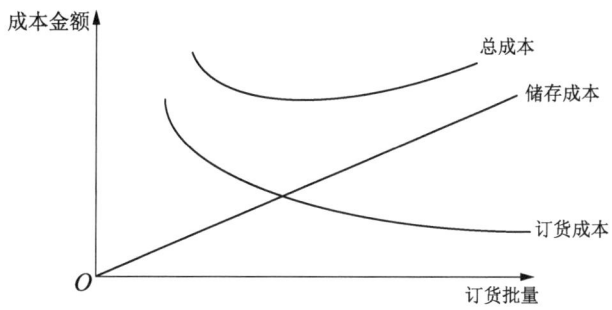

图 8-7　经济订货批量模型

据图 8-7 所示,可得出经济订货批量模型下存货相关总成本计算公式为:

$$TC = \frac{Q}{C} \times C + \frac{D}{Q} \times K$$

其中,TC 为存货相关总成本;Q 为每批订货批量;C 为单位存货年储存成本;D 为全年需求总量;$\frac{D}{Q}$ 为最佳采购次数;K 为每次订货的成本。

对上式求导,可得:

$$Q^* = \sqrt{\frac{2KD}{C}}$$

此时,Q^* 即为使存货相关总成本最低的经济订货批量。存货的储存成本等于订货成本,相关总成本可表示为:

$$TC^* = \sqrt{2KDC}$$

$$经济订货批量下平均占用资金 (W) = \frac{PQ}{2}$$

其中，P 为采购单价。

$$年度最佳订货次数 (N) = \frac{D}{Q}$$

【例 8-8】 假设某企业每年所需的原材料为 80 000 千克，单位成本为 15 元/千克。每次订货的变动成本为 20 元，单位变动储存成本为 0.8 元/千克。一年按 360 天计算。请计算该企业的经济订货批量、最佳订货次数、经济订货量平均占用资金、与经济订货批量相关的存货总成本，以及在经济订货量下的变动订货成本和变动储存成本。

$$经济订货批量 = \sqrt{\frac{2 \times 80\,000 \times 20}{0.8}} = 2\,000(千克)$$

年度最佳订货次数 $= 80\,000 \div 2\,000 = 40(次)$

经济订货量平均占用资金 $= 2\,000 \div 2 \times 15 = 15\,000(元)$

与经济订货批量相关的存货总成本 $= \sqrt{2 \times 80\,000 \times 20 \times 0.8} = 1\,600(元)$

在经济订货批量下的变动订货成本 $= 40 \times 20 = 800(元)$

在经济订货批量下的变动储存成本 $= 2\,000 \div 2 \times 0.8 = 800(元)$

四、存货的日常管理

存货的日常管理方法有很多，采用不同的存货管理方法，可以更好地对存货进行有效调节和控制。通过加强对存货的控制，可以改善企业的生产经营活动，提高资金的利用效率，从而实现提高企业价值的目标。

（一）归口分级控制法

归口分级控制法是传统的存货日常管理的基本方法。该方法按存货归属的部门、资金控制的级别进行控制，实质上是一种强化经济责任制的做法。其做法可归纳为以下两方面。

1. 归口管理

在财务部门对存货资金进行统一分配调度、协调、管理的基础上，将存货资金的管理指标分解到产、供、销各部门进行归口管理。根据使用资金和管理资金相结合、物资管理和资金管理相结合的原则，每项资金由哪个部门使用，就由哪个部门管理。例如，原材料、燃料、包装物品等由供应部门管理，在产品、半成品等由生产部门管理，产成品由销售部门管理，低值易耗品由行政部门管理等。

2. 对存货资金实行分级管理

在归口管理的基础上，各职能部门不应一统到底。为了强化责任制，应将指标层层再分配到各基层单位、各个不同层次进行管理。例如，材料分配到各采购组，在产品与半成品分配到各车间、班组等。

（二）ABC 控制法

ABC 控制法实质上是一种重点管理的办法，它所遵循的基本原则就是"保证重点，照顾

"一般",把企业的存货按一定的标准与方法区分为重点存货与一般存货,针对不同的存货实施不同的管理。

存货分类的标准一般按资金的占用额和品种数量进行划分,划分标准如下:

(1) A类:金额占到存货总金额的70%以上,而品种数量只占10%的商品。A类商品品种少,但资金的投入量极大,其应作为日常控制的重点。在管理方面,应按品种严格控制,逐项核定经济进货批量,经常检查并掌握库存动态,对每种存货的收、发、存都要进行详细记录、定期盘点,努力加快资金的周转速度。

(2) B类:金额占到存货总金额的20%左右,品种数量占存货总量的20%左右的商品。B类商品介于A类与C类之间,可作为一般控制的商品,应适当考虑对其按类控制。

(3) C类:金额占到存货总金额的10%左右,而品种数量占到存货总量的70%以上的商品。C类商品品种繁多,但资金的投入量极少,对此类商品,不必花费太多精力去管理,其管理质量无关大局,只需按总额控制即可。

(三) 准时制存货管理

准时制(just in time, JIT)存货管理于20世纪70年代由日本丰田汽车公司创建。JIT存货管理强调的是"只在需要的时间、按需要的量、生产需要的产品",以期通过减少存货来降低成本,实现获取利润的目标。因此,零存货是JIT存货管理的最高目标。通过均衡生产来实现零库存是JIT存货管理的核心内容。

微型案例

DeepSeek智能决策与营运资金效率优化

以一家电子产品制造企业为例(假设2024年流动资产为15亿元,存货占比为40%),该企业面临着应收账款周转周期长、库存积压严重等挑战。通过引入DeepSeek技术后,企业实现了以下几方面的显著改进:

应收账款智能管理:借助AI预测模型缩短回款周期,回款周期从原来的90天降至60天,坏账风险有效减少。在实际操作中,DeepSeek技术通过对大量历史交易数据、客户信用信息以及市场动态的深度分析,精准预测客户的付款行为,从而为企业制定更合理的应收账款回收策略提供了有力支持。例如,系统能够识别出哪些客户可能存在还款困难的迹象,提前发出预警,企业可以据此采取相应措施,如加强沟通、调整付款条件等,以降低坏账发生的可能性。

库存动态优化:基于销售数据模拟不同库存策略,原材料周转天数由90天压缩至60天,释放了约2亿元的流动资金。DeepSeek技术通过实时跟踪市场需求变化、生产进度以及供应商交货情况等多维度数据,运用复杂的算法模型对库存水平进行动态优化。它能够准确预测不同产品在不同时间段的销量,帮助企业合理安排原材料采购和产品生产计划,避免库存积压或缺货现象的发生。以某款热门电子产品为例,通过DeepSeek的优化,企业提前预测到市场需求的增长,及时增加了原材料采购量,同时加快了生产节奏,使得产品能够迅速投放市场,满足了消费者的需求,也为企业带来了更大的销售利润。

现金流压力测试:利用DeepSeek模拟原材料价格波动或汇率变动等场景,生成应急资金预案,增强了企业的抗风险能力。在全球经济环境不稳定的背景下,原材料价格和汇率的波动对企业的现金流影响巨大。DeepSeek 技术能够构建逼真的市场波动模型,模拟各种可能出现的极端情况,如原材料价格突然大幅上涨、汇率急剧贬值等。通过对这些场景的模拟分析,企业可以提前制定应对策略,储备一定量的原材料,采用套期保值工具锁定汇率等,确保在面临不利市场变化时,企业的资金链能够保持稳定。例如,在一次模拟原材料价格上涨 30% 的压力测试中,DeepSeek 为企业生成了多种应急资金预案,包括调整生产计划、优化供应链成本、寻求短期融资等,企业根据这些预案提前做好准备,成功应对了实际发生的原材料价格上涨危机,保障了生产经营的正常进行。

章节测试题 (共 100 分)

【单选题】(本题共 25 分,每小题 5 分)

1. 信用条件为"2/10,n/30"时,预计有 40% 的客户选择现金折扣优惠,则平均收账天数为( )天。

　　A. 16　　　　　　　B. 28　　　　　　　C. 26　　　　　　　D. 22

2. 下列各项中,不属于应收账款管理成本的是( )。

　　A. 调查顾客信用情况的费用　　　　B. 收集各种信息的费用

　　C. 收账费用　　　　　　　　　　　D. 坏账损失

3. 通常情况下,企业持有现金的机会成本( )。

　　A. 与决策无关　　　　　　　　　　B. 与持有时间成反比

　　C. 与现金的持有量成正比　　　　　D. 与现金余额成正比

4. 在确定经济采购批量时,下列表述不正确的是( )。

　　A. 经济批量是指一定时期进货成本、储存成本、短缺成本之和最低的采购批量

　　B. 储存成本与采购量成正比

　　C. 年储存总成本与年订货总成本相等时的采购批量,即为经济批量

　　D. 随采购量变动,进货成本和储存成本呈相关方向变动

5. 某企业全年需要 A 材料 2 400 吨,每次的订货成本为 400 元,每吨材料年储存成本为 12 元,则每年最佳订货次数为( )次。

　　A. 12　　　　　　　B. 6　　　　　　　C. 3　　　　　　　D. 4

【判断题】(本题共 15 分,每小题 5 分)

1. 收账费用与坏账损失成反比关系,收账费用发生得越多,坏账损失就越小,因此,企业应不断增大收账费用,以便将坏账损失降到最低。　　　　　　　　　　　　( )

2. 企业持有现金越多,对企业就越有利。　　　　　　　　　　　　　　　　( )

3. 存货的经济批量是指能够使一定时期存货的相关总成本达到最低点的进货数量。

　　　　　　　　　　　　　　　　　　　　　　　　　　　　　　　　　( )

【思考题】(本题共 30 分,每小题 10 分)

1. 简述营运资金的概念及特点。

2. 简述持有现金的动机。

3. 简述现金管理的成本、应收账款的成本、存货的成本。

【计算题】(本题共 30 分,每小题 15 分)

1. 某公司赊销期为 30 天,年赊销量为 20 万件,每件售价 1 元,单位变动成本 0.6 元。现有两种现金折扣方案,第一种为 2.5/10,$n/30$;第二种为 1.5/20,$n/30$。假定两种方案都有一半的客户享受现金折扣,企业的坏账损失为未享受现金折扣赊销额的 2%,资金成本率为 20%。

要求:计算选择哪种折扣方案对企业更有利。

2. 某公司年耗用乙材料 72 000 千克,单位采购成本为 200 元,储存成本为 4 元,平均每次进货费用为 40 元,假设该材料不存在缺货情况。

要求:

(1) 计算乙材料的经济进货批量。

(2) 计算经济进货批量下的相关总成本。

(3) 计算经济进货批量下的平均占用资金。

(4) 计算年度最佳进货批次。

第九章

财务管理

利润分配管理

微课视频

1. 理解股利政策的内容。
2. 掌握利润分配程序。
3. 掌握股利理论的主要内容。
4. 了解股票回购与现金股利的区别。
5. 了解股票分割与股票股利的区别。

利润分配管理 ——
- 利润分配概述 ——
  - 利润分配的基本原则
  - 利润分配的程序
  - 利润分配的意义
- 现金股利分配与股利政策 ——
  - 现金股利分配
  - 股利政策
- 股票股利、股票分割与股票回购 ——
  - 股票股利
  - 股票分割
  - 股票回购

企业作为社会公民的责任

在企业利润分配中,我们不仅要关注技术带来的效率提升,还需强调企业作为社会公民的责任。例如,在确定股利支付比率时,除了考虑股东回报,还应兼顾员工福利、社区贡献以及环境保护等因素。

公司经营过程中,在制定利润分配方案时,如果将一部分原本用于增加股息的资金投入到员工技能培训项目中,虽然短期内股东股息可能减少,但从长期看,员工技能提升将带来更高的工作效率和创新能力,进而促进企业业绩增长,实现股东与员工的双赢。同时,企业若拿出一定比例的利润用于社区教育扶持项目,不仅能提升企业在当地社区的形象,还可能为企业未来的人才招聘和市场拓展创造有利条件。在环境保护方面,企业可以利用利润分配资金采购环保设备,改进生产工艺,减少污染排放,履行企业的环保责任,为社会可持续发展贡献力量。企业在追求经济利益的同时,应积极履行社会责任,实现企业经济效益与社会效益的有机统一。

第一节　利润分配概述

利润分配是企业按照国家有关法律法规以及企业章程的规定,在兼顾股东与债权人及其他利益相关方的利益关系基础上,将实现的利润在企业与企业所有者之间、企业内部的有关项目之间、企业所有者之间进行分配的活动。利润分配决策是对股东当前利益与企业未来发展之间权衡的结果,其将引起企业的资金存量与股东权益规模及结构的变化,也将对企业内部的筹资活动和投资活动产生影响。

一、利润分配的基本原则

1. 依法分配原则

企业利润分配的对象是企业在一定会计期间实现的税后利润,即企业缴纳所得税后的净利润。这些利润是企业投资者拥有的权益,企业有权自主处置和分配。为规范企业的利润分配行为,国家制定和颁布的若干法规中规定了企业利润分配的基本要求、一般程序和分配比例,其目的是保障企业在利润分配时能有序进行,维护企业和所有者、债权人以及职工的合法权益,促使企业增加积累,增强风险防范能力。国家有关利润分配的法律和法规主要有《中华人民共和国公司法》《中华人民共和国外商投资法》等,企业在利润分配中必须切实执行上述法律法规。利润分配在企业内部属于重大事项,企业的章程必须在不违背国家有关规定的前提下,对企业利润分配的原则、方法、决策程序等内容作出具体而又明确的规定,企业在利润分配中也必须按规定办事。

2. 资本保全原则

资本保全原则是责任有限的现代企业制度的基础性原则之一,企业在分配利润时需要留有一部分资本。利润的分配是对经营中资本增值额的分配,不是对资本金的返还。按照这一原则,一般情况下,企业如果存在尚未弥补的亏损,则应首先弥补亏损,再进行其他分配。

3. 兼顾各方利益原则

利润分配必须兼顾各方面的利益。企业是经济社会的基本单元,企业的利润分配涉及国家、企业股东、债权人、职工等多方面的利益。正确处理它们之间的关系,协调其矛盾,对企业的生存、发展是至关重要的。企业在进行利润分配时,应当统筹兼顾,维护各利益相关者的合法权益。

4. 投资与收益对等原则

企业利润分配应体现"谁投资、谁受益"、收益大小与投资比例相匹配,即投资与收益对等的原则。这是正确处理企业与投资者利益关系的立足点。投资者由于其投资而享有收益权,在利润分配上各投资者是平等一致的。这就要求企业在向投资者分配利润时,对所有投资者要一视同仁,规定任何人不得凭借特殊地位谋取私利,只有这样,才能从根本上保护投资者的利益,鼓励其投资。

二、利润分配的程序

企业在利润分配前,应根据本年净利润(或亏损)与年初未分配利润(或亏损)、其他转

入的金额(如盈余公积金弥补的亏损)等项目,计算出可供分配的利润。其计算公式为:

可供分配利润＝本年净利润＋年初未分配利润－弥补以前年度亏损＋其他转入的金额

如果可供分配的利润为负数(即亏损),则不能进行后续分配;如果可供分配的利润为正数(即本年累计盈利),则进行后续分配。

关于利润分配的程序,有关法律法规对此都有明确的规定,公司必须按照相关规定对利润进行分配。利润分配的程序如图9-1所示。

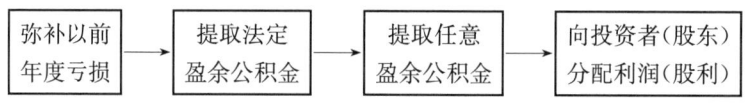

图 9-1 利润分配的程序

1. 弥补以前年度亏损

如果企业当年发生财务账面亏损,应借记"利润分配——未分配利润"科目,贷记"本年利润"科目。企业以后年度弥补亏损时作以上相反的分录。如果企业采用应付税款法而非资产负债表债务法,则不再作其他分录。这要求企业对于能够结转以后年度的可抵扣亏损和税款抵减,应当以可能获得用于抵扣尚可抵扣的亏损和税款抵减的未来应纳税所得额为限,确认相应的递延所得税资产。企业应当对5年内可抵扣暂时性差异是否能在以后经营期内的应税利润充分转回作出判断,如果不能,企业不应确认递延所得税资产。

2. 提取法定盈余公积金

根据我国《公司法》的规定,法定盈余公积金按照当年税后净利润(弥补亏损后)的10%提取。当法定盈余公积金累计额已达注册资本的50%时,可不再继续提取。其计算公式为:

在年初存在累计亏损情况下:

$$法定盈余公积金＝抵减年初累计亏损后的本年净利润×10\%$$

在年初不存在累计亏损的情况下:

$$法定盈余公积金＝本年净利润×10\%$$

提取的法定盈余公积金用于弥补以前年度亏损,扩大公司生产经营或转增公司资本金,但转增资本金后留存的法定盈余公积金余额不得低于注册资本的25%。

3. 提取任意盈余公积金

任意盈余公积金是股份制企业按照公司章程或股东大会的决议,从可向投资者分配的利润中提取的公积金,其提取金额与用途可由公司自行决定。若公司在提取了法定盈余公积金之后,仍然觉得公司的留用资金不足,则可以通过股东会或者股东大会为公司认定任意盈余公积金。在会议通过之后,公司就可以从税后利润中提取任意盈余公积金,任意盈余公积金的金额也是由公司的股东在股东大会上进行确认的。

4. 向投资者(股东)分配利润(股利)

根据我国《公司法》的规定,公司弥补亏损和提取公积金后净税后利润,可以向投资者(股东)分配。其中,有限责任公司股东按照实缴的出资比例分取红利,全体股东不按照出资比例分取红利的除外;股份有限公司按照股东持有的股份比例分配,但股份有限公司章程规定不按照持股比例分配的除外。《公司法》还规定,公司持有的本公司股份不得分配利润。

【例9-1】 某公司2018年年初未分配利润账户的贷方余额为37万元,2018年发生亏损100万元,2019—2023年的每年税前利润为10万元,2024年税前利润为15万元,2025年税前利润为40万元。所得税税率为20%,盈余公积金(含任意盈余公积金)的计提比例为15%。该公司2024年是否缴纳所得税?是否计提盈余公积金(含任意盈余公积金)?2025年可供投资者分配的利润为多少?

(1) 2024年年初未分配利润=37−100+10×5=−13(万元)(为以后年度税后利润应弥补的亏损)

(2) 2024年应缴纳所得税=15×40%=6(万元)

本年税后利润=15−6=9(万元)

企业可供分配的利润=9−13=−4(万元),不能计提盈余公积金(含任意盈余公积金)

(3) 2025年税后利润=40×(1−20%)=32(万元)

可供分配的利润=32−4=28(万元)

计提盈余公积金(含任意盈余公积金)=28×15%=4.2(万元)

可供投资者分配的利润=28−4.2=23.8(万元)

分配给投资者的利润,是投资者从企业获得的投资回报。向投资者分配利润应遵循纳税在先、企业积累在先、无盈余不分利的原则,其分配顺序在利润分配的最后阶段,这体现了投资者对企业的权利、义务以及投资者所承担的风险。

三、利润分配的意义

利润分配作为现代企业财务管理的重要内容之一,对于维护企业与各相关利益主体的财务关系、提升企业价值具有重要意义。具体而言,企业利润分配的意义表现在以下四个方面。

1. 利润分配集中体现了企业所有者、经营者与劳动者之间的利益关系

企业所有者是企业权益资金的提供者,按照"谁出资,谁受益"的原则,其应得的投资收益须通过企业的收益分配来实现,而获得投资收入的多少取决于企业盈利状况及利润分配政策。通过收益分配,投资者能实现预期的收益,有利于提高企业的信誉程度,增强企业未来融通资金的能力。

企业的债权人在向企业投入资金的同时,也承担了一定的风险。企业的收入分配中应体现对债权人利益的充分保护,不能损害债权人的利益。除了按时支付到期本金、利息,企业在进行收入分配时,还要考虑债权人未偿付本金的保障程度;否则将在一定程度上削弱企业的偿债能力,从而降低企业的财务弹性。

职工是价值的创造者,是企业收入和利润的源泉。通过薪资的支付以及各种福利的提供,可以提高职工的工作热情,为企业创造更多价值。因此,为了正确、合理地处理好企业各方利益相关者的需求,就必须对企业所实现的收入进行合理分配。

2. 利润分配是企业维持简单再生产和实现扩大再生产的基本条件

企业在生产经营过程中所投入的各类资金,随着生产经营活动的进行不断地发生消耗和转移,形成成本费用,最终构成商品价值的一部分。销售收入的取得,为企业成本费用的补偿提供了前提,为企业简单再生产的正常进行创造了条件。通过收入与分配,企业能形成一部分自行安排的资金,这可以增强企业生产经营的财力,有利于企业适应市场需要扩大再生产。

3. 利润分配是企业优化资本结构、降低资本成本的重要措施

留存收益是企业重要的权益资金来源。留存收益的多少,影响企业积累的多少,从而影响权益与负债的比例,即资本结构。企业价值最大化的目标要求企业的资本结构最优,而利润分配便成了优化资本结构、降低资本成本的重要措施。

4. 利润分配为国家财政资金提供重要来源

在生产经营活动中,企业不仅为自己创造了价值,还为社会创造了一定的价值,即利润。利润代表企业的新创财富,是企业收入的重要构成部分。国家税收也能够集中一部分企业利润,这些税收由国家有计划地分配使用,从而为社会经济的发展创造良好条件。

第二节　现金股利分配与股利政策

公司股利的发放必须遵守相关的要求,按照日程安排来进行。一般情况下,先由董事会提出分配预案,再提交股东大会决议,股东大会决议通过才能进行分配。股东大会决议通过分配预案后,要向股东宣布发放股利的方案,并确定股利宣告日、股权登记日、除息日和股利发放日。

(1)股利宣告日。即股东大会决议通过并由董事会将股利支付情况予以公告的日期。公告中将宣布每股应支付的股利、股权登记日、除息日和股利支付日。

(2)股权登记日。即有权领取本期股利的股东资格登记截止日期。凡是在指定日期收盘之前取得公司股票、成为公司在册股东的投资者,都可以作为股东,享受公司本期分派的股利。在这一天之后取得股票的股东则无权领取本次分派的股利。

(3)除息日。即领取股利的权利与股票分离的日期。在除息日之前购买股票的股东才能领取本次股利,而在除息日当天或以后购买股票的股东,则不能领取本次股利。由于失去了"收息"的权利,除息日的股票价格会下跌。除息日是股权登记的下一个交易日。

(4)股利支付。即公司按照公布的分红方案向股权登记日在册的股东实际支付股利的日期。

【例9-2】 某上市公司于2024年4月10日公布2023年度的最后分红方案,其公告如下:"2024年4月9日在上海召开的股东大会,通过了董事会关于每股分派0.15元的2024年股息分配方案。股权登记日为4月25日,除息日为4月26日,股东可在5月10日至25日通过深圳证券交易所按交易方式领取现金。特此公告。"请列示该上市公司的股利支付程序。

该公司的股利支付程序如图9-2所示。

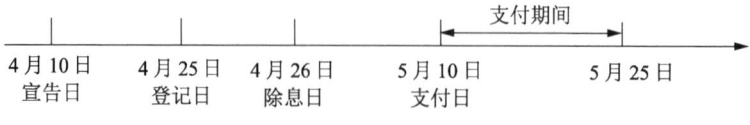

图9-2　股利支付程序

一、现金股利分配

现金股利分配的核心问题是如何权衡公司股利支付决策与未来长期增长之间的关系，以实现公司价值最大化的财务管理目标。围绕着公司股利政策是否影响公司价值这一问题，主要有两类不同的股利理论：股利无关论和股利相关论。

(一) 股利无关论

股利无关论认为股利分配对公司的市场价值（或股票价格）不会产生影响。这一理论是米勒（Miller）与莫迪格利安尼（Modigliani）于 1961 年在下面列举的一些假设之上提出的。

（1）公司的投资政策已确定并且已经为投资者所理解。

（2）不存在股票的发行和交易费用。

（3）不存在个人或公司所得税。

（4）不存在信息不对称。

（5）经理与外部投资者之间不存在代理成本。上述假设描述的是一种完美资本市场，因而股利无关论又被称为完全市场理论。

股利无关论认为：

（1）投资者并不关心公司股利的分配。若公司留存较多的利润用于再投资，会导致公司股票价格上升；此时尽管股利较低，但需用现金的投资者可以出售股票以换取现金。若公司发放较多的股利，投资者又可以用现金再买入一些股票以扩大投资。也就是说，投资者对股利和资本利得并无偏好。

（2）股利的支付比率不影响公司的价值。既然投资者不关心股利的分配，公司的价值就完全由其投资政策及其获利能力所决定，公司的盈余在股利和保留盈余之间的分配并不影响公司的价值，既不会使公司价值增加，也不会使公司价值降低（即使公司有理想的投资机会而又支付了高额股利，也可以募集新股，新投资者会认可公司的投资机会）。

(二) 股利相关论

股利无关论是在完美资本市场的一系列假设下提出的。如果放宽这些假设条件，股利政策就会显现出其对公司价值（或股票价格）产生的影响。

1. 税差理论

股利无关论假设不存在税收，但在现实条件下，现金股利税与资本利得税不仅是存在的，而且表现出差异性。税差理论强调了税收在股利分配中对股东财富的重要作用。一般来说，出于保护和鼓励资本市场投资的目的，股利收益税率高于资本利得税率的差异税率制度会被采用，致使股东会偏好资本利得而不是派发现金股利。即使股利与资本利得具有相同的税率，股东在支付税金的时间上也是存在差异的。股利收益纳税是在收取股利的当时，而资本利得纳税只是在股票出售时才发生，显然继续持有股票来延迟资本利得的纳税时间，可以体现递延纳税的时间价值。

因此，税差理论认为，如果不考虑股票交易成本，则企业应采取低现金股利比率的分配政策，以提高留存收益再投资的比率，使股东在实现未来的资本利得中享有税收节省。税差理论说明了当股利收益税率与资本利得税率存在差异时，将使股东在继续持有股票以期取得预期资本利得与立即实现股利收益之间进行权衡。如果存在股票的交易成本,当资本利得税与交易成本之和大于股利收益税时,股东自然会倾向于企业采用高现金股利支付率政策。

2. 客户效应理论

客户效应理论是对税差理论的进一步扩展,其研究处于不同税收等级的投资者对待股利分配态度的差异,认为投资者不仅仅是对资本利得和股利收益有偏好,即使是投资者本身,因其收入对应不同等级的边际税率,对企业股利政策的偏好也是不同的。收入高的投资者因其边际税率较高,表现出偏好低股利支付率的股票,希望少分现金股利或不分现金股利,以更多的留存收益进行再投资,从而提高其所持有的股票价格。而收入低的投资者以及享有税收优惠的养老基金投资者会表现出偏好高股利支付率的股票,希望企业向其支付较高而稳定的现金股利。

投资者边际税率的差异导致其对待股利政策的态度存在差异。边际税率高的投资者会选择实施低股利支付率的股票,边际税率低的投资者则会选择实施高股利支付率的股票。这种投资者依据自身边际税率而显示出的对实施相应股利政策股票的选择偏好现象,被称为"客户效应"。客户效应理论认为,公司在制定或调整股利政策时,不应该忽视股东对股利政策的需求。

3. "一鸟在手"理论

股东的投资收益来自当期股利和资本利得两个方面,利润分配决策的核心问题是在当期股利收益与未来预期资本利得之间进行权衡。企业的当期股利支付率较高时,企业盈余用于未来发展的留存资金会较少,虽然股东在当期获得了较高的股利,但其未来的资本利得有可能降低。而当企业的股利支付率较低时,用于发展企业的留存资金会较多,未来股东的资本利得有可能提高。

由于企业在经营过程中存在着诸多的不确定性因素,股东会认为现实的现金股利要比未来的资本利得更为可靠,会更偏好于确定的股利收益。因此,资本利得好像"林中之鸟",虽然看上去很多,却不一定抓得到。而现金股利则好像"在手之鸟",是股东有把握按时、按量得到的现实收益。股东在对待股利分配政策态度上表现出来的这种宁愿现在取得确定的股利收益,而不愿将同等的资金放在未来价值不确定性投资上的态度偏好,被称为"一鸟在手,强于二鸟在林"。

根据"一鸟在手"理论所体现的收益与风险的选择偏好,股东更偏好于现金股利而非资本利得,倾向于选择股利支付率高的股票。当企业股利支付率提高时,股东承担的收益风险越小,其所要求的权益资本报酬率也越低,权益资本成本也相应越低,则根据永续年金计算所得的企业权益价值(企业权益价值=分红总额/权益资本成本)将会上升;反之,随着股利支付率下降,股东的权益资本成本升高,企业的权益价值将会下降。这说明股利政策会对股东价值产生影响,而"一鸟在手"理论强调为了实现股东价值最大化的目标,企业应实行高股利分配率的股利政策。

4. 代理理论

企业中的股东、债权人、经理人员等诸多利益相关者的目标并非完全一致,在追求自身利益最大化的过程中,这些利益相关者有可能会以牺牲另一方的利益为代价。这种利益冲突关系反映在公司股利分配决策过程中,表现为不同形式的代理成本。反映两类投资者之间利益冲突的是股东与债权人之间的代理关系;反映股权分散情形下内部经理人员与外部投资者之间利益冲突的是经理人员与股东之间的代理关系;反映股权集中情形下控股大股东与外部中小股东之间利益冲突的是控股股东与中小股东之间的代理关系。

股东与债权人之间的代理冲突。企业股东在进行投资与筹资决策时,有可能为增加自身的财富而选择加大债权人风险的政策。例如,股东通过发行债务支付股利或为发放股利而拒绝净现值为正的投资项目。在股东与债权人之间存在代理冲突时,债权人为保护自身利益,希望企业采取低股利支付率的股利政策,通过多留存少分配,保证有较为充裕的现金留在企业,从而防止企业发生债务支付困难。因此,债权人在与企业签订借款合同时,其习惯于制定约束性条款,对企业发放股利的水平进行制约。

经理人员与股东之间的代理冲突。当企业拥有较多的自由现金流量时,企业经理人员有可能把资金投资于低回报项目,或为了取得个人私利而追求额外津贴及在职消费等,因此,实施高股利支付率的股利政策有利于降低因经理人员与股东之间的代理冲突而引发的这种自由现金流量的代理成本。实施多分配少留存的股利政策,既有利于抑制经理人员随意支配自由现金流量的代理成本,也有利于满足股东取得股利收益的愿望。

控股股东与中小股东之间的代理冲突。如果所有权与控制权集中于一个或少数大股东手中,则企业管理层通常由大股东直接出任或直接指派,管理层与大股东的利益趋于一致。由于所有权集中使控股股东有可能也有能力通过各种手段侵害中小股东的利益,控股股东为取得控制权私利而产生的与中小股东之间的代理冲突使企业股利政策也呈现出明显的特征。

代理理论的分析视角为研究与解释处于特定治理环境中的企业股利分配行为提供了一个基本分析逻辑。如果在企业进行股利分配决策过程中,同时伴随着其他公司财务决策,并处于不同的公司治理机制条件下(如所有权结构、经理人员持股、董事会结构特征等),则基于代理理论对股利分配政策选择的分析将是对多种因素进行权衡的复杂过程。

5. 信号理论

股利无关论假设不存在信息不对称,即外部投资者与内部经理人员拥有企业投资机会与收益能力的相同信息。但在现实条件下,企业经理人员比外部投资者拥有更多的企业经营状况与发展前景的信息,这说明了内部经理人员与外部投资者之间存在信息不对称。在这种情形下,能够推测分配股利可以作为一种信息传递机制,使企业股东或市场中的投资者依据股利信息对企业经营状况与发展前景作出判断。内部经理人也认为股利分配政策具有信息含量,特别是股利支付信息向市场传递了企业的盈利能力能够为其项目投资和股利分配提供充分的内源融资,特别是本期与以前期间的股利支付水平以及变化程度的信息,甚至这些信息能够使投资者对企业盈利持续性及增长作出合理判断。

信号理论认为股利向市场传递企业信息可以表现为两个方面:一种是股利增长的信号作用。即如果企业股利支付率提高,则被认为是经理人员对企业发展前景作出良好预期的结果,表明企业未来业绩将大幅度增长,通过增加发放股利的方式可以向股东与投资者传递这一信息。此时,随着股利支付率提高,企业股票价格应该是上升的。另一种是股利减少的信号作用。即如果企业股利支付率下降,则股东与投资者会感受到这是企业经理人员对未来发展前景作出无法避免衰退预期的结果。显然,随着股利支付率下降,企业股票价格应该是下降的。

当然,增发股利是否一定向股东与投资者传递了好消息,对这一点的认识是不同的。如果考虑处于成熟期的企业,其盈利能力相对稳定,此时企业宣布增发股利特别是发放高额股利,可能意味着该企业目前没有新的前景很好的投资项目,预示着企业成长性趋缓甚至下降,此时,随着股利支付率提高,股票价格应该是下降的。而当企业宣布减少股利时,则意味着企业需要通过增加留存收益为新增投资项目提供融资,预示着企业未来前景较好,此时,随着股利支付率下降,企业股票价格应该是上升的。

股利信号理论为解释股利是否具有信息含量提供了一个基本分析逻辑,鉴于投资者对股利信号信息的理解不同,所作出的对企业价值的判断也不同。

二、股利政策

股利政策是针对公司净利润而言,在多种因素影响下确定公司的净利润如何进行分配的方针和策略。股利政策是由企业在不违反国家有关法律法规的前提下,根据本企业具体情况制定的。股利政策既要保持相对稳定,又要符合公司财务目标和发展目标。在实际工作中,通常有以下几种股利政策可供选择。

(一)剩余股利政策

剩余股利政策是指公司在有良好的投资机会时,根据目标资本结构,测算出投资所需的权益资本额,先从盈余中留用,再将剩余的盈余作为股利来分配。即净利润首先满足公司的权益资金需求,如果还有剩余,就派发股利,如果没有,则不派发股利。剩余股利政策的理论依据是股利无关论。根据股利无关论,在完全理想的资本市场中,公司的股利政策与普通股每股市价无关,故而股利政策只需随着公司投资、融资方案的制定而自然确定。因此,采用剩余股利政策时,公司要遵循如下四个步骤。

(1)设定目标资本结构,在此资本结构下,公司的加权平均资本成本将达到最低水平。

(2)确定公司的最佳资本预算,并根据公司的目标资本结构预计资金需求中所需增加的权益资本数额。

(3)最大限度地使用留存收益来满足资金需求中所需增加的权益资本数额。

(4)净利润在满足公司权益资本增加需求后,若还有剩余,再用来发放股利。

【例9-3】 某公司202×年净利润为500万元,下一年计划投资支出700万元。假设该公司的最佳资本结构为40%的负债和60%的权益资本,该公司拟采取剩余股利政策,则该公司的股利发放额和股利支付率分别为多少?

根据最佳资本结构的要求,下一年公司需权益资本数额为420万元(700×60%)。

由于202×年的净利润为500万元,满足下一年所需权益资本后,剩余80万元(500-420)可以作为股利发放,股利支付率为16%(80÷500)。

剩余股利政策的优点为:净利润优先满足再投资权益资金的需要,有助于降低再投资的资金成本,保持最佳的资本结构,实现企业价值的长期最大化。

剩余股利政策的缺点为:若完全遵照执行剩余股利政策,股利发放额就会每年随着投资机会和盈利水平的波动而波动。在盈利水平不变的前提下,股利发放额与投资机会的多寡呈反方向变动;而在投资机会维持不变的情况下,股利发放额将与公司盈利呈同方向变动。剩余股利政策不利于投资者安排收入与支出,也不利于公司树立良好的形象,其一般适用于公司初创阶段。

(二) 固定股利或稳定增长股利政策

固定股利或稳定增长股利政策是指公司将每年派发的股利固定在某一特定水平,或在此基础上维持某一固定增长率从而实现逐年稳定增长。

其中,固定股利政策是将每年发放的股利固定在某一相对稳定的水平上并在较长的时期内不变。只有当公司认为未来盈余会显著地、不可逆转地增长时,其才会提高年度股利发放额。固定股利政策如图9-3所示。

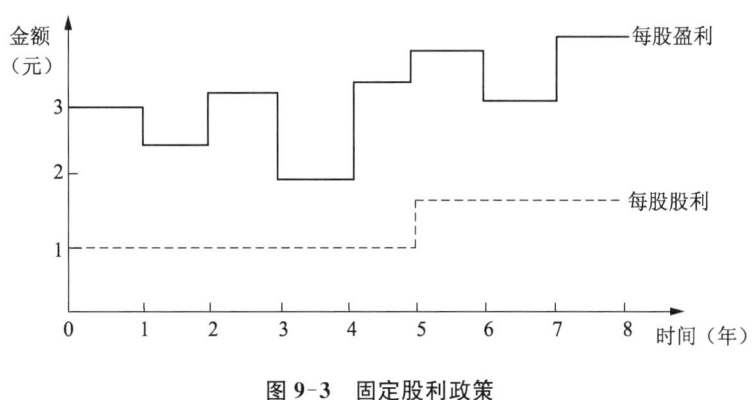

图9-3 固定股利政策

稳定增长股利政策是每年发放的股利在上一年股利的基础上按固定增长率稳定增长。稳定增长股利政策如图9-4所示。

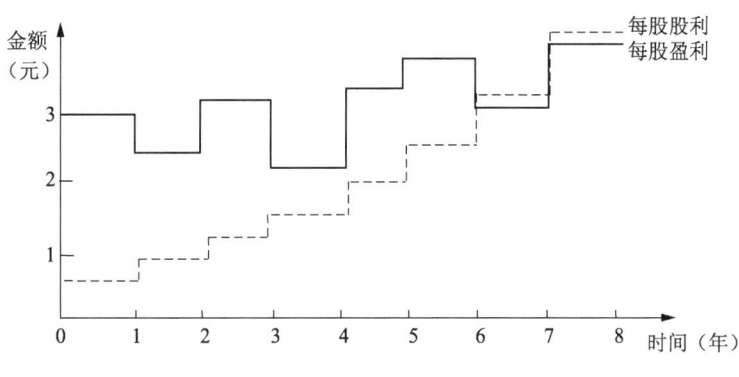

图9-4 稳定增长股利政策

固定或稳定增长股利政策的优点为:稳定的股利向市场传递着公司正常发展的信息,有利于树立公司的良好形象,增强投资者对公司的信心,稳定股票的价格。稳定的股利额有助于投资者安排股利收入和支出,有利于吸引那些打算进行长期投资并对股利具有很高依赖性的股东。固定或稳定增长的股利政策可能会不符合剩余股利理论。但考虑到股票市场会受多种因素影响(包括股东的心理状态和其他要求),为了将股利或股利增长率维持在稳定的水平上,即使推迟某些投资方案或暂时偏离目标资本结构,也可能比降低股利或股利增长率更为有利。

固定或稳定增长股利政策的缺点为:股利的支付与企业的盈利相脱节,即不论公司盈利多少,其均要支付固定的或按固定比率增长的股利,这可能会导致企业资金紧缺,财务状况恶化。此外,在企业无利可分的情况下,若依然实施固定或稳定增长股利政策,则会违反我国的《公司法》。

因此,采用固定或稳定增长股利政策,要求公司对未来的盈利和支付能力能作出准确的判断。一般来说,公司确定的固定股利额不宜太高,以免公司陷入无力支付的被动局面。固定或稳定增长股利政策通常适用于经营比较稳定或正处于成长期的企业,但该政策很难被长期采用。

【例9-4】 达安公司经过高速的发展之后进入平稳增长阶段。公司的利润增长率为5%,与通货膨胀率持平。针对当前的发展情况,公司的董事会决定在股利分配时采用稳定增长的股利政策,根据利润的增长率水平,确定年股利增长率为5%。2024年公司税后利润总额为2 000万元,提取10%的公积金后,其余经董事会决定均用于发放股利。

按照稳定增长股利政策,该公司2025年应该发放多少股利?如果该公司2025年因持有某科技公司的股份意外获得大笔营业外收入,税后利润为3 000万元,公司是否应该提高股利支付额?

2024年应支付股利:$2\,000 \times (1 - 10\%) = 1\,800$(万元)

2025年应支付股利:$1\,800 \times (1 + 5\%) = 1\,890$(万元)

该公司采取的稳定增长股利政策是依据公司平稳的利润增长率制定的,而因市场的偶然因素获得的营业外收入使得税后利润增加,不属于稳定的利润增长。因此,该公司不应该提高稳定增长的股利支付额,以避免出现波动,给公司带来不好的影响。

(三)固定股利支付率政策

固定股利支付率政策是指公司将每年净利润的某一固定百分比作为股利分派给股东。这一百分比通常称为股利支付率。股利支付率一经确定,一般不得随意变更。在这一股利政策下,只要公司的税后利润一经计算确定,所派发的股利也就相应确定了。固定股利支付率越高,公司留存的净利润越少。固定股利支付率政策如图9-5所示。

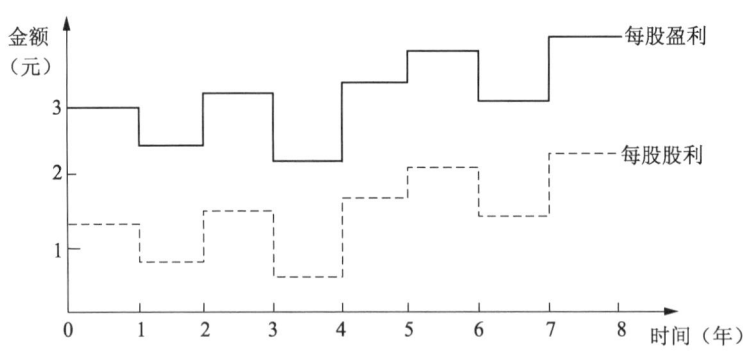

图9-5　固定股利支付率政策

固定股利支付率的优点为:股利与公司盈余紧密配合,体现了"多盈多分、少盈少分、无盈不分"的股利分配原则。由于公司的获利能力在年度间是经常变动的,每年的股利也应当随着公司收益的变动而变动。采用固定股利支付率政策,公司每年按固定的比例从税后利润中支付现金股利。从企业的支付能力的角度看,这是一种稳定的股利政策。

固定股利支付率的缺点为：大多数公司每年的收益很难保持稳定不变，导致年度间的股利额波动较大；容易使公司面临较大的财务压力，因为公司实现的盈利多，并不能代表公司有足够的现金流来支付较多的股利额；确定合适的固定股利支付率的难度比较大。

由于公司每年面临的投资机会、筹资渠道都不同，而这些都可以影响到公司的股利分派，一成不变地奉行固定股利支付率政策的公司在实际中并不多见。固定股利支付率政策仅较为适用于那些发展稳定且财务状况也较为稳定的公司。

【例9-5】 某公司长期以来用固定股利支付率政策进行股利分配，确定的股利支付率为30%。其2025年税后净利润为1 500万元，如果仍然继续执行固定股利支付率政策，那么该公司2025年度将要发放的股利为多少？

该公司2025年度要发放的股利为：

$$1\,500 \times 30\% = 450(万元)$$

（四）低正常股利加额外股利政策

低正常股利加额外股利政策是指公司一般情况下每年只支付固定的、数额较低的股利，在盈余多的年份，公司再根据实际情况向股东发放额外股利。但额外股利并不固定，不意味着公司永久地提高了规定的股利率。低正常股利加额外股利政策如图9-6所示。

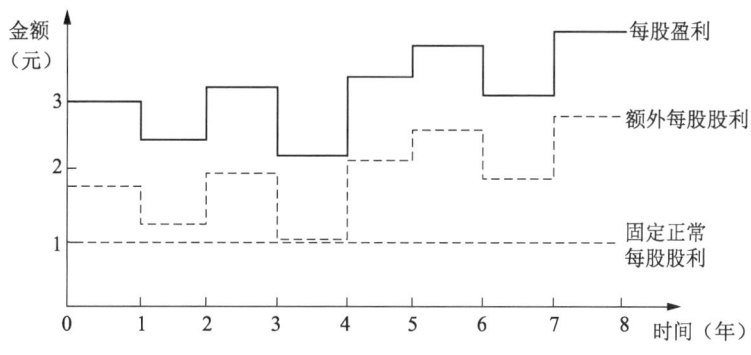

图9-6 低正常股利加额外股利政策

低正常股利加额外股利政策的优点为：赋予了公司较大的灵活性，使公司在股利发放上留有余地，并具有较大的财务弹性；公司可根据每年的具体情况，选择不同的股利发放水平，以稳定和提高股价，进而实现公司价值的最大化；使那些依靠股利度日的股东每年至少可以得到虽然较低但比较稳定的股利收入，从而吸引并留住这部分股东。

低正常股利加额外股利政策的缺点为：年份之间公司盈利的波动使得额外股利不断变化，造成分派的股利不同，这容易给投资者造成公司收益不稳定的印象；当公司在较长时间持续发放额外股利后，这些股利可能会被股东误认为是"正常股利"，一旦这些股利取消，传递出的信号可能会使股东认为公司财务状况恶化，进而导致股价下跌。相对来说，对那些盈利随着经济周期而波动较大的公司或者盈利与现金流量很不稳定的公司而言，低正常股利加额外股利政策也许是一种不错的选择。

【例9-6】 昌家公司发行在外的普通股为100万股，每股1元。若该公司近几年一直采取的是正常股利加额外股利政策，即正常年份按照该公司的固定股利政策发放，普通股每股固定发放股利8元；盈余较多的年份根据盈余增长的比例额外发放一部分股利。若该公司近3年的税后利润分别为1 000万元、1 500万元和1 800万元,请问该公司近3年应发放的股利额分别为多少?

由于该公司采用的是正常股利加额外股利政策,正常股利为每股发放股利8元,无论近3年每年的税后利润为多少,每年均按照每股8元发放一部分固定的正常股利,即每年发放的正常部分的股利总额为800万元(100×8)。

但由已知资料可知,该公司根据盈余增长的比例,会额外发放股利,如果以第1年的1 000万作为增长基数进行对比,则:

第2年的税后利润增长率=(1 500-1 000)÷1 000×100%=50%

第3年的税后利润增长率=(1 800-1 000)÷1 000×100%=80%

若按照税后利润增长率发放额外股利,则:

第1年应发放的股利总额=100×8=800(万元)

第2年应发放的股利总额=100×8+100×8×50%=1 200(万元)

第3年应发放的股利总额=100×8+100×8×80%=1 440(万元)

以上各种股利政策都有优点和缺点,所适用的公司的情况也有所不同。公司应该在分配股利时,充分了解每种股利政策的特点,根据自身实际情况制定适合自身的股利政策,这样才能为公司带来更好的收益。

第三节 股票股利、股票分割与股票回购

一、股票股利

股票权利是股份有限公司以增发股票的方式从公司净利润中分配给股东的股利,我国实务中通常也称其为"红股"。股票股利对公司来说,并没有现金流出,也不会导致公司的财产减少,而只是将公司的留存收益转化为股本和资本公积。但股票权利会增加流通在外的股票数量,同时降低股票的每股价值。股票股利不改变公司的股东权益总额,但会改变股东权益的构成。

【例9-7】 某上市公司在2024年发放股票股利前,其资产负债表中的股东权益账户情况如表9-1所示。

表9-1 某上市公司发放股票股利前的股东权益账户情况　　　　单位:万元

项目	金额
普通股(面值1元,发行在外2 000万股)	2 000
资本公积	3 000
盈余公积	2 000
未分配利润	3 000
股东权益合计	10 000

假设该公司宣布发放10%的股票股利,现有股东每持有10股,即可获赠1股普通股。若

该股票当时市价为 5 元,那么随着股票股利的发放,需从"未分配利润"项目划转出的资金为:

$$2\,000 \times 10\% \times 5 = 1\,000(万元)$$

由于股票面值(1 元)不变,发放 200 万股,"普通股"项目只应增加 200 万元,其余的 800 万元(1 000－200)应作为股票溢价转至"资本公积"项目,而公司的股东权益总额并未发生改变,仍是 10 000 万元。股票股利发放后的资产负债表中的股东权益账户情况如表 9-2 所示。

表 9-2 某上市公司股票股利发放后的股东权益账户情况   单位:万元

项目	金额
普通股(面值 1 元,发行在外 2 200 万股)	2 200
资本公积	3 800
盈余公积	2 000
未分配利润	2 000
股东权益合计	10 000

假设某股东在公司派发股票股利之前持有公司的普通股 10 万股,那么,他所拥有的股权比例为 0.5%(10÷2 000);派发股利之后,他所拥有的股票数量和股权比例为:

股票数量＝10×(1＋10%)＝11(万股)

股权比例＝11÷2 200＝0.5%

可见,发放股票股利不会对公司股东权益总额产生影响,但会引起资金在各股东权益项目间的再分配。而股票股利派发前后每一位股东的持股比例也不会发生变化。需要说明的是,股票股利以市价计算价格的做法,是很多西方国家所通行的。但在我国,股票股利价格则是按照股票面值来计算的。

发放股票股利虽不直接增加股东的财富,也不增加公司的价值,但对股东和公司都有特殊意义。

对股东来讲,股票股利的优点主要有两点:一是派发股票股利后,理论上每股市价会成比例下降,但实务中这并非是必然的结果。因为市场和投资者普遍认为,发放股票股利往往预示着公司会有较大的发展,这样的信息传递会稳定股价或使股价下降比例减少,甚至使股价不降反升,而股东可以获得股票价值相对上升的好处。二是由于股利收入和资本利得税率存在差异,如果股东把股票股利出售,还会给其带来资本利得纳税上的好处。

对公司来讲,股票股利的优点主要有三点:一是发放股票股利不需要向股东支付现金。二是在投资机会较多的情况下,公司可以为再投资提供成本较低的资金,从而有助于公司的发展。三是发放股票股利可以降低公司股票的市场价格,这既有利于促进股票的交易和流通,又有利于吸引更多的投资者成为公司股东,使股权更为分散,进而有效地防止公司被恶意控制。

二、股票分割

(一)股票分割的概念

股票分割,又称拆股,即将一股股票拆分成多股股票的行为。股票分割一般只会增加发行在外的股票总数,但不会对公司的资本结构产生任何影响。

（二）股票分割的作用

（1）降低股票价格。股票分割会使每股市价降低，买卖该股票所需资金量减少，从而可以促进股票的流通和交易。流通性的提高和股东数量的增加，会在一定程度上加大对公司股票恶意收购的难度。此外，降低股票价格还可以为公司发行新股做准备，因为股价太高会使许多潜在投资者力不从心，而不敢轻易对公司股票进行投资。

（2）向市场和投资者传递"公司发展前景良好"的信号，有助于提高投资者对公司股票的信心。

（三）股票分割与股票股利的比较

股票分割与股票股利既有共同点，又存在一些差异。相同的是，股票分割与股票股利都是在不增加股东权益总额的情况下增加了股份的数量总额。不同的是，股票分割之后，股东权益总额及其内部结构都不会发生任何变化，变化的只是股票面值；而股票股利虽不会引起股东权益总额的改变，但股东权益的内部结构会发生变化。具体来说，股票分割与股票股利之间存在如下差异。

1. 每股面值变化不同

股票分割使每股面值降低，而股票股利不改变每股面值。股票分割是将原来每股面值较高的股票细分为更多面值较低的股票，显然由于股份稀释，股票面值降低。股票股利是公司以股票的形式，用实现的净利润向股东无偿分派的股利，是公司分派股利的一种形式，发放股票股利不会改变股票面值。

2. 会计处理不同

股票分割不会影响股东权益各项目金额的变化，只是股票面值降低，股票股数增加。因此，公司股本金额不会变化，资本公积金以及留用利润也不会发生变化，不需要进行股东权益各科目间的账务处理。发放股票股利会影响股东权益各项目金额的变化。公司应将股东权益中留用利润的金额，按照发放股票股利面值总数转为股本，股本金额相应增加，而留用利润相应减少，这就需要进行股东权益各科目间的转账等会计处理。

（四）反分割

与股票分割相反，如果公司认为其股票价格过低，不利于其市场声誉提升和未来再筹资，为提高股票的价格，其会采取反分割措施。反分割又称为股票合并或逆向分割，是指将多股股票合并为一股股票的行为。反分割显然会降低股票的流通性，提高公司股票投资的门槛，它向市场传递的信息通常是不利的。

【例 9-8】 某股份有限公司原发行面额 2 元的普通股 200 000 股，若按 1 股换成 2 股的比例进行股票分割，其分割前后的每股收益计算如表 9-3 和表 9-4 所示。

表 9-3　股票分割前的股东权益　　　　　　　　　　　　　　单位：元

项目	金额
普通股（面额 2 元，已发行 200 000 股）	400 000
资本公积	800 000
未分配利润	4 000 000
股东权益合计	5 200 000

表 9-4　股票分割后的股东权益　　　　　　　　　　　　单位：元

项目	金额
普通股(面额 1 元,已发行 400 000 股)	400 000
资本公积	800 000
未分配利润	4 000 000
股东权益合计	5 200 000

假定公司本年净利润为 440 000 元,那么股票分割前的每股收益为 2.2 元(440 000÷200 000)。

分割后的每股收益为 1.1 元,如果市盈率不变,每股市价也会因此而下降。

三、股票回购

(一)股票回购的概念及方式

股票回购是指上市公司出资将其发行在外的普通股以一定价格购买回来予以注销或作为库存股的一种资本运作方式。我国《公司法》规定,公司有下列情形之一的,可以收购本公司股份。

(1)减少公司注册资本。

(2)与持有本公司股份的其他公司合并。

(3)将股份用于员工持股计划或者股权激励。

(4)股东因对股东大会作出的公司合并、分立决议持异议,要求公司收购其股份。

(5)将股份用于转换上市公司发行的可转换为股票的公司债券。

(6)上市公司为维护公司价值及股东权益所必需。

属于减少公司注册资本收购本公司股份的,应当自收购之日起 10 日内注销;属于与持有本公司股份的其他公司合并和股东因对股东大会作出的公司合并、分立决议持异议,要求公司收购其股份的,应当在 6 个月内转让或者注销;属于其余三种情形的,公司合计持有的本公司股份数不得超过本公司已发行股份总额的 10%,并应当在 3 年内转让或者注销。

上市公司将股份用于员工持股计划或者股权激励、将股份用于转换上市公司发行的可转换为股票的公司债券,以及上市公司为维护公司价值及股东权益所必需情形收购本公司股票的,应当通过公开的集中交易方式进行。上市公司以现金为对价,采取要约方式、集中竞价方式回购股份的,视同上市公司现金分红,纳入现金分红的相关比例计算。

公司不得接受本公司的股票作为质押权的标的。

(二)股票回购的动机

在证券市场上,股票回购的动机主要包括以下几个方面。

1. 现金股利的替代

现金股利政策会对公司产生未来的派现压力,而股票回购不会。当公司有富余资金时,其会通过购回股东所持股票而将现金分配给股东,股东可以根据自己的需要选择继续持有股票或出售以获得现金。

2. 改变公司的资本结构

无论是现金回购还是举债回购股份,都会提高公司的财务杠杆水平,改变公司的资本结构。公司认为权益资本在资本结构中所占比例较大时,为了调整资本结构而进行股票回购,可以在一定程度上降低整体的资本成本。

3. 传递公司信息

由于信息不对称和预期差异,证券市场上的公司股票价格可能被低估,而过低的股价将会对公司产生负面影响。一般情况下,投资者会认为股票回购是公司认为其股票价值被低估而采取的应对措施。

4. 基于控制权的考虑

控股股东为了保证其控制权不被改变,往往采取直接或间接的方式回购股票,从而巩固其既有的控制权。另外,股票回购使流通在外的股份数变少,股价上升,从而可以有效地降低公司被恶意收购的风险。

(三) 股票回购的影响

股票回购对上市公司的影响主要表现在以下几个方面。

(1) 符合股票回购条件的多渠道回购方式允许公司选择适当时机回购本公司股份,将进一步提升公司调整股权结构和管理风险的能力,提高公司的整体质量和投资价值。

(2) 因实施持股计划和股权激励的股票回购,形成资本所有者和劳动者的利益共同体,有助于提高投资者的回报;股票回购也有助于拓展公司的融资渠道,改善公司的资本结构。

(3) 当市场不理性,公司股价严重低于股票内在价值时,为了避免投资者损失,适时进行股份回购,减少股份供应量,有助于公司稳定股价,增强投资者信心。

(4) 股票回购若用大量资金支付回购成本,一方面,容易造成公司资金紧张,降低资产的流动性,影响公司的后续发展;另一方面,在公司没有合适的投资项目又持有大量现金的情况下,回购股份也能更好地发挥货币资金的作用。

(5) 上市公司通过履行信息披露义务和公开的集中交易方式进行股份回购,有利于防止操纵市场、内幕交易等行为。

(四) 股票回购与现金股利的比较

股票回购常被看作是对股东的一种特殊回报方式。但股票回购与现金股利也存在一些差异,具体体现在以下几个方面。

(1) 从税收的角度来看,股票回购后,股东所得到的资本利得需缴纳资本利得税,股东获得发放的现金股利后则需缴纳股利收益税。通常而言,资本利得税低于股利收益税,在此情况下,股东将享受到纳税上的好处。

(2) 从提升公司价值的角度来看,股份公司通过股票回购,向市场传递了公司发展的积极信息,这使得市场作出积极的反应,通常会提升股价。公司发放现金股利则不具有这种作用。

(3) 从发挥财务杠杆作用的角度来看,当股份公司认为资本结构中权益资本的比例较高时,其可以通过股票回购的方式来提高资产负债率,从而优化公司的资本结构,同时这也有助于降低公司整体的加权平均资本成本。发放现金股利虽然也能增加财务杠杆,减少股东权益,但在收益相同的情况下每股收益会有不同,特别是通过发行债券融资的方式回购本公司的股票,更可以快速提高负债率。

（4）从巩固控制权的角度来看,公司回购的股票可作为库藏股,用来交换被收购或被兼并公司的股票,也可用来满足认股权证持有人认购公司股票或可转换债券持有人转换公司普通股的需要,还可以在执行管理层与员工股票期权时使用,避免因发行新股而稀释股权。而现金股利则不具有抵制股权稀释的功能。下面通过举例来进一步说明股票回购和现金股利的区别。

【例 9-9】 大兴公司 2025 年度净利润、流通在外的普通股股数、每股收益、市盈率等资料如表 9-5 所示。如果大兴公司有两种方案可供选择:一是发放现金股利;二是以股票回购的方式回报投资者。可供发放现金股利或股票回购的总额为 20 000 万元,回购价格为每股价值即每股股东财富金额。请分析发放现金股利和股票回购对普通股股东的影响。

表 9-5　大兴公司相关财务数据

项目	现金股利	股票回购
公司净利润/万元①	60 000	60 000
拟发放股利总额/万元②	20 000	
拟回购股票总额/万元③		20 000
流通在外普通股/万股④	10 000	9 474
每股股利(元/股)⑤＝②÷④	2	
每股收益(元/股)⑥＝①÷④	6	6.33
市盈率(倍)⑦	6	6
发放股利后每股市价(元/股)⑧＝⑥×⑦	36	38
每股股东财富(元/股)⑨＝⑤＋⑧	38	38

（1）发放现金股利:

公司用 20 000 万元资金发放现金股利,则:

每股股利 ＝ 20 000 ÷ 10 000 ＝ 2(元)

发放现金股利后,普通股股东将有每股价值 36 元的股票和每股 2 元的现金股利,即每股股东财富为 38 元(36＋2)。

（2）股票回购:

根据已知条件,公司回购股票的价格为每股股东财富的价格,即 38 元,则:

股票回购数 ＝ 20 000 ÷ 38 ＝ 526(万股)

每股收益 ＝ 60 000 ÷ (10 000 － 526) ≈ 6.33(元)

市盈率仍为 6 倍,则回购后每股市价,即每股股东财富将升至 6.33×6≈38 元。

由此可见,公司不论采取现金股利的方式还是股票回购的方式,对股东而言都是等效的,即每股价值都是相等的,均为 38 元。

 **微型案例**

DeepSeek 助力利润分配决策

假设某高科技公司在 2024 年实现了显著的盈利增长,管理层需制定合理的利润分配方案。传统的做法往往依赖于经验判断和有限的数据分析,而 DeepSeek 可以提供更深入的数据洞察,帮助公司作出更加精准和科学的决策。该高科技公司过往的利润分配方案主要由财务部门根据上一年度的利润情况以及市场大致趋势进行制定,缺乏对复杂市场环境和企业多元发展因素的全面考量。在引入 DeepSeek 后,情况得到了极大改善。

数据分析:利用 DeepSeek 的强大数据处理能力,快速解析大量财务数据,识别影响利润分配的关键因素。DeepSeek 能够在短时间内对公司多年的财务报表、成本结构、市场营收数据等进行深度挖掘。比如,通过分析发现,在过去的业务拓展中,研发投入与市场份额增长呈强正相关关系,这意味着在利润分配时,需要为研发部门预留足够的资金以推动企业持续创新,保持企业的市场竞争力。同时,对不同产品线的利润贡献分析显示,某一新兴产品线虽然当前利润占比不高,但市场增长潜力巨大,因此,在利润分配中也应给予适当倾斜,加大对该产品线的投入,促进其快速发展。

情景模拟:基于不同的分配比例,DeepSeek 能够模拟未来几年内可能遇到的各种市场情景,并评估每种情景下的长期效益。以该高科技公司为例,DeepSeek 可以构建多种利润分配情景模型。若提高股息分配比例,模拟结果显示短期内股东满意度提升,股价可能会有一定幅度的上涨,但公司可用于研发和市场拓展的资金减少,在未来3~5年内,公司可能因技术更新滞后和市场份额被竞争对手抢占,导致整体利润下滑。相反,若降低股息分配,将更多资金投入研发和市场推广,虽然短期内股东回报会减少,但从长期来看,企业有望凭借技术领先和市场份额扩大,实现利润的大幅增长。通过这些模拟,企业管理层能够直观地看到不同利润分配方案在不同市场环境下的发展趋势,从而作出更符合企业长远利益的决策。

风险评估:通过 AI 算法预测潜在的风险点,如股东不满或现金流紧张,以确保利润分配方案既能满足当前需求,又不影响公司的长期健康发展。DeepSeek 的风险评估模型会综合考虑企业内外部多种因素。从内部来看,其可关注企业的资金流动性、债务偿还计划以及业务扩张需求等。例如,如果企业近期有重大项目投资计划,利润分配过多可能导致资金链紧张,影响项目推进。从外部来看,其可分析市场利率波动、行业竞争态势以及宏观经济政策变化等对企业利润的影响。比如,当市场利率上升时,企业的融资成本增加,此时若过度分配利润,可能会使企业面临资金压力,增加企业的财务风险。通过全面的风险评估,企业可以提前调整利润分配方案,预留足够的资金以应对潜在风险,保障企业的稳定运营。

章节测试题 （共100分）

【单选题】(本题共 25 分,每小题 5 分)

1. 下列说法中不正确的是(　　)。

    A. "在手之鸟"理论认为,使用留存收益再投资给投资者带来的收益具有较大的不确定性,并且投资的风险随着时间的推移会进一步增大

    B. 信号传递理论认为,在信息对称的情况下,公司可以通过股利政策向市场传递有关公司未来盈利能力的信息,从而会影响公司的股价

    C. 所得税差异理论认为,由于普遍存在的税率的差异及纳税时间的差异,资本利得

收入比股利收入更有助于实现收益最大化目标,企业应当采用低股利政策

    D. 代理理论认为,股利政策有助于减缓管理者与股东之间的代理冲突,股利政策是协调股东与管理者之间代理关系的一种约束机制

2. 下列关于固定或稳定增长的股利政策的说法中,不正确的是(　　)。

    A. 有利于公司在资本市场上树立良好的形象,增强投资者信心

    B. 有利于稳定公司股价

    C. 要求公司对未来的盈利和支付能力能作出较为准确的判断

    D. 一般适用于经营比较稳定或正处于成长期的企业,可以被长期采用

3. 下列关于股票股利的说法中,不正确的是(　　)。

    A. 不会导致公司的财产减少

    B. 会增加流通在外的股票数量

    C. 不会改变公司股东权益总额,但会改变股东权益的构成

    D. 会提高股票的每股价值

4. 股票分割又称股票拆细,即将一股股票拆分成多股股票的行为。下列说法错误的是(　　)。

    A. 股票分割对公司的资本结构不会产生任何影响

    B. 股东权益的总额不变

    C. 股东权益内部结构会发生变化

    D. 会使发行在外的股票总数增加

5. 股票回购对上市公司的影响不包括(　　)。

    A. 容易导致资产流动性降低,影响公司的后续发展

    B. 在一定程度上巩固了对债权人利益的保障

    C. 损害公司的根本利益

    D. 容易加剧公司行为的非规范化,使投资者蒙受损失

【判断题】(本题共 15 分,每小题 5 分)

1. 剩余股利政策是指企业有税后利润就分配,没有税后利润就不分配的利润分配政策。　　　　　　　　　　　　　　　　　　　　　　　　　　　　(　　)

2. 发放股票股利后会使得每股利润和每股市价下降。　　　　　　　　(　　)

3. 非固定成长股票是指股利增长率一直处于变化中的股票。　　　　　(　　)

【思考题】(本题共 30 分,每小题 10 分)

1. 简述利润分配的程序。

2. 简述现金股利分配理论有哪些。

3. 简述股利政策有哪些。

【计算题】(本题共 30 分)

某公司 2025 年拟投资 4 000 万元购置一台生产设备以扩大生产能力,该公司目标资本结构下权益乘数为 2。该公司 2024 年度税前利润为 4 000 万元,所得税税率为 25%。

要求:

(1) 计算 2024 年度的净利润是多少?

(2) 按照剩余股利政策计算该公司分配的现金股利为多少?

（3）如果该公司采用固定股利支付率政策，固定的股利支付率是40％。在目标资本结构下，计算其2025年度为购置该设备需要从外部筹集自有资金的数额。

（4）如果该公司采用的是固定或稳定增长的股利政策，稳定的增长率为5％，2024年支付的股利为1 200万元。在目标资本结构下，计算其2025年度为购置该设备需要从外部筹集自有资金的数额。

（5）如果该公司采用的是低正常股利加额外股利政策，低正常股利为1 000万元，额外股利为净利润超过2 000万元的部分的10％，在目标资本结构下，计算其2025年度为购置该设备需要从外部筹集自有资金的数额。

第十章

企业财务战略、并购与重组

学习目标

1. 理解企业财务战略的概念与类型,熟悉财务战略的选择与确立方法。
2. 清楚企业并购的类型、程序及价值评估。
3. 识别企业重组的主要方式,提升财务决策能力。
4. 了解财务危机的成因、征兆与预警机制,能够运用所学分析实际问题。

微课视频

知识导航

企业财务战略、并购与重组
- 企业财务战略
  - 企业财务战略的概念与特征
  - 企业财务战略的类型
  - 企业财务战略的选择
  - 企业财务战略的确立
- 企业并购
  - 企业并购的概念
  - 企业并购的目的
  - 企业并购的类型
  - 企业并购的程序
  - 企业并购的价值评估
  - 企业并购的支付方式
- 企业重组
  - 企业重组的概念
  - 企业重组的主要方式
- 企业财务危机
  - 财务危机的概念
  - 财务危机产生的原因
  - 财务危机的征兆
  - 财务危机预警方法

思政课堂

"并购六条"引领经济高质量发展

并购重组是支持经济转型升级、实现高质量发展的重要市场工具。为深入贯彻党的二十届三中全会精神和新"国九条"要求,进一步强化并购重组资源配置功能,发挥资本市场在企业并购重组中的主渠道作用,适应新质生产力的需要和特点,中国证监会于 2024 年 9 月 24 日发布了《关于深化上市公司并购重组市场改革的意见》,坚持市场化方向,更好发挥资本市场在企业并购重组中的主渠道作用。

通过关注并购重组的相关政策和实践,可以深刻理解国家推动经济高质量发展的战略,以及资本市场在其中的关键作用。这不仅有助于学生将理论知识与国家政策相结合,还能培养他们的战略思维和市场分析能力,无形中增强了个人成长、企业发展与国家进步密不可分的社会责任感,为将来成为社会经济高质量发展的积极参与者和贡献者打下良好基础。

第一节 企业财务战略

一、企业财务战略的概念与特征

企业财务战略是指企业为实现总体战略目标,对财务资源进行合理配置和有效利用的长远性规划与决策。它是根据公司总体战略制定的,是总体战略在财务领域的具体体现。财务战略更加技术化、具体化,是一种职能战略,其既为公司总体战略服务,又支持或配合其他战略。财务战略的主要目标是通过财务管理活动提升企业的财务绩效和价值创造能力。

财务战略除具备公司战略的一般特性外,还包括以下特征:

(1)从属性。财务战略应体现企业总体战略的要求,为企业筹集到适度的资金并合理有效投放,以实现企业的整体战略。

(2)系统性。财务战略应当始终保持与企业其他战略之间的动态联系,并努力使财务战略能够支持其他子战略。

(3)指导性。财务战略应对企业资金运筹进行总体谋划,规定企业资金运筹的总方向、总方针、总目标等重大财务问题。财务战略一经制定便应具有相对稳定性,成为企业所有财务活动的行动指南。

(4)复杂性。财务战略的制定与实施较企业总体战略下的其他子战略而言,复杂程度更高。

二、企业财务战略的类型

企业财务战略可以按照不同的标准进行分类。

(一)按照财务活动内容不同进行划分

按照财务活动内容不同,财务战略可以分为筹资战略、投资战略和分配战略。虽然战略应该着眼于未来长期稳定的发展,但战略并非一成不变。企业在不同时期和不同环境下,在筹资活动、投资活动和分配活动方面具有不同的侧重点,因此构成了不同类型的财务战略。

(二)按照资本筹措与使用特征进行划分

按照资本筹措与使用特征,财务战略可以分为扩张型财务战略、稳健型财务战略和防御型财务战略。

1. 扩张型财务战略

扩张型财务战略又称进攻型财务战略,是指为配合公司的一体化战略和多元化战略所展开的以实现公司资产规模扩张为目的的一种财务战略。其一般会表现出高负债、低收益、少分配的财务特征。它的优点是,通过新的产品或市场发展空间,可能会给公司未来带来新的利润增长点和现金净流量;它的缺点是,一旦投资失误,高负债形成的高财务杠杆会使企业陷入财务危机,甚至导致公司破产。

2. 稳健型财务战略

稳健型财务战略又称稳健发展型或加强型、平衡型财务战略,是指为配合公司实施对现有产品或服务的市场开发或市场渗透战略而展开,以实现公司财务业绩稳定增长和资产规模平稳扩张为目的的一种财务战略。其一般表现出适度负债、高收益、适度分配的财务特征。它的优点是,充分利用现有资源,对外集中竞争优势,并且适度负债可使得企业的财务风险较低;它的缺点是,当公司身处夕阳产业,发展前景黯淡时,如果仍然实施这种财务战略,则可能给公司带来财务危机,影响公司未来的盈利能力和现金流量。

3. 防御型财务战略

防御型财务战略又称收缩型财务战略,是指为配合公司的收缩、剥离、清算等活动展开,以预防出现财务危机和求得生存及新的发展为目的的一种财务战略。其一般表现出低负债、低收益、高分配的财务特征。它的优点是,可为公司将来选择其他财务战略积聚大量现金资源;它的缺点是,可能会使企业失去部分市场。

三、企业财务战略的选择

企业的财务战略要适应内外部环境的变化。在进行财务战略选择时,企业必须考虑经济周期的波动情况、企业发展阶段和企业增长方式,并及时进行调整,以保持企业旺盛的生命力。

(一) 基于经济周期的财务战略选择

从企业财务的角度看,经济的周期性波动要求企业顺应经济周期的过程和阶段。企业财务战略的选择要与经济周期相适应,在不同的经济周期,企业应选择不同的财务战略,如表 10-1 所示。

表 10-1　不同经济周期企业财务战略的选择

经济周期	战略	做法
经济复苏	扩张型财务战略	增加厂房设备,增加存货,开发新产品,增加劳动力等
经济繁荣	扩张型财务战略和稳健型财务战略相结合	繁荣初期继续扩充厂房设备,继续建立存货,提高产品价格,开展营销筹划,增加雇员;繁荣后期采取稳健型财务战略
经济衰退	防御型与扩张型承接的财务战略	在经济低谷期,继续采用防御型财务战略,保持市场份额,压缩管理费用,削减存货,减少临时性雇员。在衰退后期,为转向扩张型财务战略做好准备,迎接下一轮经济周期的到来

(二) 基于企业发展阶段的财务战略选择

财务战略选择要与企业发展阶段相适应。企业发展一般要经过初创期、成长期、成熟期和衰退期四个阶段。在不同的发展阶段,企业应该选择不同的财务战略,如表 10-2 所示。

表 10-2　企业不同发展阶段财务战略的选择

发展阶段	经营风险	财务风险	战略	战略特征
初创期	非常高	非常低	稳健型或扩张型财务战略 权益资本型筹资战略 一体化投资战略 零股利或低股利分配战略	低负债、低收益、低分配
成长期	高	低	扩张型财务战略 相对积极的筹资战略 适度分权的投资战略 低股利分配战略(股票股利为主)	高负债、低收益、低分配
成熟期	中等	中等	稳健型财务战略 负债资本型筹资战略 多元化投资战略 高股利分配战略(现金股利为主)	高负债、高收益、中等分配
衰退期	低	高	防御型财务战略 负债型筹资战略 进退结合的投资战略 高股利分配战略	高负债、低收益、高分配

四、企业财务战略的确立

企业财务战略的确立主要涉及三方面战略内容的确立,分别是筹资战略、投资战略和分配战略。

(一) 筹资战略

筹资战略是根据企业内外环境的现状与发展趋势,适应企业整体发展战略的要求,权衡各种筹资方式的优势利弊,制定出最优筹资方案的过程。企业的筹资方式各有特色,也各有利弊,下面主要介绍基于筹资方式的三种战略类型:内部筹资战略、债务筹资战略和股权筹资战略。

1. 内部筹资战略

内部筹资战略是指企业使用内部留存利润进行再投资,这种筹资方式不需要向外部披露公司的信息,也就是不需要像债务融资那样向银行披露自身的战略计划或者像股权融资那样向资本市场披露相关信息,从而可以有效保护企业商业秘密。但是,企业在作出股利支付决策时,会面临两难的境地。一方面,企业如果向股东分配较多的股利,那么企业留存的利润就会较少,企业进行内部筹资的空间相应缩小。另一方面,企业如果向股东分配较少的股利,虽然这有利于保留较多的留存收益,满足内部筹资的需求计划,但是,股利支付水平较低,不利于维持股东对企业的信心,可能导致企业股价出现较大的波动,从而影响企业价值的实现。实践中,企业经常会选择平稳增长的股利支付政策,以增强股东对企业的信心并稳定股价。如果股利支付是稳定的,那么利润的波动就完全反映在留存利润上。留存利润不稳定不利于企业作出精准的战略决策。因此,企业需要根据总体战略的需要,权衡利弊,作出最优的股利支付决策,合理安排内部筹资需求。

2. 债务筹资战略

债务筹资成本低于股权筹资成本,并且筹资速度较快,方式也较为隐蔽。从理论上讲,企业应该无限制地进行举债经营,才能实现资本成本最低、企业价值最大的目标。但是,无论企业的经营状况如何,企业都必须支付利息。随着企业负债比例的上升,企业支付利息的压力也越来越大,一旦企业无力支付利息,则其将陷入破产境地。另外,高负债率对企业获利的稳定性要求非常高,一旦企业获利出现较大波动,债权人的利益就无法得到保证。从债权人的角度考虑,为了保证自己的利益,其也不会无限制地向企业提供借款。

3. 股权筹资战略

股权筹资战略是指企业为了新的项目而向现在的股东和新股东发行股票来筹集资金。股权筹资不像债务筹资需要定期支付利息和本金,而仅仅需要在企业盈利时向股东支付股利,因此,它没有支付利息的压力。通过股权筹资的比例越高,企业的财务风险就越低。但是,股份容易被恶意收购,从而引起控制权的变更。此外,股权融资方式的成本也比较高,故企业也不会选择无限制地进行股权筹资。

(二) 投资战略

投资战略的确立应考虑企业的投资方式、投资时机、投资规模与投资期限,确保投资规模与企业发展需要相适应,投资方式与企业风险管理能力相协调。

1. 投资方式

投资方式的选择主要是指企业对直接投资和间接投资的选择以及对直接投资的具体战略和间接投资的具体战略的选择,如表 10-3 所示。

表 10-3 投资方式的选择

投资方式	投资目标	基于目标的投资分类
直接投资	获得经营利润	提高规模效益的投资战略 提高技术进步效益的投资战略 提高资源配置效率的投资战略 盘活资产存量的投资战略
间接投资	获取投资收益	通常为证券投资

2. 投资时机

投资时机的选择是投资战略的基本问题,主要考虑的是企业应选择什么时机进行投资。在实践中,投资时机的选择主要有四种模式,如表 10-4 所示。

表 10-4 投资时机的选择

模式	特点	适用对象
投资侧重于初创期产品,兼顾成长期和成熟期	获得领先地位并勇于承担风险的投资策略	开发实力较强且创新意识很强的企业
投资侧重于成长期和成熟期,放弃初创期和衰退期	重视盈利而回避风险的投资策略	实力不足而力求稳定快速盈利的企业
投资均衡分布于企业发展的四个阶段	选择多元化经营战略,谋求企业总利益最大	综合实力极强且跨行业生产多种产品的企业
投资侧重于初创期和成长期,放弃成熟期、衰退期	重视创新与成长	开发能力强而生产能力弱的企业

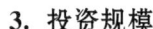

3. 投资规模

投资规模的合理选择与确定可以减少企业的投资风险,确保企业的投资效益,它是企业投资战略选择中的重要内容。影响企业投资规模的主要因素包括企业物质技术条件、社会需求及经济效益。

4. 投资期限

根据投资期限的不同,投资战略可分为长期投资战略、短期投资战略及投资组合战略,如表 10-5 所示。

表 10-5　投资期限的选择

类型	概念	特点	内容
长期投资战略	对企业的资本在长期投入上规定其合理、有利和有效运用的战略	形成企业的基本特征和公司战略定位	固定资产投资战略和长期对外投资战略
短期投资战略	对企业的资本在短期投入上规定其合理、有利和有效运用的战略	期限短、周转快、变现能力强	现金持有战略、存货战略、交易性金融资产投资战略等
投资组合战略	长期投资与短期投资结构优化战略	影响因素：盈利能力、经营风险、经营规模和产业性质等	

(三) 分配战略

分配战略是指从战略的角度确定企业收益留存与分配的比例,以保证企业债权人、员工、国家和股东等的长远利益,主要包括企业收益分配战略和股利分配战略等。企业与债权人、员工及国家之间的收益分配大多有比较固定的政策或规定,只有对股东收益的分配富有弹性,所以,狭义的分配战略是指股利分配战略。

1. 股利分配战略的概念

股利分配战略是指依据企业战略的要求和内外环境状况对股利分配所进行的全局性和长期性谋划。股利分配战略的目标是既促进公司长远发展,保障股东权益,又稳定股价,保证公司股价在较长时期内基本稳定。股利分配战略的制定应当以投资战略和筹资战略为依据,在兼顾稳定股价目标的同时,为企业整体战略服务。

2. 股利分配战略的内容

股利分配战略的内容主要包括股利支付率、股利稳定性和信息传递意图。

(1) 股利支付率。股利支付率的高低往往受到企业内部筹资需求的影响。当企业内部筹资需求较高时,企业可用于分配的盈余就比较少,股利支付率相应较低。

(2) 股利稳定性。维持股价稳定是股利分配战略的主要目标,而稳定的股利分配有利于维持股价的稳定。股利分配的稳定性包括是否发放股利以及股利发放数额两个方面,企业主要通过股利政策的选择来影响股利的稳定性。

(3) 信息传递意图。股利是管理当局向外界传递其掌握内部信息的一种手段,股利分配战略应能传达管理部门想要传达的信息。当公司支付的股利水平上升时,公司的股价会上升。因此,在制定股利支付战略时,企业应考虑股利政策可能向投资者传递的信息,充分利用它的信号传递作用实现企业价值最大化。同时,企业也应尽量避免信号传递所带来的风险。

3. 股利分配战略的影响因素

选择股利分配战略必须首先分析和弄清楚股利分配的制约和影响因素。影响股利分配战略的因素主要有：法律环境、经济环境等外部因素以及现金流量、筹资能力、股利分配的惯性等。此外，股利分配战略还受企业总体战略的影响。例如，选择一体化或多元化发展战略的公司，其发展需要大量的资金投入，这会直接影响公司可用于分配股利的现金流量；选择稳定型战略的公司，其股利分配往往较为稳定，且股利发放水平也较高；采用收缩型战略的公司，其虽然在竞争中处于不利地位，但是从维持投资者信心的角度考虑，这些公司具有强烈的动机维持较高的股利分配水平。

第二节　企业并购

一、企业并购的概念

并购是兼并（merger）和收购（acquisition）的合称。与之相关的还有合并，随着金融结构的不断演进，接管（take over）一词也在各种企业并购活动中频繁出现。

（一）兼并

兼并是指两家或更多的公司合并为一家公司，合并后只有一个公司继续保留其合法地位。通常由一家占优势的公司吸收一家或更多的公司。例如，A 公司兼并 B 公司，其后 A 公司依然合法存在，B 公司的法定地位则被取消，这可以用 A＋B＝A 的公式来表示。

兼并通常分为横向兼并（horizontal merger）、纵向兼并（vertical merger）和混合兼并（conglomerate merger）。横向兼并涉及两个从事同类业务活动的企业，如两个百货公司之间的兼并。纵向兼并涉及某项生产活动的不同阶段，如百货公司与其所涉及的供应商及经销商等之间的兼并。混合兼并涉及从事不相关类型经营活动的企业之间的兼并。

（二）合并

合并是指两家或多家企业合并成为一个企业的法律行为。根据合并方式不同，合并可分为吸收合并和新设合并。

吸收合并是在两个以上的企业合并中，其中一个企业吸收了其他企业而成为存续企业的合并过程。被吸收的企业解散、注销、失去法人资格，其债权债务由存续企业承担，这可以用公式 A＋B＝A(B) 来表示。

新设合并是两个或两个以上的企业合并，成为一个全新的实体，所有参加合并的企业被解散，只有新的实体继续运作。合并后，合并各方的债权债务由合并新设的企业承担，这可以用公式 A＋B＝C 来表示。在我国，通常把吸收合并称为兼并，将新设合并称为合并。

（三）收购

收购是指一家企业为了对另一家企业进行控制或实施重大影响，用现金、非现金资产或股权购买另一家企业的股权或资产的并购活动。实施收购之后，被收购企业的法人地位不会因此而消失。根据收购对象不同，收购可分为资产收购（casset acquisition）和股权收购

(stok acquisition)。资产收购是指买方企业购买卖方企业的部分或全部资产的行为；股权收购是指买方企业直接或间接购买卖方企业的部分或全部股票，并根据持股比例与其他股东共同承担卖方企业的所有权与义务。

在股权收购情况下，按照收购方所获得的股权数量（比例），又可分为以下三种情况：一是参股收购，即收购方仅购得被收购公司的部分股权。在这种情况下，收购方通常仅以进入被收购公司的董事会为目的。二是控股收购，即收购方购得被收购公司达到控股比例的股权。所谓控股比例，在理论上是指持有股票（普通股）的 51%，但实际上在被收购公司具有相当大的规模而其股权又比较分散的情况下，往往只需控制其 30% 左右的股权，有时甚至 25% 的股权，就足以有效地控制整个公司，从而达到控股的目的。三是全面收购，即收购方购得被收购公司的全部股份，被收购公司成为收购公司的全资子公司。

收购可以在证券市场上公开进行要约收购，也可以通过私下协议收购。要约收购就是一家公司直接向目标公司的股东发出购买其股票的公开要约，在证券市场上公开要约收购的成本较高。收购方通常称为并购公司、收购公司或标购公司，被收购方称为被收购公司、目标公司或标的公司。

（四）接管

接管是一个比较笼统的概念，通常是指一家公司的控制权变更。这种变更可能是由于股权的改变（如收购）而发生的，也可能是由于托管或委托投票权的变化而发生的。因此，接管概念的外延要比收购大。接管方通常称为投标者，投标者发出要约，用现金或证券换取另一家公司的股票或资产。如果该要约被接受，目标公司将放弃对其股票或资产的控制权，将控制权转移给投标者以换取相应的收益（如投标者的股票、债权或现金等）。

二、企业并购的目的

企业并购的目的和效应往往是联系在一起的。在现实经济生活中，企业并购的动机也是多方面的，但在市场经济环境下，企业作为独立的经济主体，其并购行为的目标是实现企业价值最大化。所以，企业并购的目的主要包括以下两个方面：

（1）增加收入，追求利润。在市场经济条件下，追求企业利润最大化乃至企业价值最大化是企业从事生产经营活动的必然宗旨。企业并购作为一种经济活动，不可能脱离追求利润的根本动机而存在。通过并购，企业可以迅速扩大生产规模，提高生产效率，取得更多收入，从而获取更多利润。因此，企业必然会利用并购以获得更大的收益。

（2）降低成本，提高竞争力。在市场经济条件下，企业之间的竞争形式多种多样，但从根本上讲，竞争仍然是单位成本的竞争。合并后的公司可能会比两家单一公司更有效率，从而降低企业成本。某个企业的单位产品成本低，它就可以比其他企业获得更多的利润，从而在市场上获取更大的市场份额，在竞争中获得生存与发展。

三、企业并购的类型

企业并购按照不同的标准可以划分为以下几种不同的类型。

（一）按照并购双方所处行业的相互关系分类

按照并购企业与目标企业所处行业的相互关系，企业并购可分为横向并购、纵向并购和混合并购三种类型。

1. 横向并购

横向并购是指两个或两个以上互为竞争关系的同行业公司之间的并购。例如,中国南车和中国北车之间的合并就属于横向并购。横向并购的双方公司在并购之前是竞争对手。企业通过横向并购,可以消除竞争,扩大市场份额。在横向并购活动中,通常是优势公司兼并劣势公司,从而使得公司的市场竞争力提高。但有时为了避免恶性竞争,两家实力相当的公司也可能通过并购实现资源的更合理的配置。由于横向并购消除了竞争对手,很可能会形成垄断,因此,许多国家法律对于可能形成高度垄断的横向并购活动会进行限制。

2. 纵向并购

纵向并购是指公司与其供应商或客户之间的并购。例如,钢铁企业收购矿山企业就属于纵向并购。纵向并购双方是处于同一产业链的上下游公司,双方经营业务具有互补性,通过纵向并购可以实现纵向产业一体化,有利于双方相互协作,加强生产经营过程各个环节的配合,缩短生产经营周期,节约企业费用。由于纵向并购公司之间原来是合作关系,不是竞争对手,双方都熟悉彼此的生产经营状况,因此双方并购之后容易整合,有利于提高公司的整体经营效率,而且这种并购较少受各国反垄断法律规范的限制。

3. 混合并购

混合并购是指与本企业生产经营活动无直接关系的企业之间的并购。混合并购双方既不是同行业的竞争对手,也不是同一产业链上的供应商或客户,它们原来在经营活动上没有任何关系,如零售企业上市公司新华都并购云南白药。混合并购的主要目的是扩大生产经营范围,降低长期经营一个行业所带来的特定行业风险。通过混合并购,企业可以进入一个新的行业,实现多元化经营,从而分散投资风险。

与横向并购和纵向并购相比,混合并购因收购企业与目标企业没有直接业务关系,其并购目的往往较为隐秘,有可能降低企业并购成本。与纵向并购类似,混合并购也被认为不易限制竞争或构成垄断,故而不常成为各国反托拉斯法控制和限制的行为。

(二) 按照并购的出资方式分类

按照并购的出资方式不同,企业并购可以分为出资购买资产式并购、出资购买股票式并购、以股票换取资产式并购和以股票换取股票式并购四种类型。

1. 出资购买资产式并购

这种并购是指收购公司使用现金购买被收购公司的全部资产的一种并购方式,通常属于吸收合并。收购公司购买被收购公司的全部资产之后,被收购公司就成为收购公司的一部分。被收购公司并入收购公司后,其原有的法人资格被取消。一般来说,这种并购方式比较适合非上市公司采用。

2. 出资购买股票式并购

这种并购是指收购公司通过出资购买被收购公司股票的一种并购方式,适用于被收购公司是上市公司的情况。收购公司出资购买被收购公司的股票既可以通过场外市场进行,也可以通过场内市场进行。但这种并购方式要受到有关证券法规信息披露的制约。我国《证券法》规定,收购方在证券市场上买入一家上市公司已发行的股份达到5%时,应当在该事实发生之日起3日内向国务院证券监督管理机构、证券交易所作出书面报告,通知该上市

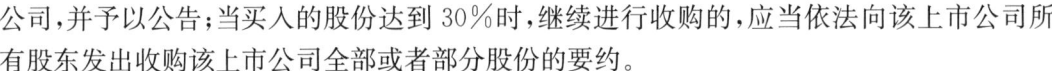

公司,并予以公告;当买入的股份达到 30% 时,继续进行收购的,应当依法向该上市公司所有股东发出收购该上市公司全部或者部分股份的要约。

3. 以股票换取资产式并购

这种并购是指收购公司向被收购公司发行本公司的股票来交换被并购公司资产的一种并购方式。在这种并购方式下,并购双方必须签订协议,收购公司同意承担被收购方的债务责任,被收购方同意解散公司,并将持有的收购公司股票分配给原有股东。

4. 以股票换取股票式并购

这种并购是指收购公司直接向被收购公司的股东发行本公司股票,以交换其所持有的被收购公司股票的一种并购方式。一般来说,交换股票的数量至少要达到能够控制被并购公司的持股比例,才能达到并购的目的。并购之后,被收购公司或成为收购公司的子公司继续其经营活动,或者通过解散清算而将资产全部并入收购公司。

(三) 按照并购资金是否利用杠杆分类

按照并购资金是否利用杠杆分类,企业并购可以分为杠杆并购和非杠杆并购。

1. 杠杆并购

杠杆并购是指收购公司仅出少量的自有资本,而主要以被收购公司的资产和将来的收益作抵押,筹集大量的资本用于收购的一种并购活动。因为这种并购是一种高度负债的并购方式,所以称为杠杆并购。通常杠杆并购的筹资额会占收购总价的 70% 以上。

2. 非杠杆并购

非杠杆并购是指收购公司主要利用自有资本对目标公司进行收购的并购活动。早期的公司并购活动大多属于非杠杆并购。非杠杆并购并非绝对不进行借贷筹资,只是借贷数额较少。

(四) 按照被并购企业意愿分类

按照被并购企业意愿划分,企业并购可以分为善意并购和非善意并购。

1. 善意并购

善意并购是指收购公司与被收购公司双方通过友好协商达成并购协议而实现的并购。这种并购一般是收购方确定目标公司之后,直接与目标公司的管理层接洽,协商并购事宜,也可能是被并购公司出于某种原因主动提出转让经营控制权而向收购公司提出并购请求。由于这种并购是建立在双方自愿、协商的基础上的,也称友好并购。并购双方经协商达成并购协议之后,必须提交股东会表决通过才能生效。

2. 非善意并购

非善意并购也称敌意并购,是指收购公司不直接向目标公司提出并购要求,而是在资本市场上通过大量收购目标公司股票的方式实现并购。敌意并购不是建立在并购双方友好协商基础上的并购,而是强行并购,这种并购极有可能遭到被收购公司的抵制。其风险较大,各国政府也都对敌意并购予以限制。

四、企业并购的程序

企业并购既是一种经济行为,也是一种法律行为,必须遵循一定的法律程序。企业并购的程序一般如下。

1. 并购双方提出并购意向

并购前通常由并购的一方或双方提出并购意向,并购意向也可以由公司的大股东提出。并购意向经双方确认之后,双方应互换有关资料,并就并购的有关事宜进行谈判。如果是吸收合并,双方应明确吸收方向被吸收方支付多少费用或者转让多少股份;如果是新设合并,双方要协商各自的资产以何种方法估价投入新设的公司,被并购公司的股东在新设公司中占有多少股份。公司在进行并购谈判时,还应对原有的债务清偿办法作出明确规定。

2. 签订并购协议

签订并购协议主要适用于善意并购。并购各方就并购的有关具体事宜进行谈判并达成一致意见之后,就可以由并购各方的法人代表或其代理人签订并购协议。公司并购协议一般应包括以下几项内容:①合并前各公司名称与住所,合并后公司的名称与住所;②存续公司或新设公司因合并发行股份的数量和种类;③如果是以换股的方式合并,应明确合并时的换股比率;④如果以支付现金的方式进行合并,应明确合并支付的金额;⑤合并前合并各方的资本处理方法;⑥合并前合并各方的现有债权、债务及其处理方法;⑦存续公司的公司章程是否变更,或者新设公司的章程如何订立;⑧合并的日期;⑨合并各方认为应载明的其他事项。

3. 股东大会通过并购协议

并购协议必须经股东大会通过,形成合并决议之后才能生效。根据我国《公司法》的规定,股东大会作出的对公司合并的决议,必须经出席会议的股东所持表决权的2/3以上通过才具有法律效力。

4. 通知债权人

公司并购协议经过股东大会决议通过之后,即具备法律效力。并购各方应当在法定期限内通知债权人,债权人可以自接到通知后在法定期限内提出合并异议。如果超过法定期限债权人未提出异议,即可视为承认公司的合并。根据我国《公司法》的规定,公司应当自作出合并决议之日起10日内通知债权人,并于30日内在报纸上公告。债权人自接到通知书之日起30日内,未接到通知书的自公告之日起45日内,有权要求公司清偿债务或提供相应的担保。

5. 办理合并登记手续

公司并购完成以后,被合并的公司消亡,法人资格取消。被合并的公司应当到相关部门办理注销企业法人资格的手续,吊销营业执照。存续或新设的公司应当在法定期限内持有关文件到相关部门申请设立登记,并进行公告。合并的公司在向相关部门申请登记时,必须提供以下文件:①合并申请书;②政府授权部门的批准文件,合并各方股东大会同意合并的决议;③合并合同、存续公司或新设公司的章程;④经注册会计师验证的合并前后各方的资产负债表、利润表及注册会计师的查账报告等;⑤应当提交的其他文件。

五、企业并购的价值评估

企业并购的价值评估是指对目标公司的价值进行评估。它决定了并购公司收购目标公司所付出的代价。如果高估目标公司的价值,则必然导致收购成本增加,并购风险提高;如果低估目标公司的价值,则可能导致并购失败,错失企业发展的有利时机。因此,价值评估是企业并购的重要问题。

在对目标公司进行价值评估时,采用不同的价值评估方法可能会得出不同的评估结果。因此,选择合适的价值评估方法是并购公司进行估值的关键。在实践中,目标公司的价值评估方法主要有四种:成本法、市场比较法、现金流量折现法和股票市场价值法。

(一)成本法

成本法也称资产基础法,是指以目标公司的资产价值为基础对目标公司价值进行评估的方法。确定目标公司的资产价值,关键是要选择合适的资产价值标准。根据资产的价值标准不同,成本法可以分为账面价值法、市场价值法和清算价值法。

1. 账面价值法

账面价值法是将会计账簿中记录的公司净资产的价值作为公司价值的方法。公司净资产的价值等于总资产的价值减去负债总额后的余额。净资产的账面价值是直接根据会计核算的数据来确定的,其比较客观,且不受人为因素的影响。但是,这种方法是一种静态估价方法,它没有考虑资产的价值变化和资产的收益情况,故其只适用于该资产的市场价格变动不大或不必考虑其市场价格变动的情况。

2. 市场价值法

市场价值法是指在公平竞争的市场上由买卖双方在自愿协商的基础上确定交易价值的方法。相对于账面价值法,市场价值法的优点在于考虑了资产实际价值的变化。此外,它是以公平竞争的市场环境下的资产交易为假设前提评估出交易价值的。因此,市场价值法易于为人们所接受。

3. 清算价值法

清算价值法是指在评估对象处于被迫出售、快速变现等非正常市场条件下评估企业价值的方法。在无法持续经营的情况下,公司作为一个整体已经丧失了增值能力,由于深陷财务危机,公司可能会面临破产清算。此时,公司将被迫出售全部实物资产,出售取得的收入扣除债务后的净额就是公司的清算价值。该方法主要适用于陷入财务困境的企业的价值评估。

(二)市场比较法

市场比较法也称相对价值法,是以资本市场上与目标公司的经营业绩和风险水平相当的公司的平均市场价值作为参照标准,以此来估算目标公司价值的一种价值评估方法。市场比较法的基本假设是:在完全市场中,类似的资产应该具有类似的价值。因此,在难以通过其他方法确定评估对象的价值时,可以参照市场中类似资产的市场价值作为评估依据,并经过合理的调整之后估算出评估对象的价值。利用市场比较法评估目标公司价值,可以用下列计算公式来表示:

$$V = \frac{V_s}{X_s} \times X$$

其中,V 为目标公司的评估价值;X 为与公司价值相关的目标公司的可观测变量;V_s 为与目标公司类似的参照公司的市场价值;X_s 为与公司价值相关的参照公司的可观测变量。市场比较法根据所选择的观测变量不同,可以分为市盈率法、市净率法和市销率法等。

1. 市盈率法

如果可观测变量采用公司的净利润,那么这种方法就是市盈率法。市盈率法是根据参照公司的平均市盈率水平来确定目标公司的合理市盈率,据此来评估目标公司的价值。其计算公式如下:

$$V = PE \times X$$

其中,V 为公司的市场价值;PE 为市盈率;X 为与公司价值相关的可观测变量——净利润。

【例 10-1】 W 公司计划收购 A 公司的全部股份,根据 A 公司的实际情况,W 公司管理层认为采用市盈率法对 A 公司价值进行评估比较合适。据调研,资本市场上与 A 公司具有可比性的公司主要有三家,这三家公司的近期平均市盈率为 16 倍。W 公司管理层认为采用 16 倍的市盈率评估 A 公司的价值比较合理。W 公司确定的决策期限为未来 5 年,经测算,A 公司在未来 5 年中预计年均可实现净利润 5 500 万元。那么 A 公司的价值是多少?

$V = 16 \times 5\,500 = 88\,000(万元)$

2. 市净率法

市净率是公司的市场价值与净资产的比值,也可以用每股股价除以每股净资产来计算。市净率法是根据参照公司的平均市净率来确定目标公司的市净率,并据此来评估目标公司的价值。其计算公式如下:

$$V = PB \times X$$

其中,V 为公司的市场价值;PB 为市净率;X 为与公司价值相关的可观测变量——净资产。

【例 10-2】 从事整车制造的 Z 企业,计划收购一家从事轮胎生产的 B 企业。据调研,轮胎制造行业的平均市净率为 1.8 倍。由于 B 公司技术先进,管理水平较高,其成长性和盈利能力都高于行业平均水平,故其将市净率调高到 1.9 倍。Z 企业确定的决策期限为未来 6 年,经预测,B 公司未来 6 年的平均每股净资产为 2.5 元。请问 Z 企业采用市净率法评估 B 公司每股价值是多少?

$V = 1.9 \times 2.5 = 4.75(元)$

3. 市销率法

市销率是公司的市场价值与年销售收入的比值,或者用每股股价除以每股年销售收入来计算。市销率法是根据参照公司的平均市销率来确定目标公司的市销率,并据此来评估目标公司的价值。其计算公式如下:

$$V = PS \times X$$

其中,V 为公司的市场价值;PS 为市销率;X 为与公司价值相关的可观测变量——年销售收入。

以上三种市场比较法一般适用于对股份有限公司的价值评估。上市公司信息披露及时、充分,资本市场对类似的公司常常有相近的估值水平,这为采用市场比较法提供了合理的依据。

（三）现金流量折现法

现金流量折现法是资产价值评估的一种重要方法,其基本原理是:资产价值等于以投资者要求的必要投资收益率为折现率,对该项资产预期未来的现金流量进行折现所计算出的现值之和。对经营性资产来说,其价值并非简单取决于资产的购置成本或现行市场价格。从投资的角度来看,一项资产的价值主要取决于在其寿命期限内能给投资者带来的期望收益。现金流量折现法既可用于单项资产的价值评估,也可以用于对一个公司的价值评估。根据现金流量折现法的基本原理,目标公司的价值等于其未来持续经营期间所产生的现金流量的现值。其计算公式可以表示为:

$$V = \sum_{t=1}^{n} \frac{CF_t}{(1+k)^t}$$

其中,V 为目标公司的评估价值;CF_t 为目标公司第 t 期产生的现金流量;k 为折现率;n 为预测期限。

从现金流量折现模型可以看出,影响目标公司评估价值的主要因素包括期限、现金流量和折现率。其中,期限是指现金流量的预测期限,即预测目标公司现金流量的持续时间,其通常以年为时间单位。现金流量是指在一定期限内目标公司的现金流入量减去现金流出量后的净额,即净现金流量。在公司并购决策中,目标公司的净现金流量是指该公司未来持续经营期限内所创造出的自由现金流量。

在采用公司自由现金流量评估公司价值时,目标公司价值等于以公司的加权平均资本成本作为折现率对公司自由现金流量折现的现值。

（四）股票市场价值法

股票市场价值法是利用目标企业股票的市场价格来估算企业价值的方法。其计算公式为:

$$上市公司市场价值 = 每股市价 \times 发行在外的普通股股数$$

在有效的资本市场上,股票价格反映了市场对该公司未来收益与风险的预期,是投资者对企业价值的客观评价。因而,这种方法最为市场化、最为简单,但其运用前提是存在一个有效的资本市场,且上市公司股份是全流通的。

六、企业并购的支付方式

支付方式的选择是并购顺利完成的重要环节,不同的支付方式对并购公司和目标公司会产生不同的影响。实践中,公司并购的支付方式主要有现金支付方式、股票支付方式和混合证券支付方式。

（一）现金支付方式

现金支付方式是并购公司以现金为支付手段完成对目标公司收购的一种并购支付方式,是并购活动中最为常用的支付方式。现金支付根据支付对象不同,分为现金购买资产和现金购买股份。

1. 现金支付方式的优点

（1）现金支付方式简便、快捷,易于为并购双方所接受。对并购公司来说,其采用这种支付方式可以迅速完成并购活动,使有抵触情绪的目标公司措手不及,且没有充分的时间实施反收购措施,也使潜在的竞争公司没有充分的时间筹措资金来竞购。因此,敌意并购活动常常采用现金支付方式。

(2)现金支付方式可以保证并购公司的股权结构不受影响。并购公司采用现金支付方式不会增加公司的股票数量。这种方式下,原有股东的持股比例不会发生变化,其控制权不会被稀释。这有利于使企业并购获得股东的支持,从而使得并购活动顺利完成。

(3)目标公司的股东可以即时收到现金,其比在其他支付方式下所承担的风险要小。因此,目标公司的股东乐于接受这种支付方式。

2. 现金支付方式的缺点

(1)对并购公司来说,其需要在短时间内准备大量的现金,这容易导致公司现金流量紧张,可能会使公司背负较为沉重的财务负担。

(2)对目标公司的股东来说,其在收到现金时须确认资本利得收益,缴纳资本利得税。因此,目标公司的股东不能获得税收利益。这种方式可能对边际税率较低的中小股东或享有免税政策的养老金等机构投资者来说无关紧要,但是,对边际税率较高的股东来说影响较大。

3. 现金支付方式的影响因素

(1)并购公司的现金流量状况。现金支付方式需要并购公司支付大量的现金,这可能会给并购公司带来流动性不足的问题,导致公司现金短缺,影响公司的偿债能力。并购公司在选择这种支付方式时,应当充分估算自身未来的现金流量状况,避免陷入财务困境。

(2)目标公司所在地有关资本利得税收的法规。不同国家或地区资本利得税的税率具有很大差别,并购公司在采用现金支付方式时,应当考虑资本利得税的因素。如果资本利得税的税率较高,就会增加公司的收购成本。

(3)目标公司股票的平均成本。在协议并购时,如果采用现金支付方式,则必须考虑目标公司股东所持有股票的平均成本。收购价格与目标公司股票的平均成本之差形成资本利得,需要缴纳资本利得税。如果目标公司的股票平均成本较低,就会产生较多的资本利得收益,由此会增加目标公司股东的税负。在这种情况下,双方可能要对支付方式作出特殊的安排,以减轻税负。

(二)股票支付方式

股票支付方式是指并购公司以增发本公司股票作为支付手段来收购目标公司的一种支付方式,可分为股票购买资产和股票交换股票两种方式。

1. 股票支付方式的优点

(1)并购公司不需要支付大量的现金,因而该方式不会影响并购公司的现金流量。

(2)并购完成之后,目标公司的股东并没有丧失其股权,而是成为并购公司的股东,并且可以获得并购所实现的价值增值。

(3)目标公司的股东可以推迟收益的确认时间,避免在并购后缴纳资本利得税,还可获得延迟纳税带来的好处。

2. 股票支付方式的缺点

(1)对于并购公司来说,原有股东的控制权被稀释。由于股票支付方式需要发行新股,这势必改变原有的股权结构。目标公司的股东成为并购公司的股东,使并购公司的原股东持股比例下降,控制权被稀释。

(2) 股票支付方式手续繁琐,办理时间较长。采用股票支付方式时,并购公司必须向证券监督管理部门提出增发新股的申请,经证券监督管理部门审核批准之后,才可以发行新股。发行新股会受到一定的限制,办理时间较长,手续较为繁琐,这可能会延迟并购时间。

(3) 采用股票支付方式,可能会引起股票价格的波动,给并购带来一定风险。

3. 股票支付方式的影响因素

(1) 并购公司的股权结构。采用股票支付方式会影响并购公司的股权结构,原股东控制权会被稀释。因此,采用这种方式应当考虑并购公司原有股东在多大程度上会接受股权的稀释。

(2) 每股利润的变化。如果目标公司的盈利状况较差,或者并购价格过高,则采用股票支付方式可能会使并购后的公司每股利润下降,从而导致股票价格下跌。

(3) 每股净资产的变化。采用股票支付方式并购目标公司,可能会引起并购公司每股净资产发生变化,从而对股票价格产生影响。因此,应当考虑这种方式对每股净资产的影响。

(4) 财务杠杆的变化。采用股票支付方式并购目标公司,可能对并购后公司的资产负债水平产生较大影响,因此,并购公司必须事先计算采用这种支付方式并购后公司的资产负债率是否合理。

(5) 当前股票价格水平。并购公司的股票价格水平是并购公司选择支付方式的一个重要影响因素。如果并购公司股票价格处于上升阶段,股票价格较高,此时选择股票支付方式对并购公司比较有利,增发的新股也乐于为目标公司股东所接受;反之,并购公司股票价格处于下降阶段时,目标公司股东不愿意持有新股,可能会抛售套现,导致股票价格进一步下跌。

(三) 混合证券支付方式

混合证券支付方式是指并购公司以现金、股票、认股权证、可转换债券等多种形式的组合作为收购目标公司的支付方式。采用混合证券支付方式可以取长补短,发挥多种支付方式各自的优势,既可以减少现金支付,避免并购公司因现金紧张而影响并购,也可以通过各种支付方式的比例安排,有效降低目标公司股东资本利得税的税负。这种支付方式可以兼顾并购双方的利益,故其在并购活动中也被越来越多地采用。

第三节 企业重组

一、企业重组的概念

企业并购主要研究公司规模的扩张,企业重组则专注研究公司经营规模的收缩。一般而言,企业重组是指公司为了实现其战略目标,对公司的资源进行重新组合和优化配置的活动。企业重组的根本目的是实现公司的战略目标,属于战略层面的问题,而不是具体经营层面的问题。

二、企业重组的主要方式

企业重组的方式主要包括：资产剥离、公司分立和股权出售。

（一）资产剥离

1. 资产剥离的概念

资产剥离是指公司将其拥有的某些子公司、部门或固定资产等出售给其他经济主体，以获得现金或有价证券的财务活动。出售这些部门或资产将取得现金收入，公司实物资产被转化为货币资产。虽然公司规模未减小，但是从公司的经营业务角度来看，公司实现了经营业务规模的缩减。最为常见的资产剥离形式是母公司将一个子公司或部门出售给另一个公司。对出售方而言，其实现了经营业务的收缩，对购买方而言，其实现了经营业务的扩张。一项剥离可能是自愿的，可能是非自愿的。如果政府认为一家公司存在垄断，其就可能根据反垄断法强制公司进行资产剥离，这种剥离称为被动剥离。

2. 资产剥离的原因

1）盈利状况欠佳

如果公司的某一子公司或部门的盈利状况欠佳，长期以来其投资收益率无法达到公司要求的最低投资收益率，那么公司就应考虑将其出售。通常而言，最低投资收益率采用公司的资本成本率作为标准。有时公司管理层可能不愿意剥离盈利状况欠佳的部门，因为这样就等于承认其管理不力或先前的收购决策有误。但是，从股东利益出发，公司应当尽早进行资产剥离，以免这些部门影响公司整体的业绩。

2）部门不符合公司的发展规划

有些部门的业务可能不再符合公司的未来发展规划，公司可能希望脱离这一行业，此时公司就需要对这些部门进行剥离。尽管这些部门对公司的利润可能依然有贡献，但是其会占用公司的许多资源，并且不符合公司的未来发展方向，因此，将其出售更有利于公司的未来发展。从公司的角度来看，必须考虑继续持有该部门的机会成本。从社会的角度来看，将这些部门出售给其他更有经验的公司，能更好地发挥资产的价值，从而创造更多的财富。

3）负协同效应

公司并购的一个主要动机是追求并购的协同效应，但是并非所有并购都可以产生协同效应。如果并购后不能进行有效整合，则可能事与愿违，产生负协同效应。负协同效应是指各部门独立时的价值要比在母公司架构下的价值更高。在这种情况下，外部收购者可能会愿意以更高的价格购买这个业务部门。例如，一个大型公司经营某一部门可能无利可图，但是如果将该部门独立出去或者出售给一个小公司来经营，就可能实现更好的收益，因此，这个部门在大公司中就出现了负协同效应。

4）资本市场的因素

如果剥离后的公司或部门更容易进入资本市场，那么公司就可能会进行剥离。结构复杂的大型公司可能会令投资者感觉难以归类，从而影响投资者的投资意愿。剥离之后，行业属性更加突出，这对价值评估更有利。部门的分离可以促使投资者对市场作出更加明确的定位和细分。对需要资金发展的公司部门而言,成为一个独立的公司实体能够提高其吸引新投资资金的能力。

5）现金流因素

公司通过资产剥离出售一些非战略性的资产或部门,能够立刻给公司带来大量的现金流入,改善公司的现金流量状况。处于财务困境的公司通常会被迫出售有价值的资产来改善其现金流量状况。例如,某房地产开发公司为了偿还大量的到期银行贷款,不得不出售一个盈利稳定的物业管理部门,以免自身陷入财务困境。

3. 资产剥离的价值评估

公司在进行资产剥离时,应对计划出售的子公司、部门或资产进行价值评估。通常而言,评估过程应当包括以下步骤:①估计被剥离部门或资产的税后现金净流量。②确定被剥离部门或资产所适用的折现率。③计算现值。④计算被剥离部门的价值。如果扣除交易费用后资产剥离取得的出售收入大于其在公司中所体现的价值,则说明资产剥离交易可行;否则,说明资产剥离交易不可行。

(二) 公司分立

1. 公司分立的概念

公司分立是指一个公司依法分立为两个或两个以上公司的经济行为,分立后成立的公司股份仍由母公司的股东持有。公司分立有两种形式,即新设分立和派生分立。新设分立是指将一个公司分割成两个或两个以上的具有法人资格的公司,原公司解散。新设公司应当依法向工商行政管理部门申请设立登记,原公司消亡,应办理注销手续。派生分立是指一个公司将原公司的一部分资产和业务分离出去另设一个新的公司,原公司存续。派生的新公司应当依法向工商行政管理部门申请设立登记,并可取得法人资格,原公司因派生新公司而减少了注册资本的,应当办理变更注册资本的手续。

2. 公司分立的原因

1）提高公司运营效率

分立给公司带来的好处之一是可以使经营更加集中。公司的生产经营只有在一定规模时才是最经济的,生产经营规模太大或太小都不利于提高公司的经济效益。对规模过于庞大的公司进行分立,有利于加强公司管理,提高运营效率,使公司更好地适应市场变化。

2）避免反垄断诉讼

与被动剥离的原因相同,当公司规模过大而面临政府反垄断管制时,其有可能因涉嫌垄断而遭到诉讼。而公司分立就可以避免发生这种诉讼,当然这种分立可能是非自愿进行的。

3）防范敌意收购

公司分立可以成为反收购的一种手段。当公司面临敌意收购时,其可能会分立出某些部门以削弱自身对收购者的吸引力,这种公司分立可以称为防御性分立。但是,如果这种防御性分立降低了股票价值,则可能会遭到股东的反对。

4）财富效应

由于先前的并购可能引起负协同效应,公司分立之后,各新公司的价值之和大于原来公司的价值,就可以为股东带来财富效应。20世纪70年代至90年代,国外一般认为无论资产剥离、股权出售，还是公司分立，都能为股东带来正的财富效应。因此，从财富效应的角度出发，如果能带来价值的增加，则公司是会选择分立的。

3. 公司分立的程序

公司分立的程序主要包括以下步骤：

（1）提出分立的意见。

（2）制订分立重组计划。

（3）签订分立协议。

（4）股东大会通过分立重组决议。

（5）办理分立登记手续。

4. 公司分立的财务可行性分析

公司分立是一种经济行为，目的是谋求经济利益最大化，因此，需要对公司分立进行财务可行性分析，可以采用贴现现金流量法计算出分立前后的公司价值并进行比较。只有当分立后的各公司价值之和大于分立前的公司价值时，公司分立方案才是可行的。

【例 10-3】 甲公司为了提高企业的营运效率，经董事会研究决定，将公司分立为乙和丙两个公司。经过预测，分立前甲公司今后 10 年经营活动产生的现金净流量的现值即公司价值为 14 560 万元；分立后乙和丙两个公司今后 10 年各自的现金净流量如表 10-6 所示。从第 6 年至第 10 年，乙公司每年的现金净流量为 850 万元，丙公司每年的现金净流量为 900 万元。假定市场利率为 10%，且分立过程中没有分立费用。请判断甲公司是否应该分立。

表 10-6 乙公司和丙公司的现金净流量　　　　　　　　　　单位：万元

公司	年度									
	1	2	3	4	5	6	7	8	9	10
乙公司	520	580	640	700	750	850	850	850	850	850
丙公司	560	640	680	750	800	900	900	900	900	900
合计	1 080	1 220	1 320	1 450	1 550	1 750	1 750	1 750	1 750	1 750

判断甲公司是否应该分立，主要看分立后的乙和丙两个公司的价值之和是否大于原来甲公司的价值。

分立后乙公司和丙公司的价值计算如下：

$$V = 1\,080 \times PVIF_{10\%,1} + 1\,220 \times PVIF_{10\%,2} + 1\,320 \times PVIF_{10\%,3} + 1\,450 \times PVIF_{10\%,4}$$
$$+ 1\,550 \times PVIF_{10\%,5} + 1\,750 \times PVIFA_{10\%,5} \times PVIF_{10\%,6}$$

$$= 1\,080 \times 0.909 + 1\,220 \times 0.826 + 1\,320 \times 0.751 + 1\,450 \times 0.683 + 1\,550 \times 0.621 +$$
$$1\,750 \times 3.791 \times 0.564$$

$$= 8\,675.38（万元）$$

$8\,675.38 < 14\,560$（分立前）

可见，甲公司不应该分立。

5. 公司分立的重大财务事项

公司分立涉及一系列重大的财务事项，这些财务事项直接影响分立后各方的经济利益。因此,在分立时,公司必须进行公正合理的处理。通常涉及的重大财务事项主要有股东权益的处理、资产的分割和评估、债务的负担和偿还等。

(三) 股权出售

股权出售是指公司将持有的子公司的股份出售给其他投资者。它是从资产剥离演化而来的,资产剥离出售的是公司的资产或部门而非股份,而股权出售则是出售公司所持有的子公司的全部或部分股份。如果仅是出售部分股份,则公司将继续留在子公司所处的行业当中。

股权出售的动机与资产剥离交易基本相同,所产生的效应也相近。股权出售能够给母公司股价带来正面影响,从而为股东带来正的财富效应。

第四节　企业财务危机

财务危机又称财务困境,主要表现为现金流量不足以补偿现有债务。企业从稳健经营到破产,必然经历不稳健经营和财务危机。下面主要介绍企业财务危机的概念、产生的原因、征兆和预警方法等内容。

一、财务危机的概念

企业发生财务危机与经营失败密切相关。企业的经营失败主要可以分为经济失败和财务失败两种。经济失败是指企业发生经营亏损或盈利低于预期水平的情况,如投资报酬率低于资本成本率。财务失败是指企业无法偿还到期债务的情况。当企业发生财务失败时,企业的现金流量状况恶化,没有足够的流动性,不能履行偿还到期债务的义务。即使企业没有发生亏损,也可能出现财务失败。财务危机是指企业的财务失败,而不是企业的经济失败。

国外很多文献对财务危机、经济失败、财务失败、企业破产、财务困境等概念并不作严格区分,或将财务危机定义为破产、拖欠优先股股息、银行透支和债券违约,或认为财务危机是企业失败,包括在法律上的破产、被接管和重整等。破产只是财务危机的一种可能结果。显然,将财务危机解释为破产是不够准确的。财务危机可从四个方面理解:①企业失败,即企业清算后仍无力支付债权人的债务。②法定破产,即由于债务人无法履行到期债务合约,并呈持续状态,企业或债权人向法院申请企业破产。③技术破产,即企业无法按期履行债务合约付息还本。④会计破产,即企业的账面净资产出现负数,资不抵债。

国内主要以企业是否具有持续经营能力作为界定财务危机的标准。通常而言,财务危机是指企业经营管理不善、不能适应外部环境的变化,而导致企业生产经营活动陷入一种危及企业生存和发展的严重困境,反映在财务报表上则是企业已呈现长时间的亏损状态且无扭转趋势,出现资不抵债的情况甚至面临破产倒闭的境地。

综上可知,财务危机也可称为财务困境或财务失败,发生财务危机的企业大多也同时会发生经济失败。但是,经济失败是从企业的获利能力来描述企业的经营状态,而财务危机是从企业的偿付能力来描述企业的经营状态。企业的财务危机实质上是一种渐进式的积累过程,表现为不同的轻重程度。企业的违约、无偿付能力、亏损等都可视为财务危机的一种前期表现,破产倒闭只是财务危机的终极结果。

二、财务危机产生的原因

财务危机产生的原因有很多,不仅有企业无法左右的政治、经济、自然等方面的外部原因,更有企业管理经验不足或管理无能,从而缺乏市场竞争力等内部原因。产生财务危机的主要原因有以下几个方面。

1. 企业管理结构存在缺陷

企业高级管理层存在结构缺陷,导致企业出现重大决策失误,由此可能给企业带来重大损失。例如,首席执行官独裁,一人拥有很大的权力,其他董事不作为;财务职能弱化,缺乏管理深度等。

2. 会计信息系统存在缺陷

可靠的会计信息可以帮助管理层及时发现问题,为其作出正确决策提供依据。但是,失真的企业会计信息系统常常是不健全的,不健全的会计信息会掩盖问题,使财务风险不断积累,直到危机爆发。

3. 应对措施不当

面对经营环境的变化,企业不能及时采取恰当的应对措施。当市场竞争环境、经济环境、政治环境、社会环境和技术条件等因素发生重大变化时,企业往往反应迟钝,不能采取恰当的应对措施,从而在市场竞争中失败。

4. 高财务杠杆

管理层过于乐观,盲目开发大项目,高估项目的经营收入或低估项目的成本。过度筹资降低了资金的利用效率,导致企业现金流量紧张。在经济环境不景气、企业经营业绩下降的情况下,较高的资产负债率会加大企业的财务风险,导致企业亏损和现金流紧张。

三、财务危机的征兆

企业发生财务危机之前总会有一些征兆,如果能察觉这些征兆,企业就可以采取有效措施预防财务危机的发生。企业财务危机的形成可以分为财务危机潜伏、财务危机发展、财务危机恶化和财务危机最终四个主要阶段。不同阶段财务危机的征兆不同。财务危机四个阶段的征兆表现如表 10-7 所示。

表 10-7　财务危机四个阶段的征兆表现

财务危机阶段	征兆表现
潜伏阶段	盲目扩张;营销不善;无效制度;缺乏风险预警机制;无视环境重大变化
发展阶段	负债比例持续上升;过分依赖外部贷款;利息加剧;收款不力;开始拖欠
恶化阶段	现金失控;现金周转明显缓慢;市场恶化筹资困难;无心经营;信誉大跌
最终阶段	资不抵债;货币资金严重短缺;完全丧失偿债能力;债务重组;宣告破产

四、财务危机预警方法

财务危机预警也称财务预警,是指根据企业经营状况和财务指标等因素的变化对企业经营活动中存在的财务风险进行监测、诊断和报警的方法。它通过对企业的财务风险进行预测和诊断,避免潜在的财务风险演变成财务危机,防患于未然。财务预警系统是企业预警系统的一部分,当可能危害企业财务状况的风险因素出现时,财务预警系统能预先发出警告,提醒管理层尽早做好准备或采取对策,以避免财务危机发生。

为了监测和预报财务危机,可运用不同的预测变量,采用定性和定量的财务预警方法进行分析。

(一) 定性分析法

定性分析法是通过对企业的经济环境、经营状况和财务状况的判断与分析,预测企业发生财务危机的可能性。其具体内容如表 10-8 所示。

表 10-8　财务预警的定性分析法

经济环境	经营状况	财务状况
经济增长率下降或经济衰退	盲目扩张、过度经营	财务杠杆过大、负债金额过大
失业率上升	市场营销失败、销售下滑	经营亏损
通货膨胀	预算控制系统缺乏	现金流量恶化
金融市场动荡	管理水平低下	应收账款收账期延长
产业政策的不利变化	人才流失	存货周转率下降
市场竞争加剧	对环境变化反应迟钝	债务违约
技术变化	销售合同违约	成本核算系统不健全
政府管制	研发费用削减	粉饰财务报表
税法变化、税率提高	—	—

表 10-8 中列示了企业在经营过程中可能会引发财务危机的经济环境、经营状况和财务状况的变化。这种分析只是一种定性的判断,在实践中还需要根据企业的具体情况进行更详尽的考察和诊断,才能有效地作出财务危机预警。

(二) 定量分析法

定量分析法包括单变量预警模型和多变量预警模型。

1. 单变量预警模型

单变量预警模型运用单一变数、个别财务比率来进行财务预警。企业常用的三个财务预警指标包括:①债务保障率(现金净流量/负债总额);②资产回报率(净利润/资产总额);③资产负债率(负债总额/资产总额)。由于企业财务状况预测因素存在多元性,加之这种模型本身存在局限性,企业在实践中很少用到单变量预警模型。

2. 多变量预警模型

多变量预警模型是指采用多个财务指标,运用多变量模型思路,建立多元线性函数关系,进行财务危机预警。应用得最为广泛的多变量预警模型是 Z 计分模型。其计算公式为:

$$Z = 0.012X_1 + 0.014X_2 + 0.033X_3 + 0.006X_4 + 0.999X_5$$

其中，X_1 为(营运资金/资产总额)；X_2 为(留存利润/资产总额)；X_3 为(息税前利润/资产总额)；X_4 为(权益的市场价值/负债账面价值)；X_5 为(销售收入/资产总额)。

根据这一模型，Z 值越低，企业就越有可能破产。判断破产企业和非破产企业的临界值如下：当 Z 值大于 2.99 时，说明企业在短期内不会破产；当 Z 值小于 1.81 时，企业破产的可能性非常大；Z 值介于 1.81 到 2.99 之间时，属于"未知区域"或"灰色区域"，说明企业的财务状况不稳定，较难估计企业破产的可能性。但作为一个简单的判断标准，Z 值 2.675 是破产企业与非破产企业的分界点。

在实践中，人们应用 Z 计分模型时发现，时间间隔越长，企业发生变化的可能性越大。因此，该模型的预测准确性因时间而异。企业发生财务危机的前 2 年，该模型的预测准确率最高，随着时间推移，预测准确率逐渐下降，如表 10-9 所示。

表 10-9 Z 计分模型预测

公司破产之前的年数	实际破产的公司数量	正确预测的公司数量	未正确预测的公司数量	预测准确率
1	33	31	2	94%
2	32	23	9	72%
3	29	14	15	48%
4	28	8	20	29%
5	25	9	16	36%

↗ **微型案例**

一桩成功的企业重组——金河建安的存续分立之举

随着我国资本市场的发展，企业的并购活动也在不断增加。作为产权交易高级形态的企业并购，其最直接的经济后果是加速资本集中，优化资源配置和组合。虽然并购可以迅速扩大企业规模，但是如果并购事前评估不当，事中执行不力，事后整合无效，都将会阻碍甚至抑制并购后企业的发展。

与并购相反，企业重组的结果虽然缩小了企业整体的规模，但是其有利于加强公司管理，提高运营效率，增强企业的核心竞争能力，增加股东价值，提高社会资源的整体配置效率。

内蒙古金河建筑安装有限责任公司(以下简称金河建安)作为金河生物科技股份有限公司(以下简称金河生物)的控股股东，其主营业务为建筑施工，与金河生物的生物制药业务存在较大差异。为了厘清业务板块，提高资本运营能力，金河建安决定实施存续分立。通过存续分立，金河建安将持有的金河生物股份及相关企业股权剥离至新设的内蒙古金河控股有限公司(以下简称金河控股)，实现了分行业管理，提高了运营效率，实现了股权优化，为公司未来的资本运作和业务拓展奠定了基础，也为其他上市公司提供了有价值的参考和借鉴。

章节测试题 （共100分）

【单选题】（本题共35分，每小题7分）

1. A公司与B公司合并，合并后A、B公司解散，成立一家新的公司C，这种合并是（　　）。
   A. 吸收合并　　　　B. 新设合并　　　　C. 横向并购　　　　D. 混合并购

2. 一家整车生产企业并购一家汽车配件生产企业，这种并购属于（　　）。
   A. 横向并购　　　　B. 纵向并购　　　　C. 新设并购　　　　D. 混合并购

3. 下列评估方法中，考虑了资产实际价值的是（　　）。
   A. 账面价值法　　　B. 清算价值法　　　C. 市场价值法　　　D. 市场比较法

4. 将一个公司分割成两个新公司的经济行为是（　　）。
   A. 派生分立　　　　B. 新设分立　　　　C. 资产剥离　　　　D. 股权出售

5. 下列各项中，不属于企业财务失败的是（　　）。
   A. 破产
   B. 无力偿还到期债务
   C. 经营发生亏损
   D. 债券违约

【多选题】（本题共14分，每小题7分）

1. 公司分立的原因主要有（　　）。
   A. 防范敌意收购
   B. 扩大经营规模
   C. 避免反垄断诉讼
   D. 提高公司运营效率

2. 公司发生财务危机在财务指标方面可能表现出的征兆有（　　）。
   A. 利润严重下滑
   B. 平均收账期延长
   C. 偿债能力指标恶化
   D. 缺乏偿付到期债务的现金流量

【判断题】（本题共21分，每小题7分）

1. 公司并购采用现金支付方式会改变并购公司的股权结构。　　　　　　　　（　　）

2. 清算价值是以公平竞争的市场环境下的资产交易为假设前提所评估出的价值。
   　　　　　　　　　　　　　　　　　　　　　　　　　　　　　　　　　（　　）

3. 财务危机是指企业的经济失败。　　　　　　　　　　　　　　　　　　　（　　）

【思考题】（本题共30分，每小题10分）

1. 企业并购按照双方所处行业不同可以分为哪几类？

2. 简述企业并购的价值评估方法。

3. 试述企业资产剥离的主要原因。

第十一章

企业可持续发展报告体系

微课视频

🎯 **学习目标**

1. 了解可持续发展的概念、演化及 SDGs 目标的内涵。
2. 了解企业 CSR 报告与企业 ESG 报告的异同点。
3. 掌握企业 ESG 报告与企业可持续发展报告的异同点。
4. 掌握企业可持续发展报告体系的核心内容，并能撰写简单的企业可持续发展报告。

💾 **知识导航**

企业可持续发展报告体系
- 可持续发展概述
  - 可持续发展概念及其演化
  - 中国可持续发展实践的历史脉络与时代演进
- 企业 ESG 信息披露
  - 从企业 CSR 报告到企业 ESG 报告
  - 国外企业 ESG 信息披露现状
  - 中国香港：从"不遵守就解释"到强制披露
- 企业可持续信息披露
  - 国内企业 ESG 信息披露历程
  - 企业可持续披露准则
  - 企业可持续发展报告
  - 企业可持续发展体系及评价
- 企业可持续发展报告案例
  - 企业可持续发展报告的前置部分
  - 企业可持续发展报告的主体部分
  - 企业可持续发展报告的尾声部分

📖 **思政课堂**

"两山理论"

习近平总书记指出："我们既要绿水青山，也要金山银山。宁要绿水青山，不要金山银山，而且绿水青山就是金山银山。"这一重要论述阐明了经济发展和生态环境保护的关系，揭示了保护生态环境就是保护生产力、改善生态环境就是发展生产力的道理，指明了实现发展和保护协同共生的新路径。

党的二十届三中全会通过的《中共中央关于进一步全面深化改革、推进中国式现代化的决定》指出，必须完善生态文明制度体系，协同推进降碳、减污、扩绿、增长，积极应对气候变化，加快完善落实绿水青山就是金山银山理念的体制机制。当前，生态环境保护结构性、根源性、趋势性压力尚未根本缓解，对生态环境治理和绿色高质量发展提出了更高要求。

加快完善落实绿水青山就是金山银山理念的体制机制,对于破解生态文明建设的深层次体制机制障碍,更好满足人民日益增长的美好生活需要,进而实现人与自然和谐共生的现代化具有重要意义。

第一节　可持续发展概述

一、可持续发展概念及其演化

可持续发展概念的首次提出是在 1972 年的《联合国人类环境会议》上。当前普遍接受的可持续发展的概念是 1987 年在世界环境与发展委员会(又称"勃兰特委员会")发布的《我们共同的未来》报告中提出的。该报告将"可持续发展"定义为:可持续发展是能满足当代人的需要,又不对后代人满足其需要的能力构成危害的发展。

另一个对可持续发展有影响力的解释是 1991 年世界自然基金会、国际自然保护联盟和联合国环境规划署共同发布的《保护地球:一项可持续生存的战略》报告中给出的,该报告将"可持续发展"定义为:在起支撑作用的生态系统的承载能力范围内改善人类生活的质量。

1992 年,在巴西里约热内卢召开的联合国环境与发展大会,通过了《里约环境与发展宣言》和《全球 21 世纪日程》。会议将可持续发展概念提升为可持续发展行动,并要求各成员国将可持续发展作为政策加以实施。这不仅标志着可持续发展概念的形成、发展,也标志着可持续发展由概念向实践转化。至此,可持续发展的概念体系已经成熟,可持续发展理论也得到了进一步的完善。

2002 年,联合国可持续发展世界首脑会议(World Summit on Sustainable Development,WSSD)在南非约翰内斯堡召开,会上发布了《2002 年生命地球》。报告表明:目前由于人类掠夺性地使用地球,支持人类生存与经济发展的四大支柱,即森林、海洋、耕地(包括草场)与气候继续遭到巨大破坏。会上各国政府重申了对可持续发展的承诺,即在地方、国家、区域和全球各层面,促进和加强经济发展、社会发展和环境保护这 3 个相互依存、相互增强的可持续发展支柱。

由此可见,可持续发展是建立在社会、经济、人口、资源及环境相互协调和共同发展基础上的一种发展方式。经济发展、社会发展和环境保护已成为可持续发展的 3 个子系统、3 个支柱和三重底线。

2012 年,联合国可持续发展"里约＋20"会议由三个目标和两个主题构成。第一个目标是召唤各国对可持续发展的承诺;第二个目标是找出目前各国在实现可持续发展过程中取得的成就与面临的不足;第三个目标是继续面对不断出现的各类挑战。第一个主题是绿色经济在可持续发展和消除贫困方面;第二个主题是可持继发展的体制框架。本次会议将联合国《21 世纪议程》《联合国千年发展目标》(Millennium Development Goals,MDGs)等逐步整合到可持续发展目标中,并确定了 2016—2030 年全球可持续发展目标(Sustainable Development Goals,SDGs)。

2015 年 9 月,联合国 193 个会员国在可持续发展峰会上正式通过具有里程碑意义的成果性文件——《变革我们的世界：2030 年可持续发展议程》(以下简称 SDGs)。该议程系统构建了包含 17 项核心目标、169 个具体领域及 230 项细化指标的全球可持续发展框架，确立了三大战略方向：消除一切形式的极端贫困、促进社会公平正义、推动环境保护与气候变化应对。作为指导 2016—2030 年全球发展的纲领性文件，SDGs 通过年度《可持续发展目标报告》动态监测实施进展，并依托高级别政治论坛(the United Nations High — level Political Forum on Sustainable Development, HLPF)定期评估各国目标落实成效，致力于引领全球发展模式转型，推动世界各国共同迈向 2016—2030 年可持续发展新路径。

全球可持续发展议程历经三十年演进，逐步从理念构建迈向行动深化。从 1992 年里约热内卢峰会首次确立可持续发展全球共识，2002 年约翰内斯堡峰会推进具体目标落地，至 2015 年联合国可持续发展峰会正式通过 SDGs，标志着可持续发展框架的成熟定型。

面对 SDGs 实施进展滞后挑战，时任联合国秘书长古特雷斯于 2019 年发起《2020—2030 年可持续发展行动十年》倡议，重点强化气候行动、不平等治理及数字化转型等关键领域国际合作。为应对新冠疫情、地区冲突等全球性危机叠加的新形势，联合国于 2021 年推出《我们的共同议程》，2022 年达成《昆明－蒙特利尔全球生物多样性框架》。我国通过政策实践与行动方案，持续为全球 SDGs 目标实现注入动能。

由此可见，可持续发展包括经济可持续发展、生态(自然)可持续发展和社会可持续发展。经济可持续发展是可持续发展战略的核心和关键。生态(自然)的可持续发展是可持续发展战略的基础。社会的可持续发展是可持续发展战略的根本保证和最终目的。

可持续发展秉承公平性、可持续性和共同性原则。公平性原则是指人们机会选择的平等性，它包括同代人之间的横向公平性，也包括世代之间的纵向公平性。可持续性原则是指人类的经济建设和社会发展不能超越自然资源与生态环境的承载能力。共同性原则是指可持续发展是全人类的发展，必须由全球共同联合行动。

伴随着可持续发展理念在世界范围内被广泛接受，围绕环境保护、社会责任及公司治理等关键议题构建的可持续发展核心体系，已成为各国经济社会发展的关注热点。它对推动政府部门、企事业单位以及投资者关注生态环境、社会责任以及公司治理等非传统财务因素，起到了巨大的促进作用，也已成为推进全球可持续发展的新引擎。

二、中国可持续发展实践的历史脉络与时代演进

1. 文化基因：天人合一的古老智慧

中国传统文化中蕴含着深厚的可持续发展思想。两千多年前，庄子提出"天人合一"哲学命题，主张人与自然和谐共生；《道德经》《易经》等经典著作亦贯穿了"道法自然""万物并育"的生态智慧。《礼记》提出"天下大同"理念，从社会治理维度勾勒出人际和谐的理想图景。这些思想将自然规律与社会伦理相融合，形成了"敬天爱人""从善向善"的价值内核，成为中华文明可持续发展的文化基因。

2. 实践起点：从污染治理到战略确立(1972—2002 年)

中国可持续发展的实践始于国际环境治理合作的参与。1972 年，中国政府首次派团参加联合国人类环境会议，开启国内工业化污染治理进程。20 世纪 80 年代，资源节约与环境保护上升为国家基本国策，涵盖理念培育、政策框架与行政管理体系的环保体系逐步建立。1992 年，《中国 21 世纪人口、资源、环境与发展白皮书》首次将可持续发展战略纳入国家中

长期发展规划,标志着可持续发展从理念探索走向实践路径构建。

3. 战略升级:从国家规划到执政纲领(1997—2022年)

(1) 制度化推进阶段。1997年,党的十五大将可持续发展确立为"现代化建设必须实施"的国家战略;2002年,党的十六大进一步将"可持续发展能力不断增强"列为全面建设小康社会的核心目标。

(2) 生态文明奠基阶段。2012年,党的十八大将生态文明建设纳入中国特色社会主义"五位一体"总体布局,绿色发展成为贯穿全局的核心理念。

(3) 新发展理念升华。"十三五"规划创造性提出"创新、协调、绿色、开放、共享"五大发展理念,将绿色发展定位为生态文明建设的理论升华。

(4) 现代化目标深化。党的十九大报告明确"人与自然和谐共生的现代化"目标,提出构建绿色生产生活方式、建设美丽中国的具体路径,标志着中国成为全球生态文明建设的重要参与者、贡献者与引领者。

4. 新时代征程:全面绿色转型的系统推进(2022年至今)

党的二十届三中全会提出"聚焦建设美丽中国,加快经济社会发展全面绿色转型"的战略部署,强调健全生态环境治理体系,推动生态优先、节约集约、绿色低碳发展。同期发布的《"十四五"规划和2035年远景目标纲要》进一步细化目标:到2035年,绿色低碳循环发展经济体系基本建立,生态环境根本好转,美丽中国建设目标基本实现。

5. ESG与中国式现代化的深度融合

环境、社会和公司治理(environmental, social and governance, ESG)理念所倡导的生态环境保护、社会责任履行与治理效能提升,与中国式现代化目标高度契合:"双碳"目标,对应环境维度,推动绿色低碳转型;乡村振兴战略,回应社会维度,促进共同富裕与社会公平;治理现代化改革,强化治理维度,提升制度效能。这一契合性为ESG在中国的发展提供了坚实的政策基础与广阔的实践空间,使其成为推动高质量发展的关键抓手。

第二节　企业ESG信息披露

一、从企业CSR报告到企业ESG报告

企业社会责任(corporate social responsibility, CSR)理念自1916年由美国经济学家、芝加哥大学教授约翰·莫里斯·克拉克(John Maurice Clark)第一次提出,至今已有100多年的历史。CSR要求企业在创造利润、履行股东责任的基础上,主动承担对员工、消费者、环境及社区等利益相关者的责任。其核心在于保障员工合法权益,具体涵盖禁止歧视、杜绝童工与强迫性劳动、提供安全健康的工作环境及管理制度等内容。

ESG概念于2004年首次提出。时任联合国秘书长科菲·安南在当年1月邀请全球50家大型金融机构首席执行官,共同参与由联合国全球契约组织(UN Global Compact, UNGC)、国际金融公司(International Finance Corporation, IFC)及瑞士政府联合举办的专题会议。会议倡议金融机构在投融资决策中系统纳入ESG三大维度考量。同年12月,UNGC发布《在乎者赢》(*Who Cares Wins*)研究报告,首次系统阐释ESG理念,并通过实证

案例证明：将 ESG 要素纳入企业战略的企业，往往能实现更优异的财务表现。

ESG 是可持续发展概念在企业微观层面的反映。它将公共利益引入企业价值体系，将企业发展对环境、社会的外部影响内化，更强调企业经济活动与环境社会建设的动态平衡。

企业 ESG 报告体系主要涵盖 ESG 信息披露、ESG 评估评级及 ESG 投资指引三大核心模块。作为聚焦环境、社会与公司治理绩效的新型投资评估框架与企业价值评价体系，ESG 区别于传统财务指标导向的评价标准，其核心功能在于多维度衡量企业可持续发展能力，并基于非财务指标预测企业长期财务表现。企业 ESG 报告与财务报告构成互补关系，二者协同为投资者、监管机构等利益相关者提供全景视角，助力其综合评估企业的经营质量、成长潜力及社会环境影响。

企业 CSR 报告与企业 ESG 报告既存在内在关联性，亦呈现显著差异性，具体区别如表 11-1 所示。企业 CSR 报告的核心功能在于向利益相关者披露企业在环境、社会及公司治理维度的履责实践，系统展现企业的社会责任履行成效与可持续发展成果；而企业 ESG 报告则聚焦于为投资者提供决策支持，通过量化评估企业在环境、社会及治理方面的风险暴露与价值创造机会，成为资本市场衡量企业非财务绩效的关键工具。从功能定位看，企业 CSR 报告侧重彰显企业的社会贡献与可持续发展战略，企业 ESG 报告则更强调对企业投资价值与商业风险的系统性评估。

表 11-1　企业 CSR 报告与企业 ESG 报告的区别

区别	企业 CSR 报告	企业 ESG 报告
报告目的	关注公司如何回馈社会、改善社会福利，宣传公司在这些领域的具体行动和成果	侧重于公司在环境、社会和治理方面的表现，如环境保护、员工权益等方面的信息
使用场景	面向政府、消费者、员工和社区居民等。通过展示企业的社会责任行动，有利于提升企业形象和声誉	主要面向投资者、供应商和其他利益相关者，通过报告评估公司在环境、社会和治理方面的表现，并作出相关决策
披露形式	定性披露为主；披露内容（定性、定量、主体范围）弹性空间较大	对量化披露的要求更高；报告主体和报告期间要求与年度报告保持一致
披露系统性	以单点、零散披露为主	强调系统性，体现公司总体的可持续发展框架及战略等

随着可持续理念的深入，CSR 理念逐步被 ESG 理念涵盖，企业 ESG 报告取代企业 CSR 报告量化评估企业在环境、社会及治理方面的表现。

二、国外企业 ESG 信息披露现状

（一）ESG：从自愿性倡议到重要准入标准

作为企业 ESG 报告体系的核心构成，企业 ESG 信息披露是以规范化形式，向利益相关者系统披露其在环境、社会及公司治理三大维度的履责实践、绩效表现及影响结果的管理过程。ESG 是关注企业环境、社会、治理绩效而非仅财务绩效的投资理念和企业评价标准，ESG 信息披露则是这一理念的具体体现和落实方式。

2006 年，联合国牵头发起《负责任投资原则》(Principles for Responsible Investment，PRI)，为全球资本市场的可持续发展奠定了重要基础。此后，包括二十国集团(Group of

20,G20)、世界经济论坛（World Economic Forum，WEF）、金融稳定理事会（Financial Stability Board，FSB）等政府间国际组织，以及可持续发展会计准则委员会（Sustainability Accounting Standards Board，SASB）、全球报告倡议组织（Global Reporting Initiative，GRI）、气候披露标准委员会（Climate Disclosure Standards Board，CDSB）等专业机构，通过制定标准、发布指南、构建框架等方式，持续推动 ESG 理念在全球范围内的普及与深化。

与此同时，全球主要证券交易所积极跟进，纷纷出台 ESG 信息披露相关规则。这些规则既包括强制性的披露要求，也涵盖鼓励性的指导建议，推动上市公司定期发布 ESG 报告、CSR 报告或可持续发展报告，以提升市场透明度，强化企业非财务绩效管理。这一趋势标志着 ESG 已从自愿性倡议逐步转变为资本市场的重要准入标准。

国际可持续准则理事会（International Sustainability Standards Board，ISSB）于 2023 年 6 月 26 日发布了全面的高质量可持续发展披露准则，第 1 号国际财务报告可持续披露准则《可持续相关财务信息披露一般要求》和第 2 号国际财务报告可持续披露准则《气候相关披露》（以下简称 ISSB 准则），为全球企业提供了统一的披露框架。欧盟、美国、中国香港等主要经济体通过立法或监管要求，推动 ESG 信息披露的普及与标准化。

（二）ESG 信息披露的总体趋势

1. 欧盟：CSRD 引领全面强制披露

欧盟委员会（European Commission，EC）于 2023 年 7 月 31 日正式批准由欧洲财务报告咨询组（European Financial Reporting Advisory Group，EFRAG）起草的 12 份欧洲可持续发展报告准则（European Sustainability Reporting Standards，ESRS）。ISSB 准则和 ESRS 的发布，标志着 ESG 报告框架林立时代的终结和高度统一的可持续披露准则时代的到来。ESRS 作为《企业可持续发展报告指令》（Corporate Sustainability Reporting Directive，CSRD）的配套实施细则，要求所有上市公司及大型非上市公司从 2024 年起披露 ESG 信息，覆盖范围包括环境、社会和治理三大维度。而 CSRD 不仅要求披露碳排放、供应链管理等具体议题，还强调数据透明度和第三方鉴证，显著提升了披露质量。法国、德国等国家已完成国内法律转化，未达标企业面临合规风险。

2. 美国：气候披露与治理并重

美国证券交易委员会（Securities and Exchange Commission，SEC）提出气候相关披露提案，要求上市公司披露直接排放和间接排放的碳排放数据，并接受第三方鉴证。相较于欧盟，美国更侧重治理和社会议题，如董事会多元化、反贿赂政策等。然而，美国尚未形成全国统一的 ESG 披露框架，各州和行业存在差异。

三、中国香港：从"不遵守就解释"到强制披露

中国香港的 ESG 信息披露历经以下三个阶段。

（1）探索期（2011—2015 年）。香港联合交易所有限公司（The Stock Exchange of Hong Kong Ltd.，SEHK）（以下简称联交所）发布自愿性《ESG 报告指引》，企业以合规为导向，关注最低 ESG 信息披露要求。

（2）半强制期（2015—2019 年）。部分议题升级为"不遵守就解释"，气候信息披露初步纳入这一范畴。

（3）强制期（2020 年至今）。2024 年联交所修订《环境、社会及管治框架下的气候信息披露》，要求所有主板发行人按"不遵守就解释"原则披露气候信息，并计划于 2026 年对恒生综合大型股指数成分股实施强制披露。

中国香港特区政府发布的《香港可持续披露路线图》进一步明确，2025 年起气候信息披露将全面强制化，2028 年披露将扩展至非上市公司。香港的 ESG 体系以国际接轨（如 ISSB 标准）和本土化特色（如绿色金融支持）为核心，成为亚洲 ESG 实践的标杆。

随着 ISSB 准则的全球推广，ESG 信息披露将趋于标准化。中国香港作为国际金融中心，其经验（如气候信息披露分阶段推进、数字化工具应用）为中国内地及其他新兴市场提供了重要参考。可以肯定的是，未来可持续性将成为投资者的重要考量因素之一，直接影响投资者对公司长期盈利性的信心。

第三节　企业可持续信息披露

一、国内企业 ESG 信息披露历程

国内 ESG 信息披露制度建设呈现阶段性发展特征，具体演进历程如下：

1. 早期探索阶段（2006－2016 年）：沪深交易所率先启动 ESG 信息披露框架构建

2006 年 9 月，深圳证券交易所发布《上市公司社会责任指引》，2008 年 5 月上海证券交易所出台《上市公司环境信息披露指引》，标志着我国资本市场对非财务信息披露的初步探索。

2. 体系化建设阶段（2016－2018 年）：政策层面逐步形成系统性规范

2016 年 8 月，中国人民银行等七部委联合发布《关于构建绿色金融体系的指导意见》，首次在国家级政策文件中确立"绿色金融"战略框架；2018 年 9 月，证监会修订《上市公司治理准则》，正式将环境、社会及公司治理（ESG）信息披露纳入监管要求，构建起基础性制度框架。

3. 深化推进阶段（2022－2024 年）：以央企为引领的 ESG 实践加速落地

2022 年 5 月，国务院国资委印发《提高央企控股上市公司质量工作方案》，系统部署央企 ESG 工作机制完善、绩效提升及中国特色 ESG 标准体系建设；2023 年 7 月，国资委进一步发布《关于转发〈央企控股上市公司 ESG 专项报告编制研究〉的通知》及配套《央企控股上市公司 ESG 专项报告参考指标体系》，为央企 ESG 信息披露提供标准化指引。

二、企业可持续披露准则

2024 年 12 月 16 日，财政部会同外交部、国家发展改革委、工业和信息化部、生态环境部、商务部、中国人民银行、国务院国资委及金融监管总局等九部门联合发布了《企业可持续披露准则——基本准则（试行）》（财会〔2024〕17 号）（以下简称《基本准则》）。《基本准则》的总体目标是：到 2027 年，我国企业可持续披露基本准则、气候相关披露准则相继出台。到 2030 年，国家统一的可持续披露准则体系基本建成。我国可持续披露准则体系如图 11-1 所示。

財务管理

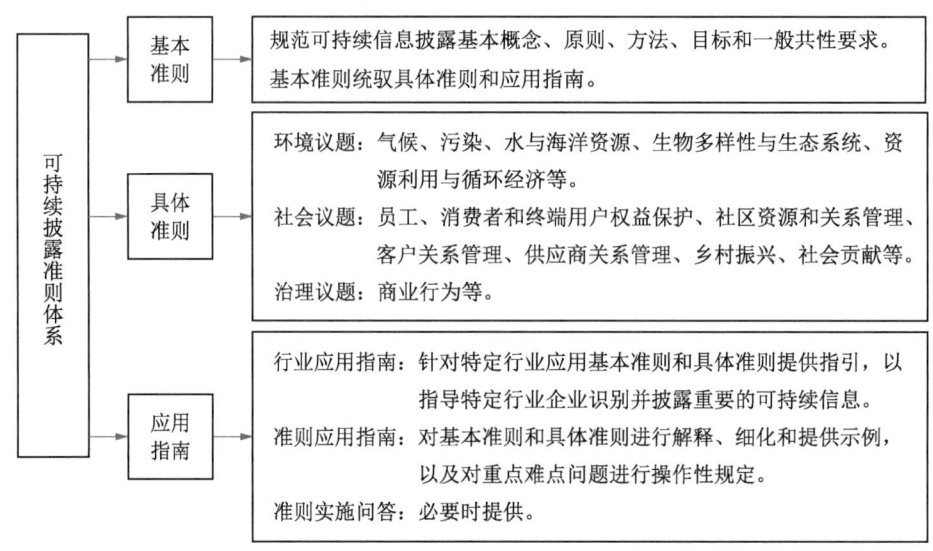

图 11-1 我国可持续披露准则体系示意图

综合考虑我国企业的发展阶段和披露能力,企业可持续披露准则的施行不采取"一刀切"的强制实施要求,将采取区分重点、试点先行、循序渐进、分步推进的策略,从上市公司向非上市公司扩展,从大型企业向中小企业扩展,从定性要求向定量要求扩展,从自愿披露向强制披露扩展。

1. 可持续信息的概念、披露目标及原则

1) 概念

企业披露的可持续信息是指企业在环境、社会和治理等方面的可持续议题相关风险、机遇和影响(以下简称可持续风险、机遇和影响)的信息,包括国家法律法规要求披露的可持续信息。

可持续风险、机遇,是指企业就特定可持续议题与其整个价值链中的利益相关者、经济、社会和环境的互动而产生的可合理预期会影响企业发展前景(即企业短期、中期或者长期的现金流量、融资渠道及资本成本等)的风险和机遇。

可持续影响,是指企业与特定可持续议题相关的活动(包括与之相关的价值链活动,下同)对经济、社会和环境产生的实际影响或者可预见的潜在影响,包括积极影响或者消极影响。

2) 披露目标

企业可持续信息的披露目标,是向信息使用者提供重要的可持续风险、机遇和影响的信息,以便其作出经济决策、资源配置或者其他决策。可持续信息披露有助于企业贯彻新发展理念,推动经济、社会和环境可持续发展,促进人与自然和谐共生,构建和谐社会关系。

可持续信息使用者包括投资者、债权人、政府及其有关部门和其他利益相关方。其中,投资者、债权人为可持续信息的基本使用者。其他利益相关者,是指其利益受到或者可能受到企业活动影响的群体或者人员,如员工、消费者、客户、供应商、社区以及企业的业务伙伴和社会伙伴等。

3）原则

可持续信息披露应当符合重要性原则，只有具有重要性的信息才需要披露。如果一项可持续信息存在重要风险或机遇（财务重要性）或重要影响（影响重要性），或者两者兼而有之，则该信息具有重要性。只有当一项信息确认存在重要风险或机遇，才需要披露与该事项相关的财务影响，如果一项信息仅具有重要影响，而不具有重要风险或机遇，则不需要披露不重要的风险或机遇及其财务影响。

2. 可持续信息披露主体及披露要素

可持续信息披露主体应当与财务报表的报告主体保持一致。信息使用者可以评估可持续信息中披露的风险和机遇对企业（包括母公司和子公司）整体前景的影响，以及企业整体对经济、社会和环境的影响。

企业披露的可持续信息应当包括下列四个核心要素：

（1）治理，即企业管理和监督可持续风险和机遇的治理架构、控制措施和程序。

（2）战略，即企业管理可持续风险和机遇的规划、策略和方法。

（3）风险和机遇管理，即企业用于识别、评估、排序和监控可持续风险和机遇的流程。

（4）指标和目标，即企业衡量可持续风险和机遇管理绩效的指标，以及企业已设定的目标和国家法律法规、战略规划要求企业实现的目标及其进展。其具体关系如图 11-2 所示。

例如，治理需要披露包括董事会及其下设委员会或者其他类似机构情况；管理层的治理架构、控制措施和程序中的作用；内部制度具体披露内容包括特定管理层岗位，或者部门是否被赋予管理和监督可持续风险和机遇的职责；如何对该岗位或者部门进行监督；管理层是否采用控制措施和程序对可持续风险和机遇进行监督，以及如何将这些控制措施和程序与企业的其他内部职能相整合。

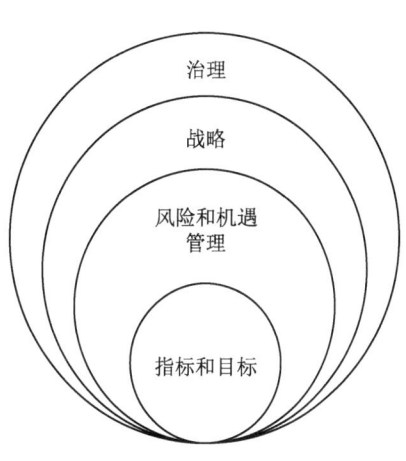

图 11-2　可持续信息披露的核心要素

3. 可持续信息质量要求

企业披露的可持续信息应当满足可靠性、相关性、可比性、可验证性、可理解性和及时性六个质量要求。

（1）可靠性是指能够如实地反映可持续风险、机遇及影响，保证可持续信息完整、中立和准确。

（2）相关性是指与信息使用者的决策相关，有助于信息使用者作出评价或者预测。

（3）可比性是指可以与企业不同时期提供的信息进行比较，具有相似业务模式的企业提供的信息可进行比较。

（4）可验证性是指能够通过该信息本身或者生成该信息的输入值加以证实。

（5）可理解性是指内容清晰明了，便于信息使用者理解和使用。

（6）及时性是指能够及时满足信息使用者的信息需求。

三、企业可持续发展报告

(一) 企业财务报告与企业可持续发展报告的区别

财务报告的历史远比 CSR、ESG 和可持续发展报告(sustainability report，SR)悠久，其提供的财务信息在投资信贷决策、受托责任评价和经济利益分配方面所发挥的职能，是其他报告不能相媲美的。但基于会计主体假设、持续经营假设、会计分期假设和货币计量假设的财务报告，也存在一定的局限性。这突出表现为回避了企业经营的外部性，忽略了企业对环境和社会的适应性，制约了财务信息的前瞻性，限制了计量上的多元性。而企业可持续发展报告可以弥补财务报告的不足。

企业可持续发展报告是指企业将其在环境、社会和公司治理方面的表现和影响进行公开报告的行为。企业可持续发展报告与企业财务报告一起共同构成企业报告体系，便于使用者从更为宽广的视野和更加多维的角度评价企业业绩、发展情景和外部影响。企业可持续发展报告是企业实现可持续发展目标的重要内容，不仅有助于企业在当前的市场中保持竞争力，还能为企业的长远发展开辟新路径。企业可持续发展报告形成过程如图 11-3 所示。

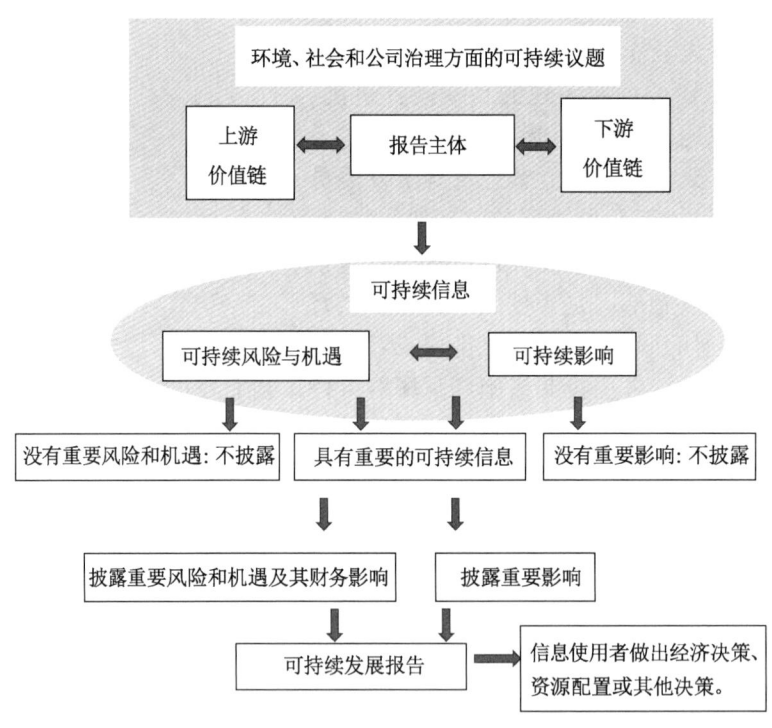

图 11-3　企业可持续发展报告形成过程

(二) 企业可持续发展报告的作用

企业可持续发展报告的作用主要体现在以下几个方面。

1. 满足监管要求

许多国家和地区对发布企业可持续发展报告有强制性要求，如欧盟的《企业可持续发展报告指令》(CSRD)。我国上海证券交易所要求上证 180 指数、科创 50 指数样本公司以及境内外同时上市的公司应当披露企业可持续发展报告;其他上市公司自愿披露企业可持续发展报告。深圳证券交易所要求深证 100 指数、创业板指数样本公司以及境内外同时上市的公司应当披露企业可持续发展报告;其他上市公司自愿披露企业可持续发展报告。北京证券交易所要求在北交所上市的公司应当披露企业可持续发展报告。因此,可持续发展报告被称为上市公司的"第二份财务年报"。

2. 提升融资能力

随着数字经济的发展,数据资源与土地、劳动力、资本和技术并列为五大生产要素。但数据资源具有难以计量的特征。在数据价值计量问题没有解决之前,数据资源(特别是数据的确权和隐私问题)的信息披露方式,采取可链接可持续发展报告,以描述性的方式披露。一份完整合规、清晰易懂的企业可持续发展报告能够帮助企业满足监管要求和客户需求,从而可以提升企业的融资能力。

3. 获取政策支持

积极推动可持续信息披露,是贯彻党的二十大精神,促进经济、社会和环境可持续发展,推进美丽中国建设、促进人与自然和谐共生的迫切需要,也是主动担当大国责任、推动构建人类命运共同体的重要体现。报告能够展示企业在环境保护、社会责任和治理方面的努力和成就,有助于企业获得政府的支持。

4. 有效管控风险

《基本准则》的发布与实施,预示着公司报告体系正面临重大变革。监管机构对企业信息披露要求进一步提高,从过去以财务报告为主导的单一模式,逐渐转向财务报告与可持续发展报告并重的双重模式。这种转变对财务会计、财务管理和独立审计会带来深远影响。通过报告,企业可以更好地管理和控制环境、社会和治理风险,确保企业实现长期稳定发展。

5. 增强公信力和品牌形象

企业可持续发展报告作为企业与内外利益相关者沟通的媒介,能够为投资者、股东、客户、消费者、政府、监管机构、员工、社区、媒体等利益相关者提供清晰、透明的企业运营信息,有助于提高企业公信力,提升企业的品牌形象。企业把可持续发展作为战略重点,甚至作为企业价值和商业使命的核心内容,促进了企业从"做好事"到"成为好企业"的转变。

6. 带来新的创新点和市场机会

企业可持续发展报告的双重模式,反映在财务管理方面,需要重塑企业价值创造理念,在为谁创造价值、创造什么价值、如何创造价值这三大核心问题上奉行共享价值业绩观,更多地考虑利益相关者的利益,统筹隐性的环境价值和社会价值,同时注重从外部环境和社会中挖掘价值创造的动因。由此可见,企业可持续发展报告不仅是展示企业成就的平台,也是探索新机会和推动创新可持续发展的工具。

(三) 企业可持续发展报告的编写

1. 报告编写步骤

(1)组建报告编写团队。编写团队的成员应具备深入了解企业可持续发展报告和相关领域的专业知识和经验。此外,还应该确保团队的多样性,团队应由不同部门人员和利益相关者组成,以便充分考虑不同的需求和利益。

（2）确定报告核心议题。通过分析企业可持续发展背景，包括政策法规、行业要求等，从"对企业可持续发展的重要性"和"对利益相关者的重要性"两个维度，识别、审核、回顾实质性议题。除了确定核心议题外，还应该对报告的范围和目标进行明确规定。这包括确定关键绩效指标、影响因素和重要利益相关者，以确保报告对核心议题的全面覆盖，并与企业战略和目标保持一致。

（3）收集信息并确定报告大纲。信息收集需要广泛涵盖企业内外部信息来源，包括关键利益相关者的意见和信息。在确定报告大纲时，应该根据核心议题和信息收集结果，将报告内容进行结构化和组织。

（4）编写和审查报告。在编写报告时，应确保报告内容准确、透明，并符合相关的披露要求和指南。同时，在报告的审查阶段，应该邀请内外部专家进行审查，并评估报告的准确性和可信度。

（5）发布报告。发布报告时，应选择合适的渠道和平台，确保报告的广泛传播和影响力。为了增加报告的可读性与易理解性，还可以提供摘要和可视化的信息。

（6）后续反馈和改进。发布报告后，企业应积极回应利益相关者的反馈和指导，并不断改进报告的质量和透明度。在更新报告时，应注意与前期报告进行对比，准确地呈现企业在环境、社会和公司治理方面的改进和进展。

2. 报告编写内容

企业可持续发展报告主要包括与三大关键主题相关的定性和定量信息。

（1）环境。企业在环境治理方面，主要涵盖：①企业应对气候变化的举措；②企业减少碳排放的举措；③企业生物多样性保护、改善空气和水质量、减少森林采伐、管理废弃物的举措；④企业合理利用资源及其供应链的举措；⑤企业减少污染物排放的举措。

（2）社会。企业在改善个人生活方面，主要涵盖：①企业培养员工、改善职场环境的举措；②企业在性别平等方面的举措；③企业提高员工参与度的举措；④企业保护数据及隐私的举措；⑤企业积极参与社区活动的举措；⑥企业保障劳动者权益的举措。

（3）治理。企业应对腐败、确保其投资未来可持续性，主要涵盖：①企业内部控制举措；②企业董事会构成、高管薪酬、审计委员会结构、股东权利等政策、原则和程序。

例如，《深圳证券交易所上市公司自律监管指引第 17 号——可持续发展报告（试行）》设置了 21 项议题，其中：环境维度 8 项、社会维度 9 项、可持续发展相关治理维度 4 项。其具体议题设置如表 11-2 所示。

表 11-2　议题设置

环境 （8 项议题）	社会 （9 项议题）	可持续发展相关治理 （4 项议题）
应对气候变化	乡村振兴	尽职调查
污染物排放	社会贡献	利益相关者沟通
废弃物处理	创新驱动	反商业贿赂及反贪污
生态系统和生物多样性保护	科技伦理	反不正当竞争
环境合规管理	供应链安全	

环境 （8项议题）	社会 （9项议题）	可持续发展相关治理 （4项议题）
能源利用	平等对待中小企业	
水资源利用	产品和服务安全与质量	
循环经济	数据安全与客户隐私保护	
	员工	

注：引自《深圳证券交易所上市公司自律监管指南第3号——可持续发展报告编制》。

四、企业可持续发展体系及评价

（一）企业可持续发展体系

企业可持续发展体系的核心包括可持续发展报告、可持续发展评级和可持续发展投资3个方面。

我国上市公司可持续发展报告遵循《上海证券交易所上市公司自律监管指引第14号——可持续发展报告（试行）》《深圳证券交易所上市公司自律监管指引第17号——可持续发展报告（试行）》《北京证券交易所上市公司持续监管指引第11号——可持续发展报告（试行）》。

企业想编写一份好的可持续发展报告，需要从内部治理做起，确立清晰的可持续发展战略，并持续优化管理流程，定期监督相关的绩效表现等，最终才能编制出高质量的可持续发展报告。这不仅有利于向外部展示企业形象，更是企业自我提升和持续改进的证明。

可持续发展评级是专业机构或分析师根据企业在可持续发展报告中公开的信息和表现，对其进行评分或评级的过程。企业可持续发展评级的重点在企业的环境、社会、治理绩效等方面，主要对企业促进经济可持续发展、履行社会责任等方面的贡献进行评估。企业所属的行业性质、地域差异不同，企业面临的可持续发展问题也各有不同。

可持续发展投资是将环境、社会和治理因素纳入企业投资决策过程形成的投资策略。策略的目标是找到那些既能够创造经济价值，又能够对社会和环境产生积极影响的投资标的。企业可持续发展投资的目标是实现长期的可持续回报，同时降低与环境、社会和治理相关的风险。

（二）企业可持续评价

企业可持续评价又可称为可持续评级。企业可持续评价是一种考察企业在环境、社会、治理三个方面表现的方法。企业可持续评价的目的是衡量企业的可持续性，考察企业是否具备长期发展的能力。同时，企业可持续评价也为投资者提供了一种衡量企业长期价值的方法，帮助他们更好地作出投资决策。在企业可持续评价中，环境、社会、公司治理三个方面是不可分割的。这三个方面相互关联、相互影响。

1. 企业可持续评价体系

企业可持续评价体系是一个系统的评价框架，它包括环境可持续、社会可持续、经济可持续三个方面。

（1）环境可持续。环境是人类生存和发展的基础，它也是企业可持续评价中非常重要的一个方面。环境方面的评价主要关注企业对环境的影响和企业采取的环境保护措施。企业应该采用更加环保和节能的资源利用方式,例如,使用可再生能源,提高资源利用率、减少排放、开发环保产品等。

（2）社会可持续。社会方面的评价主要关注企业对社会的贡献和企业与社会的关系。企业应该具备社会责任意识,承担社会责任,促进社会发展。企业应该参与社会公益事业、关注员工福利、帮助弱势群体、不强制劳动等。

（3）经济可持续。经济方面的评价主要关注企业的内部管理和决策机制,包括公司治理结构、信息披露、风险管理等方面。而外部主要关注企业的长期发展能力。

2. 评价指标体系

环境评价的主要指标包括以下几个方面。

（1）碳排放。企业应该采取采用清洁能源、优化生产工艺、改善产品设计等措施减少碳排放。

（2）能源利用。企业应该采用节能技术、优化能源结构等措施,减少能源的消耗和浪费。

（3）水资源利用。企业应该采用节水技术、优化用水结构等措施,减少水资源的消耗和浪费。

（4）废物处理。企业应该采用合理的废物处理方式,如回收再利用、焚烧处理、填埋处理等,降低对环境的影响。

（5）生态保护。企业应该通过保护野生动植物、保护自然生态系统等方式,尽可能减少对自然环境的破坏。

社会评价的主要指标包括以下几个方面。

（1）社会责任。企业应该具备社会责任意识,承担社会责任,促进社会发展。社会责任包括支持社会公益事业、保护消费者权益、关注员工福利等。

（2）关注员工福利。企业应遵守国家法律法规,保障员工的基本权利,如工作安全、福利待遇等。

（3）社区投资。企业应该积极参与社区建设,支持当地经济发展,关注当地居民的生活和健康。

（4）职业道德。企业应该弘扬职业道德,保持企业的良好形象,遵守商业道德和道德规范。

经济评价的主要指标包括以下几个方面。

（1）利润率。利润率是企业财务分析最重要的指标之一。企业应该追求合理的利润率,但不应该追求过高的利润率,应避免以牺牲环境和社会为代价换取经济效益。

（2）资产负债率。企业应该控制好自身的资产负债率,保持良好的财务状况,避免因为资产负债率过高而导致财务风险发生。

（3）现金流量。企业应该保持良好的现金流状况,保证企业的正常经营和发展,避免因现金流不足而导致财务困境发生。

（4）投资回报率。企业应该保证投资回报率的合理性,避免因投资回报率过高而导致过度投资和资源浪费。

企业可以根据自身实际情况进行评价,并进行改进和优化,提升企业的可持续发展能力。

第四节　企业可持续发展报告案例

本节分别摘取万科企业股份有限公司、招商局集团、中国南方航空股份有限公司2023年可持续发展报告的部分内容,组成一个完整的报告案例。案例一方面用于展示企业可持续发展报告的完整结构与内容,另一方面用于展示不同企业的可持续发展报告的披露方式。

一份完整的可持续发展报告包括前置部分、主体部分和尾声三个部分。

一、企业可持续发展报告的前置部分

企业可持续发展报告的前置部分一般包括报告简介、报告摘要、董事会致辞和声明以及公司概况等内容。

以下是万科企业股份有限公司可持续发展报告的部分内容摘抄(用不同字体区分),用以展示如何编写企业可持续发展报告的前置部分。

1. 报告简介

本报告为万科企业股份有限公司发布的第16份可持续发展报告,详细披露2023年万科在环境、社会及管治方面的理念实践及成效。

(1)时间范围。2023年1月1日至2023年12月31日。为确保本报告能完整反映本集团的影响及绩效,部分内容适当溯及以往年份。

(2)称谓说明。为便于表述和阅读,本报告中的"本公司""公司"指代"万科企业股份有限公司","万科""万科集团""本集团""集团""我们"指代万科企业股份有限公司及其附属公司。除另有指明外,本报告所使用的词汇与本公司2023年年度报告所界定者具有相同含义。

(3)编制依据。包括:

联合国全球契约十项原则

国际标准化组织《ISO 26000:社会责任指南(2010)》

遵照全球可持续发展标准委员会《GRI可持续发展报告标准》(GRI Standards)

国家标准《社会责任报告编制指南》(GB/T36001—2015)

SASB(Sustainability Accounting Standards Board)房地产行业标准

联交所上市规则附录C2《环境、社会及管治报告指引》(《ESG报告指引》)

气候变化相关财务信息披露指南(Task Force on Climate-related Financial Disclosures,TCFD)

自然相关财务信息披露工作组(Task force on Nature－related Financial Disclosures,TNFD)

《深圳证券交易所上市公司自律监管指引第1号—主板上市公司规范运作》

《深圳证券交易所上市公司自律监管指引第17号—可持续发展报告(试行)》

中国社会科学研究院《中国企业社会责任报告编写指南》(CASS－CSR5.0)

广东省房地产业协会《广东省房地产企业社会责任指引》

（4）汇报原则。本报告编制过程中遵照联交所《ESG 报告指引》中"重要性""量化""平衡""一致性"的四大汇报原则。

（5）范围及边界。在厘定报告范围及边界时，我们确保本报告能反映本集团的 ESG 影响及绩效。除非另有说明，本报告载列信息覆盖本集团 2023 年 1 月 1 日至 2023 年 12 月 31 日（"报告期内""报告期末"）期间运营及管理业务的可持续发展表现。

（6）审阅及批准。本报告经董事会审核后发布，内容不存在任何虚假记载、误导性陈述或重大遗漏。

（7）免责声明。本报告含有前瞻性陈述，包括但不限于"将会""预期""预测""未来""旨在""估计""计划""相信""潜在""继续""持续""目标""目的""可能"等词语或措辞。该部分内容是基于当前的期望、假设、估算和预测的基础，可能受到不确定因素的影响导致其与实际结果产生重大差异，万科集团不承担更新本报告中任何前瞻性声明的义务，但适用法律要求的义务除外。万科集团对任何人士基于本报告包含的信息所作出的判断而造成的结果不承担任何责任。

（8）报告获取。本报告包括中、英文两个语言版本，内容若有出入，请以中文版本为准。电子版报告已上载联交所披露、深圳证券交易所网站及本公司官方网站 www.vanke.com。

（9）意见反馈。如阁下对万科集团的可持续发展表现或对本报告有任何意见或建议，欢迎电邮至 p—vkesq@vanke.com，或致电＋86(755)25606666。

2. 报告摘要

作为中国领先的城乡建设与生活服务商，万科长期致力于推动绿色低碳发展，引领行业潮流。在合规经营的道路上，万科持续提升公司治理水平，为品质铸就坚实基础：我们结合自身业务并对标联合国可持续发展目标，形成万科可持续发展战略，确保可持续发展理念真正融入业务经营；倡导廉洁从业精神，重视廉洁文化培育，每年面向董事会成员及全体员工开展廉洁教育，将廉洁文化深植于每一位员工心中；立足住宅产品的居住属性，秉持"质量、健康、性能"的核心理念，对工程质量进行全生命周期管控，致力于为客户提供卓越的匠心之作。

在绿色低碳发展的征程上，万科从未停止探索，屡次成为行业的先锋者：万科是国内房地产行业中第一个将"做卓越的绿色企业"写入公司愿景的企业；是国内房地产行业中第一个提出"工业化、绿色建筑和全装修"绿色发展理念的企业；是全球房地产行业中第一个加入世界自然基金会(WWF)"碳减排先锋"项目的成员企业；是国内第一个开展零废弃办公的世界五百强企业；万科公益基金会最早提出城市小区有机垃圾分散式生态处理方法，是国内第一家将"社区废弃物管理"列为战略领域的公益基金会。

在社会可持续发展的征途上，万科通过长期的实践和创新始终走在前列：我们秉持"合伙奋斗"的文化，致力于为每一位员工提供平等、尊重、包容及多元的职场环境，为他们提供成长的机会和空间；我们倡导"合作共赢"的理念，以可持续发展理念为牵引，推动行业进步及发展；参与中国房地产行业的绿色供应链行动，并通过采筑平台开展绿色供应链 ESG 计划，打造上游产业链新生态，促进产业供应链的转型，不断提升万科绿色价值链的影响。我们推动"共享发展"，用行动诠释企业社会责任；发起并主办城市乐跑赛，经过十年沉淀已发展成为国民参与度最深、影响力最大、覆盖率最广的全民健身 IP 之一，带动更多的人加入全民健身行列。我们秉持长期主义，持续夯实稳健经营之道，引领绿色低碳的环境之道，领航共享共融的社会之道,为绿色健康生态环境和人类社会的可持续发展贡献一份万科力量,如表 11-3 所示。

表 11-3　可持续发展报告之数说

一级指标	二级指标			
经营之道	总资产	15 048.5 亿元	净资产	2 507.8 亿元
	营业收入	4 657.4 亿元	销售面积	2 466.0 万 m²
	销售金额	3 761.2 亿元	排名	第 2 位
	世界 500 强	第 176 位	纳税总额	533.7 亿元
	用户满意度	93%	使用智慧工地系统	100%
环境之道	满足绿色建筑评价标准面积累计超	3.279 1 亿 m²	新增满足绿色建筑评价标准的房地产开发项目中引入可再生能源设计的占比	48%
	应用住宅产业化项目占总开工项目量占比	90%	社区废弃物管理项目数量	118 个
社会之道	员工总人数	131 097 人	全年员工培训平均时长	25.6 小时
	开发或更新培训课程	2 166 个	女性员工占比	45%
	员工及施工单位承包商安全培训覆盖率	100%	对外捐赠	1.17 亿元

万科不断提升可持续发展管理,为客户和社会创造价值。2023 年,我们多项具有代表性的可持续发展评级及指数方面获得高度认可。

3. 董事会致辞和声明

(1) 董事会致辞。点点星光,照亮希望之路。过去几年,我们不可避免地经历了行业阵痛,行业面临前所未有的转型挑战,但万科依然在行业寒风中展现了韧劲和生命力。万科,始终与时代同行。我们在可持续发展的道路上积极响应"双碳"政策的号召,与联合国可持续发展目标同频共振;在变革的洪流中,我们坚守稳健经营的信条,筑好最坚固的底线,捕捉发展的契机,抱有最坚定的信心,不断绘制着高质量发展的美好蓝图。

在经营之道上,我们深耕细作不断深化价值创造

在环境之道上,我们引领绿色发展,成为行业的绿色先锋

在社会之道上,我们共创美好生活

2023 年,我们的 ESG 表现获得了国内外评级及指数机构的广泛认可。衷心感谢各位在可持续发展之旅上对我们的支持,让我们深受鼓舞。万科获评恒生 ESGA+评级,保持境内房地产最高评级,并持续被纳入恒生 ESG50 指数、恒生可持续发展企业基准指数、恒生 A 股通低碳精选指数、恒生 A 股可持续发展企业指数,成为香港上市的大型公司中 ESG 表现最好的前 50 家公司之一、A 股上市的大型公司中 ESG 表现最好的前 30 家公司之一;荣获深圳证券交易所国证指数 ESG 评级 AAA 级,环境范畴行业排名第一,被纳入深证 100ESG 领先指数;明晟 ESG(即 MSCIESG)的评分、评级均为行业领先;晨星 5ustainalytics 保持低风险评级。我们还获得《证券时报》中国上市公司价值评选——中国上市公司 ESG 百强、第五届新财富最佳上市公司——最佳 ESG 实践奖等荣誉。

功崇惟志,业广惟勤。万科将不忘初心,继续肩负为人民创造美好生活的使命,在可持续发展之路上稳步前行,与城市同步发展,和客户共同成长,为各利益相关方创造更加持续的价值。

(2) 董事会声明。本公司及董事会遵循中国证监会《上市公司治理准则》和香港联合交易所《环境、社会及管治报告指引》要求,加强董事会在公司 ESG 事务治理的参与,积极将 ESG 融入公司业务实践。公司于 2019 年经董事会审议明确了 ESG 管理体系,明确了 ESG 工作职责,稳步推进可持续发展相关议题在本公司管理中的落实。

董事会作为 ESG 管理体系的最高决策机构,负责决定公司 ESG 管理架构及管理策略;确保设立合适及有效的 ESG 风险管理及内部监控系统;负责听取 ESG 有关重要事宜的讨论结果并监督 ESG 目标进展;审议及批准公司年度可持续发展报告。

本公司设立 ESG 工作委员会,由董事会主席担任 ESG 工作委员会的主任,ESG 工作委员会负责确认重要性议题的评估结果;决定 ESG 管理目标、方针政策和实施路径;评估及识别的 ESG 相关风险及机遇等 ESG 管理重大事项。ESG 管理工作形成的公司在产品与服务、气候变化应对、碳排放等方面的路线及成果均由董事会审议通过后,在公司可持续发展报告中对外发布。

本公司遵循联交所《环境、社会及管治报告指引》的要求,已设定覆盖温室气体排放、废弃物管理、资源使用等关键 ESG 信息,董事会已就相关目标的设定及进展进行审阅及讨论。

公司 2023 年可持续发展报告已经由董事会于二零二四年三月二十八日审阅批准。

4. 公司概况

(1) 公司简介。万科企业股份有限公司成立于 1984 年,经过近四十年的发展,已成为国内领先的城乡建设与生活服务商。公司业务聚焦全国经济最具活力的三大经济圈及中西部重点城市。2023 年,公司位列《财富》"世界 500 强"第 173 位。万科始终坚持为普通人提供好产品、好服务,通过自身努力,为满足人民对美好生活的各方面需求,作出力所能及的贡献。万科始终坚持"大道当然,合伙奋斗",以人民的美好生活需要为中心,以现金流为基础,深入践行"城乡建设与生活服务商"的发展战略,持续创造真实价值,力争成为无愧于伟大新时代的好企业。

(2) 业务布局。万科围绕人民的美好生活需求,在巩固住宅开发和物业服务核心业务优势基础上,将业务延伸至租赁住宅、商业开发与运营物流仓储等领域,基于"城乡建设与生活服务商"战略定位,致力于成为美好生活场景师、实体经济生力军、创新探索试验田以及和谐生态建设者。

万科房地产开发业务以人民美好生活为中心,围绕"城乡建设与生活服务商"的定位,聚焦"好产品""好服务",坚持全周期全品类的开发经营策略,致力于不断改善城市居住品质,追求与城市同步发展、与客户同步成长。

二、企业可持续发展报告的主体部分

企业可持续发展报告的主体部分主要包括与环境、社会、治理三大关键主题相关的定性和定量信息。以下是招商局集团的部分可持续发展报告内容。

2023年,招商局集团踔厉奋发、笃行不怠,始终坚持"服务国家大局"和"商业可行"两个基本原则,在吹响招商局第三次创业号角声中,专注于长期主义和价值创造持续提升经济、社会、环境综合效益,坚定不移推进高质量可持续发展。

招商局集团总资产约13.5万亿元,同比增长8.2%;实现利润总额2269亿元,同比增长3.5%;净利润1911亿元,同比增长6.4%;连续20年获得国务院、国资委、招商局中央企业经营业绩考核A级。

1. 绿色经营,守护环境可持续

(1)夯实环境管理。招商局集团节能减排技术改造及环保总投入90794.14万元。重大环境污染事故0起。温室气体排放总量943.71万吨二氧化碳当量,万元营业收入二氧化碳排放量0.2213吨/万元。招商工业下属江苏重工、蛇口友联、威海金陵、扬州金陵4家企业被评为国家级"绿色工厂"。招商港口所属赤湾集装箱码头和妈港仓码获四星级"中国绿色港口"称号。

(2)加强排放物管理。招商局集团处理排放污水1038.84吨,污水排放达标率100%,一般固体废弃物产生量297175吨,危险废物产生量48016吨;危险废物合规处置率100%。

(3)减少资源消耗。招商局集团能源消耗总量390.77万吨标煤,万元营业收入综合能耗(现价)0.0937吨标煤/万元。

(4)推动绿色转型。招商局集团实行深化绿色运输。第一是低碳航运。长航集团加强对氢燃料电池、甲醇燃料和锂电池动力船型的研发设计,减少使用传统燃油,有效降低碳排放;第二是低碳港口。辽港集团先后在大连湾港区、大窑湾港区、长兴岛港区、鲅鱼圈港区、丹东港港区利用港口库房等建筑屋顶建设光伏发电系统,优化港口能源结构。第三是低碳物流。中国外运落地碳足迹计算器、氢燃料重卡、电动集装箱船、零碳物流场景项目等一系列示范应用,促进行业向绿色、可持续方向转变。第四是低碳公路。招商公路持续研发先进的道路养护技术和科学的道路养护方法,广泛应用就地热再生、橡胶沥青路面等技术,循环利用废旧材料,降低养护排放。

(5)布局绿色产业。招商局集团推进产业转型升级,长航集团在长江上率先打造LNG动力船队。聚焦绿色科技研发,招商局自主研发针对在管物业的能源管理平台,超450个项目接入该平台;投资新兴绿色产业,招商投资携手香港电动能源有限公司(EV Power),积极拓展香港充电桩市场,助推香港民众绿色出行。

(6)保护生物多样性。2023年,招商局集团全球员工累计开展550余场减塑、降碳、减排等ESG公益活动,累计服务逾19000小时,各类受益人群达44000余人次。

2. 和谐发展,助力社会可持续

(1)促进经济发展。奋进高质量发展,招商局集团被国务院国资委纳入:创建世界一流示范企业名单招商路检被国务院国资委纳入:创建世界一流专精特新示范企业名录。

(2)助推香港经济。招商局集团巩固香港国际航运中心地位,持续扩大在港基础设施和网络通道建设,推进在港水陆空立体物流服务体系建设。巩固香港国际金融中心地位,优化保险、基金、资管等板块资源配置,进一步夯实在港金融业务的"基本盘"。巩固香港国际贸易中心地位,打造有区域影响力和具有创新特色的专业贸易公司。

（3）赋能区域发展。招商局集团建设粤港澳大湾区,招商蛇口打造太子湾综合体,打造世界级地标性城市商圈;赋能横琴粤澳深度合作区,招商健康在横琴中医药科技产业园布局生物医药产业;助推海南自贸港建设,招商海南以市场化手段运营三亚深海及博鳌乐城两个园区;推动长江经济带和长三角一体化发展,整合长航集团、中国外运等优势资源,使招商局成为长江最大公共内支线承运人;助力振兴东北,辽港集团开通"大连一地中海西"等11条内外贸集箱航线,全年完成集装箱吞吐量超1 000万TEU。

（4）拓展海外业务。招商局集团科伦坡国际集装箱码头连续七年被评为"亚洲最佳集装箱码头(400万标箱以下)";吉布提综合展示体项目获颁吉布提共和国内政部的"安全管理优秀示范单位",和中国交通运输部"'一带一路'交通运输十大最具影响力典型案例"。

（5）创新驱动发展,招商局制定了以科技创新为引领、以价值创造为导向的全面创新战略。2023年招商局创新研发投入资金1 836 676万元,45项累计获得省部级及以上科技奖励,其中国家级科技奖励项再创历史新高。

（6）保障服务质量,创新服务方式,招商银行App便民服务云平台累计接入1 658项服务,全年服务用户数3 809.98人。开展负责任营销,招商银行金融知识普及与消费者教育新媒体品牌"招小宝"获选为《中国银行保险报》年度消费者权益保护典型案例。招商港口积极开展客户满意度跟踪,回访客户466家。

（7）加强供应商管理,招商局集团交易平台在库供应商194 325家;全年实现全流程在线采购项目45 000余个,助力招投标企业减少碳排放3 289.52吨;采购业务电子化代替纸质文件,节约纸张3 406.7吨,相当于增加森林面积1 192.35亩。

（8）携手员工成长,招商局集团员工总数274 171,女性员工占比41.53%,少数民族员工占比3.79%。重视员工职业健康与安全生产工作,开展健康主题宣讲活动4 774次。年度培训投入605万元,人均培训40.8小时。集团总部员工培训覆盖率达100%。

（9）增进民生福祉。招商局集团推进乡村振兴,全年投入帮扶资金(无偿)5 108.9万元;服务香港社会,招商局慈善基金会全年在香港投入公益资金1 870万元港币;融入海外社区,围绕"国际减贫""青年培养""文明互鉴"等领域,在斯里兰卡、吉布提、老挝等国实施9个公益项目。

3. 合规治理,推动商业可持续

（1）完善公司治理。招商局集团召开10次董事会会议;召开14次专门委员会会议;健全"企情问询"机制,组织外部董事调研19次;推进子企业董事会建设,督导应建范围内230家企业全面开展董事会评价;招商局集团董事会连续7年在中央企业董事会考核评价中获得"优秀"等级。

（2）诚信合规经营。招商局集团重大经营决策、商务合同、规章制度法律审核率达100%。集团举办法律合规培训15期,累计参加培训1.5万余人次;审计整改促进增收节支452万元;2023年,集团发布《招商局集团诚信合规行为准则》。在国务院国资委对集团开展的首次全面内控检查中,集团内控综合评价获得A级。

（3）恪守商业道德。招商局集团运用监督执纪"四种形态"教育帮助和处理7 924人次;共开展警示教育3 088次;推动下属企业开展"发放一封廉洁家书"等"十个"润心工程,相关做法被人民网、中新网等10多家媒体报道。

三、企业可持续发展报告的尾声部分

这一部分主要列示展望与附录。以下以中国南方航空股份有限公司为例展示企业可持续发展报告的尾声部分。

1. 展望

展望 2024 年,南航将更加紧密地团结在以习近平同志为核心的党中央周围,上下同欲、担当作为、开拓进取,坚决打赢七场硬仗,圆满完成全年各项目标任务,坚决守牢安全底线,提升市场核心竞争力,巩固提升经营领先优势,提高运行品质,打造一流服务品牌,践行绿色低碳,积极回馈社会,持续追求高质量发展,稳步迈向世界一流,为以中国式现代化全面推进强国建设、民族复兴伟业作出新的更大的贡献!

2. 附录

附录部分主要包括政策法规列表、数据列表与索引说明、报告审验、调查表及其他对理解报告有益的列示事项。

以展示报告审验和意见反馈表项目为例。

(1)报告审验。主要是独立第三方对可持续发展报告作出的结论性说明。报告审验声明书主要包括审验的性质和范围、审验方法、审验结论、改进建议、特别声明、独立性和能力的声明。

(2)意见反馈表。主要征求客户、投资者、政府、员工、合作伙伴、环保机构、社区、媒体、同行、其他等利益相关者的意见建议。

微型案例

公司宗旨宣言书

如今,企业把可持续发展作为战略重点,甚至作为企业价值和商业使命的核心内容。2019 年 8 月 19 日,美国 181 家顶级公司首席执行官在美国商业组织——商业圆桌会议(Business Roundtable)上联合签署了《公司宗旨宣言书》,同时宣称:公司的首要任务是创造一个更美好的社会。

《公司宗旨宣言书》革新了企业基于股东权益最大化作出经营承诺的基本内容,将其重新定义为"企业在保持自身企业宗旨的基础上,对所有利益相关方都有着共同的承诺"。一是为客户提供价值,进一步推动企业满足客户对产品的期望;二是企业员工方面,保障员工薪酬、绩效的公允程度,开展与时俱进的培训和教育,包容并尊重员工多样性;三是维持与供应商的良好关系,公平、合理地进行交易;四是积极参与并开展社区活动,尊重社区个体并切实采取保护环境等可持续措施;五是为股东创造长期价值,积累资本用于公司的投资、发展和创新,保障股东参与度与信息透明度。《公司宗旨宣言书》对现代企业的经营模式与发展战略极具启示性,同时引发了有关何为企业生产经营核心目标的理论研究。

章节测试题 （共100分）

【判断题】(本题共30分,每小题3分)

1. 企业可持续发展报告主要包括与三大关键主题相关的定性和定量信息。　（　　）

2. 企业应对腐败、确保其投资未来可持续性的举措属于社会议题。　（　　）

3. 可持续报告编写中,除了确定核心议题,还应该对报告的范围和目标进行明确规定。
　（　　）

4. 企业可持续发展体系的核心包括可持续发展报告和可持续发展投资。　（　　）

5. 企业可持续评价的目标是衡量企业的可持续性,考查企业是否具备长期发展的
能力。　（　　）

6. 企业应该追求合理的利润率,但不应该追求过高的利润率,避免以牺牲环境和社会
为代价换取经济效益。　（　　）

7. 企业可持续社会评价主要关注企业对社会的贡献和企业与社会的关系。　（　　）

8. 2015—2030年全球可持续发展目标的三项宏伟目标是：消除极端贫困、战胜不平等
和不公正以及保护环境、遏制气候变化。　（　　）

9. 千年发展目标是2000年发布的。　（　　）

10. 可持续发展的概念首先是由世界自然基金会提出的。　（　　）

【思考题】(本题共70分,每小题10分)

1. 企业社会责任报告(CSR)与企业ESG报告的关系是什么?

2. 企业ESG报告与企业可持续发展报告的关系是什么?

3. 简述国内可持续发展的历程。

4. 我国企业可持续发展报告内容有哪些?

5. 为什么我国选择企业可持续发展报告体系,而没有沿用企业ESG报告体系?

6. 为什么企业披露财务报告的同时,必须披露企业可持续发展报告?

7. 为什么企业可持续发展报告被称为上市公司的"第二份财务年报"?

附表 1　关键财务术语中、英文对照表

中文	英文
财务管理总论	An Overview of Financial Management
财务管理价值观念	Valuation Concepts
筹资渠道与方式	Sources of Financing
筹资决策	Financing Decisions
证券投资管理	Securities Investment Management
流动资产管理	Current Asset Management
股利分配	Dividend Policy
财务管理	Financial Management
风险与收益	Risk and Return
投资决策	Investment Decisions
融资决策	Financial Decisions
资本成本	the Cost of Capital
资本结构	Capital Structure
证券估值	Securities Valuation
普通股	Common Stock
优先股	Preferred Stock
股利政策	Dividend Policy
股利理论	Dividend Theory
股票分割	Stock Split
股票回购	Stock Repurchase
认股权证	Warrants
债券	Bond
债券市场	Bond Market
债券利率	Bond Rate
可转换债券	Convertibles
租赁融资	Lease Financing
混合融资	Hybrid Financing
营运资本管理	Working Capital Management
信息不对称	Unsymmetrical Information
年金终值	Future Value of An Annuity
年金现值	Present Value of An Annuity
普通年金	An ordinary Annuity

附
表

（续表）

中文	英文
先付年金	An Annuity Due
递延年金	Deferred an Unity
永续年金	Perpetuities
年偿债基金	Amortized Loan
沉没成本	Sunk Costs
机会成本	Opportunely Costs
敏感性分析	Sensitivity Analysis
融资租赁	Finance Lease
承租人	The Lessor
出租人	The Lessee
套期保值	Hedging
独资	Sole Proprietorships
合伙	Partnerships
公司	Corporations
道德风险	Moral Hazard
逆向选择	Adverse selection Adverse choice
委托-代理	Entrustment Agency
绩效股	Performance Shares
经理股票期权	Executive Stock Options
可分散风险	a diversifiable Risk Component
不可分散的风险	a Aarket Risk Component
期望值	a Weighted Average，the Mean
标准利差	Standard Deviation
标准利差率	the Coefficient of Variation
方差	Variance
相关系数	Correlation Coefficient
正态分布	a Normal Distribution
证券市场线	Security Market Line
资本市场线	Capital Market Line
资本资产定价模型	Capital Asset Pricing Model
每股股利	Divided Per Share
实际收益率	Effective Annual Rate
息税前利润	Earnings Before Interest and Taxes

财务管理

中文	英文
经济订购模型	Economic Ordering Quantity
每股收益	Earnings Per Share
经济增加值	Economic Value Added
插值法、试误法	Atrial—and—Error Process
内含报酬率	Internal Rate of Return
会计收益率	Accounting Rate of Return
边际资本成本	Marginal Cost of Capital
（动态）回收期	(Discounted)Payback Period
净现值	Net Present Value
获利指数	Profitability Index
资产回报率	Return on Assets
净资产收益率	Return on Equity
市盈率	p/price/earnings Ratio
加权平均资本成本	WACC weighted Cverage Cost of Capital
财务分析	Financial Analysis
现金流量	Cash Flow
财务报表	Financial Statements
资产负债表	Balance Sheet
利润表	Income Statement
公司并购	Corporate Mergers and Acquisitions
公司重组	Corporate Restructuring

附表

附表 2　复利终值系数表

	1%	2%	3%	4%	5%	6%	7%	8%	9%	10%	11%	12%
1	1.010 0	1.020 0	1.030 0	1.040 0	1.050 0	1.060 0	1.070 0	1.080 0	1.090 0	1.100 0	1.110 0	1.120 0
2	1.020 1	1.040 4	1.060 9	1.081 6	1.102 5	1.123 6	1.144 9	1.166 4	1.188 1	1.210 0	1.232 1	1.254 4
3	1.030 3	1.061 2	1.092 7	1.124 9	1.157 6	1.191 0	1.225 0	1.259 7	1.295 0	1.331 0	1.367 6	1.404 9
4	1.040 6	1.082 4	1.125 5	1.169 9	1.215 5	1.262 5	1.310 8	1.360 5	1.411 6	1.464 1	1.518 1	1.573 5
5	1.051 0	1.104 1	1.159 3	1.216 7	1.276 3	1.338 2	1.402 6	1.469 3	1.538 6	1.610 5	1.685 1	1.762 3
6	1.061 5	1.126 2	1.194 1	1.265 3	1.340 1	1.418 5	1.500 7	1.586 9	1.677 1	1.771 6	1.870 4	1.973 8
7	1.072 1	1.148 7	1.229 9	1.315 9	1.407 1	1.503 6	1.605 8	1.713 8	1.828 0	1.948 7	2.076 2	2.210 7
8	1.082 9	1.171 7	1.266 8	1.368 6	1.477 5	1.593 8	1.718 2	1.850 9	1.992 6	2.143 6	2.304 5	2.476 0
9	1.093 7	1.195 1	1.304 8	1.423 3	1.551 3	1.689 5	1.838 5	1.999 0	2.171 9	2.357 9	2.558 0	2.773 1
10	1.104 6	1.219 0	1.343 9	1.480 2	1.628 9	1.790 8	1.967 2	2.158 9	2.367 4	2.593 7	2.839 4	3.105 8
11	1.115 7	1.243 4	1.384 2	1.539 5	1.710 3	1.898 3	2.104 9	2.331 6	2.580 4	2.853 1	3.151 8	3.478 5
12	1.126 8	1.268 2	1.425 8	1.601 0	1.795 9	2.012 2	2.252 2	2.518 2	2.812 7	3.138 4	3.498 5	3.896 0
13	1.138 1	1.293 6	1.468 5	1.665 1	1.885 6	2.132 9	2.409 8	2.719 6	3.065 8	3.452 3	3.883 3	4.363 5
14	1.149 5	1.319 5	1.512 6	1.731 7	1.979 9	2.260 9	2.578 5	2.937 2	3.341 7	3.797 5	4.310 4	4.887 1
15	1.161 0	1.345 9	1.558 0	1.800 9	2.078 9	2.396 6	2.759 0	3.172 2	3.642 5	4.177 2	4.784 6	5.473 6
16	1.172 6	1.372 8	1.604 7	1.873 0	2.182 9	2.540 4	2.952 2	3.425 9	3.970 3	4.595 0	5.310 9	6.130 4
17	1.184 3	1.400 2	1.652 8	1.947 9	2.292 0	2.692 8	3.158 8	3.700 0	4.327 6	5.054 5	5.895 1	6.866 0
18	1.196 1	1.428 2	1.702 4	2.025 8	2.406 6	2.854 3	3.379 9	3.996 0	4.717 1	5.559 9	6.543 6	7.690 0
19	1.208 1	1.456 8	1.753 5	2.106 8	2.527 0	3.025 6	3.616 5	4.315 7	5.141 7	6.115 9	7.263 3	8.612 8
20	1.220 2	1.485 9	1.806 1	2.191 1	2.653 3	3.207 1	3.869 7	4.661 0	5.604 4	6.727 5	8.062 3	9.646 3
25	1.282 4	1.640 6	2.093 8	2.665 8	3.386 4	4.291 9	5.427 4	6.848 5	8.623 1	10.834 7	13.585 5	17.000 1
30	1.347 8	1.811 4	2.427 3	3.243 4	4.321 9	5.743 5	7.612 3	10.062 7	13.267 7	17.449 4	22.892 3	29.959 9
35	1.416 6	1.999 9	2.813 9	3.946 1	5.516 0	7.686 1	10.676 6	14.785 3	20.414 0	28.102 4	38.574 9	52.799 6
40	1.488 9	2.208 0	3.262 0	4.801 0	7.040 0	10.285 7	14.974 5	21.724 5	31.409 4	45.259 3	65.000 9	93.051 0

13%	14%	15%	16%	17%	18%	19%	20%	25%	30%	35%	40%
1.130 0	1.140 0	1.150 0	1.160 0	1.170 0	1.180 0	1.190 0	1.200 0	1.250 0	1.300 0	1.350 0	1.400 0
1.276 9	1.299 6	1.322 5	1.345 6	1.368 9	1.392 4	1.416 1	1.440 0	1.562 5	1.690 0	1.822 5	1.960 0
1.442 9	1.481 5	1.520 9	1.560 9	1.601 6	1.643 0	1.685 2	1.728 0	1.953 1	2.197 0	2.460 4	2.744 0
1.630 5	1.689 0	1.749 0	1.810 6	1.873 9	1.938 8	2.005 3	2.073 6	2.441 4	2.856 1	3.321 5	3.841 6
1.842 4	1.925 4	2.011 4	2.100 3	2.192 4	2.287 8	2.386 4	2.488 3	3.051 8	3.712 9	4.484 0	5.378 2
2.082 0	2.195 0	2.313 1	2.436 4	2.565 2	2.699 6	2.839 8	2.986 0	3.814 7	4.826 8	6.053 4	7.529 5
2.352 6	2.502 3	2.660 0	2.826 2	3.001 2	3.185 5	3.379 3	3.583 2	4.768 4	6.274 9	8.172 2	10.541 4
2.658 4	2.852 6	3.059 0	3.278 4	3.511 5	3.758 9	4.021 4	4.299 8	5.960 5	8.157 3	11.032 4	14.757 9
3.004 0	3.251 9	3.517 9	3.803 0	4.108 4	4.435 5	4.785 4	5.159 8	7.450 6	10.604 5	14.893 7	20.661 0
3.394 6	3.707 2	4.045 6	4.411 4	4.806 8	5.233 8	5.694 7	6.191 7	9.313 2	13.785 8	20.106 6	28.925 5
3.835 9	4.226 2	4.652 4	5.117 3	5.624 0	6.175 9	6.776 7	7.430 1	11.641 5	17.921 6	27.143 9	40.495 7
4.334 5	4.817 9	5.350 3	5.936 0	6.580 1	7.287 6	8.064 2	8.916 1	14.551 9	23.298 1	36.644 2	56.693 9
4.898 0	5.492 4	6.152 8	6.885 8	7.698 7	8.599 4	9.596 4	10.699 3	18.189 9	30.287 5	49.469 7	79.371 5
5.534 8	6.261 3	7.075 7	7.987 5	9.007 5	10.147 2	11.419 8	12.839 2	22.737 4	39.373 8	66.784 1	111.120 1
6.254 3	7.137 9	8.137 1	9.265 5	10.538 7	11.973 7	13.589 5	15.407 0	28.421 7	51.185 9	90.158 5	155.568 1
7.067 3	8.137 2	9.357 6	10.748 0	12.330 3	14.129 0	16.171 5	18.488 4	35.527 1	66.541 7	121.713 9	217.795 3
7.986 1	9.276 5	10.761 3	12.467 7	14.426 5	16.672 2	19.244 1	22.186 1	44.408 9	86.504 2	164.313 8	304.913 5
9.024 3	10.575 2	12.375 5	14.462 5	16.879 0	19.673 3	22.900 5	26.623 3	55.511 2	112.455 4	221.823 6	426.878 9
10.197 4	12.055 7	14.231 8	16.776 5	19.748 4	23.214 4	27.251 6	31.948 0	69.388 9	146.192 0	299.461 9	597.630 4
11.523 1	13.743 5	16.366 5	19.460 8	23.105 6	27.393 0	32.429 4	38.337 6	86.736 2	190.049 6	404.273 6	836.682 5
21.230 5	26.461 9	32.919 0	40.874 2	50.657 8	62.668 6	77.388 1	95.396 2	264.697 8	705.641 0	1 812.776 3	4 499.879 6
39.115 9	50.950 2	66.211 8	85.849 9	111.064 7	143.370 6	184.675 3	237.376 3	807.793 6	2 619.995 6	8 128.549 5	24 201.432 4
72.068 5	98.100 2	133.175 5	180.314 1	243.503 5	327.997 3	440.700 6	590.668 2	2 465.190 3	9 727.860 4	36 448.687 8	130 161.111 6
132.781 6	188.883 5	267.863 5	378.721 2	533.868 7	750.378 3	1 051.667 5	1 469.771 6	7 523.163 8	36 118.864 8	163 437.134 7	700 037.696 6

附表

附表 3 复利现值系数表

	1%	2%	3%	4%	5%	6%	7%	8%	9%	10%
—1	0.990 1	0.980 4	0.970 9	0.961 5	0.952 4	0.943 4	0.934 6	0.925 9	0.917 4	0.909 1
—2	0.980 3	0.961 2	0.942 6	0.924 6	0.907 0	0.890 0	0.873 4	0.857 3	0.841 7	0.826 4
—3	0.970 6	0.942 3	0.915 1	0.889 0	0.863 8	0.839 6	0.816 3	0.793 8	0.772 2	0.751 3
—4	0.961 0	0.923 8	0.888 5	0.854 8	0.822 7	0.792 1	0.762 9	0.735 0	0.708 4	0.683 0
—5	0.951 5	0.905 7	0.862 6	0.821 9	0.783 5	0.747 3	0.713 0	0.680 6	0.649 9	0.620 9
—6	0.942 0	0.888 0	0.837 5	0.790 3	0.746 2	0.705 0	0.666 3	0.630 2	0.596 3	0.564 5
—7	0.932 7	0.870 6	0.813 1	0.759 9	0.710 7	0.665 1	0.622 7	0.583 5	0.547 0	0.513 2
—8	0.923 5	0.853 5	0.789 4	0.730 7	0.676 8	0.627 4	0.582 0	0.540 3	0.501 9	0.466 5
—9	0.914 3	0.836 8	0.766 4	0.702 6	0.644 6	0.591 9	0.543 9	0.500 2	0.460 4	0.424 1
—10	0.905 3	0.820 3	0.744 1	0.675 6	0.613 9	0.558 4	0.508 3	0.463 2	0.422 4	0.385 5
—11	0.896 3	0.804 3	0.722 4	0.649 6	0.584 7	0.526 8	0.475 1	0.428 9	0.387 5	0.350 5
—12	0.887 4	0.788 5	0.701 4	0.624 6	0.556 8	0.497 0	0.444 0	0.397 1	0.355 5	0.318 6
—13	0.878 7	0.773 0	0.681 0	0.600 6	0.530 3	0.468 8	0.415 0	0.367 7	0.326 2	0.289 7
—14	0.870 0	0.757 9	0.661 1	0.577 5	0.505 1	0.442 3	0.387 8	0.340 5	0.299 2	0.263 3
—15	0.861 3	0.743 0	0.641 9	0.555 3	0.481 0	0.417 3	0.362 4	0.315 2	0.274 5	0.239 4
—16	0.852 8	0.728 4	0.623 2	0.533 9	0.458 1	0.393 6	0.338 7	0.291 9	0.251 9	0.217 6
—17	0.844 4	0.714 2	0.605 0	0.513 4	0.436 3	0.371 4	0.316 6	0.270 3	0.231 1	0.197 8
—18	0.836 0	0.700 2	0.587 4	0.493 6	0.415 5	0.350 3	0.295 9	0.250 2	0.212 0	0.179 9
—19	0.827 7	0.686 4	0.570 3	0.474 6	0.395 7	0.330 5	0.276 5	0.231 7	0.194 5	0.163 5
—20	0.819 5	0.673 0	0.553 7	0.456 4	0.376 9	0.311 8	0.258 4	0.214 5	0.178 4	0.148 6
—25	0.779 8	0.609 5	0.477 6	0.375 1	0.295 3	0.233 0	0.184 2	0.146 0	0.116 0	0.092 3
—30	0.741 9	0.552 1	0.412 0	0.308 3	0.231 4	0.174 1	0.131 4	0.099 4	0.075 4	0.057 3

11%	12%	13%	14%	15%	16%	17%	18%	19%	20%	25%	30%
0.900 9	0.892 9	0.885 0	0.877 2	0.869 6	0.862 1	0.854 7	0.847 5	0.840 3	0.833 3	0.800 0	0.769 2
0.811 6	0.797 2	0.783 1	0.769 5	0.756 1	0.743 2	0.730 5	0.718 2	0.706 2	0.694 4	0.640 0	0.591 7
0.731 2	0.711 8	0.693 1	0.675 0	0.657 5	0.640 7	0.624 4	0.608 6	0.593 4	0.578 7	0.512 0	0.455 2
0.658 7	0.635 5	0.613 3	0.592 1	0.571 8	0.552 3	0.533 7	0.515 8	0.498 7	0.482 3	0.409 6	0.350 1
0.593 5	0.567 4	0.542 8	0.519 4	0.497 2	0.476 1	0.456 1	0.437 1	0.419 0	0.401 9	0.327 7	0.269 3
0.534 6	0.506 6	0.480 3	0.455 6	0.432 3	0.410 4	0.389 8	0.370 4	0.352 1	0.334 9	0.262 1	0.207 2
0.481 7	0.452 3	0.425 1	0.399 6	0.375 9	0.353 8	0.333 2	0.313 9	0.295 9	0.279 1	0.209 7	0.159 4
0.433 9	0.403 9	0.376 2	0.350 6	0.326 9	0.305 0	0.284 8	0.266 0	0.248 7	0.232 6	0.167 8	0.122 6
0.390 9	0.360 6	0.332 9	0.307 5	0.284 3	0.263 0	0.243 4	0.225 5	0.209 0	0.193 8	0.134 2	0.094 3
0.352 2	0.322 0	0.294 6	0.269 7	0.247 2	0.226 7	0.208 0	0.191 1	0.175 6	0.161 5	0.107 4	0.072 5
0.317 3	0.287 5	0.260 7	0.236 6	0.214 9	0.195 4	0.177 8	0.161 9	0.147 6	0.134 6	0.085 9	0.055 8
0.285 8	0.256 7	0.230 7	0.207 6	0.186 9	0.168 5	0.152 0	0.137 2	0.124 0	0.112 2	0.068 7	0.042 9
0.257 5	0.229 2	0.204 2	0.182 1	0.162 5	0.145 2	0.129 9	0.116 3	0.104 2	0.093 5	0.055 0	0.033 0
0.232 0	0.204 6	0.180 7	0.159 7	0.141 3	0.125 2	0.111 0	0.098 5	0.087 6	0.077 9	0.044 0	0.025 4
0.209 0	0.182 7	0.159 9	0.140 1	0.122 9	0.107 9	0.094 9	0.083 5	0.073 6	0.064 9	0.035 2	0.019 5
0.188 3	0.163 1	0.141 5	0.122 9	0.106 9	0.093 0	0.081 1	0.070 8	0.061 8	0.054 1	0.028 1	0.015 0
0.169 6	0.145 6	0.125 2	0.107 8	0.092 9	0.080 2	0.069 3	0.060 0	0.052 0	0.045 1	0.022 5	0.011 6
0.152 8	0.130 0	0.110 8	0.094 6	0.080 8	0.069 1	0.059 2	0.050 8	0.043 7	0.037 6	0.018 0	0.008 9
0.137 7	0.116 1	0.098 1	0.082 9	0.070 3	0.059 6	0.050 6	0.043 1	0.036 7	0.031 3	0.014 4	0.006 8
0.124 0	0.103 7	0.086 8	0.072 8	0.061 1	0.051 4	0.043 3	0.036 5	0.030 8	0.026 1	0.011 5	0.005 3
0.073 6	0.058 8	0.047 1	0.037 8	0.030 4	0.024 5	0.019 7	0.016 0	0.012 9	0.010 5	0.003 8	0.001 4
0.043 7	0.033 4	0.025 6	0.019 6	0.015 1	0.011 6	0.009 0	0.007 0	0.005 4	0.004 2	0.001 2	0.000 4

附
表

附表 4　年金终值系数表

	1%	2%	3%	4%	5%	6%	7%	8%	9%	10%
1	1.000 0	1.000 0	1.000 0	1.000 0	1.000 0	1.000 0	1.000 0	1.000 0	1.000 0	1.000 0
2	2.010 0	2.020 0	2.030 0	2.040 0	2.050 0	2.060 0	2.070 0	2.080 0	2.090 0	2.100 0
3	3.030 1	3.060 4	3.090 9	3.121 6	3.152 5	3.183 6	3.214 9	3.246 4	3.278 1	3.310 0
4	4.060 4	4.121 6	4.183 6	4.246 5	4.310 1	4.374 6	4.439 9	4.506 1	4.573 1	4.641 0
5	5.101 0	5.204 0	5.309 1	5.416 3	5.525 6	5.637 1	5.750 7	5.866 6	5.984 7	6.105 1
6	6.152 0	6.308 1	6.468 4	6.633 0	6.801 9	6.975 3	7.153 3	7.335 9	7.523 3	7.715 6
7	7.213 5	7.434 3	7.662 5	7.898 3	8.142 0	8.393 8	8.654 0	8.922 8	9.200 4	9.487 2
8	8.285 7	8.583 0	8.892 3	9.214 2	9.549 1	9.897 5	10.259 8	10.636 6	11.028 5	11.435 9
9	9.368 5	9.754 6	10.159 1	10.582 8	11.026 6	11.491 3	11.978 0	12.487 6	13.021 0	13.579 5
10	10.462 2	10.949 7	11.463 9	12.006 1	12.577 9	13.180 8	13.816 4	14.486 6	15.192 9	15.937 4
11	11.566 8	12.168 7	12.807 8	13.486 4	14.206 8	14.971 6	15.783 6	16.645 5	17.560 3	18.531 2
12	12.682 5	13.412 1	14.192 0	15.025 8	15.917 1	16.869 9	17.888 5	18.977 1	20.140 7	21.384 3
13	13.809 3	14.680 3	15.617 8	16.626 8	17.713 0	18.882 1	20.140 6	21.495 3	22.953 4	24.522 7
14	14.947 4	15.973 9	17.086 3	18.291 9	19.598 6	21.015 1	22.550 5	24.214 9	26.019 2	27.975 0
15	16.096 9	17.293 4	18.598 9	20.023 6	21.578 6	23.276 0	25.129 0	27.152 1	29.360 9	31.772 5
16	17.257 9	18.639 3	20.156 9	21.824 5	23.657 5	25.672 5	27.888 1	30.324 3	33.003 4	35.949 7
17	18.430 4	20.012 1	21.761 6	23.697 5	25.840 4	28.212 9	30.840 2	33.750 2	36.973 7	40.544 7
18	19.614 7	21.412 3	23.414 4	25.645 4	28.132 4	30.905 7	33.999 0	37.450 2	41.301 3	45.599 2
19	20.810 9	22.840 6	25.116 9	27.671 2	30.539 0	33.760 0	37.379 0	41.446 3	46.018 5	51.159 1
20	22.019 0	24.297 4	26.870 4	29.778 1	33.066 0	36.785 6	40.995 5	45.762 0	51.160 1	57.275 0
25	28.243 2	32.030 3	36.459 3	41.645 9	47.727 1	54.864 5	63.249 0	73.105 9	84.700 9	98.347 1
30	34.784 9	40.568 1	47.575 4	56.084 9	66.438 8	79.058 2	94.460 8	113.283 2	136.307 5	164.494 0

11%	12%	13%	14%	15%	16%	17%	18%	19%	20%	25%	30%
1.000 0	1.000 0	1.000 0	1.000 0	1.000 0	1.000 0	1.000 0	1.000 0	1.000 0	1.000 0	1.000 0	1.000 0
2.110 0	2.120 0	2.130 0	2.140 0	2.150 0	2.160 0	2.170 0	2.180 0	2.190 0	2.200 0	2.250 0	2.300 0
3.342 1	3.374 4	3.406 9	3.439 6	3.472 5	3.505 6	3.538 9	3.572 4	3.606 1	3.640 0	3.812 5	3.990 0
4.709 7	4.779 3	4.849 8	4.921 1	4.993 4	5.066 5	5.140 5	5.215 4	5.291 3	5.368 0	5.765 6	6.187 0
6.227 8	6.352 8	6.480 3	6.610 1	6.742 4	6.877 1	7.014 4	7.154 2	7.296 6	7.441 6	8.207 0	9.043 1
7.912 9	8.115 2	8.322 7	8.535 5	8.753 7	8.977 5	9.206 8	9.442 0	9.683 0	9.929 9	11.258 0	12.756 0
9.783 3	10.089 0	10.404 7	10.730 5	11.066 8	11.413 9	11.772 0	12.141 5	12.522 7	12.915 9	15.073 5	17.582 8
11.859 4	12.299 7	12.757 3	13.232 8	13.726 8	14.240 1	14.773 3	15.327 0	15.902 0	16.499 1	19.841 9	23.857 7
14.164 0	14.775 7	15.415 7	16.085 3	16.785 8	17.518 5	18.284 7	19.085 9	19.923 4	20.798 9	25.802 3	32.015 0
16.722 0	17.548 7	18.419 7	19.337 3	20.303 7	21.321 5	22.393 1	23.521 3	24.708 9	25.958 7	33.252 9	42.619 5
19.561 4	20.654 6	21.814 3	23.044 5	24.349 3	25.732 9	27.199 9	28.755 1	30.403 5	32.150 4	42.566 1	56.405 3
22.713 2	24.133 1	25.650 2	27.270 7	29.001 7	30.850 2	32.823 9	34.931 1	37.180 2	39.580 5	54.207 7	74.327 0
26.211 6	28.029 1	29.984 7	32.088 7	34.351 9	36.786 2	39.404 0	42.218 7	45.244 5	48.496 6	68.759 6	97.625 0
30.094 9	32.392 6	34.882 7	37.581 1	40.504 7	43.672 0	47.102 7	50.818 0	54.840 9	59.195 9	86.949 5	127.912 5
34.405 4	37.279 7	40.417 5	43.842 4	47.580 4	51.659 5	56.110 1	60.965 3	66.260 7	72.035 1	109.686 8	167.286 3
39.189 9	42.753 3	46.671 7	50.980 4	55.717 5	60.925 0	66.648 8	72.939 0	79.850 2	87.442 1	138.108 5	218.472 2
44.500 8	48.883 7	53.739 1	59.117 6	65.075 1	71.673 0	78.979 2	87.068 0	96.021 8	105.930 6	173.635 7	285.013 9
50.395 9	55.749 7	61.725 1	68.394 1	75.836 4	84.140 7	93.405 6	103.740 3	115.265 9	128.116 7	218.044 6	371.518 0
56.939 5	63.439 7	70.749 4	78.969 2	88.211 8	98.603 2	110.284 6	123.413 5	138.166 4	154.740 0	273.555 8	483.973 4
64.202 8	72.052 4	80.946 8	91.024 9	102.443 6	115.379 7	130.032 9	146.628 0	165.418 0	186.688 0	342.944 7	630.165 5
114.413 3	133.333 9	155.619 6	181.870 8	212.793 0	249.214 0	292.104 9	342.603 5	402.042 5	471.981 1	1 054.791 2	2 348.803 3
199.020 9	241.332 7	293.199 2	356.786 8	434.745 1	530.311 7	647.439 1	790.948 0	966.712 2	1 181.881 6	3 227.174 3	8 729.985 5

附表

财务管理

附表5 年金现值系数表

	1%	2%	3%	4%	5%	6%	7%	8%	9%	10%
1	0.990 1	0.980 4	0.970 9	0.961 5	0.952 4	0.943 4	0.934 6	0.925 9	0.917 4	0.909 1
2	1.970 4	1.941 6	1.913 5	1.886 1	1.859 4	1.833 4	1.808 0	1.783 3	1.759 1	1.735 5
3	2.941 0	2.883 9	2.828 6	2.775 1	2.723 2	2.673 0	2.624 3	2.577 1	2.531 3	2.486 9
4	3.902 0	3.807 7	3.717 1	3.629 9	3.546 0	3.465 1	3.387 2	3.312 1	3.239 7	3.169 9
5	4.853 4	4.713 5	4.579 7	4.451 8	4.329 5	4.212 4	4.100 2	3.992 7	3.889 7	3.790 8
6	5.795 5	5.601 4	5.417 2	5.242 1	5.075 7	4.917 3	4.766 5	4.622 9	4.485 9	4.355 3
7	6.728 2	6.472 0	6.230 3	6.002 1	5.786 4	5.582 4	5.389 3	5.206 4	5.033 0	4.868 4
8	7.651 7	7.325 5	7.019 7	6.732 7	6.463 2	6.209 8	5.971 3	5.746 6	5.534 8	5.334 9
9	8.566 0	8.162 2	7.786 1	7.435 3	7.107 8	6.801 7	6.515 2	6.246 9	5.995 2	5.759 0
10	9.471 3	8.982 6	8.530 2	8.110 9	7.721 7	7.360 1	7.023 6	6.710 1	6.417 7	6.144 6
11	10.367 6	9.786 8	9.252 6	8.760 5	8.306 4	7.886 9	7.498 7	7.139 0	6.805 2	6.495 1
12	11.255 1	10.575 3	9.954 0	9.385 1	8.863 3	8.383 8	7.942 7	7.536 1	7.160 7	6.813 7
13	12.133 7	11.348 4	10.635 0	9.985 6	9.393 6	8.852 7	8.357 7	7.903 8	7.486 9	7.103 4
14	13.003 7	12.106 2	11.296 1	10.563 1	9.898 6	9.295 0	8.745 5	8.244 2	7.786 2	7.366 7
15	13.865 1	12.849 3	11.937 9	11.118 4	10.379 7	9.712 2	9.107 9	8.559 5	8.060 7	7.606 1
16	14.717 9	13.577 7	12.561 1	11.652 3	10.837 8	10.105 9	9.446 6	8.851 4	8.312 6	7.823 7
17	15.562 3	14.291 9	13.166 1	12.165 7	11.274 1	10.477 3	9.763 2	9.121 6	8.543 6	8.021 6
18	16.398 3	14.992 0	13.753 5	12.659 3	11.689 6	10.827 6	10.059 1	9.371 9	8.755 6	8.201 4
19	17.226 0	15.678 5	14.323 8	13.133 9	12.085 3	11.158 1	10.335 6	9.603 6	8.950 1	8.364 9
20	18.045 6	16.351 4	14.877 5	13.590 3	12.462 2	11.469 9	10.594 0	9.818 1	9.128 5	8.513 6
25	22.023 2	19.523 5	17.413 1	15.622 1	14.093 9	12.783 4	11.653 6	10.674 8	9.822 6	9.077 0
30	25.807 7	22.396 5	19.600 4	17.292 0	15.372 5	13.764 8	12.409 0	11.257 8	10.273 7	9.426 9

11%	12%	13%	14%	15%	16%	17%	18%	19%	20%	25%	30%
0.900 9	0.892 9	0.885 0	0.877 2	0.869 6	0.862 1	0.854 7	0.847 5	0.840 3	0.833 3	0.800 0	0.769 2
1.712 5	1.690 1	1.668 1	1.646 7	1.625 7	1.605 2	1.585 2	1.565 6	1.546 5	1.527 8	1.440 0	1.360 9
2.443 7	2.401 8	2.361 2	2.321 6	2.283 2	2.245 9	2.209 6	2.174 3	2.139 9	2.106 5	1.952 0	1.816 1
3.102 4	3.037 3	2.974 5	2.913 7	2.855 0	2.798 2	2.743 2	2.690 1	2.638 6	2.588 7	2.361 6	2.166 2
3.695 9	3.604 8	3.517 2	3.433 1	3.352 2	3.274 3	3.199 3	3.127 2	3.057 6	2.990 6	2.689 3	2.435 6
4.230 5	4.111 4	3.997 5	3.888 7	3.784 5	3.684 7	3.589 2	3.497 6	3.409 8	3.325 5	2.951 4	2.642 7
4.712 2	4.563 8	4.422 6	4.288 3	4.160 4	4.038 6	3.922 4	3.811 5	3.705 7	3.604 6	3.161 1	2.802 1
5.146 1	4.967 6	4.798 8	4.638 9	4.487 3	4.343 6	4.207 2	4.077 6	3.954 4	3.837 2	3.328 9	2.924 7
5.537 0	5.328 2	5.131 7	4.946 4	4.771 6	4.606 5	4.450 6	4.303 0	4.163 3	4.031 0	3.463 1	3.019 0
5.889 2	5.650 2	5.426 2	5.216 1	5.018 8	4.833 2	4.658 6	4.494 1	4.338 9	4.192 5	3.570 5	3.091 5
6.206 5	5.937 7	5.686 9	5.452 7	5.233 7	5.028 6	4.836 4	4.656 0	4.486 5	4.327 1	3.656 4	3.147 3
6.492 4	6.194 4	5.917 6	5.660 3	5.420 6	5.197 1	4.988 4	4.793 2	4.610 5	4.439 2	3.725 1	3.190 3
6.749 9	6.423 5	6.121 8	5.842 4	5.583 1	5.342 3	5.118 3	4.909 5	4.714 7	4.532 7	3.780 1	3.223 3
6.981 9	6.628 2	6.302 5	6.002 1	5.724 5	5.467 5	5.229 3	5.008 1	4.802 3	4.610 6	3.824 1	3.248 7
7.190 9	6.810 9	6.462 4	6.142 2	5.847 4	5.575 5	5.324 2	5.091 6	4.875 9	4.675 5	3.859 3	3.268 2
7.379 2	6.974 0	6.603 9	6.265 1	5.954 2	5.668 5	5.405 3	5.162 4	4.937 7	4.729 6	3.887 4	3.283 2
7.548 8	7.119 6	6.729 1	6.372 9	6.047 2	5.748 7	5.474 6	5.222 3	4.989 7	4.774 6	3.909 9	3.294 8
7.701 6	7.249 7	6.839 9	6.467 4	6.128 0	5.817 8	5.533 9	5.273 2	5.033 3	4.812 2	3.927 9	3.303 7
7.839 3	7.365 8	6.938 0	6.550 4	6.198 2	5.877 5	5.584 5	5.316 2	5.070 0	4.843 5	3.942 4	3.310 5
7.963 3	7.469 4	7.024 8	6.623 1	6.259 3	5.928 8	5.627 8	5.352 7	5.100 9	4.869 6	3.953 9	3.315 8
8.421 7	7.843 1	7.330 0	6.872 9	6.464 1	6.097 1	5.766 2	5.466 9	5.195 1	4.947 6	3.984 9	3.328 6
8.693 8	8.055 2	7.495 7	7.002 7	6.566 0	6.177 2	5.829 4	5.516 8	5.234 7	4.978 9	3.995 0	3.332 1

附表

281

财
务
管
理

主要参考文献

［1］王化成,刘俊彦,荆新.财务管理学[M].北京:中国人民大学出版社,2023.

［2］刘淑莲.财务管理学[M].大连:东北财经大学出版社,2021.

［3］孔令一.财务管理学[M].上海:立信出版社,2022.

［4］贾国军,刘海英.财务管理学[M].北京:中国人民大学出版社,2024.

［5］任海峙,安宁.财务管理学[M].上海:上海财经大学出版社,2023.

［6］斯蒂芬 A.罗斯,等.公司理财[M].北京:机械工业出版社,2017.

［7］理查德 A.布雷利,斯图尔特 C.迈尔斯,等.财务管理原理[M].北京:机械工业出版社.

［8］杜勇,陈建英,等.中级财务管理[M].北京:清华大学出版社.

［9］汤谷良,王化成,等.高级财务管理[M].北京:中国人民大学出版社.

［10］全国注册会计师资格用书.财务管理[M].北京:经济科学出版社,2024.

［11］中级会计师资格用书.财务管理.大连:东北财经大学出版社,2024.

［12］张新民,金瑛.资产负债表重构:基于数字经济时代企业行为的研究[J].管理世界,2022(9).

［13］张新民.教你读财报[M].北京:北京联合出版公司,2023.

［14］张新民,钱爱民,陈德球.上市公司财务状况质量:理论框架与评价体系[J].管理世界,2019(7).

［15］张新民.战略视角下的财务报表分析[M].北京:高等教育出版社,2017.

［16］K.R.苏布拉马尼亚姆.财务报表分析:英文版第 11 版[M].北京:中国人民大学出版社,2014.